Bernhard Strauß / Michael Geyer (Hg.)

Psychotherapie in Zeiten der Globalisierung

Mit 6 Abbildungen und 4 Tabellen

Vandenhoeck & Ruprecht

Bibliografische Information Der Deutschen Bibliothek

Die Deutsche Bibliothek verzeichnet diese Publikation in der
Deutschen Nationalbibliografie; detaillierte bibliografische Daten sind im
Internet über ‹http://dnb.ddb.de› abrufbar.

ISBN 10: 3-525-49093-3
ISBN 13: 978-3-525-49093-8

Printed in Germany.
Satz: KCS GmbH, Buchholz/Hamburg
Druck und Bindung: Hubert & Co., Göttingen

Gedruckt auf alterungsbeständigem Papier.

Inhalt

Vorwort

Globalisierung – Streit- und Schlagwort

Welt, Kultur und Gesellschaft dieser Zeit sind »entfesselt« (Kleiner u. Strasser 2003). Unter dem Schlagwort »Globalisierung« wird versucht, den mit dieser Entfesselung verbundenen gesellschaftlichen Wandel der letzten Jahrzehnte zu beschreiben, der sich »von unserem persönlichen Leben über das Wesen der Unternehmen, über die Wirtschaft, über die Nation und über die transnationalen Institutionen« erstreckt (Giddens 2003).

Eine Differenzierung des Begriffs Globalisierung ist angesichts seines unterschiedlichen Gebrauchs immer schwieriger geworden. »Globalisierung ist sicher das am meisten gebrauchte – missbrauchte – und am seltensten definierte, wahrscheinlich missverständlichste, nebulöseste und politisch wirkungsvollste (Schlag- und Streit-)Wort der letzten, aber auch der kommenden Jahre« (Beck 1997).

Beck (1997) schlägt vor, die Begriffe Globalismus, Globalität und Globalisierung zu unterscheiden. Unter dem *Globalismus* versteht er in erster Linie die Ideologie und Praxis des Neoliberalismus. Dieser reduziert den Weltmarkt zum alleinigen und rechtfertigenden Maßstab von Veränderungen und die Mehrdimensionalität der Globalisierung auf ökonomische Aspekte.

Globalität dagegen bedeutet: »Leben in einer Weltgemeinschaft oder -gesellschaft, in dem Grenzen verschwinden, die Vorstellung geschlossener Räume fiktiv wird ... verschiedene ökonomische, kulturelle, politische Formen aufeinander [prallen] und die Selbstverständlichkeiten sich neu rechtfertigen müssen« (Beck 1997 zitiert nach Kleiner u. Strasser 2003). Weltgesellschaft hingegen meint: »Was die Menschen scheidet – religiöse, kulturelle und politische Unterschiede –, ist an einem Ort, in einer Stadt, immer öfter sogar in einer Familie, in einer Biographie präsent« (Beck 1998, S. 7).

Unter *Globalisierung* schließlich versteht Beck, den sich »ständig verändernden Prozess der Vernetzung, den wir gestalten können und müssen« (1998, S. 7).

In diesem Sinne ist Giddens' Bewertung über die »große Globalisierungsdebatte« zu verstehen: »Die Debatte über Globalisierung ist die wichtigste Debatte, die augenblicklich im wirtschaftlichen, politischen und kulturellen Denken geführt wird. Die Ursache dafür liegt darin, dass es sich um eine Debatte über die Formen handelt, die unsere Gesellschaften im 21. Jahrhundert annehmen werden, darüber, welche dynamischen Kräfte sie vorantreiben und welche sozialpolitischen Antworten wir auf die Kräfte geben werden. Es ist die ›große‹ Globalisierungsdebatte, weil sie in der ganzen Welt geführt wird. Diese Debatte ist ein Beispiel für die Globalisierung selbst« (Giddens 2003, S. 33).

Die Debatte, so Giddens, würde sich schon lange nicht mehr damit beschäftigen, ob die Globalisierung existiert, sie ist auf die Frage gerichtet, welches die *Konsequenzen der Globalisierung für unser Leben sind.* Damit soll sich dieses Buch befassen.

Gesellschaftsvergessene Psychotherapie?

In Zeiten der Globalisierung haben sich die Lebensverhältnisse der Menschen grundlegend verändert. Keupp (2005a) benutzt zur Beschreibung der Lebensverhältnisse unserer Zeit in Anlehnung an Zygmunt Baumann (2000) den Begriff einer »fluiden Gesellschaft«, in der Grenzen in Fluss geraten sind und Entgrenzung, aber auch Fusion, Durchlässigkeit und wechselnde Konfigurationen zu wesentlichen Grundmustern der menschlichen Existenz geworden sind. Diese Muster sind das Resultat vielfältiger, miteinander verknüpfter Prozesse wie Individualisierung, Pluralisierung, der Dekonstruktion festgelegter Rollen, eines Wertewandels, von »Disembedding«, Globalisierung und Digitalisierung.

Welche Rolle spielt die Psychotherapie in diesem Kontext? Ein wesentliches Ziel jeglicher psychosozialer Arbeit in einer fluiden Gesellschaft – so Keupp (2005a) – sei das *Management von Grenzen*. Subjekte hätten in der globalisierten Gesellschaft ein hohes Maß an Identitätsarbeit zu leisten. Zwar habe die zunehmende Erosion traditioneller Lebenskonzepte, die Erfahrung des »Disembedding«, die Notwendigkeit zu mehr Eigenverantwortung und Lebensgestaltung den Menschen in der Gegenwartsgesellschaft viele Möglichkeiten der Selbstgestaltung verschafft, zugleich aber sei auch das »Risiko des Scheiterns« gewachsen. Die gegenwärtige Sozialwelt, eine »flüchtige Moderne«, habe wenig stabile Bezugspunkte für die individuelle Identitätsarbeit zu bieten und verlange den Subjekten eine endlose Suche nach den richtigen Lebensformen ab.

Es geht also um *Grenzen*, den Umgang mit Grenzen, ihre Neudefinition, ihr Aufgeben und Wiederfinden. Eine Ausgabe der Zeitschrift »Psychotherapie im Dialog« hat sich kürzlich mit diesem Thema näher befasst (»Übergänge und Grenzen psychotherapeutischen Handelns«, Psychotherapie im Dialog, Heft 2/2005). In diesem Heft findet sich ein kritischer Beitrag des bereits zitierten Heiner Keupp, in dem dieser sich mit der *ambivalenten gesellschaftlichen Funktion von Psychotherapie* beschäftigt.

Keupp (2005b) zeigt in diesem Aufsatz, dass die gesellschaftliche Funktion von Psychotherapie in der Vergangenheit in sehr unterschiedlichen, teilweise kaum vereinbaren Diskursen sichtbar geworden sei. Deutlich im Vordergrund stünde die Diskussion der positiven Leistungsbilanz von Psychotherapie, in deren Kontext nach wie vor der Wettbewerb verschiedener psychotherapeutischer Schulen zu sehen ist, zum anderen aber auch der Versuch, die Wirksamkeit psychotherapeutischer Verfahren öffentlich und sichtbar zu machen, um die Psychotherapie als Bestandteil der Versorgung sicherzustellen und juristisch abzusichern.

Die gesellschaftliche Funktion der Psychotherapie wird und wurde immer auch zwiespältig gesehen, einerseits mit einer Betonung der Fragwürdigkeit psychotherapeutischer Behandlungsmethoden als »symptomatisch arbeitender Reparaturbetrieb ..., der gesellschaftliche Probleme psychologisch verschleiert« (Keupp

2005b, S. 142), andererseits dem subversiven Gehalt von Psychotherapie, mit ihren Möglichkeiten der Infragestellung fester gesellschaftlicher Strukturen.

Die Psychotherapie und psychotherapeutische Theorien werden
– wir sind skeptisch, ob ihre Deutungsmacht hierfür wirklich ausreicht – auch immer wieder benutzt, um aktuelle gesellschaftliche
Phänomene zu erklären, angefangen von der Individualisierung
der Gesellschaft bis hin zu politischen Ereignissen, wie den An-
schlägen auf das World Trade Center in New York, und Personen,
von George Bush bis Osama bin Laden.

Weitere Diskurse beziehen sich nach Keupp auf die Nutzerper-
spektive in der Psychotherapie, teilweise fragwürdige Formen und
Fehlentwicklungen psychotherapeutischer Aktivitäten und auf die
Frage der sozialen Gerechtigkeit in der Anwendung psychotherapeutischer Verfahren: Nach wie vor können wir sagen, dass jene
Personen, die besonders gefährdet und belastet sind, immer noch
die geringsten Chancen auf einen Zugang zum psychotherapeutischen Versorgungssystem haben.

Die Reflexion der gesellschaftlichen Bedeutung von Psychotherapie ist in den letzten Jahren zunehmend in den Hintergrund ge-
rückt. Kritische Denker wie Keupp (2005b) konstatieren »ein neo-
liberales Menschenbild der Psychotherapie, das eine maximierte
Selbstkontrolle als Fortschritt anpreist« (S. 141). Die Rede ist von
einer »Konjunktur der Psychotechnologien«, die genau aus der
Perspektive der nüchternen Dienstleistungshaltung in der Psychotherapie entstanden sind.

Diese Konjunktur ist unschwer erkennbar an dem immer deutlicher werdenden Primat störungsspezifischer Behandlungstechni-
ken, die eine breite Reflexion psychotherapeutischen Handelns
weitgehend abgelöst haben. Die Psychotherapieforschung weist
immer wieder, gestützt auf eine Vielzahl von Befunden, dennoch
aber weitgehend ungehört darauf hin, dass die (störungsspezifi-
sche) psychotherapeutische Technik nur einen minimalen Anteil
der Varianz von Behandlungsergebnissen aufklärt. Von erheblich
größerer Wichtigkeit sind die spezifischen Merkmale der Beteiligten, der Patienten und der Therapeuten sowie die Qualität der therapeutischen Beziehung. Der größte Teil der Varianz ist durch per-

sonale und störungsbezogene Variablen oder aber überhaupt nicht erklärbar und wahrscheinlich maßgeblich durch den kulturellen und sozialen Kontext, in dem Psychotherapie stattfindet, determiniert.

Es sind wahrscheinlich viele Faktoren: gesellschaftliche Entwicklungen, Entwicklungen des Gesundheitssystems und in den Wissenschaften, die dazu beigetragen haben, dass Psychotherapeuten zunehmend darauf verzichtet haben, ihre eigene gesellschaftliche Rolle zu reflektieren. Heiner Keupp spricht unter Bezug auf Russel Jacoby von einer »sozialen Amnesie« der aktuellen Psychotherapie, von »einer weit verbreiteten Gesellschaftsvergessenheit der Psychotherapieszene«.

Diese zeige sich geradezu paradigmatisch an dem Einzug neurobiologischer und neurowissenschaftlicher Methoden und Erklärungsansätze in das psychotherapeutische Feld, der so weit geht, psychotherapeutische Interventionen auf die Reorganisation synaptischer Verschaltungen zu reduzieren.

Diskurse über die Bedeutung gesellschaftlicher und kultureller Unterschiede für die Psychotherapie haben offenbar allenfalls eine Alibifunktion und erscheinen, insbesondere in der Literatur aus den Vereinigten Staaten, in einer höchst artifiziellen Form, wenn Einflüsse von Kultur, Gesellschaft und Geschlecht auf der Basis von formalen Prinzipien einer politischen Korrektheit technisiert werden.

Zeitdiagnosen, die eigentlich auch eine Aufgabe von Psychotherapie sein sollten, werden längst in anderen Wissenschaftsdisziplinen gestellt, weswegen es umso wichtiger ist, den Blick immer wieder über den Tellerrand des psychotherapeutischen Alltagsgeschäftes hinausschweifen zu lassen.

Zentrale Themen der »großen Globalisierungsdebatte«

Es gibt viele Themen, die im Rahmen der Globalisierungsdebatte – auch aus der Sicht der Psychotherapie – angesprochen werden müssten. Wir haben uns auf eine Auswahl begrenzt, die den gesellschaftlichen Auftrag der Psychotherapie vielleicht am ehesten deutlich macht: Wie wirkt sich die Globalisierung auf die Gesundheit des Menschen aus, wie die Ökonomisierung auf die Psychotherapie? Gibt es im Zeitalter der Globalisierung auch »globale Identitäten«? Wie wirkt sich der Wegfall von Grenzen auf das psychotherapeutische Handeln im Umgang mit Menschen anderer Kulturen aus? Welchen Einfluss hat die »Mediatisierung« als ein wesentlicher Bestandteil globaler Strukturen auf die Identitätsentwicklung? Was sind die Grenzen der Erinnerung in einer globalisierten Gesellschaft?

Globalisierung und Ökonomisierung in der Psychotherapie

Die medizinische Soziologie hat sich in den vergangenen Jahren (vgl. den Beitrag von Siegrist in diesem Band) intensiv mit den Folgen der Globalisierung für die Gesundheit, insbesondere der Gesundheit von Menschen in Schwellenländern beschäftigt. Hier stehen vor allem die Auswirkungen auf körperliche Erkrankungen im Blickpunkt, die eine Änderung des Lebensstils reflektieren. Angesichts der Tatsache, dass der globalisierte Kapitalismus bekanntermaßen auch zu extremen strukturellen Veränderungen beigetragen hat, die das Privat- und Alltagsleben des Individuums betreffen (vgl. Hantel-Quitmann u. Kastner 2004), ist die Frage nach seinen Auswirkungen auf die seelische Gesundheit gleichermaßen berechtigt. Anthony Giddens (2001) hat in seinem Buch »Entfesselte Welt« dargestellt, wie die Globalisierung unser Leben verändert hat:

»Die wichtigste der gegenwärtigen globalen Veränderungen betrifft unser Privatleben ... unsere Einstellung zu uns selbst und zu der Art und Weise, wie wir Bindungen und Beziehungen mit anderen gestalten, unterliegt überall auf der Welt einer revolutionären Umwälzung ... In mancher Hinsicht sind die Veränderungen in diesem Bereich komplizierter und beunruhigender als auf allen anderen Gebieten ... Doch dem Strudel der Veränderungen, die unser innerstes Gefühlsleben betreffen, können wir uns nicht entziehen« (S. 69).

Es könnte sehr gut sein, dass diese Veränderungen auch für eine Zunahme psychischer Probleme verantwortlich sind. Kürzlich wurde in einer Ausgabe der New York Times (v. 27.5.2005) unter dem Titel »Moods, Madness and Mania« darüber berichtet, dass in den Vereinigten Staaten soeben eine Studie veröffentlicht wurde, der zufolge mindestens 50 Prozent aller Amerikaner im Laufe ihres Lebens eine psychische Erkrankungen entwickeln. Der Beitrag diskutiert aufmerksam und differenziert, dass die Konzeptionen von psychischen Erkrankungen in der globalisierten Welt sehr unterschiedlich sind und beispielsweise das, was Amerikaner als Depression bezeichnen, in asiatischen Ländern weitgehend ignoriert würde. Dennoch kommt der Beitrag zu dem Schluss, dass globalisierungsbedingte Veränderungen des sozialen Lebens *überall* ein erhöhtes Risiko für bestimmte psychische Störungen darstellen. Die Borderline-Symptomatik wird hier an erster Stelle genannt. Der amerikanische Psychiater und Persönlichkeitsforscher Theodore Millon wird mit dem Satz zitiert: »This seems to me a kind of diagnosis of our age, this complex, changing, fluid society in which young people are not allowed to internalize a coherent picture of who they are. There are too many options, too many choices, in there is a sense of, ›I don't know how I am – am I angry, am I contrite, happy, sad? … It is the scattered confusion of modern society.«

Interessanterweise – auch dies ist Bestandteil der Berichterstattung in der New York Times – hat die Veröffentlichung der epidemiologischen Ergebnisse in den USA offensichtlich schon eine »Gegenbewegung« initiiert. Die Autoren des DSM befinden sich offenbar derzeit in einer kontroversen Diskussion darüber, welche Symptome und Syndrome in Zukunft noch als psychische Krankheit definiert werden sollten. Eine Gruppierung plädiert dafür, bestimmte Störungen »milder Natur« wie etwa die soziale Phobie oder Panikstörungen in Zukunft gar nicht mehr als psychiatrische Diagnose aufzufassen und auf die Art und Weise die Prävalenzraten für psychische Störungen, die ohne Zweifel in alarmierender Weise gesellschaftliche Veränderungsprozesse reflektieren, nach unten zu korrigieren.

Diese Tendenz, ebenso wie die hierzulande immer wieder aufflackernde Diskussion um den »Wellness-Charakter« von Psychotherapie, der es rechtfertigt, sie aus der Regelversorgung kranker Menschen auszuklammern (vgl. Strauß 2004), hat natürlich auch ökonomische Hintergründe. Die Psychotherapie, darauf wurde in jüngster Zeit vermehrt hingewiesen, wird in zunehmendem Maße als »Ware« konzipiert (vgl. Foucault 2000; Decker u. Brähler 2002; Strauß in Vorb.). Dies ist ein weiteres Thema, mit dem sich dieses Buch aus psychotherapeutischer (Fürstenau), soziologischer (Duttweiler, König) und wirtschaftswissenschaftlicher Sicht (Kisker) befasst.

Globale Identität(en)?

Wenn davon die Rede ist, dass in Zeiten einer »fluiden«, »entfesselten« Gesellschaft die Identitätsarbeit von besonderer Wichtigkeit sei, bezieht sich dies auf Überlegungen einer im Wandel befindlichen Identität, die sich aus den mit der Globalisierung verbundenen Prozessen ergeben muss. Mit dieser Frage beschäftigen sich in diesem Buch die Beiträge eines Philosophen (Dybel), eines Psychoanalytikers (Balzer) und eines Identitätsforschers und »global players« (Kothes). Die Frage beschäftigt die Kulturwissenschaften seit langem. Peter Burke (2002) zeigt, dass Individuen in Zeiten lange vor der Globalisierung über kollektive Identitäten (z. B.: religiöse, berufliche, »räumliche«) verfügten, und dass diese Identitäten durchaus miteinander vereinbar waren und sind. Bezüglich der Frage nach »globalen Identitäten« entwirft er drei Szenarien: Das eine Szenario beschreibt eine in der Tat globale Identität, die beinhaltet, »dass jeder im Jahr 2050 Coca-Cola trinkt, Hamburger isst, Englisch spricht... und das gleiche Fernsehprogramm zur gleichen Zeit sieht« (S. 28). Dies – so Burke – sei zwar eine Karikatur, da sowohl in den (anderen) Weltsprachen, ebenso wie in den Weltreligionen »noch sehr viel Leben stecke« (S. 28), es gebe aber doch Trends zu einer zunehmend globalen Kultur, die sich beispielsweise in bestimmten, für die Identität wichtigen Kulturerscheinungen, etwa dem Film und dem Roman, zeigten. Gleichzeitig aber sei ein Phänomen der »Gegen-Globalisierung«, die Stärkung »lokaler

Identitäten« zu beobachten als Resultat des von Freud beschriebenen »Narzissmus des kleinen Unterschieds«, der – oft begleitet von Gewalt gegen das Andere – durch die Gefahr des Verlusts traditioneller Identitäten ausgelöst würde (Blok 1998). Das dritte Szenario in der Darstellung Burkes (2002) legt den Schwerpunkt auf die Koexistenz, die »Durchmischung«. Damit ist er dem nahe, was Giddens (2003) als *Kosmopolitanismus* bezeichnet, den dieser als eine »wirklich emanzipatorische Sache« begreift, da er Unterschiede positiv nutzt: »Ich bin der festen Überzeugung, dass die Zukunft der Staatsbürgerschaft im globalen Zeitalter davon abhängt, dass wir Kosmopoliten die Schlacht gewinnen« (S. 47).

Psychotherapie mit und in fremden Kulturen – Migration

Die Migration wird als eine der wesentlichen Grundlagen heutiger kultureller Globalisierung erachtet (vgl. Wagner 2002). Wir leben in einem »Zeitalter der Migration«, in dem Mobilität, in der Regel aus sozialen, ökonomischen und politischen Gründen erzwungen, ein zuvor nie bekanntes Ausmaß erreicht hat. Schätzungen der Internationalen Organisation für Migration zufolge (zitiert nach Wagner 2002) gab es 1975 weltweit 75 Millionen Migranten, 1995 105 Millionen, heute wird die Zahl bereits auf 150 Millionen geschätzt.

Vielleicht ist der Kontakt mit Migranten die unmittelbarste Begegnung von Psychotherapeuten mit der Globalisierung? Die Psychotherapie mit und in fremden Kulturen ist zu einer Herausforderung geworden, die auch eine Reflexion der eigenen, kulturbezogenen psychotherapeutischen Identität erforderlich macht. Wer könnte darüber besser nachdenken als Sudhir Kakar, ein Wissenschaftler, Psychoanalytiker und Literat, der tief in der indischen Kultur verwurzelt ist, der aber die Grenzen seiner Kultur mehrfach überschritten hat. Seine Ausführungen werden ergänzt durch Beiträge eines Historikers (Dirk van Laak), der sich mit dem fernen Kontinent Afrika »als Erschließungsraum« beschäftigt, und von Yesim Erim und Wolfgang Senf sowie Ali Kemal Gün

und Margarethe Haaß-Wiesegart, die ihre Erfahrungen mit verschiedenen »interkulturellen« Begegnungen in der Psychotherapie beschreiben.

Mediatisierung

Eine weitere Basis für die Globalisierung ist die Medienentwicklung. Giddens zeigt am Beispiel der Ereignisse des 11. September
2001, dass das Leben in einer globalisierten Welt »zutiefst mit den
Kommunikationsmedien verflochten ist« (S. 37). »Die Entwicklung und Verbreitung der audiovisuellen Massenmedien ... haben
eine neue Stufe grenzüberschreitender Vermittlung von Kulturen
hervorgebracht ... und sie haben zur Herausbildung transnationa-
ler Medienunternehmen geführt, die immer mehr kulturelle Angebote für immer mehr Menschen in der Welt bereithalten, von denen jeder Einzelne dann wiederum über eine wachsende Zahl kultureller Produkte verfügen kann« (Wagner 2002, S. 14).

Diese »Mediatisierung« hat in den letzten Jahren das menschliche Sozial- und Kommunikationsverhalten dramatisch beeinflusst. Umso erstaunlicher ist es, dass Medien- und Psychothera-
piewissenschaften so wenig miteinander darüber kommunizieren,
wie die Medienentwicklung und die Inhalte und Strukturen von
Medien sich auf die Entwicklung der menschlichen Identität
wirklich auswirken. Zwei Medienwissenschaftler (Krotz, Ruhrmann) und ein Kinderpsychotherapeut (Bergmann) tragen in diesem Buch dazu bei, diesen Dialog in Zukunft vielleicht zu befördern.

Grenzen der Erinnerung

In der Diskussion um die Frage, wie die Globalisierung die Identitäten verändert hat, rechtfertigt Burke (2002) seine »Einmi-
schung« als Kulturhistoriker mit der Bemerkung: »Es ist wichtig,
Gegenwart und Zukunft als Teil der Vergangenheit zu verstehen.«
Mit den Grenzen dieses Verständnisses, aber auch mit der Bedeu-

tung der »Verfertigung von Geschichte« für die Identität, befassen sich die abschließenden Beiträge zweier Biographieforscher aus den Disziplinen Geschichtswissenschaften und Soziologie (Wierling und Fischer).

Zum Hintergrund dieses Buches

Unter dem Titel »GRENZEN – Psychotherapie und Identität in Zeiten der Globalisierung« wurde vom 30.6. bis 3.7.2005 in Weimar eine Tagung veranstaltet, der die in diesem Buch enthaltenen Beiträge entstammen. Bei der Tagung handelte es sich bereits um den zweiten Weimarer Kongress »Psychotherapie und Gesellschaft«, der sich mit der Bedeutung gesellschaftlicher Veränderungen für die Psychotherapie befasste. Der erste Kongress war das Ergebnis einer privaten Kooperation der beiden Herausgeber und wurde 1999 – Weimar war zu dieser Zeit Kulturstadt Europas – unter dem Titel: »Eigenes und Fremdes – Psychotherapie in Zeiten der Veränderung« abgehalten (vgl. Strauß u. Geyer 2000). Wir haben damals an der positiven Resonanz bemerkt, dass es unter Psychotherapeutinnen und Psychotherapeuten offensichtlich doch einen Bedarf gibt, sich mit gesellschaftstheoretischen Fragen zu befassen und mehr noch diesbezüglich Impulse aus anderen Wissenschaftsdisziplinen zu erhalten. Der Eröffnungsredner der damaligen Tagung, Peter Sloterdijk, hat in diesem Zusammenhang den schönen Begriff der »Selbstreflexion von außen« geprägt. Diese sollte auch im Jahr 2005 ein wichtiges Ziel des Kongresses sein, dies schlägt sich auch in der interdisziplinären Gestaltung dieses Buches nieder.

Als Ergebnis der Tagung im Jahr 1999 hat sich im Rahmen des *Collegium Europaeum Jenense* (CEJ), einem, der Friedrich-Schiller-Universität angegliederten, von Ulrich Zwiener unmittelbar nach der Wende gegründeten Verein, der sich mit der Förderung des kulturellen, wirtschaftlichen und politischen Austausches in Europa beschäftigt, ein Arbeitskreis »Psychotherapie und Gesellschaft« konstituiert. Dieser Arbeitskreis hat seine Aktivitäten zunächst auf die Region beschränkt und beispielsweise vor wenigen

Jahren an der Friedrich-Schiller-Universität Jena eine Ringvorlesung zum Thema »Braucht die Gesellschaft Psychotherapie?« veranstaltet (vgl. Strauß 2004).

Während 1999 noch primär die Folgen der politischen Wende in Deutschland und Europa im Mittelpunkt standen, wagten wir uns 2005 gemeinsam daran, über die psychotherapeutische Profession und die Entwicklung der Identität in Zeiten der Globalisierung zu reflektieren. In dem vorliegenden Buch sind nun jene Beiträge zusammengefasst, die sich mehr oder weniger direkt mit der Globalisierungsthematik befassen. Ein weiterer Band (Strauß u. Geyer 2006) enthält Beiträge, die sich mehr auf die Bedeutung von Grenzen in der Psychotherapie und die *Grenzen psychotherapeutischen Handelns* beziehen. Beide Bände versuchen, die oben zitierte Gesellschaftsvergessenheit der Psychotherapeuten ein wenig zu kompensieren.

Es gilt nun, vielen Menschen zu danken, die sich an dem Unternehmen beteiligt haben: den Mitgliedern des »Arbeitskreises Psychotherapie und Gesellschaft« im CEJ sowie den Mitgliedern des Beirates dieses Kongresses (Frank Bartuschka, Heike Bernhardt, Elmar Brähler, Ewald Johannes Brunner, Jochen Eckert, Jörg Frommer, Peter Joraschky, Günter Jerouschek, Dankwart Mattke, Irene Misselwitz, Christian Reimer, Heinrich Sauer, Wolfgang Senf und Bernd Sprenger), den Mitarbeitern, Mitarbeiterinnen und studentischen Hilfskräften des Instituts für Medizinische Psychologie am Klinikum der Friedrich-Schiller-Universität für die einzigartige Hilfe bei der Durchführung der Tagung und – speziell Bianca Bormann und Andrea Joseph – bei der Aufbereitung der Manuskripte.

Bernhard Strauß und Michael Geyer

Literatur

Baumann, Z. (2000): Liquid modernity. Cambridge.

Beck, U. (1997): Was ist Globalisierung? Frankfurt a. M.

Beck, U. (1998): Perspektiven der Weltgesellschaft. Frankfurt a. M.

Blok, A. (1998): The narcissism of minor differences. European Journal of Social Theory 1: 33–56.

Burke, P. (2002): Globale Identitäten aus Sicht eines Historikers. Das Parlament: Aus Politik und Zeitgeschehen B12/2002: 26–30.

Decker, O.; Brähler, E. (2002): »Vermessene Psychotherapie« – Überlegungen zu ökonomischen und zivilisatorischen Aspekten der Qualitätssicherung in der Psychotherapie. Verhaltenstherapie und psychosoziale Praxis 34: 875–887.

Foucault, M. (2000): Gouvernementalität. In: Bröckling, U.; Krasmann, S.; Lemke, T. (Hg.): Gouvernementalität der Gegenwart. Studien zur Ökonomisierung des Sozialen. Frankfurt, S. 31–67.

Giddens, A. (2001): Entfesselte Welt. Frankfurt a. M.

Giddens, A. (2003): Die große Globalisierungsdebatte. In: Kleiner, M. S.; Strasser, H. (Hg.): Globalisierungswelten. Köln, S. 33–47.

Hantel-Quitmann, W.; Kastner, P. (Hg.) (2004): Der globalisierte Mensch. Gießen.

Keupp, H. (2005a): Welche Prioritäten wollen wir setzen? – Psychosoziales Arbeiten in einer Gesellschaft im Umbruch. Psychoneuro 31: 35–41.

Keupp, H. (2005b): Die ambivalente gesellschaftliche Funktion von Psychotherapie. Psychotherapie im Dialog 6: 141–144.

Kleiner, M. S.; Strasser, H. (2003): Globalisierungswelten – Kultur und Gesellschaft in einer entfesselten Welt. In: Kleiner, M. S.; Strasser, H. (Hg.) (2003): Globalisierungswelten. Köln, S. 9–32.

Strauß, B. (Hg.) (2004): Braucht die Gesellschaft Psychotherapie? Weimar.

Strauß, B. (in Vorb.): Psychotherapie ... – Über den Warencharakter von Psychotherapie. Psychotherapeut 51

Strauß, B.; Geyer, M. (Hg.) (2000): Psychotherapie in Zeiten der Veränderung. Wiesbaden.

Strauß, B.; Geyer, M. (Hg.) (2006): Grenzen psychotherapeutischen Handelns. Göttingen.

Wagner, B. (2002): Kulturelle Globalisierung. Das Parlament: Aus Politik und Zeitgeschehen B12/2002: 10–18.

Globalisierung und Ökonomisierung in der Psychotherapie

Peter Fürstenau

Globalisierung und Ökonomisierung in der Psychotherapie – Eine Einführung

»Globalisierung« meint die schon von Marx klar erkannte Tendenz des kapitalistischen Wirtschaftssystems, sich über die Grenzen der Nationalstaaten weltweit auszubreiten und den gesamten Verkehr an Gütern und Dienstleistungen unter dem Gesichtspunkt der Profitmaximierung zu umfassen. Wirtschaftspolitisch ist das mit einem Eintreten für den ungehinderten freien Handel und die Regulation ausschließlich durch den Markt verbunden. Das global sich ausbreitende kapitalistische Wirtschaftssystem führt folgerichtig zu einer tendenziell weltweiten »Ökonomisierung« aller Gesellschaftsbereiche: nicht nur der Güterproduktion, sondern eben vor allem auch der Dienstleistungen und damit auch des Sozial-, Bildungs-, Gesundheits-, Medien- und Kulturbereichs. Die Globalisierung wurde durch die moderne Informations- und Kommunikationstechnologie mit Entwicklung des Internet auf ein neues Niveau von Perfektion und Dynamik gehoben. Die Beherrschung und Verarbeitung riesiger Datenmassen in kürzester Zeit hat das möglich gemacht.

Diese Entwicklung führt zu einer tendenziellen Nivellierung aller kulturellen Unterschiede, aller Partikularität auf der Welt, indem sich die Profitorientierung als zentraler Bewertungsgesichtspunkt überall durchsetzt: Alles und jedes wird zur handelbaren Ware. Das ist die mit der Globalisierung verbundene Kommerzialisierung. Man kann alles organisieren, produzieren, kaufen, verkaufen, vor allem: aus allem Profit schlagen, und alle sind gezwungen, profitabel zu operieren.

Diese Entwicklung wird ideologisch mit der Überzeugung sekundiert, dass das freie Spiel der Kräfte am Markt gesellschaftliche Wohlfahrt am besten fördere, indem sich nach dieser Auffassung alle Mitglieder der Gesellschaft ihrem individuellen Güterbedarf gemäß am Markt entfalten können. Der Eigennutz aller Einzelnen fördere das gesellschaftliche Wohl optimal.

Diese neoliberale Auffassung verleugnet jedoch, dass es sowohl in der Tradition der kapitalistischen Länder als auch der erst jetzt massiv mit der Globalisierung konfrontierten Teile der Welt gesellschaftliche Sektoren gegeben hat und noch gibt, die nicht der Regulation durch den freien Markt überlassen werden können. Dabei handelt es sich um die Sicherstellung all dessen, was ein jeder zu einem menschenwürdigen Leben braucht: ein Minimum an Nahrung, trinkbares Wasser, ein Dach über dem Kopf, Bildung für Frauen wie Männer zur Existenzmeisterung, Teilhabe an der Kultur und nicht zuletzt: Erhaltung von Gesundheit und Bekämpfung heilbarer Krankheiten.

Die menschlichen Gesellschaften haben im Umgang mit Armut und Notlagen und zur Förderung von Gesundheit und Bildung unterschiedliche Mittel und Wege gesucht und gefunden, in diesen Situationen auf Grund mitmenschlicher Solidarität zu helfen. Dazu gehört in unserer Kultur die Tradition karitativer Einrichtungen und staatlicher Ordnungen des Bildungswesens und der Sozialversicherung. Die Sicherstellung von Hilfe in Notlagen für alle Bedürftigen ist die Aufgabe der politischen Instanzen in jeder Gesellschaft.

Dies bedeutet eine Einschränkung und Grenze der Reichweite des freien Marktes. Auch im globalisierten Kapitalismus kann sich der Staat der Verpflichtung nicht entziehen, Strukturen und Verfahren zur Bekämpfung von Armut und Not und zur Sicherung der medizinischen Versorgung zu schaffen und, wenn nötig, selbst zu unterhalten.

In der Verantwortung des Staates, das heißt der Politik, liegt die Modernisierung des Gesundheitswesens unter Gesichtspunkten transparenter gerechter Optimierung von Ressourcenzuteilung und -verwendung. Auch das Gesundheitswesen kann sich ökonomischem Denken nicht entziehen: Traditionelle Strukturen und Wirtschaftsweisen, überkommene Privilegien und Intransparenz stehen auf dem Prüfstand. Die ökonomische Optimierung kann jedoch nur im Zusammenhang mit einer fachlichen Revision und Weiterentwicklung realisiert werden. Diese ökonomische wie fachliche Gesichtspunkte umfassende Diskussion hat jetzt auch die Psychotherapie erreicht, die sich in den letzten 100 Jahren ziemlich naturwüchsig entfaltet hat und nun vor der Aufgabe steht, sich sowohl mit ökonomischen als auch fachlichen Belangen intensiver öffentlich auseinander setzen zu müssen als bisher. Die politische Forderung, Qualität nachzuweisen und zu sichern, markiert einen Weg, wie ökonomische und fachliche Aspekte sinnvoll aufeinander bezogen werden können.

Johannes Siegrist

Globalisierung und Gesundheit

Wer in seinem Beruf als Psychotherapeut oder Psychotherapeutin tätig ist, leistet eine wertvolle und zugleich schwierige Arbeit – eine Arbeit, die darin besteht, an der je individuellen Konfiguration von Konflikten, Kränkungen und Schicksalsschlägen klärend und helfend, das heißt sie verändernd, teilzunehmen. Psychotherapie ist zuallererst Beziehungsarbeit im mikrosozialen System einer Zweier- oder Dreierbeziehung oder im System einer überschaubaren Gruppe. Von diesen mikrosozialen Beziehungen ist der Prozess der weltumspannenden Globalisierung weit entfernt. Und dennoch können seine Folgen bis in die kleinsten Verästelungen des sozialen Beziehungsnetzes hineinreichen, in dem Menschen Ängste, Drohungen und Verluste erfahren, in dem Hoffnungen geweckt oder enttäuscht und Zukunftsperspektiven erschlossen oder zerstört werden. Wenn ich heute versuche, das Thema Globalisierung und Gesundheit zu erläutern, so tue ich dies in der Absicht, die Wahrnehmung und das Bewusstsein solcher Verbindungen zwischen makrosozialen und mikrosozialen, die individuelle Person betreffenden Prozessen zu schärfen.

Wer sich mit Globalisierung befasst, wird im gegenwärtigen Diskurs oft vorschnell einem politischen Lager zugerechnet. Sei es dem Lager der Globalisierungsgegner, welche sich für soziale Gerechtigkeit und den Schutz der Umwelt einsetzen oder dem Lager der Befürworter, welche von den positiven Wirkungen freier Marktwirtschaft überzeugt sind. Es scheint jedoch angezeigt, einer solchen Parteinahme die klärende Analyse dieses sicherlich ambivalenten Phänomens voranzustellen. Dabei stellt sich zunächst die Frage: Was heißt eigentlich Globalisierung?

Im Kern handelt es sich um den Prozess der Ausweitung zentraler Elemente des westlichen Modernisierungsprozesses auf alle Länder der Erde: der Elemente der Marktwirtschaft und der modernen Technologie. Dieser Prozess hat in den vergangenen 20 Jahren eine früher schwer vorstellbare Dynamik und Intensität erreicht. Mit der Einrichtung der Welthandelsorganisation WTO und der Öffnung von Märkten in Schwellenländern, welche unter wesentlicher Mitwirkung von Internationalem Währungsfonds und Weltbank erfolgte, vervielfachte sich der grenzüberschreitende Waren-, Dienstleistungs- und Kapitalmarkt in kürzester Zeit. Von 1990 bis 2000 wuchs der internationale Handel weltweit jedes Jahr um etwa 9 Prozent, der grenzüberschreitende Dienstleistungssektor sogar jährlich um bis zu 19 Prozent. Besonders stark hat der internationale Kapitaltransfer zugenommen, der wesentlich von multinationalen Konzernen bestimmt wird. Einerseits fließt Kapital in die produktiven Wirtschaftssektoren in so genannte Billiglohnländern, andererseits wird transnationales Kapital rücksichtslos zu Gewinnspekulationen verwendet. In den 20 Jahren zwischen 1973 und 1993 hat sich das jährlich in multinationalen Handel investierte Geld von schätzungsweise 20 auf schätzungsweise 600 Milliarden US-Dollar verdreißigfacht. Dabei ist wichtig, zu beachten, dass etwa 70 Prozent dieses internationalen Transfers von drei dominierenden Regionen der Welt bestritten wird, den USA, der Europäischen Gemeinschaft sowie den ostasiatischen Ländern (Spiegel et al. 2004).

Mit der Handelsexpansion gehen zwei weitere wichtige Aspekte mit der Globalisierung einher: Mobilität und Informationsaustausch. Schätzungsweise eine Million Menschen befinden sich täglich im grenzüberschreitenden Verkehr, und jede Woche reisen eine Million Menschen zwischen Entwicklungsländern und modernen Gesellschaften hin und her. Etwa 700 Millionen Touristen kommen jährlich in fremden Ländern an. Die Auswirkungen dieser Mobilität, im Verein mit der Ausbreitung von Fernsehen, Internet und Telefon, auf Lebensstil, kulturelle und soziale Identität ganzer Bevölkerungsgruppen lassen sich heute erst in Ansätzen erkennen.

Von solchen Grenzüberschreitungen kann – das soll hier ausdrücklich festgehalten werden – ein Autonomiegewinn ausgehen.

Hemmende, oftmals repressive Wirkungen territorialer, wirtschaftlicher und kultureller Abgrenzungen verlieren ihre Kraft. Es breiten sich weltumspannende Muster politischer und sozialer Organisation aus, die auf gemeinsam geteilten Werten gründen – dem Geltungszuwachs von Menschenrechten, den Prinzipien der Demokratisierung und Willkürbegrenzung sowie der Toleranz gegenüber Andersdenkenden. So verstandene, Grenzen aufhebende Globalisierung ebnet der Entstehung einer Weltgesellschaft den Weg, einer der, trotz aller Rückschläge, großen Visionen unserer Zeit.

Zurzeit spielt sich der Globalisierungsprozess in einer enormen, vermutlich nie da gewesenen zeitlichen Verdichtung ab. So werden ganze Völker in wenigen Jahrzehnten aus über Jahrhunderte gewachsenen Traditionen gerissen mit der Folge, dass traditionelle Familienstrukturen aufgelöst werden und herkömmliche Normen und Werte ihre Geltungskraft einbüßen. Landflucht und Urbanisierung breiten sich ebenso aus wie transnationale Arbeits- und Fluchtmigration. Schätzungsweise leben zurzeit etwa 150 Millionen Menschen außerhalb ihres Heimatlandes, und die Wanderungsbewegungen wachsen schneller als die Weltbevölkerung.

Damit stellt sich die Frage nach dem Zusammenhang von Globalisierung und Gesundheit. Ich gehe nachfolgend von der These aus, dass dieser Zusammenhang nur dann angemessen analysiert werden kann, wenn die bidirektionalen Beziehungen zwischen Nord und Süd dieser Erde in den Vordergrund gestellt werden.

Gesundheitsrisiken, die vom Süden nach Norden, also von Entwicklungsländern in moderne Gesellschaften, wandern, sind in erster Linie Infektionskrankheiten. Nichts verdeutlicht dies eindrucksvoller als die Ausbreitung von HIV und Aids. Aber auch die Gefahren, die von SARS oder von antibiotikaresistenten Pneumokokken ausgehen, sind hier zu nennen. Internationale Gesundheitsorganisationen haben daher den Schwerpunkt ihrer Aktivitäten in den letzten Jahren auf die Bekämpfung von Infektionskrankheiten – einschließlich der Gefahren des Bioterrorismus – gelegt, übrigens nicht ohne eigene wirtschaftliche Interessen reicher Geberländer. Das unermessliche Leid, das von weit verbreiteten Infektionskrankheiten in vielen Entwicklungsländern, und insbesondere in den Ländern Afrikas südlich der Sahara, ausgeht, darf keinesfalls unterschätzt werden. Dennoch muss betont werden, dass die Krankheitslast, die im globalen Maßstab von Norden nach Süden transportiert wird, von ihrem Umfang her größer ist als diejenige, die vom Süden nach Norden reicht. Gemeint ist die Ausbreitung chronischer Krankheiten und damit assoziierter Sterblichkeit, die im Gefolge des ökonomischen und soziokulturellen Modernisierungsprozesses in den Schwellenländern des Globus zu beobachten ist. Wir sehen dort zurzeit einen rasanten Anstieg von Herz-Kreislauf-Krankheiten, von Typ-II-Diabetes, von Lungenkrebs, aber auch von Depressionen und Abhängigkeitserkrankungen. Die Verbreitung von Tabak, Alkohol, gesundheitsschädigenden Nahrungsmitteln und Getränken, die von westlichen Konzernen in Schwellen- und Entwicklungsländern planmäßig betrieben wird, spielt in diesem Prozess eine wichtige Rolle. Für das Jahr 2020 ist voraus berechnet worden, dass etwa 70 Prozent der Frühsterblichkeit und der durch Behinderung eingeschränkten Lebensjahre vornehmlich auf die genannten chronisch degenerativen Erkrankungen und Störungsbilder entfallen. An vorderster Front stehen koronare Herzkrankheiten und Depressionen (Murray u. Lopez 1996).

Nach Angaben der WHO beträgt allein die dem Rauchen zuzuschreibende Exzesssterblichkeit im Weltmaßstab gegenwärtig pro Jahr etwa 10 Millionen Todesfälle. Ein Großteil fällt auf die Entwicklungs- und Schwellenländer. Alkohol, Übergewicht, vitaminarme Ernährung, hoher Blutdruck und hohe Cholesterinwerte zählen neben Rauchen zu denjenigen Risikofaktoren, welche in Schwellenländern den relativ größten Beitrag zu Frühsterblichkeit und chronischer Behinderung leisten (Ezzati et al. 2002, s. Abb. 1). Und dabei sind die Risiken ungleich über die Bevölkerung verteilt: Je ärmer bzw. bildungsschwächer die Gruppen sind, umso höher ist ihre Gefährdung. Für ein so wichtiges Land wie China konnten wir dies bereits Ende der 1980er Jahre in einer epidemiologischen Studie bei Industriearbeitern zeigen: es fand sich eine beinahe lineare Beziehung zwischen Umfang von täglichem Zigarettenkonsum bzw. Alkoholkonsum und Bildungsgrad bei den untersuchten Industriearbeitern (Siegrist et al. 1990, s. Abb. 2).

Zu den voraussichtlich markantesten Langzeitfolgen der Aus-

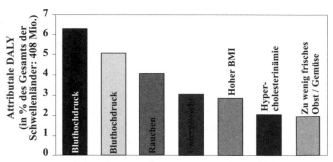

Abbildung 1: Krankheitslast (DALY) infolge der 7 einflussreichsten Risikofoktoren in Schwellenländern (in Anlehnung an M. Ezzati et al. 2002, S. 1356)

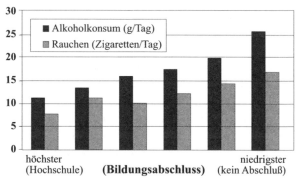

Abbildung 2: Sozialschicht und Gesundheitsverhalten 1121 männlich Arbeiter (Stahlindustrie, Wuhan/China; in Anlehnung an J. Siegrist et al. 1990)

breitung westlichen Lebensstils in Schwellenländern gehört die epidemische Zunahme des Typ-II-Diabetes, ganz besonders in asiatischen Ländern. In nur 10 Jahren, von 2000 bis 2010, wird die Zahl der Diabeteskranken in Asien voraussichtlich um 57 Prozent zunehmen, auf insgesamt über 133 Millionen Diabeteskranke. Instruktiv sind die Ergebnisse vergleichender Studien zur Diabetesprävalenz bei chinesischen Bevölkerungsgruppen, die in wirtschaftlich fortschrittlichere Regionen ausgewandert sind, so beispielsweise nach Hongkong, Singapur, Taiwan oder Mauritius. Die

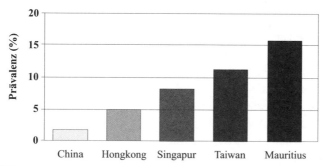

Abbildung 3: Prävalenz von Diabetes mellitus Typ 2: Chinesen in Hongkong, Singapur, Taiwan und Mauritius im Vergleich zu Chinesen in der VR China (Männer, 25–74 J.; in Anlehnung an P. Zimmet 2000, S. 303)

Prävalenz des Typ-II-Diabetes bei chinesischen Männern im Alter von 25 bis 74 Jahren liegt dort zwischen 5 und 16 Prozent, im Vergleich zu den 1,5 Prozent im wirtschaftlich weniger entwickelten Herkunftsland (Zimmet 2000, s. Abb. 3). Der Diabetesforscher Paul Zimmet spricht in diesem Zusammenhang von einer »Coca-Kolonialisierung« der Schwellenländer, das heißt der Ausbreitung eines westlichen Lebensstils, der durch Fehlernährung, Übergewicht, Bewegungsarmut und anwachsenden psychosozialen Stress gekennzeichnet ist (Zimmet 2000).

Im Mittelpunkt meines Vortrags stehen jedoch die Auswirkungen der Globalisierung auf die Gesundheit von Menschen in den Industrieländern des Nordens, also auch hier in Deutschland und im übrigen Europa. Was wissen wir über diesen Zusammenhang, und welche Folgerungen lassen sich aus diesen Erkenntnissen ziehen?

Am unmittelbarsten und stärksten wirkt sich die Globalisierung in unserer Gesellschaft auf die Erwerbsbevölkerung aus. Dabei stehen zwei sich wechselseitig verstärkende Phänomene im Vordergrund: steigende Arbeitsplatzunsicherheit und zunehmende Arbeitsintensität.

Die im Vergleich zu den ersten Jahrzehnten nach dem Zweiten Weltkrieg hohe Arbeitslosigkeit ergibt sich zum einen aus der Verlagerung von Beschäftigungsverhältnissen aus dem sekundären, dem industriellen Sektor hin zum tertiären, dem Dienstleistungssektor und der damit verbundenen Automatisierung. Zum anderen trägt jedoch der Globalisierungsprozess auf zweifache Weise zum Arbeitsplatzabbau bei: einmal durch die bereits erwähnte Verlagerung von Produktion in andere Länder, zum andern durch einen an Gewinnoptimierung und Einsparungszwang orientierten systematischen Rationalisierungsprozess. Dieser Rationalisierungsprozess breitet sich über alle Sektoren der Erwerbstätigkeit aus, sowohl in der Privatwirtschaft als auch in öffentlichen Verwaltungen und Organisationen. Mit Rationalisierung geht immer dann ein Personalabbau (downsizing) einher, wenn nicht zugleich in großem Umfang Investitionen erfolgen.

Neu an diesem Rationalisierungsprozess ist nicht nur sein Umfang, sondern auch die Tatsache, dass vermehrt auch höher qualifizierte Berufstätige ihre Stelle verlieren, wie dies gegenwärtig beinahe täglich in Zeitungsmeldungen über Fusionsprozesse zwischen Firmen, Banken oder über Outsourcing-Entscheidungen des Managements zu lesen ist.

Die Bedrohung oder sogar der Verlust einer zentralen sozialen Rolle im Erwachsenenleben, der Erwerbsrolle, kann schwere gesundheitliche Folgen nach sich ziehen. Dies ist in erster Linie der Tatsache zuzuschreiben, dass damit die wirtschaftliche Unabhängigkeit, die gesellschaftliche Wertschätzung und eine wesentliche Quelle positiven Selbstwerterlebens bedroht werden.

So belegen zahlreiche Studien erhöhte Krankheitsrisiken bei Langzeitarbeitslosen im Vergleich zu stabil Beschäftigten. Wichtig ist dabei, dass in solchen Studien der dem Arbeitsplatzverlust vorausgehende Gesundheitszustand als mögliche Verzerrungsquelle berücksichtigt worden ist, so dass die Exzessmorbidität und -mortalität, die in manchen Studien zwischen 30 und 80 Prozent beträgt, tatsächlich dem kritischen Lebensereignis Arbeitslosigkeit und seinen Folgen zugeschrieben werden kann (Europäische Kommission 2001).

Aus medizinsoziologischen und sozialepidemiologischen Forschungen wissen wir heute, dass bereits die Befürchtung, den Arbeitsplatz zu verlieren, die Gesundheit beeinträchtigt. Für affektive

Störungen bei erwerbstätigen Frauen ist dies beispielsweise im Rahmen der bekannten Whitehall-Studie an britischen Regierungsangestellten gezeigt worden. In einem zweieinhalbjährigen Beobachtungszeitraum in den 1990er Jahren wurde festgestellt, dass selbst in den vormals als sicher geltenden Regierungsjobs eine einschneidende Rationalisierung erfolgt war. Frauen, die dabei von chronischer Arbeitsplatzunsicherheit betroffen waren, wiesen im Vergleich zu sicher Beschäftigten ein deutlich erhöhtes Risiko auf, von affektiven Störungen betroffen zu sein. Selbst bei denjenigen Frauen, die sich nach vorangehender Arbeitsplatzbedrohung wieder sicherer fühlten, waren noch Auswirkungen auf die psychische Gesundheit spürbar (Ferrie et al. 2002).

Wer einen Downsizing-Prozess überlebt, wer zu den »Survivors« gehört, ist ebenfalls von einem erhöhten Krankheitsrisiko betroffen. Dies haben erste umfangreiche Längsschnittstudien aus Skandinavien und den USA gezeigt. Danach gehen mit der Erfahrung von Downsizing erhöhte krankheitsbedingte Arbeitsunfähigkeitsraten und erhöhte Herz-Kreislauf-Risiken einher. In einer Studie wurde sogar eine signifikant erhöhte Sterblichkeit, insbesondere an koronaren Herzkrankheiten, in diesem Kollektiv beobachtet (Vahtera et al. 2004, s. Abb. 4).

Um allerdings diese Auswirkungen genauer untersuchen zu können, müssen wir uns der zweiten, oben erwähnten direkten

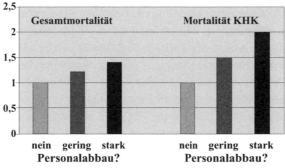

Abbildung 4: Downsizing und Mortalitätsrisiko bei finnischen Männern und Frauen (Hazard Ratio, N=22.430; Zeitraum: 7,5 Jahre; in Anlehnung an J. Vahtera et al. 2004, S. 555)

Auswirkung der Globalisierung auf die im Arbeitsleben stehenden Menschen zuwenden: der Intensivierung von Arbeit und den damit einhergehenden Belastungen. Im Vordergrund stehen heute bei der Mehrzahl der Beschäftigten als psychosozial bezeichnete Arbeitsbelastungen, bei denen Erfahrungen psychomentaler Leistungsverdichtung und Überforderung, Erfahrungen von Störungen und Unterbrechungen, Konflikten, Rivalität und sozialem Druck, die im wörtlichen Sinn »unter die Haut« gehen. Es ist einsichtig, dass Rationalisierung und Personalabbau mit einer Arbeitsintensivierung einhergehen, dass unter Bedingungen erhöhter Konkurrenz zwischenmenschliche Spannungen zunehmen und dass die Solidarität der Belegschaften geschwächt wird.

Um jedoch solche krankheitswertigen, im Einzelnen stark variierenden psychosozialen Belastungen am Arbeitsplatz erkennen zu können, werden theoretische Modelle benötigt. Sie gestatten es, spezifische, durch die Intensität der von ihnen ausgelösten Stressreaktionen krank machende Arbeitsbedingungen auf der Ebene eines allgemeineren Geltungszusammenhangs zu identifizieren und zu messen.

Die beiden nachfolgenden soziologischen Arbeitsstressmodelle zeichnen sich dadurch aus, dass sie in den vergangenen Jahren besonders intensiv empirisch getestet worden sind und dementsprechend zu einer Reihe neuer Erkenntnisse geführt haben.

Das erste, von dem amerikanischen Soziologen Robert Karasek in Zusammenarbeit mit dem schwedischen Epidemiologen Töres Theorell entwickelte Modell wird Anforderungs-Kontroll-Modell genannt (Karasek u. Theorell 1990). Es konzentriert sich auf Aspekte der Arbeitsorganisation und Arbeitsinhalte als Auslöser chronischer Stresserfahrungen. Arbeitsaufgabenprofile, die sich durch hohe psychische und physische Anforderungen und zugleich durch einen geringen Grad an Entscheidungsspielraum und Kontrolle über die Ausführung der Tätigkeit charakterisieren lassen, rufen chronische Stressreaktionen hervor und erhöhen dadurch langfristig das Risiko stressassoziierter Erkrankungen. Dabei wird der Quantität von Anforderungen besondere Beachtung geschenkt (Zeitdruck). Tätigkeiten mit geringem Entscheidungsspielraum begrenzen die Lernchancen und Entwicklungsanreize der sie ausführenden Personen, sie führen zum Erleben von Monotonie und behindern Erfahrungen der Selbstwirksamkeit. Klassisches Beispiel eines stressinduzierenden Arbeitsplatzes nach diesem Modell ist die Fließbandarbeit in der industriellen Fertigung, aber auch verschiedene einfache Dienstleistungsberufe lassen sich diesem Typus zuordnen. Verschärft werden Stresserfahrungen an solchen Arbeitsplätzen, wenn potentielle Schutzfaktoren wie beispielsweise der am Arbeitsplatz erfahrene soziale Rückhalt wegfallen.

Das Anforderungs-Kontroll-Modell gründet auf der stresstheoretisch bedeutsamen Dimension von »Kontrollverlust«. Allerdings bleibt es der »Black-box«-Perspektive verhaftet, da psychologische Merkmale der arbeitenden Person nicht berücksichtigt werden. Ferner stellt sich die Frage, ob eine Begrenzung von Stresserfahrungen auf Aspekte von Tätigkeitsinhalten angesichts des mit Globalisierung einhergehenden Wandels von Arbeit und Beschäftigung angemessen ist. Beiden genannten Begrenzungen wird in einem zweiten soziologischen Arbeitsstress-Modell Rechnung getragen, dem Modell beruflicher Gratifikationskrisen (Siegrist 1996).

Dieses Modell geht von der im Arbeitsvertrag angelegten sozialen Reziprozität der Tauschbeziehung von Leistung und Belohnung aus, wonach für erbrachte Arbeitsleistungen angemessene Gratifikationen in Form von Lohn oder Gehalt, beruflichem Aufstieg oder Sicherheit des Arbeitsplatzes sowie Anerkennung und Wertschätzung gewährt werden. Ausgeprägte Stressreaktionen sind nach diesem Modell dort zu erwarten, wo fortgesetzt hoher Verausgabung keine angemessenen Belohnungen gegenüberstehen, das heißt in Situationen, die für Erwerbstätige durch hohe »Kosten« bei niedrigem »Gewinn« gekennzeichnet sind (»Gratifikationskrisen«). Im Modell werden drei Bedingungen spezifiziert, unter denen dies mit hoher Wahrscheinlichkeit der Fall ist: Erstens bei fehlender Arbeitsplatzalternative (z. B. aufgrund geringer Qualifikation oder eingeschränkter Mobilität), zweitens bei ungünstigen Arbeitsverträgen, die aus strategischen Gründen über einen längeren Zeitraum aufrechterhalten werden (z. B. zum Zweck der Erzielung prospektiver Wettbewerbsvorteile in hochkompetitiven Berufen), und drittens bei Vorliegen eines spezifischen psychischen Bewältigungsmusters angesichts von Leistungssituationen, das durch eine distanzlose, übersteigerte Verausgabungsneigung gekennzeichnet ist, häufig einhergehend mit einer unrealistischen Einschätzung der gestellten Anforderungen und der zu erwartenden Belohnungen.

Das Modell berücksichtigt somit die Interaktion von Merkmalen der Arbeitssituation mit Merkmalen des Bewältigungshandelns arbeitender Personen. Ferner trägt es durch Einbeziehung von Aspekten des Arbeitsmarktes (Lohnniveau, Karrieremuster, Arbeitsplatzsicherheit) Entwicklungen des Erwerbslebens Rechnung, die sich im Zeitalter der Globalisierung durch hohe, häufig erzwungene Mobilität, durch erwerbsbiographische Diskontinuität, durch Arbeitsmarktsegmentierung und erhöhte Risiken des Arbeitsplatzverlusts kennzeichnen lassen.

An dieser Stelle soll darauf hingewiesen werden, dass beide Modelle anhand standardisierter, psychometrisch geprüfter Fragebögen erfasst werden. Zu beiden Messverfahren liegen ausführliche Informationen bezüglich Reliabilität und Validität sowie Anwendbarkeit in verschiedenen Sprachen vor (Karasek et al. 1998; Siegrist et al. 2004).

Erhöhte psychosoziale Arbeitsbelastungen im Sinne der beiden genannten Modelle verdoppeln das Risiko, in den nachfolgenden Jahren an einer koronaren Herzkrankheit zu erkranken oder zu versterben. Dies haben mehrere prospektive Längsschnittstudien gezeigt, von denen lediglich ein Beispiel aus Finnland dargestellt werden soll. Für beide Modelle zeigte sich, dass mit einem Anstieg der Stressbelastung am Arbeitsplatz langfristig die Herz-Kreislauf-Mortalität anstieg, und zwar um den Faktor 2,2 bzw. 2,4, wobei der Einfluss wichtiger koronarer Risikofaktoren statistisch bereits herausgerechnet war (Kivimäki et al. 2002, s. Abb. 5).

Der Einfluss dieser Arbeitsbelastungen ist jedoch nicht auf die Herz-Kreislauf-Gesundheit beschränkt, sondern lässt sich ebenso bezüglich Depression sowie – speziell bei Männern – bezüglich Alkoholabhängigkeit nachweisen, zumindest für das Modell beruflicher Gratifikationskrisen. Auch rauchen Männer und Frauen mit ausgeprägten beruflichen Frustrationserfahrungen deutlich mehr Zigaretten als stressfrei Beschäftigte (als Übersicht s. Tsutsumi u. Kawakami 2004).

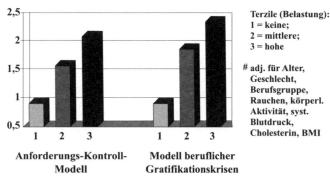

Abbildung 5: Mortalitätsrisiko[#] (Herz-Kreislauf-Krankheiten) in Abhängigkeit von psychosozialen Arbeitsbelastungen N_{max} = 812 (73 Todesfälle); Zeitraum: 25,6 Jahre (in Anlehnung an M. Kivimäki et al. 2002, S. 857)

Erstmals ist in unserer Arbeitsgruppe die Frage untersucht worden, ob psychosoziale Stressbelastungen im Sinne des Gratifikationskrisenmodells bei Beschäftigten, die eigene Erfahrungen von Stellenabbau (downsizing) in ihrem Betrieb gemacht haben, stärker mit gesundheitlichen Beschwerden assoziiert sind als bei Beschäftigten ohne solche Erfahrungen.

Zur Beantwortung dieser Frage konnten wir auf Daten aus einer repräsentativen Stichprobe der deutschen Erwerbsbevölkerung – über 20.000 Männer und Frauen – zurückgreifen.

Das relative Risiko, unter zwei oder mehr Symptomen zugleich zu leiden war, in der durch Stellenabbau und Arbeitsstress gleichzeitig exponierten Gruppe mehrfach gegenüber demjenigen einer von beiden Bedingungen verschonten Gruppe Erwerbstätiger erhöht. Dass ein über die Addition hinausgehender Synergieeffekt dieser beiden Bedingungen bestand, konnte auch statistisch nachgewiesen werden (Dragano et al. 2005).

Dass die unter Bedingungen der Globalisierung zu erwartende Verstärkung des Ungleichgewichts von Verausgabung und Belohnung im Organismus der Betroffenen tatsächlich ihre Spuren hinterlässt, zeigen zusätzliche Ergebnisse aus Studien mit ambulanter Registriermethodik, beispielsweise von Herzfrequenz, Herzfrequenzvariabilität und Blutdruck. Bei Vorliegen beruflicher Stressbelastungen sind Herzfrequenz und systolischer Blutdruck während des gesamten Arbeitstages signifikant erhöht, teilweise auch während der Nacht und am Wochenende. Zugleich ist die Herzfrequenzvariabilität deutlich erniedrigt. Dies weist auf eine Dysbalance zwischen sympathischem und parasympathischem Nervensystem hin. Eine weitere Studie zeigte erhöhte Konzentrationen des Stresshormons Kortisol im Speichel im Tagesverlauf bei hoch belasteten Beschäftigten.

Die ungünstigen Auswirkungen erhöhter Stressbelastung am Arbeitsplatz, wie sie unter den genannten Bedingungen der Globalisierung zu beobachten sind, bleiben nicht auf die körperliche und seelische Gesundheit begrenzt. Vielmehr wirken sie sich auch auf Motivation und Einstellung der Beschäftigten negativ aus, so insbesondere, indem sie den Wunsch nach Berufswechsel, Berufsaufgabe oder vorzeitigem Eintritt ins Rentenalter erhöhen. Zwei neue Forschungsergebnisse aus europaweiten Studien belegen dies. In einer Untersuchung an über 20.000 Beschäftigten in Pflegeberufen zeigte sich, dass eine lineare Beziehung zwischen der Stärke des Ungleichgewichts zwischen Verausgabung und Belohnung bei der Arbeit und der Häufigkeit von Gedanken an eine baldige Berufsaufgabe besteht (Hasselhorn et al. 2003, s. Abb. 6). Und in dem zehn Nationen umfassenden europäischen Survey zur Lebens- und Arbeitssituation der über 50-jährigen Menschen fanden wir in allen Ländern einen starken Zusammenhang zwischen dem Vorhandensein beruflicher Gratifikationskrisen und dem Wunsch, möglichst bald aus dem Erwerbsleben auszuscheiden (Siegrist et al. 2005).

Eine für die nähere Zukunft wichtige Frage lautet jetzt: Sind die Auswirkungen von Arbeitsplatzunsicherheit und Arbeitsintensivierung, wie sie von den genannten Modellen gemessen werden, auf den Norden begrenzt, oder ist auch hier mit einem Export bzw. Transfer in die Wirtschafts- und Kulturräume des Südens zu rechnen? Erste Ergebnisse zur Frage der Übertragbarkeit des Anforderungs-Kontroll-Modells und des Gratifikationskrisenmodells auf andere Kontinente stammen aus Asien, speziell aus Japan, China und Taiwan. Danach lässt sich diese Frage, zumindest vorsichtig, bejahen. Der Zusammenhang zwischen Arbeitsstress und Depres

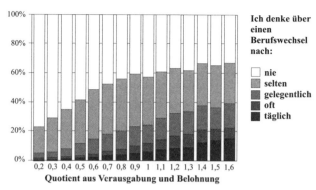

Abbildung 6: Berufliche Gratifikationskrisen und Bereitschaft, den Pflegeberuf aufzugeben. Europäische Studie (NEXT), N=25.853 Pflegekräfte (in Anlehnung an H. M. Hasselhorn et al. 2003)

sion erweist sich in einer japanischen Studie als genauso stark wie in Westeuropa (Tsutsumi u. Kawakami 2004). Und zumindest die beiden wichtigen Teilkomponenten »niedrige Kontrolle« und »niedrige Belohnung« der beiden Stressmodelle waren bei Arbeiterinnen eines Industriebetriebs in Peking mit dem Risiko eines Bluthochdrucks statistisch stark assoziiert (Xu et al. 2000).

Der Prozess der Globalisierung birgt neben seinen positiven Folgen für Wachstum, Beschäftigung, Demokratisierung und Weltoffenheit eine Reihe schwerwiegender Gefahren für den Gesundheitszustand ganzer Bevölkerungsgruppen in sich. In bidirektionalem Austausch zwischen Süden und Norden manifestieren sich diese Gefahren in der Ausbreitung von Infektionskrankheiten (vom Süden nach Norden) und in der Ausbreitung chronischer Erkrankungen, die mit der Übernahme des westlichen Lebensstils (Stichwort Coca-Kolonialisierung) und der wirtschaftlich-technischen Modernisierung (vom Norden nach Süden) einhergehen. In den Kerngebieten des Nordens, also auch hier in Europa einschließlich Deutschland, wirkt sich Globalisierung in erster Linie – und besonders spürbar – in der Erwerbsbevölkerung aus, und zwar vermittelt über eine Zunahme von Arbeitsplatzunsicherheit und Arbeitsintensität. Heute besitzen wir gesicherte Kenntnisse darüber, dass zunehmende Anforderungen bei begrenzter Kontrolle und begrenztem Entscheidungsspielraum sowie ein sich verschärfendes Ungleichgewicht zwischen Verausgabung und Belohnung das Risiko weit verbreiteter körperlicher und psychischer Erkrankungen verdoppelt. Erste Anzeichen deuten schließlich darauf hin, dass diese neu entdeckten Zusammenhänge zwischen Globalisierung, Qualität der Arbeit und eingeschränkter Gesundheit nicht auf den Norden begrenzt bleiben, sondern in die Schwellenländer bzw. Kulturräume anderer Kontinente, insbesondere Asiens einzudringen vermögen.

Fragen wir zum Schluss in aller Kürze, welche vordringlichen Folgerungen sich aus diesen Erkenntnissen für eine intersektorale Gesundheitspolitik im Norden wie auch im Süden unseres Globus ergeben. Zumindest fünf Handlungsfelder drängen sich in diesem Zusammenhang auf:

Erstens gilt es in den Entwicklungs- und Schwellenländern die Ausbreitung von Infektionskrankheiten durch entsprechende Präventionsprogramme einzudämmen. Diesem Ziel wird, wie bereits betont, durch die Prioritätensetzung internationaler Gesundheitsorganisationen in Ansätzen bereits Rechnung getragen. Solchen Programmen wird jedoch nur ein begrenzter Erfolg beschieden sein, wenn es nicht gelingt, zweitens zugleich mit ökonomischen und sozialpolitischen Mitteln die Armut in diesen Ländern zu bekämpfen. Beide Maßnahmen müssen drittens mit einem Ausbau des kurativen und präventiven Versorgungssystems in diesen Ländern einhergehen.

Angesichts des überwältigenden Beitrages chronischer Krankheiten zu der »global burden of disease« kommt viertens umfassenden Präventionsbemühungen zur Verringerung ihrer Morbidität und Mortalität höchste Bedeutung zu. Dies gilt sowohl für Schwellenländer wie auch für Industrieländer, wo infolge des demographischen Wandels neue Herausforderungen an die Aufgabe gesunden Alterns entstehen.

Fünftens schließlich sind Maßnahmen zur Verbesserung der Qualität der Arbeit erforderlich, um negative Auswirkungen von im Zuge der Globalisierung wachsenden Arbeitsbelastungen auf die Gesundheit von Beschäftigten abzumildern. Solche Maßnahmen sind auf internationaler, nationaler, über- und innerbetrieblicher Ebene zu ergreifen. Die hier aufgezeigten Erkenntnisfortschritte bieten beispielhaft Ansatzpunkte für eine gezielte gesundheitsfördernde Qualitätsentwicklung von Arbeit und Beschäftigung.

Es gibt letztlich drei Anreize, in eine verbesserte Qualität der Arbeitsorganisation zu investieren. Der erste ist Verantwortlichkeit. Als festgestellt wurde, dass Asbest bestimmte Formen von Krebs hervorrufen kann, wurden von den mit dem Gesundheitsschutz am Arbeitsplatz befassten Institutionen präventive Schritte eingeleitet, um das entsprechende Gesundheitsrisiko zu vermindern. Ähnliches gilt für Unfallverhütung am Arbeitsplatz. Sollten wir nicht in Erwägung ziehen, arbeitsbezogenen Stress gemäß der vorliegenden wissenschaftlichen Beweislage zu reduzieren? Kürzlich wurde von der Europäischen Kommission eine Agenda für Korporative Soziale Verantwortlichkeit vorgeschlagen, und zahlreiche andere Initiativen unterstützen diesen Ansatz auf einer globalen Ebene, so beispielsweise die Internationalen Arbeitsorganisation (ILO) mit ihrer dreiseitigen Erklärung zu multinationalen Unternehmen und Sozialpolitik sowie die OECD mit ihren Richtlinien für multinationale Unternehmen. Alle diese Initiativen heben den Schutz und die Förderung der Gesundheit von Beschäftigten als wichtiges Ziel der Beschäftigungspolitik hervor.

Die Kosten krankheitsbedingter Ausfälle bilden einen zweiten Anreiz. Einer konservativen Schätzung zufolge belaufen sich die Kosten von arbeitsbezogenem Stress in den 15 Mitgliedsstaaten der Europäischen Union auf rund 20 Milliarden Euro pro Jahr (Europäische Kommission 2000).

Der dritte Anreiz für eine Verbesserung der Qualität der Arbeit besteht in einer verbesserten Rendite. Bisher gibt es nur einzelne Studien, die eine substantielle mittelfristige Kosteneinsparung durch entsprechende Investitionen belegen. Ein besonders eindrucksvolles Beispiel ist eine von Jeffrey Pfeffer in den USA durchgeführte Studie (Pfeffer 1998). Hier wurden allgemeine Organisationsmerkmale von denjenigen US-amerikanischen Firmen untersucht, die über längere Zeiträume am erfolgreichsten – im Hinblick auf shareholder value – wirtschafteten. Ihnen gemeinsam waren folgende Merkmale: 1. Arbeitsplatzsicherheit; 2. gezielte und sorgfältige Personaleinstellungspolitik; 3. dezentrale Entscheidungen und verstärkte Teamarbeit als grundlegendes Prinzip der Organisationsentwicklung; 4. vergleichsweise hohe, leistungsorientierte Bezahlung; 5. systematische und extensive Schulung; 6. Abbau von Statusunterschieden und -barrieren zwischen den innerbetrieblichen Positionsgruppen; 7. offene Informationspolitik, vor allem bezüglich der Betriebsergebnisse. Es ist sehr unwahrscheinlich, dass Pfeffer Kenntnis von den hier diskutierten Zusammenhängen zwischen Globalisierung, Arbeitsstress und Krankheit hatte. Jedoch ist offensichtlich, dass zahlreiche der genannten Merkmale ökonomisch erfolgreicher Organisationen ähnlich denjenigen sind, die als Empfehlungen aus den dargestellten wissenschaftlichen Befunden zu gesundheitsfördernder Arbeit abgeleitet werden können. Abschließend soll betont werden, dass wir uns nicht so sehr als Opfer der Globalisierung, sondern vielmehr als diejenigen sehen sollten, die durch ihre Erkenntnisse und durch ihr Handeln zu den positiven Auswirkungen der Globalisierung beitragen.

Literatur

Dragano, N.; Verde, P. E.; Siegrist, J. (2005): Organisational downsizing and work stress: testing synergistic health effects in employed men and women. J. Epidemiol. Commun. H. 59: 694–699.

Europäische Kommission (2000): Streß am Arbeitsplatz – ein Leitfaden: Würze des Lebens – oder Gifthauch des Todes? Luxemburg.

Europäische Kommission (2001): Employment and Public Health. Final Report to the European Commission Directorate General Employment, Industrial Relations and Social Affairs. Brüssel.

Ezzati, M.; Lopez, A. D.; Rodgers, A.; Vander Hoorn, S.; Murray, C. J. (2002): Selected major risk factors and global and regional burden of disease. Lancet 360: 1347–1360.

Ferrie, J. E.; Shipley, M. J.; Stansfeld, S. A.; Marmot, M. G. (2002): Effects of chronic job insecurity and change in job security on self reported health. The Whitehall II study. J. Epidemiol. Commun. H. 56: 450–454.

Hasselhorn, H. M.; Tackenberg, P.; Müller, B. H. (Hg.) (2003): Working Conditions and the Intent to Leave the Profession among Nursing Staff in Europe. Stockholm.

Karasek, R.; Brisson, C.; Kawakami, N.; Houtman, I.; Bongers, P.; Amick, B. (1998): The Job Content Questionnaire (JCQ): an instrument for internationally comparative assessments of psychosocial job characteristics. Journal of Occupational Health Psychology 3: 322–355.

Karasek, R. A.; Theorell, T. (1990): Healthy Work. Stress, Productivity, and the Reconstruction of Working Life. New York.

Kivimäki, M.; Leino-Arjas, P.; Luukkonen, R.; Riihimaki, H.; Vahtera, J.; Kirjonen, J. (2002): Work stress and risk of cardiovascular mortality: prospective cohort study of industrial employees. Brit. Med. J. 325: 857–861.

Murray, C. J. L.; Lopez, A. D. (1996): The Global Burden of Disease. Cambridge, MA.

Pfeffer, J. (1998): The Human Equation: Building Profits by Putting People First. Boston.

Siegrist, J. (1996): Soziale Krisen und Gesundheit. Göttingen.

Siegrist, J.; Bernhardt, R.; Feng, Z. C.; Schettler, G. (1990): Socioeconomic differences in cardiovascular risk factors in China. Int. J. Epidemiol. 19: 905–910.

Siegrist, J.; Dragano, N.; Wahrenorf, M. (2005): Quality of work and intended early retirement – new evidence from 10 European countries (The SHARE Study). ENWHP Online Journal 10.

Siegrist, J.; Starke, D.; Chandola, T.; Godin, I.; Marmot, M.; Niedhammer, I.; Peter, R. (2004): The measurement of effort-reward imbalance at work: European comparisons. Soc. Sci. Med. 58: 1483–1499.

Spiegel, J. M.; Labonte, R.; Ostry, A. S. (2004): Understanding »globalization« as a determinant of health determinants: a critical perspective. International Journal of Occupational and Environmental Health 10: 360–367.

Tsutsumi, A.; Kawakami, N. (2004): A review of empirical studies on the model of effort-reward imbalance at work: reducing occupational stress by implementing a new theory. . Sci. Med. 59: 2335–2359.

Vahtera, J.; Kivimäki, M.; Pentti, J.; Linna, A.; Virtanen, M.; Virtanen, P.; Ferrie, J. E. (2004): Organisational downsizing, sickness absence, and mortality: 10-town prospective cohort study. Brit. Med. J. 328: 555.

Xu, L. Y.; Cao, J. W. U.; Lee, L. M.; Critchley, J. A. J. H. (2000): Psychosocial stress and hypertension among working women in Beijing. Int. J. Behav. Med. 7: 10.

Zimmet, P. (2000): Globalization, coca-colonization and the chronic disease epidemic: can the Doomsday scenario be averted? J. Intern. Med. 247: 301–310.

Stefanie Duttweiler

Ökonomisierung der Therapie – Therapeutisierung der Ökonomie: von Kunden, Märkten und Unternehmern

»Wie kleine Autisten starren die Mitarbeiter der Kommunikations-agentur Elephant Seven in Hamburg auf ihre Bildschirme. Einige tragen Kopfhörer, um sich bei der Arbeit mit ihrem Lieblingssound zu beschallen. ›Es muss wieder Spaß machen, morgens aufzuwachen‹, sagt Agenturchef Horst Wagner, dessen größtes Problem es zu sein scheint, seine Leute nach oft zehn- bis zwölfstündigem Arbeitstag zum Nachhausegehen zu bewegen« (Psychotherapie-Report 2000).

»Selbst-Unternehmer zu sein [bedeutet] nicht nur, dafür Sorge zu tragen, dass wir fachlich up to date sind ... So wird es künftig, wie heute bereits bei Selbständigen, weitgehend unsere Aufgabe sein, dafür zu sorgen, dass wir fit und gesund sind und unsere Leistungskraft gewahrt bleibt, unser Familien-/Privatleben so geordnet ist, dass unsere Flexibilität und Mobilität gewahrt bleibt und es nicht unsere Arbeitskraft beeinträchtigt, und uns nicht eine Sinnkrise packt, die unsere Leistungskraft mindert« (Seiwert 2001, S. 47–48).

»[Der Wohlfahrtsstaat ist an seine Grenzen gekommen] ... Deshalb müssen möglichst viele Erwerbspersonen mehr Eigenverantwortung für ihre Erwerbsarbeit übernehmen ... Das Leitbild der Zukunft ist der Mensch als Unternehmer seiner Arbeitskraft« (Kommission für Zukunftsfragen III, zit. nach Nickel 2000, S. 243–244).

Auf den ersten Blick scheinen Spaß an der Arbeit und der (Selbst-)Unternehmer seiner Arbeitskraft mit der Verbindung von Ökonomisierung und Psychotherapie wenig zu tun zu haben. Doch entgegen der ersten Einschätzung *haben* sie etwas miteinander zu tun, wie im Folgenden ausgeführt wird.

Ökonomisierung der Psychotherapie und Therapeutisierung der Ökonomie – dieser Befund weckt Emotionen und evoziert Macht- und Legitimationskämpfe. Neben Stimmen, die die Ausrichtung der therapeutischen Arbeit an der Logik der Ökonomie befürworten, wird das Verhältnis von Psychotherapie und Ökonomie als (gewaltsame) Grenzverletzung oder gar als Kolonisierungsverhältnis verstanden. Die Logik der Ökonomie durchsetze die Psychotherapie, höhle sie aus und beraube sie tendenziell ihrer Eigenheiten. Mit anderen Worten: Die Ausrichtung am ökonomischen Paradigma stellt eine Gefährdung der eigentlichen therapeutischen Absicht und Arbeit dar.

Dieser Beitrag teilt bis zu einem gewissen Grad diesen Befund, möchte die Analyse jedoch weiter treiben. Die beobachtbare Grenzverwischung zwischen Ökonomie und Psychotherapie wird in beide Richtungen ausgeleuchtet. So geraten sowohl das Eindringen der Ökonomie in die Psychotherapie als auch umgekehrt das Eindringen des Therapeutischen in die Ökonomie in den Blick. Dabei verlässt dieser Beitrag die Grenzen der Psychotherapie und fokussiert auf die gesellschaftlichen Transformationsprozesse, in denen sich Ökonomisierung und Psychotherapie verbinden. Das führt zu einer Ausdehnung des Begriffes der Psychotherapie auf andere Entfaltungen des therapeutischen Diskurses – auch Lebenshilferatgeber, Coaching oder Internetberatung bedienen sich psychologischen Wissens und therapeutischer Verfahren, auch wenn sie von professionalisierter Seite nicht als ernst zu nehmende therapeutische Angebote gelten.

Von einer »Ökonomisierung der Psychotherapie« zu sprechen, konstelliert Ökonomie und Psychotherapie als klar voneinander abgrenzbare gesellschaftliche Subsysteme mit spezifischer Eigenlogik: Das Wirtschaftssystem operiert nach dem Code Haben/ Nichthaben und unterliegt der kapitalistischen Verwertungslogik, während das Medizinsystem durch die Unterscheidung gesund/ krank strukturiert ist. Doch auch wenn sich die einzelnen Codierungen gerade nicht ineinander übersetzen lassen, vollkommen unabhängig voneinander operierten Ökonomie und Psychotherapie nie. Die Psychologie als Profession etablierte sich an den Problemen, die sich in der Wirtschaft stellen; sie entwickelte sich durch das Finden und Ausführen von Verfahren, Arbeitserfordernisse und Menschen aneinander anzugleichen (Donzelot 1991; Rose 1998). Und die Finanzierung der Therapie durch die gesetzlichen Krankenkassen ist einem Gesundheitssystem geschuldet, dass sich aus den Kämpfen der so genannten sozialen Frage entwickelte (de Swaan 1993). Als geldvermittelte Dienstleistung operiert auch die therapeutische Interaktion selbst nie jenseits ökonomischer Marktlogik. Psychotherapie hat die Bedingungen ihrer Möglichkeit in der Moderne; sie etabliert sich *in, mit* und *gegen* eine kapitalistisch organisierte Gesellschaft (Köhler-Weisker et al. 1993; Sonntag 1988, 1990).

Aktuell lässt sich eine Zunahme der wechselseitigen Beeinflussung beobachten, die im Zusammenhang mit der aktuellen Gesellschaftsformation zu betrachten ist. Ökonomisierung der Psychotherapie und Therapeutisierung der Ökonomie, so die These, sind Effekte und Motoren einer neoliberalen »Regierungstechnologie« (Foucault 2000), für die »Ökonomisierung des Sozialen« (Bröckling et al. 2004) und Responsibilisierung der Einzelnen charakteristisch sind (Cruikshank 1993; Miller u. Rose 1994; Lemke 1997; Bröckling et al. 2000; Lessenich 2003). Im Folgenden werden die Verschränkungen von Ökonomisierung und Therapie sowie die sich daraus ergebenden Widersprüche und Ambivalenzen vor diesem Hintergrund ausgelegt.

Ökonomisierung der Therapie

Ökonomisierung der Rahmenbedingungen

Die Tendenz der Ökonomisierung der Therapie zeigt sich auf verschiedenen Ebenen, jedes Moment der Psychotherapie ist davon affiziert. Auf den ersten Blick fällt die *Ökonomisierung der institutionellen Rahmenbedingungen* ins Auge. Durch Privatisierung, Rationierung und Rationalisierung müssen sich Kliniken und stationären Einrichtungen verstärkt an Effizienz und Effektivität orientieren. Großen Einfluss auf die Orientierung an Wirtschaftlichkeit hat die Ein- und Durchführung der Verfahren zur Qualitätssicherung (Decker u. Brähler 2002). Die therapeutischen Standards sollen vergleichbar gemacht und die Arbeit an Effektivität und Effizienz ausgerichtet werden. Qualitätssicherung nimmt dabei eine bemerkenswerte Operation vor: Sie übersetzt Qualitäten in Quantitäten und bringt sie miteinander ins Verhältnis. Gemessen wird ein mehr oder weniger an Qualität, an Erfüllung des Solls oder an gelungener Verbesserung.

Zwar hat sich Psychotherapie immer mit ihren Wirkungen auseinander gesetzt, doch der Boom dieser Techniken und Verfahren (Laireiter u. Vogel 1998) sowie deren Unabweisbarkeit sind nur im Zusammenhang mit dem aktuellen Furor der Evaluation zu verstehen. Überall wird evaluiert und in Controllingverfahren ein adäquates Mittel zur Effizienzsteigerung gesehen: in Betrieben und Verwaltungen, an Universitäten und in Kliniken, in Hotels und Gaststätten ebenso wie bei der Bundesbahn. In der Psychotherapie bedeutet Qualitätssicherung vor allem die Einführung und Kontrolle einheitlicher Behandlungsstandard. Dazu gehört, die Diagnosen zu präzisieren, die Ergebnisqualität zu definieren und sie in ausreichendem Maße zu operationalisieren. Doch wie die Verfahren der Qualitätssicherung außerhalb der Psychotherapie zeigen, wohnt der Qualitäts*sicherung* zugleich der Imperativ der Qualitäts*steigerung* inne. Leistungen zu messen stimuliert den intra- und interinstitutionellen Vergleich und setzt einen kontinuierlichen Selbstverbesserungsprozess in Gang. »Zuerst wird evaluiert, dann wird ein Ranking erstellt; anschließend werden die Spitzenreiter als Benchmarker festgelegt und das Feld verpflichtet, den ›Besten der Besten‹ nachzueifern (Parole: ›Einholen und überholen‹)« (Bröckling 2004a, S. 78).

Doch Qualitätssicherung produziert widersprüchliche Effekte: Denn Qualität zu sichern respektive zu verbessern führt nicht zuletzt zu einer Verschiebung der Aufmerksamkeiten. Es muss ein nicht unbeträchtlicher zeitlicher und finanzieller Aufwand betrieben werden, um Fragebögen zu entwerfen, auszufüllen und auszuwerten oder um Selbstdarstellungen zu konzipieren, zu schreiben und zu formatieren. Was als »search for excellence», Sicherung und Verbesserung der Qualität gedacht ist, kann so auch in sein Gegenteil umschlagen; die Fokussierung auf Effizienz und Effektivität kann Qualität auch verhindern.

Und: Qualitätssicherung kann Innovation verhindern. Wie jeder Prozess der Professionalisierung birgt auch dieser die Gefahr, sich gegenüber Neuerungen zu verschließen. Werden Leistungsstandards festgelegt, ist die Frage, nach welchen Kriterien evaluiert werden soll, unabdingbar. Doch Leistung ist eine Definitions- und somit eine Machtfrage: Bevor gemessen und gewertet werden kann, müssen die Maßstäbe festgelegt werden:»Wer die Indikatoren festlegt entscheidet, wenn auch indirekt, über die Ergebnisse« (Bröckling 2004a, S. 78). So kann Innovatives *außerhalb* der eigenen Kriterien systematisch gerade *nicht* erfasst werden – Evaluation»bleibt blind für das Neue« (S. 79). Die Verfahren der Rankings verstärken diese Sperre gegenüber Neuerungen. Da ein Leistungsvergleich Folgen hat, wird das Handeln prospektiv danach ausgerichtet: Man tut das, was messbar positive Folgen hat, und unterlässt, was die Bewertungskriterien nicht erfassen.

Qualitätssicherung und Ranking erweisen sich somit buchstäblich als konstruktiv: Indem sie sich anschicken, die Wirklichkeit zu bewerten, tragen sie entscheidend dazu bei, sie in dieser Weise allererst herzustellen. Doch damit generiert die starre Ausrichtung auf Effektivität und Effizienz kontraproduktive Resultate – sie»erzeugt statt der allseits beschworenen Innovationsfähigkeit einen Aggregatszustand betriebsamer Konformität« (S. 78).

Ökonomisierung im Binnenverhältnis

Auch im therapeutischen Binnenverhältnis lässt sich der Effekt beobachten, dass die institutionalisierten Verfahren der Qualitätssicherung zu einem beträchtlichen Teil zur Transformation dessen beitragen, was sie vermessen. Wurde im Zuge der Entpathologisierung der Psychotherapie der *Patient* zum *Klient*, so wird er aktuell als *Kunde* angesprochen. Die therapeutische Beziehung entwickelt sich tendenziell zu einer Marktbeziehung zwischen Kunden und Lieferanten. In der Beurteilung der eigenen Abweichung, der Wahl der Hilfeleistung, des Therapeuten oder der Klinik sowie durch Verfahren der Evaluation der Therapeuten werden die Hilfesuchenden dazu angehalten, ihre Erwartungen an die therapeutische Hilfe konkret zu formulieren und das Gebotene daran zu messen. Damit modifizieren sich entscheidende Charakteristika der

Psychotherapie: Zum einen ändert sich der Status der Hilfesuchenden und er gerät in eine ambivalente Position (Hermer 1998). Die Aufwertung durch den Kundenstatus macht es selbstverständlicher, therapeutische Hilfe in Anspruch zu nehmen und glättet das hierarchische Gefälle. Ist der »Kunde« König, verschiebt sich die therapeutische Beziehung von einem Abhängigkeits- zu einem partnerschaftlichen Verhältnis. Die Hilfesuchenden werden zu Mitentscheidern, mehr noch: Sie werden zu Beurteilern der therapeutischen Leistung auf einem durchkapitalisierten Markt therapeutischer Dienstleistungen. Nicht mehr die professionelle Kompetenz des Therapeuten entscheidet über die Art und Weise der Hilfe (sprich: des »Produktes«), sondern die subjektive Einschätzung des Hilfesuchenden. So wird auch hier Kundenzufriedenheit die entscheidende Orientierungsgröße und etabliert einen Einstellungswandel: »Die Qualität von Produkten und Dienstleistungen soll nicht mehr produkt-, sondern kundenbezogen definiert werden. . . . Nur was der Kunde als gut empfindet und nur was der Kunde zu brauchen glaubt, gilt als zufrieden stellend« (Voswinkel 2004, S. 145). Mit anderen Worten: Die Ansprache als »Kunde« stärkt die Position des Hilfesuchenden und aktiviert dessen Selbstermächtigungskompetenz. Doch mit diesem Gewinn an emanzipatorischem Potential geht auch ein Verlust einher: Die Adressierung der Reflexions- und Entscheidungskompetenz blendet Wesentliches der (psychischen) Krankheit aus. Zum einen verliert der hilfe*suchende* »Kunde« seine Rolle als hilfs*bedürftiger* Patient eines Leidens, das er oder sie gerade nicht aus eigener Kraft bewältigen kann. Während sich ein »Kunde« auch gegen den Erwerb einer Ware entscheiden kann, besitzt der Behandlung suchende Patient diese Freiheit nur in sehr eingeschränktem Maße. »Er muss ›kaufen‹, und zwar sofort. Er besitzt oft nicht die Möglichkeit, Vergleichsangebote einzuholen oder sich seinen Behandler frei zu wählen« (Hermer 1998, S. 754). Der Patient ist »krank, und günstigstenfalls wird er durch die Fürsorge, die Beratung und manchmal sogar erst durch die Therapie mündig und gerät dann in die Lage, über sich und seine Krankheit zu entscheiden. Diese Entscheidungen überlassen viele Patienten ihren behandelnden Ärzten – nicht weil sie unmündig sind, sondern weil sie eben krank sind und auf ärztliche Professionalität und Fürsorge vertrauen« (Kloiber 2000, S. 229). Sich als »Kunde« verstehen zu müssen, kann überfordern und zum Verlust eines dringend benötigten Schutzes vor fremd- und selbstauferlegten Anforderungen führen (ebd.).

Dieser Fokus auf psychischer Gesundheit als Ware verändert zum anderen auch das Verständnis von Krankheit. Krankheit und individuelles Leiden verlieren ihren Charakter als etwas, das den Einzelnen widerfährt und das nicht in jedem Fall vollständig kontrollierbar oder zum Verschwinden zu bringen ist. Aktuell wird (psychisches) Leiden in eine Matrix (unbegrenzter) Mach- und Steuerbarkeit eingeschrieben, auch wenn das »Produkt« Gesundheit prinzipiell nie garantiert werden kann (Hermer 1998, S. 756). Denn nicht zuletzt findet die Position, dass psychisches Leiden weder standardisierbar noch in allen Fällen heilbar ist, auf dem »Markt« der therapeutischen Angebote wenig Nachfrage.

Diffusion des Therapeutischen

Die Entgrenzung von Ökonomie und Therapie transformiert das Therapeutische in eine Ware, die sich zunehmend frei auf dem Markt bewegen kann. Sie ist nicht mehr an das Gesundheitssystem gebunden und kann in sämtlichen nachgefragten Erscheinungsformen auftreten – die Grenzen zwischen Psychotherapie und anderen Angeboten verschwimmen. Was sich in aufwändigen Professionalisierungsprozessen mühsam etabliert, in Schulenstreitigkeiten gefestigt und durch kassenärztliche Anerkennung stabilisiert hat, gerät in Bewegung. Marktvermittelte psychologische Hilfsangebote wie Coaching und Beratung oder Lebenshilferatgeber, die vollständig auf eine interpersonale Beziehung verzichten, sind zu selbstverständlich nachgefragten Angeboten geworden. Diese »Psychowaren« (Castel 1982) organisieren sich nach den Gesetzen von Angebot und Nachfrage und differenzieren sich entsprechend aus, Angebote für jedes denkbare psychische Problem stehen einer zahlungswilligen Kundennachfrage gegenüber: Angebote mit oder ohne therapeutische Fachperson, mit oder ohne professionalisierter Ausbildung oder institutioneller Verankerung oder massenme-

dial aufbereitete Psychotherapie, wie beispielsweise Beratungs-
sendungen wie »Lämmle live« oder »Fliege«, erfreuen sich großer
und lang anhaltender Beliebtheit und kein literarisches Genre ist
so erfolgreich wie das der Lebenshilferatgeber – Ökonomie und
Psychotherapie gehen eine gewinnträchtige Verbindung ein.

Professionalisierte Psychotherapie und kommerzielle Angebote
jenseits der Professionalisierung stehen in Konkurrenz zueinander.
Diese Frontstellung produziert jedoch widersprüchliche Effekte –
Abschottung steht neben gegenseitiger Befruchtung. Die einzelnen
Angebote müssen ihre Eigenständigkeit behaupten und ihre Grenzen markieren, um damit ihre Zuständigkeiten auszuflaggen und
zu stabilisieren und so »Kunden« zu gewinnen. Doch die scheinbar gegensätzlichen Angebote profitieren auch von den jeweiligen
Eigenheiten des anderen: So entlehnen beispielsweise Lebenshilferatgeber einen großen Teil ihres Wissen aus der Psychologie und
verwenden Verfahren der Psychotherapie. Durch Strategien der Popularisierung und Transformation in ein Selbsthilfeprogramm wird
dieses Wissen bekannt und für eine breite Öffentlichkeit handhab-
bar gemacht. Als Angebote jenseits berufsständischer Einfriedi-
gungen sind sie jedoch nicht an dieses Wissen gebunden. Lebenshilferatgeber verwenden daher auch andere Wissensformen, um ihr
therapeutisches Angebot zu plausibilisieren: Neben dem naturwis-
senschaftlich-psychologischem Wissen stehen Erfahrungs-, Weis-
heits- und Alltagswissen oder esoterisches und religiöses Wissen
(Duttweiler 2005b). Diese generelle Offenheit für verschiedene
Wissensformen produziert eine größere Anschlussfähigkeit für
Themen und Methoden und sie erlaubt ein schnelles Reagieren auf
neues Wissen, so dass Lebenshilferatgeber ihrerseits neues Wissen
produzieren und neue Trends setzten können. Im Unterschied zur
professionalisierten Psychotherapie kennen diese Angebote keine
institutionalisierten Stoppregeln zur Verwertung von Wissen. Im
Gegenteil: Statt Verfahren zu begrenzen, evoziert die unmittelbare
Marktorientierung ein schier unerschöpfliches Angebot an psychologischen Optimierungsverfahren. Diese inflationären Angebote
generieren ihrerseits einen nicht zu stillenden Beratungsbedarf und
plausibilisieren eine Haltung, die psychische Gesundheit als stei-
gerbar ansieht. Mit anderen Worten: Die Ökonomisierung des The-

rapeutischen hält durch zunehmende Marktorientierung das therapeutische Feld offen: Die unmittelbar marktvermittelten Angebote
gewinnen nicht nur Kundschaft, sie stellen Fragen, setzen Themen
und bringen Erfahrungen zur Sprache, die auch für die etablierte
Psychotherapie von Interesse sind. Doch zugleich stellen die marktvermittelten Angebote die traditionelle Psychotherapie unter Druck
– wenn auch ein Lebenshilferatgeber Hilfe verspricht und bietet,
welche Legitimation hat dann eine aufwändige Psychotherapie?

Das Szenario lässt sich düster ausmalen: Finanzielle Einschränkungen, der Imperativ zur Qualitäts- und Leistungssteigerung und
marktorientierte Therapieangebote sind Momente einer Ökonomisierung des Therapeutischen, die dessen inhaltlichen Kern nicht
unberührt lassen. Für unangenehme Wahrheiten, schmerzliche und
verstörenden Erfahrungen und für zeit- und kostenintensive Verfahren zu bezahlen, ist wenig verlockend. Unterstützende Angebote und einfache Rezepte mit vermeintlich schnellen Erfolgen
sind angenehmer und auf den ersten und ungeschulten Blick unmittelbar einleuchtend – die Nachfrage wird dementsprechend als
gering eingeschätzt und das Angebot darauf eingerichtet. Doch es
bleibt abzuwarten, inwieweit die »Kunden« diesem Szenario Recht
geben. Statt einer Verflachung des Angebots sind wohl eher weitere Ausdifferenzierungen sowie ungebrochene Diffusion des Therapeutischen in den Alltag zu erwarten: Von mildem Unbehagen
bis zu persistierenden Störungen gibt es Angebote, die auszuwählen nun der Kompetenz der Einzelnen unterstellt ist. Dies verlangt
einen therapeutisch geschulten Blick auf sich selbst, der im Dienste der Leidensminderung und Selbstverbesserung die richtigen
Diagnosen zu stellen und Maßnahmen zu ergreifen weiß.

Im Appell zur Selbstverbesserung, die von den Einzelnen zunehmend virtuos vorangetrieben wird, zeigen sich die Schnittstel-
len zum ökonomischen Denken: Auch therapeutische Angebote lehren die eigene Effektivität zu steigern und nicht zuletzt im Dienste
der Selbstvermarktung einzusetzen. Im weitern Verlauf der Argumentation wird diese andere Seite der Grenzverwischung zwischen
Psychotherapie und Ökonomie betrachtet. Dabei soll deutlich werden: Ökonomisierung des Therapeutischen und Therapeutisierung
der Ökonomie sind zwei Seiten der gleichen Medaille.

Therapeutisierung der Ökonomie

Die Ökonomie siecht dahin: Sie will nicht so recht in Schwung kommen, die Lust am Konsum ist verschwunden, der Geldfluss stockt. Und man hat den Eindruck, die Diagnose »depressive Verstimmung« wird allein deshalb nicht gestellt, um sie nicht herbeizureden. Darum scheint eines klar: Die Wirtschaft braucht eine Radikalkur. Und sie bekommt sie allenthalben geboten: Es wird evaluiert und analysiert; es werden Ist-Soll-Vergleiche angestellt, Kriterien festgelegt und Zielvorgaben gemacht. Kurz: Es werden Diagnosen erstellt und Behandlungspläne aufgestellt, die einschneidende Veränderungen initiieren sollen. Ganze Heerscharen von Therapeuten kümmern sich um die krankende Wirtschaft: Peter Hartz kümmert sich ums Ganze; McKinsey, Roland Berger etc. um größere Teile und unzählige Motivationstrainer behandeln jeden Einzelnen. Dabei geht es vor allem um eines: eine grundlegende Transformation von der Passivität zur Aktivität, von Pessimismus zum Optimismus, von der Erstarrung in die Bewegung, der Besitzstandswahrung zur Innovation.

Ökonomie gerät zu einem Organismus, der dringend der therapeutisch-medizinischen Hilfe bedarf, so haben Decker und Brähler die aktuellen Wirtschaftsanalysen zusammengefasst. »Ein Heiler dieser Größenordnung ist allerdings nicht in Sicht« (Decker u. Brähler 2002, S. 2), schreiben sie weiter. Denkt man dabei an eine *politische* Figur, die Heilung bringen sollte, ist dieser Diagnose glücklicherweise zuzustimmen. Doch es *gibt* aktuell eine Figur, auf die alle Hoffnungen gesetzt werden und in der alle Heilserwartungen konvergieren: die Figur des unternehmerischen Selbst; sie verspricht eine umfassende Erneuerung für die daniederliegende Ökonomie. Durch Eigeninitiative und Eigenverantwortung, Kreativität und Findigkeit soll sie die dahinsiechende Wirtschaft wieder in Schwung bringen (Rose 1992; Miller u. Rose 1994; Bude 1997; Bröckling 2000, 2002a, 2002b).

Dabei ist das unternehmerische Selbst kein empirisch vorbefindlicher Sozialtyp, eher ein performativer Fluchtpunkt, der zum unhintergehbaren Leitbild aktueller Selbst- und Weltbeziehung geworden ist. Von nahezu jeder Partei ausgerufen, von der Zukunfts-

kommission gefordert und in Selbstmanagementratgebern eingeübt, werden die *Einzelnen* dazu aufgerufen, politische und ökonomische Verantwortung zu übernehmen. Dies bedeutet jedoch keine
Abkehr von politischer und ökonomischer Steuerung, sondern ist
ein bestimmter, aktuell vorherrschender Modus der Steuerung –
Regieren durch Freiheit hat dies der Soziologe Nikolas Rose bezeichnet (Rose 1996, 1999; Fach 2003, Lessenich 2003). Statt gesellschaftliche Lösungen zu entwerfen, sind Selbstbestimmung
und Selbstverantwortung neue Modi politischer und ökonomischer
Steuerung geworden (Cruikshank 1993, 1999; Miller u. Rose
1994; Bröckling et al. 2000, 2004). In allen gesellschaftlichen Bereichen sind Prozesse zu beobachten, die Eigenverantwortung sti-
mulieren:

– In der Politik soll der Bürger und die Bürgerin zu bürgerschaft-
  lichem Engagement aktiviert werden (Sutter 2004), die vorge-
  schlagenen Mittel sind beispielsweise Foren der Bürgerbeteili-
  gung, partizipative Verfahren zur Entscheidungsfindung, Engagement für die eigenen Belange und die der Community (Rose
  2000).

– Bei der soziale Vorsorge und Fürsorge kommt es zu einer ein-
  schneidenden Re-Individualisierung der Risiken, die einer
  »Ökonomisierung des Sozialen« (Bröckling et al. 2000) geschuldet sind. Die Steuerung verschiedener Institutionen, die
  zuvor am Sozialen orientiert waren, werden nach dem Vorbild
  des Marktes umgewandelt: Krankheits- und Altersversorgung
  werden zu weiten Teilen privatisiert und die ganze Palette an
  präventiven Maßnahmen aus dem Bereich der Fitness, Wellness
  oder des Anti-Aging zeigen: Die Einzelnen müssen soziale Risiken zunehmend selbst tragen und in deren Prävention investieren (Greco 1993; Bröckling 2004a, 2004b; Duttweiler 2004a,
  2004b; Lemke 2004a).

– Vorherrschend ist nicht mehr ein Verhältnis der Gegenseitigkeit
  im Angesicht statistischer Wahrscheinlichkeiten, sondern die
  Selbstverantwortung der Einzelnen. Der Schutz vor Risiken
  durch Investition in die eigene Sicherheit gehört nun zu den
  Pflichten jedes aktiven Bürgers, die dezidiert eingefordert werden: Krankenkassen betreiben bislang lediglich positive Sank-

tionierung durch Bonussysteme, doch Tests und Präventions-
maßnahmen in Großbetrieben oder private Kranken- und Le-
bensversicherungen operieren auch mit negativer Sanktionie-
rung.
- Besonders eklatant wird die Verpflichtung zu Eigenverantwortung im Bereich der Arbeit. Am auffälligsten sind die Ich-AG's:
Langzeitarbeitslose verwandeln sich in selbständige Unternehmer – und nicht wenige ruinieren sich dabei. Doch was für
Selbständige gilt, wird zunehmend zur Maxime für alle ausgerufen. Jeder Arbeitnehmer soll das Geschäftsrisiko mittragen
und unternehmerisch denken.

Die Ideale von individueller Freiheit, persönlicher Wahl, Selbstverwirklichung und (Eigen-)Initiative verbinden sich im Konzept des
(Selbst-)Unternehmers mit der kapitalistischen Marktlogik, die
Betonung der Freiheit und des unternehmerischen Verhaltens wird
zu einem Prinzip sozialer Regulation – »die Arbeit wird ›regiert‹,
indem die Eigeninitiative und Selbsteuerungspotenziale des unternehmerischen Individuums gestärkt werden« (Rose 2000, S. 93).
Freiheitsgewinn und persönliche Weiterentwicklung werden zu
Hauptanziehungsfaktoren zur Mobilisierung der Arbeiternehmer,
das »neue Modell bietet, wie es heißt, eine ›wirkliche Autonomie‹
basierend auf Selbstkenntnis und Selbstentfaltung und nicht durch
falsche Eigenständigkeit, die durch Laufbahndenken, Aufgaben-
definitionen und Sanktionssystemen aus Bestrafung und Belohnung wie noch in der 60er Jahren begrenzt ist« (Boltanski u. Chiapello 2003, S. 135).
Durch Dezentralisierung und Projektarbeit, ergebnisorientierte
Arbeitsformen und flache Hierarchien, die Ausstellung von Werkstatt Arbeitsverträgen werden die Einzelnen als Verbündete des
ökonomischen Erfolgs angesprochen. Das stellt den Modus der
ökonomischen Steuerung um: Unternehmerische Risiken werden
an die einzelnen Beschäftigten weitergegeben, die Kontingenz der
Marktprozesse wandert vom Management in den Bereich der Arbeitnehmer und produziert damit eine strukturelle Überforderung
(Minssen 2000, Moldaschl u. Voß 2002; Kuda u. Strauß 2002;
Kratzer et al. 2004).

Doch der Einbezug der Einzelnen vollzieht sich nicht nur über Prozesse, die zur Selbstverantwortung verpflichten, auch Kreativität, Gefühlsarbeit und außerhalb der Arbeit erworbene soziale Kompetenzen werden zu notwendigen Voraussetzung, um auf dem Arbeitsmarkt zu reüssieren. Allen wird nun zugemutet, ihre *gesamte* Subjektivität in den Arbeitsprozess »einzubringen« (Schmidt 2001; Voswinkel 2002; Manthey 2003).

Alle diese Verpflichtungen zu mehr Eigenverantwortung, Kreativität, Eigenaktivität und Selbstbestimmung konvergieren in der Figur des »Unternehmers seiner Selbst«. Der Einzelne wird als Unternehmer seiner selbst adressiert und muss sich als solcher begreifen; Leistungs-, Risikobereitschaft und Eigenverantwortung sind seine geforderten Eigenschaften. Er unterstellt sich dem »Flexibilisierungsgebot«, das »schnellstmöglicher Marktanpassung unbedingte Priorität einräumt, Traditionen und Routinen entwertet und auf kurze Zeithorizonte geeicht ist« (Lemke 2004b, S. 86). Und neben erfinderischer Initiative, seinem Wissen und seinen Fertigkeiten setzt er auch seine Freude an der Arbeit und die Fähigkeit, in ihr einen Sinn zu sehen, ein, um die eigene Zukunft zu gestalten – und so zugleich der (volks-)wirtschaftlichen Erstarrung entgegenzuwirken.

Ausgemalt und eingeübt wird das Leitbild des unternehmerischen Selbst nicht zuletzt in aktuellen Lebenshilferatgebern, die psychologische Hilfestellung für die aktuellen (Arbeits-)Anforderungen anbieten. »Woran erkennt man einen gesunden Betrieb?«, fragt der Lebenshilfeautor David Niven seine LeserInnen und antwortet: »Zuerst und vor allem an einem gesunden Geschäftsplan ... Den gleichen Ansatz können wir auch als einzelne wählen« (Niven 2000, S. 22). Die Selbstführung nach Maßgabe der Unternehmensführung zu organisieren heißt, jeden Bereich des Lebens danach auszurichten und sich gegebenenfalls in umfassender Weise dahingehend zu verändern. Dementsprechend werden die Strategien zur Unternehmensführung auf die Führung des Selbst übertragen: Zielbildung, Planung und Ergebniskontrolle und vor allem die uneingeschränkten Ausrichtung auf Leistung sowie ein professionelles Management der Umweltbeziehungen: geschäftliche Kontakte und unterstützende Freunde gilt es gewinnorientiert auszuwählen und zu pflegen. Mit einem Wort: Gefragt ist umfassendes Selbstmanagement, das sich an den Gesetzen des Marktes ausrichtet (Bröckling 2000) – eine Arbeit an sich selbst, um jegliches Potential auszuschöpfen und die eigenen Fähigkeiten und Möglichkeiten so weit es irgend geht, zu steigern sprich: sich selbst unentwegt zu optimieren (Rieger 2002).

Wenn Selbstbestimmung zu einer unhintergehbaren Verpflichtung wird, Arbeit Spaß machen und Sinn produzieren soll (Duttweiler 2005a), geraten Selbstbestimmung und Eigenverantwortung, Spaß und Selbstverwirklichung zu unverzichtbaren Ressourcen. Der neoliberale Vergesellschaftungsmodus, der auf Selbstverantwortung und Eigenaktivität angewiesen ist, fördert und fordert Ausbau und Einsatz selbstbestimmter Subjektivität. Doch zugleich werden diese Möglichkeiten der (Selbst-)Verantwortung und Selbstverwirklichung auch als Anspruch und Bedürfnis der Einzelnen formuliert und anderen gegenüber reklamiert. Sie erweisen sich somit als ebenso persönlich verlockend wie ökonomisch wünschenswert (Miller u. Rose 1994, S. 101). Persönliche Motivation und ökonomische Forderung sind wechselseitig aufeinander angewiesen und müssen *beide* wirklich werden – Ökonomie und Politik müssen *tatsächlich* Möglichkeiten zur Selbstverwirklichung bereitstellen und Selbstverantwortung, Selbstverwirklichung und -entfaltung müssen *wirkliche* Fähigkeiten der Individuen sein. Damit ergeben sich zwiespältige Lagen.»Ambivalenzen und Widersprüche zeigen sich in teilweise veränderter Form: als neue Paradoxien aus Kontrolle und Autonomie, aus Gestaltungsmöglichkeiten und -zwängen, aus Entlastung und Belastung, aus ›eigensinniger‹ Subjektivität und fremdbestimmter Nutzung von ›Subjektivität‹«« (Kratzer et al. 2004, S. 349). Die Spannungen zwischen individueller Autonomie, Entscheidungsfreiheit und Verantwortung und dem permanenten Druck des Marktes müssen die Einzelnen in sich selbst austragen. »Risiken und Widersprüche werden nach wie vor sozial produziert; lediglich zu ihrer Bearbeitung wird man individuell genötigt« (Bauman 2003, S. 46). Die Widersprüche verlaufen nun im Subjekt selbst und müssen dort austragen werden. Das macht die Unterscheidung zwischen individuellen Wünschen und objektiven (An-)Forderungen im subjektiven Erleben schwierig: *Was* als Zwang oder Möglichkeit erlebt, *was* als Autonomie oder Kontrolle interpretiert wird, muss von den Einzelnen situativ entschieden werden. Dies verlangt spezifische Abwägungs- und Ausgleichsleistungen, um zwischen Vereinnahmung und Distanzierung ein flexibles Gleichgewicht zu erreichen, und erhöht somit den Bedarf an flexibilisierenden Verhaltensstrategien.

Wesentlicher Bestandteil dieser individuellen Bearbeitungsstrategien ist die Fähigkeit, sich therapeutische Hilfe zu suchen. Wo gesellschaftlich produzierten Widersprüche zunehmen und Selbstmanagement zur notwendigen Alltagskompetenz ausgerufen wird, ist es zunehmend selbstverständlich, um psychologische Unterstützung nachzusuchen. Sich beraten zu lassen, gilt heute kaum mehr als Eingeständnis einer Schwäche, im Gegenteil: Mit psychologischen Mitteln an sich zu arbeiten, ist zu einer notwendigen sozialen Schlüsselkompetenz geworden.

Die Vielzahl der therapeutischen Angebote antworten auf diesen Bedarf, gesellschaftlich produzierte Anforderungen subjektiv zu verarbeiten. Doch was als subjektive Linderung gedacht ist, generiert einen paradoxen Effekt, denn neben der Hilfestellung forcieren diese Angebote zugleich den Imperativ, sich selbst zu optimieren und alle persönlichen Ressourcen nutzbar zu machen. Denn auch wenn man sich keine psychische Krankheit attestiert, die Notwendigkeit, seine spezifische Subjektivität auf den Markt zu tragen, weist jeden als verbesserungs*fähig* und somit als beratungs*bedürftig* aus. Damit verändert sich das Verhältnis zu sich selbst ebenso wie die Wahrnehmung der Wirklichkeit: Optimierungsbedarf ist so normal wie die Normalität optimierungsbedürftig.

Jeder und jede ist dazu aufgerufen, das eigene Leben und die Beziehung zu sich selbst zu verbessern, Denk- und Handlungsblockaden aufzulösen und an der eigenen Leistungs-, Balancierungs- und Glücksfähigkeit zu arbeiten. Da ein Optimum jedoch nie eintreten kann, ist therapeutische Intervention *immer* angezeigt und wer sich ihr verweigert, macht sich verdächtig: Nichts gilt als verwerflicher (und beratungsbedürftiger!) als Beratungsresistenz.

In der Regel werden die Angebote zur Selbsttransformation freiwillig aufgesucht. Doch beispielsweise die Maßnahmen zur Akti-

vierung von Arbeitslosen zeigen, wie nah Förderung und Forderung beieinander liegen: Permanent an sich selbst zu arbeiten ist
Selbstzweck zur persönlichen und beruflichen Weiterentwicklung
zugleich aber auch ökonomische Notwendigkeit – nur wer an sich
arbeitet, kann den gesellschaftlichen Anforderungen auf Dauer gerecht werden.

Diese Zumutung, seine Psyche im Dienste des (selbst-)unter-
nehmerischen Erfolgs zu bearbeiten, zieht eine Verbindung zwischen psychischer Robustheit und unternehmerischem Erfolg.
Dem ökonomischen Erfolg werden psychische Ursachen diagnos-
tiziert: Dem Einzelnen mangele es an Selbstvertrauen oder Ent-
scheidungsfähigkeit, er verhalte sich passiv und verweigere es, für
sich selbst und andere Verantwortung zu übernehmen. Dementsprechend wird die Überwindung psychischer Blockaden indiziert
und Programme der Aktivierung (Kocyba 2004) und des Empow-
erments initiiert (Cruikshank 1999; Bröckling 2004a). Ursachen
jenseits des Individuums und seiner psychischen Struktur werden
tendenziell ausgeblendet oder ihrerseits psychologisch erklärt. Damit wird jegliche Veränderung auch der wirtschaftlichen Lage auf
eine Möglichkeit verengt: Man kann niemand verändern, außer
sich selbst. Oder allgemeiner formuliert: Wer die Gesellschaft verändern will, muss die Einzelnen verändern.

Die Rede von der Therapeutisierung des Ökonomischen erweist
sich so als mehr als eine rhetorische Figur, die im übertragenen
Sinne die Behandlungsbedürftigkeit der Ökonomie umschreibt.
Vielmehr wird das Ökonomische jenseits bloßer Metaphorik aktuell tatsächlich – bis zu einem gewissen Grad – durch das Therapeutische geheilt: Durch die Verlagerung der ökonomischen Verantwortung auf den Einzelnen ergibt sich ein Angriffspunkt der Veränderung, auf den effektiv eingewirkt werden kann und zu dessen
Bearbeitung wirksame Methoden und Verfahren bereitstehen. Und
nicht zuletzt kommt er ungemein plausibel daher – an sich selbst
anzusetzen, gehört zum Repertoire moderner Selbstthematisierung und nicht zuletzt zu den Grundsätzen der Psychotherapie.

Ambivalenzen therapeutischer Kommunikation

Abschließend möchte ich die ambivalente Situation betrachten, in der sich jede Therapie vor dem eben skizzierten Hintergrund der politischen und ökonomischen Indienstnahme von Selbstverantwortung und Selbstbestimmung befindet. Dabei möchte ich das Argument weitertreiben und die Ambivalenzen nicht nur einer zunehmenden Ökonomisierung von außen zuschreiben – sie lagern auch im »eigentlichen Kern« des Therapeutischen. Meines Erachtens erklärt sich nicht zuletzt dadurch die ungebrochene Attraktivität des Therapeutischen.

Therapie und, in noch stärkerem Maße, die dezidierte auf konkrete Problembearbeitung zielende Beratung, operiert in einer spezifischen Form der Kommunikation (Fuchs u. Mahler 2000). Charakteristisch für diese Form ist es, dass sie spezifische Selbst- und Weltverhältnisse wahrscheinlicher macht: Sie fokussiert in und durch ihre Form auf Selbstbestimmung (Duttweiler 2004c). Damit unterscheidet sie sich von anderen Formen der Kommunikation wie beispielsweise Vorschrift oder Befehl, die ebenfalls zu einem spezifischen Handeln anregen. Therapeutische Kommunikation pflegt als Bedingung ihrer Möglichkeit einen doppelten Freiheitsbegriff: Um die Möglichkeit von Veränderungen in Aussicht zu stellen, muss zum einen die Welt offen für Einwirkungen und damit die Zukunft gestaltbar sein. Vorausgesetzt ist eine Welt, die sich durch willentliche Handlungen verändern lässt. »Dass etwas gewollt ist, hinter einer Handlung ein Wille steckt, etwas durch jemand, der wollen kann, entschieden wird, das sind konventionelle Ausdrücke dafür, dass sich in der Welt Determinationslücken finden, in die hinein Beratene entscheiden können, wofür sie dann Freiheit und Willen benötigen« (Fuchs 2004, S. 246). Diese »Determinationslücken« erlauben Veränderungen aktueller krisenhafter Situationen durch willentliche Handlungen. Das setzt zum andern ein zur Selbstmodifikation fähiges Individuum voraus, das nicht vollständig determiniert ist und über sich und seine Handlungen selbst bestimmen kann. Therapeutische Kommunikation kann nur dann zustande kommen, wenn den Ratsuchenden zugeschrieben wird, dass sie in der Lage sind, ihre Handlungen aufgrund von

Entscheidungen zu modifizieren. Nur der erweist sich einer therapeutischen Bearbeitung zugänglich, der »abweichende Optionen wahrnehmen könnte und für sich selbst noch Freiheitsgrade sieht« (Fuchs u. Mahler 2000, S. 352–353). Die Konzepte des willentlich handelnden Individuums und die Gestaltbarkeit der Welt implizieren eine Logik der Veränderung, des Optimismus und der Zukunftsorientierung und sie etablieren eine nahezu unabweisbare Verpflichtung: Therapeutische Kommunikation versetzt die Ratsuchenden in die Position eines selbstbestimmt handelnden Subjektes, das zur eigenen Verbesserung an sich arbeitet.

Erstens strukturieren Selbstbestimmung und Verbesserungswillen zunächst den *Einsatzpunkt von therapeutischer Kommunikation*. Zwar will, wer sich auf Therapie einlässt, dem *Circulus vitiosus* der Selbstbezüglichkeit entkommen. Wer sich in Therapie begibt oder Rat bei einem marktvermittelten Angebot sucht, braucht Hilfe, zumindest eine fachkundige Beurteilung der eigenen Situation und eine Bewertung möglicher Optionen. Mit anderen Worten: Er oder sie sucht (auch) Entlastung von der Selbstbestimmung. Doch gerade der aktive Wille zur Hilfesuche sowie das Einleiten und (Aus-)Üben von Veränderungspraktiken sind selbst Akte und Signaturen der Selbstbestimmung; hierin manifestiert sich mithin ein Selbst, das sein Schicksal in die eigene Hand zu nehmen und an sich selbst zu arbeiten bereit ist.

Zweitens strukturiert das Axiom der Selbstbestimmung die *theoretischen Vorannahmen und Verfahren*. In der therapeutischen Kommunikation wird weder Schuld zugeschrieben noch moralisch verurteilt oder eine objektive, normativ richtige Wahrheit behauptet. Nicht die autoritative Implementierung von Deutungsmustern und Lösungswegen, sondern die Hinführung zur selbstbestimmten Selbsterkenntnis zeichnen therapeutische Verfahren aus.

Drittens bildet Selbstbestimmung den *Fluchtpunkt therapeutischer Kommunikation*: Insbesondere die an konkreten Problemen orientierten therapeutischen Formen zielen darauf ab, Freiheitsgrade und subjektive Wahlmöglichkeiten aufzuzeigen, die einschränkende Wirkung determinierender Faktoren abzuschwächen und die Wirklichkeit von Vergangenheit und Zukunft als Resultante aktiver, selbstbestimmter Entscheidungen zu beobachten.

(Neu-)Orientierung und Feinjustierung des Handelns sollen selbstbestimmte Selbstverantwortung initiieren und optimieren, Entwicklungspotentiale nutzen, Persönlichkeit ausbauen, Kompetenzen steigern und riskante, selbstschädigende Handlungsalternativen verhindern.

Selbstbestimmung, Freiheit und der Glaube an optimierende Selbsttransformation erweisen sich als Instrumente *und* Effekte therapeutischer Kommunikation. Sie sind ihr Fluchtpunkt *und* konstitutives, strukturierendes Formprinzip und gewinnen einen zwingenden Charakter: Wer diese Form der Kommunikation anwählt, hat keine Alternative dazu. Er »muss frei sein, ob er will oder nicht. Seine (Handlungs-)Autonomie wird sogar zunehmend normativ gefordert« (Fuchs u. Mahler 2000, S. 361).

Mit der Transformation der Hilfesuchenden zu »Kunden« wird diese normative Forderung forciert. Dem »Kunde« therapeutischer Angebote wird nichts verwehrt; alles ist erlaubt, mit der einzigen Ausnahme: sich nicht selbstbestimmt zu verhalten und sich der selbstverbessernden Arbeit an sich zu verweigern. Wie und mit welchem Ziel man an sich selbst arbeitet, ist dabei der eigenen Selbstbestimmung anheim gegeben.

Aufgrund dieser Befunde lässt sich Therapie als eine »Technologie der Freiheit« (Osborne 2001, S. 12) bestimmen, die Freiheit evoziert und einsetzbar macht. Nicht Repression, sondern Entfaltung, nicht Verbot, sondern Ermöglichung werden durch therapeutische Kommunikation befördert. Jede therapeutische Intervention lehrt, Verantwortung zu übernehmen und selbstbestimmt zu handeln, seine Individualität auszubauen, risikobereit, mutig und flexibel zu werden und sich an Zukunft und Wachstum zu orientieren. Zugespitzt formuliert: Therapeutische Arbeit an sich selbst (re-)produziert die Ressourcen des »unternehmerischen Selbst«. Die Leistungsfähigkeit, die diese Selbstbearbeitung entfaltet, zeitigt dabei einen paradoxen Effekt: Die Befähigung zur Selbstermächtigung qualifiziert die Individuen »im doppelten Sinn von Einordnung und Qualifikation« (Sonntag 1999, S. 239). Damit positionieren sich therapeutische Angebote nicht jenseits des Politischen und des Ökonomischen, sondern berühren im Gegenteil den Kern aktueller Gesellschaftlichkeit: den Ausbau und die Förderung

individueller Selbstbestimmung als Voraussetzung einer selbstver-
antwortlichen Übernahme gesellschaftlicher und ökonomischer
Risiken.

Mit dieser Diagnose verfolge ich keine Neuauflage der These,
Therapie unterdrücke und diene ausschließlich der Produktion
willfähriger Marktsubjekte. Der Fall ist komplizierter: Nicht durch
Unterdrückung des Individuellen, sondern durch dessen Entfaltung, nicht durch Verhinderung der Selbstbestimmung und Eigenverantwortung, sondern durch deren Ausbau bearbeitet Therapie
aktuelle Anforderungen. Selbstbestimmung und Freiheit sind am-
bivalent geworden: Sie etablieren einen Subjektstatus, dessen politische und ökonomische Indienstnahme unter die Gesetze des
Marktes zwingt. Das Schimpfwort der Beratungsresistenz macht
diese ambivalente Position paradigmatisch deutlich: Die Förderung der Selbstbestimmung ist gebunden an die Forderung, einen
bestimmten Gebrauch von ihr zu machen: Die Verantwortung für
gesellschaftliche und ökonomische Risiken ist in ein Problem der
Selbstsorge zu transformieren und in Eigenregie zu managen.

Paradigmatisch laufen diese Forderungen in der Figur des unternehmerischen Selbst zusammen. In ihr verbinden sich Ökonomisierung des Therapeutischen und Therapeutisierung der Ökonomie; sie organisiert die Grenzverschiebung der Bereiche, die
vormals als relativ unabhängig und einer Eigenlogik folgend verstanden werden konnten. Indem sie den *Einzelnen* als Angriffspunkt einer gesellschaftlichen Veränderung ausflaggt, treibt die
politische Rationalität die Ökonomisierung des Sozialen voran. Sie
kennt keinen Begriff vom Sozialen mehr, sondern sieht in der Gesellschaft eine Summe einzelner Individuen und steuert sie über
die Aktivierung der Selbstbestimmung und Eigenverantwortung.

Psychologisches Wissen und psychotherapeutische Verfahren
werden zunehmend zu unverzichtbaren Hilfsmitteln, die eigenen
Einstellungen, Motivationen und psychischen Ressourcen zu bearbeiten. Indem der individuelle Wunsch zur Verbesserung der eigenen (psychischen) Gesundheit zu einer gesellschaftlichen Notwendigkeit gerät, gewinnen die therapeutischen Verfahren ein Doppel-
gesicht. Auf der einen Seite produzieren sie Befreiung von
verschiedenen Symptomen, Zwängen und Abhängigkeiten und tra-

gen dazu bei, die aktuellen Anforderungen besser zu bewältigen. Doch auf der anderen Seite trägt Therapie – insbesondere wenn sie sich »Kunden« gegenübersieht – gerade durch den Fokus auf Freiheit, Selbstbestimmung und Entscheidung dazu bei, diese auch für politische und ökonomische Ziele einsetzbar zu machen. Ihre Ökonomisierung akzentuiert dieses Moment und höhlt dabei entscheidende Charakteristika des Therapeutischen aus. Als »Kunden« adressiert, muss die Hilfsbedürftigkeit als Stärke und als Akt der Selbstbestimmung deklariert werden. Schutzbedürftigkeit und die Kontingenz des Leidens werden tendenziell ausgeblendet.

Damit verspielt die Psychotherapie zentrale Momente ihrer Funktion: den Zumutungscharakter gesellschaftlicher Zurichtungen, der nicht zuletzt in einem unhintergehbar geforderten Einsatz von Selbstverantwortung und Selbstkontrolle liegt, sichtbar zu machen oder die Rolle als Anwalt derjenigen, die sich nicht in Unternehmer ihrer selbst verwandeln können – oder wollen. Auch wenn es, wie ich zu zeigen versucht habe, auch für die Psychotherapie kein Jenseits ökonomischer und politischer Einbindungen geben kann, so bleibt ihr doch die Möglichkeit, Verantwortlichkeiten zu benennen und gesellschaftlich produzierte Widersprüche nicht als diejenigen des Individuums selbst zu deklarieren. Erst eine Reflexion auf diese ambivalenten Effekte, die sich durch die Verschränkung von Ökonomisierung und Psychotherapie ergeben, ermöglicht es meines Erachtens, die aktuellen Herausforderungen für die psychotherapeutische Arbeit zu benennen: sich der Ambivalenzen bewusst zu werden, die derzeitig mit der therapeutischen Arbeit an sich selbst verbunden sind, um so zu vermeiden, dass die Transformation des Selbst lediglich zu einem Instrument der Selbstverwertung angesichts einer zunehmend ökonomisierten Welt gerät.

Literatur

Bauman, Z. (2003): Flüchtige Moderne. Frankfurt a. M.
Boltanski, L.; Chiapello, È. (2003): Der neue Geist des Kapitalismus. Konstanz.
Bröckling, U. (2000): Totale Mobilmachung. Menschenführung im Qua-

litäts- und Selbstmanagement. In: Bröckling, U.; Krasmann, S.; Lemke, T. (Hg.): Gouvernementalität der Gegenwart. Studien zur Ökonomisierung des Sozialen. Frankfurt a. M., S. 131–167.

Bröckling, U. (2002a): Das unternehmerische Selbst und seine Geschlechter. Leviathan. Zeitschrift für Sozialwissenschaften: 175–194.

Bröckling, U. (2002b): Jeder könnte, aber nicht alle können. Konturen des unternehmerischen Selbst. Mittelweg 36: 6–26.

Bröckling, U. (2004a): Empowerment, Evaluation, Prävention, Unternehmer. In: Bröckling, U.; Krasmann, S.; Lemke, T. (Hg.): Glossar der Gegenwart. Frankfurt a. M., S. 55–62; 76–81; 210–215; 271–276.

Bröckling, U. (2004b): Die Macht der Vorbeugung – 16 Thesen zur Prävention. In: Legnaro, A.; Schmieder, W. (Hg.): Suchtränder. Münster, S. 57–66.

Bude, H. (1997): Die Hoffnung auf den »unternehmerischen Unternehmer«. In: Bude, H. (Hg.): Junge Eliten. Selbständigkeit als Beruf. Stuttgart, S. 71–80.

Castel, F.; Castel, R.; Lovell, A. (1982): Psychiatrisierung des Alltags. Produktion und Vermarktung der Psychowaren in den USA. Frankfurt a. M.

Cruikshank, B. (1993): Revolution Within: Self-government and Self-esteem. Econ. Soc. 3: 327–344.

Cruikshank, B. (1999): The Will to Empower. Democratic Citizens and Other Subjects. Ithaca, NY.

de Swaan, A. (1993): Der sorgende Staat. Wohlfahrt, Gesundheit und Bildung in Europa und den USA der Neuzeit. Frankfurt a. M.

Decker, O.; Brähler, E. (2002): Vermessene Psychotherapie – Überlegungen zu ökonomischen und zivilisatorischen Aspekten der Qualitätssicherung. Verhaltenstherapie und psychosoziale Praxis 34: 875–887.

Donzelot, J. (1991): The Pleasure in Work. In: Burchell, G.; Gordon, C.; Miller, P. (Hg.): The Foucault Effect: Studies in Governmentality. Chicago, S. 251–280.

Duttweiler, S. (2004a): »Das eherne Wellness-Gebot«. In: Legnaro, A.; Schmieder, A. (Hg.): Suchtränder. Jahrbuch Suchtforschung 4. Münster u. a., S. 73–89.

Duttweiler, S. (2004b): »Welcome to Wellness« – Technologien im aktuellen Wellness – Diskurs. In: Orland, B. (Hg.): Artifizielle Körper – lebendige Technik. Technische Modellierungen des Körpers in historischer Perspektive. Zürich, S. 261–278.

Duttweiler, S. (2004c): Beratung«. In: Bröckling, U.; Lemke, T.; Krassmann, S. (Hg.): Glossar der Gegenwart. Frankfurt a. M., S. 23–29.

Duttweiler, S. (2005a): »Was ist schlimm an der Arbeit? Gar nichts.« Vom Glück der Arbeit und der Arbeit am Glück in aktuellen Lebenshilferatgebern. In: Penkwitt, M. (Hg.): Arbeit und Geschlecht. Freiburg, S. 171–194.

Fach, W. (2003): Die Regierung der Freiheit, Frankfurt a. M.

Foucault, M. (2000): Gouvernementalität. In: Bröckling, U.; Krasmann, S.; Lemke, T. (Hg.): Gouvernementalität der Gegenwart. Studien zur Ökonomisierung des Sozialen. Frankfurt a. M., S. 31–67.

Fuchs, P.; Mahler, E. (2000): Form und Funktion von Beratung. In: Soziale Systeme. Zeitschrift für soziologische Theorie 6: 349–368.

Fuchs, P. (2004): Die magische Welt der Beratung. In: Schützeichel, R.; Brüsemeister, T. (Hg.): Die beratene Gesellschaft. Zur gesellschaftlichen Bedeutung von Beratung. Wiesbaden, S. 239–258.

Greco, M. (1993): Psychosomatic Subjects and the »Duty to be Well«. Personal Agency within Medical Rationality. Econ. Soc. 3: 357–372.

Hermer, M. (1998): Kundenorientierung in Psychiatrie und Psychotherapie. Zur Metamorphose von Patienten in Kunden. In: Laireiter, A.-R.; Vogel, H. (Hg.): Qualitätssicherung in der Psychotherapie und psychosozialen Versorgung. Ein Werkstattbuch. Tübingen, S. 747–766.

Kloiber, O. (2002): Patienten sind keine Kunden. Deutsches Ärzteblatt. 5/ Jg. 97: 229.

Köhler-Weisker, A.; Horn, K.; Schülein, J. A.(1993): »Auf der Suche nach dem wahren Selbst«. Eine Auseinandersetzung mit Carl Rogers. Frankfurt a. M.

Kocyba, H. (2004b): Aktivierung. In: Bröckling, U.; Krasmann, S.; Lemke, T. (Hg.): Glossar der Gegenwart. Frankfurt a. M., S. 17–22.

Kratzer, N.; Boes, A.; Döhl, V.; Marrs, K.; Sauer, D. (2004): Entgrenzung von Unternehmer und Arbeit – Grenzen der Entgrenzung. In: Beck, U.; Lau, C. (Hg.): Entgrenzung und Entscheidung: Was ist neu an der Theorie reflexiver Modernisierung? Frankfurt a. M., S. 329–359.

Kuda, E.; Strauß, J. (Hg.) (2002): Arbeitnehmer als Unternehmer? Herausforderungen für Gewerkschaften und berufliche Bildung. Hamburg.

Laireiter, A.-R.; Vogel, H. (1998): Qualitätssicherung in der Psychotherapie und psychosozialen Versorgung. Einblicke in die Werkstatt. In: Laireiter, A.-R.; Vogel, H. (Hg.): Qualitätssicherung in der Psychotherapie und psychosozialen Versorgung. Ein Werkstattbuch. Tübingen, S.17–46.

Lemke, T. (1997): Eine Kritik der politischen Vernunft. Foucaults Analyse der modernen Gouvernementalität. Berlin u. Hamburg.

Lemke, T. (2004a): Veranlagung und Verantwortung. Genetische Diagnostik zwischen Selbstbestimmung und Schicksal. Bielefeld.

Lemke, T .(2004b): Flexibilität. In: Bröckling, U.; Krasmann, S.; Lemke, T. (Hg.): Glossar der Gegenwart. Frankfurt a. M., S. 82–88.

Lessenich, S. (2003): Soziale Subjektivität. Die neue Regierung der Gesellschaft. Mittelweg 36: 80–93.

Manthey, H. (2003): Menschliche Organisation und verorganisierte Menschen. Zur Emotionalisierung von Arbeitsbeziehungen. In: Meschnig, A.; Stuhr, M. (Hg.): Arbeit als Lebensstil. Frankfurt a. M., S. 109–132.

Miller, P.; Rose, N. S. (1994): Das ökonomische Leben regieren. In: Schwarz, R. (Hg.):Zur Genealogie der Regulation. Anschlüsse an Michel Foucault. Mainz, S. 54–108.

Minssen, H. (Hg.) (2000): Begrenzte Entgrenzungen. Wandlungen von Organisation und Arbeit. Berlin.

Moldaschl, M.; Voß, G. G. (Hg.) (2002): Subjektivierung von Arbeit. München, S. 23–52.

Nickel, H. (2000): Ist Zukunft feministisch gestaltbar? Geschlechterdifferenz(en) in der Transformation und der geschlechtsblinde Diskurs um Arbeit. In: Lenz, I.; Nickel, H.; Riegraf, B. (Hg.): Geschlecht, Arbeit, Zukunft. Münster, S. 243–268.

Niven, D. (2000): Die 100 Geheimnisse glücklicher Menschen. München.

Osborne, T. (2001): Techniken und Subjekte: Von den »Governmentality Studies« zu »Studies of Governmentality«. Demokratie. Selbst. Arbeit. Analysen liberal-demokratischer Gesellschaften im Anschluss an Michel Foucault. Mitteilungen des Instituts für Wissenschaft und Kunst 56.

Psychotherapie-Report Bd.1, 9.8.2000 zitiert nach: http://www.psychotherapie.de/report

Rieger, S. (2002b): Arbeit an sich. Dispositive der Selbstsorge in der Moderne. In: Bröckling, U.; Horn, E. (Hg.): Anthropologie der Arbeit. Tübingen, S. 79–96.

Rose, N. S. (1992): Governing the Enterprising Self. In: Heelas, P.; Morris, P. (Hg.): The Values of the Enterprise Culture. The Moral Debate. London u. New York, S. 141–164.

Rose, N. S. (1996): Governing ›Advanced‹ Liberal Democracies. In: Barry, A.; Osborne, T.; Rose, N. S. (Hg.): Foucault and Political Reason: Liberalism, Neo-liberalism and Rationalities of Government. London: S. 27–64.

Rose, N. S. (1998): Inventing Our Selves. Psychology, Power and Personhood. Cambridge.

Rose, N. S. (1999): Powers of freedom. Reframing political thought. Cambridge.

Rose, N. S.(2000): Tod des Sozialen? Eine Neubestimmung der Grenzen des Regierens. In: Bröckling, U.; Krasmann, S.; Lemke, T. (Hg.): Gouvernementalität der Gegenwart. Studien zur Ökonomisierung des Sozialen. Frankfurt a. M., S. 72–109.

Schmidt, A. (2001): Mich regiert blanke Angst. Die Realität extremer Gefühle in neuen Formen der Arbeitsorganisation. In: Pickshaus, K.; Schmitthenner, H.; Urban, H.-J. (Hg.): Arbeiten ohne Ende. Neue Arbeitsverhältnisse und gewerkschaftliche Arbeitspolitik. Hamburg, S. 28–33.

Schwarz, R. (Hg.) (2004): Zur Genealogie der Regulation. Anschlüsse an Michel Foucault. Mainz.

Seiwert, L. (2001): Life-Leadership. Sinnvolles Selbstmanagement für ein Leben in Balance. Frankfurt a. M.

Sonntag, M. (1988): Die Seele als Politikum. Psychologie und die Produktion des Individuums. Berlin.

Sonntag, M. (1999): Das Verborgene des Herzens. Zur Geschichte der Individualität. Reinbek.

Sonntag, M. (Hg.) (1990): Von der Machbarkeit des Psychischen. Pfaffenweiler.

Sutter, B. (2004): Governing by Civil Society. Citizenship within a New Social Contract. In: Angermüller, J.; Wiemann, R.; Meyer, J. (Hg.): Reflexive Representations: Politics, Hegemony, and Discourse in Global Capitalism. Münster, S. 155–168.

Voswinkel, S. (2004): Kundenorientierung. In: Bröckling, U.; Krasmann, S.; Lemke, T. (Hg.): Glossar der Gegenwart. Frankfurt a. M., S. 145–151.

Voswinkel, S. (2002): Bewunderung oder Würdigung. Paradoxien der Anerkennung doppelter subjektivierter Arbeit. In: Honneth, A. (Hg.): Befreiung aus der Mündigkeit. Paradoxien im gegenwärtigen Kapitalismus. Frankfurt a. M., S. 65–92.

Oliver König

Familienaufstellungen – Kurzzeittherapie in der Gruppe

Möglichkeiten und Grenzen eines Verfahrens

Über das Problem, vom Rand her den Rand zu kritisieren

Als Sozialwissenschafter eine reflexive Haltung einzunehmen erfordert ein Wissen darum, »dass das Besondere seines Standpunktes darin besteht, ein Standpunkt im Hinblick auf einen Standpunkt zu sein« (Bourdieu 1997, S. 802). Die einzige Möglichkeit, die Einschränkungen der Standortgebundenheit unserer Wahrnehmungen und Analysen zu relativieren, besteht daher darin, die Perspektivität des eigenen Standpunktes auszuweisen. Dies ist umso notwendiger, wenn es um ein Thema geht, das so umstritten ist und innerhalb der psychosozialen und therapeutischen Profession derart skandalisiert wurde, wie dies für die Methode der Familienaufstellungen der Fall ist.

In meinem Fall ist dieser Standpunkt in mehrerer Hinsicht randständig. Ich arbeite in freier Praxis psychotherapeutisch mit Familienaufstellungen, bin aber in der Perspektive des »Zentrums« kein Psychotherapeut, sondern firmiere unter dem Begriff »Heilpraktiker«. Mit »Zentrum« ist in diesem Fall jene hegemoniale Figuration von Institutionen und Personen gemeint, die in der Frage, was Psychotherapie und wer ein Psychotherapeut sei, die Definitionsmacht haben. Von dieser Position am Rande trete ich nicht nur als Vertreter der Arbeit mit Familienaufstellungen auf, sondern zugleich als ihr Kritiker. Da diese Kritik nicht von außen kommt, sondern von jemandem, der die Methode selber praktiziert, kann sie sich nie ganz von dem hegemonialen Beigeschmack befreien, ihrerseits definieren zu wollen, wie man diese Arbeit eigentlich machen müsse. Insofern führe ich vom Rande aus einen hegemonialen Diskurs gegenüber dem Rande. Dabei gerät aus dem Blick, dass die hegemoniale Definitionsmacht hinsichtlich des Feldes der Psychotherapie im Zentrum angesiedelt ist. Ein kritischer Blick auf die Arbeit mit Familienaufstellungen hat nur dann eine Chance, sich von dieser Einseitigkeit der Kritik zumindest partiell zu befreien, wenn sie die gegenseitige Bezogenheit von Rand und Zentrum im Auge behält. Um dies zu tun, ist wiederum der Rand besser geeignet als das Zentrum, vorausgesetzt natürlich, man schließt sich an diesem Rande nicht einem jener Zirkel an, die sich in ihr Randdasein eingraben und zur Gemeinde werden, wie dies für die Szene um Bert Hellinger herum in der Vergangenheit zu beobachten war. Um in diesem Bild zu bleiben, geht es also um eine doppelte Randständigkeit. Der Preis dafür sind unklare Zugehörigkeiten. Der Vorteil ist jedoch, in dieser Position nicht so schnell von den Denk- und Handlungsselbstverständlichkeiten des beruflichen Feldes aufgesaugt zu werden, dem man angehört. Unterstützt wird dies dadurch, dass ich aus der Soziologie komme und in das berufliche Feld der Psychotherapie vorgedrungen bin, das traditionell von anderen Fächern als ihr Territorium angesehen wird, der Medizin und der Psychologie. Je länger ich mich in diesem Feld bewege, umso mehr wächst in mir die Auffassung, dass der Psychotherapie ein Selbstverständnis gut anstehen würde, sich als Teil der angewandten Sozialwissenschaften zu verstehen, zu der ich auch die Psychologie zählen würde. Als Sozialwissenschaft hat sie sicherlich eine wesentliche Schnittstelle zu den biologischen Wissenschaften vom Menschen, aber eben in dieser Gewichtung und nicht umgekehrt. Solange Psychotherapie »talking cure« ist und bleibt, ist sie soziales Geschehen und sollte auch als solches analysiert und begründet werden.

Über Grenzen

Bevor ich zum eigentlichen Gegenstand kommen, möchte ich noch die diskursive Formationen untersuchen, die anklingen, wenn man über »Möglichkeiten und Grenzen« eines Verfahrens redet. Als Erstes wäre zu nennen: die Idee vom wissenschaftlichen Fortschritt, nach dessen Logik die Möglichkeiten ständig erweitert und die Grenzen immer wieder neu definiert werden. Neue Verfahren sind bislang immer mit dem Anspruch aufgetreten, es besser zu machen als ihre Vorgänger. Dies bekommt eine neue Qualität dadurch, dass der psychotherapeutische Fachdiskurs (wieder) verstärkt beeinflusst wird von den Biowissenschaften, vor allem den Entwicklungen innerhalb der Neurologie, was wiederum mit der Entwicklung der relevanten Untersuchungstechniken zusammenhängt. Hirnforscher entwickeln »zunehmend Interesse an der Frage, ob Freud ›Recht hatte‹«, so einer ihrer prominenten Vertreter (Roth 2003, S. 23). Zurzeit werden gerade im psychotherapeutischen Mainstream viele Psychotherapeuten von den Verlockungen der Objektivität angezogen, die in einer solchen Sichtweise angelegt ist, und sind darin durchaus vergleichbar mit jenen aus der Profession, die den Ordnungsvorstellungen Bert Hellingers folgen. So macht beispielsweise in einer Diskussion ein ärztlicher Psychotherapeut die Bemerkung, mit diesen Entwicklungen der Gehirnforschung sei man doch ein gutes Stück dem alten Traum Freuds näher gekommen, die Psychotherapie naturwissenschaftlich zu fundieren.

Nun ist es meine Vermutung, wenn sich Freud länger mit diesem Traum der naturwissenschaftlichen Fundierung der Psychotherapie aufgehalten hätte, dann wäre er, von heute aus gesehen, einer jener materialistischen Wissenschaftler des 19. und 20. Jahrhunderts geworden und geblieben, die heute – zu Recht – vergessen sind. Stattdessen hat er sich mit der Kategorie »Sinn« beschäftigt, mit den bekannten Folgen. Es gibt nun nicht nur eine – aus heutiger Sicht – nicht zu überschreitende erkenntnistheoretische Grenze im Hinblick auf den Zusammenhang von naturaler Basis und kultureller Sinngebung, die auch die Hirnforschung nicht aufheben wird. Sondern darüber hinaus lassen sich Fragen kultureller Sinngebung und ihre Veränderungen überhaupt nicht mit den Sprachfiguren des Fortschrittsmodells erfassen.

Des Weiteren wäre dieser Traum für mich als Soziologe ein Albtraum. Denn selbst wenn es diese Erkenntnisgrenze nicht gäbe, so ist es die Bedingung der Möglichkeit von Freiheit, dass jedem Handeln, das Einfluss auf andere zu nehmen versucht, Grenzen gesetzt sind. Das Paradox psychotherapeutischen Handelns liegt darin verborgen, jemanden dabei zu helfen, sich diesen seinen Freiraum zu erobern. Wenn diese Hilfe zu mächtig würde, unterläuft sie diese Freiheit. Der Albtraum einer neurologischen und biochemischen Fundierung der Psychotherapie würde diese Grenze aufheben oder zumindest essentiell bedrohen.

Als Zweites berührt die Rede von »Möglichkeiten und Grenzen« eines Verfahrens das Denken in Therapieschulen (Eckert 1999) und bleibt damit untergründig dem Verteilungskampf im psychotherapeutischen Feld verpflichtet. Ich bezweifele, dass damit die »Realität« psychotherapeutischen Handelns erfasst werden kann, das weniger von Verfahren als von institutionellen Rahmungen und therapeutischen Situationen bestimmt wird. »Traue niemand, der zu sehr einem, und zudem meist seinem Verfahren traut«, so würde ich meine Haltung gegenüber einer Verfahrensorientierung der Psychotherapie beschreiben. Denn Möglichkeiten und Grenzen eines Verfahrens sind jeweils zwei Seiten einer Medaille, aus den Möglichkeiten ergeben sich die Grenzen und umgekehrt.

Sinnvoller erscheinen mir für mein Thema zwei andere Bedeutungsräume von Grenze, die den metaphorischen Charakter des Begriffs hervorheben. Im dem einen Bild markiert eine Grenze die Linie, an der zwei Territorien aneinander stoßen. Man weiß überhaupt nur, dass es ein Territorium gibt, weil es ein anderes gibt, das diese Grenze markieren hilft. Oder systemtheoretisch formuliert: Ein System definiert sich durch seine Grenzen. Die Systeme können gleichgewichtig oder ungleichgewichtig sein und zwischen den derart definierten Systemen können diverse Formen des Austausches stattfinden: Besuche, Handel, Migrationen, Abmachungen, Verträge, aber auch Krieg, Eroberung, Einverleibung.

Ein anderes Metaphernbild von Grenze ist das schon benutzte von Zentrum und Peripherie. Im Zentrum sitzen die, denen zweierlei gelungen ist: Zu definieren, was das Zentrum ist, und diesen Ort auch einzunehmen. Um dieses Zentrum angesiedelt, in konzentrischen Kreisen, diejenigen, die sich diesem Zentrum zuwenden, ohne doch dazu zugehören. Zentrum und Peripherie sind jedoch gegenseitig aufeinander angewiesen. Ohne Gefolgschaft keine Führung, ohne Peripherie kein Zentrum. Das Zentrum, das einerseits mit der Aufrechterhaltung seiner Position beschäftigt ist, muss andererseits aber zugleich Anreize an die Peripherie senden, damit sie in ihrer Perspektive auf das Zentrum bezogen bleibt, so wie der Burgherr seinen Bauern Sicherheit geben muss vor fremden Eindringlingen, weil diese ihn sonst nicht mit Brot und Wein versorgen würden. Je weiter weg man sich von diesem Zentrum bewegt, desto größer wird nun die Wahrscheinlichkeit, dass sich die Einflussbereiche anderer Zentren bemerkbar machen. Der Bauer bringt sein Brot woandershin, bekommt seinen Schutz nun hier, und wenn er dafür ein anderes Glaubenssystem annehmen soll, dann ist es auch recht. Übersetzt auf die Psychotherapie-Landschaft heißt dies: Die an ihrem Rande angesiedelten Varianten sehen sich immer auch anderen Einflüssen ausgesetzt, sei es aus Philosophie, Theologie oder Esoterik.

Eine kleine Geschichte der Aufstellungsarbeit

So ungefähr kann man sich auch die Entwicklung der Psychotherapie denken, in der es von Burgherren und einigen Burgfrauen wimmelt. Hinzu tritt hier nur der Faktor der Zeit und damit das Problem, wann denn alles seinen Anfang gehabt haben soll. Es braucht einen »Ursprungsmythos« oder eine Gründungsgeschichte, kommunikationstheoretisch muss eine Interpunktion gesetzt werden, ein Anfang eben. Um sich als solchen legitimieren zu können, müssen dafür die Spuren der Vorgänger getilgt oder einem anderen Zeitalter zugesprochen werden. So gibt es dann eine Zeit vor und nach Freud oder in unserem Fall eine Zeit vor und nach Bert Hellinger.

Vor Bert Hellinger war die Arbeit mit Familienaufstellungen bereits seit Jahrzehnten bekannt, ohne dass sie großes Aufsehen erregt hätte. Ihre Quellen liegen im Psychodramas Morenos und der Familienskulptur Virginia Satirs. So berichtet beispielsweise Satir von einer Aufstellungsarbeit zu diagnostischen und supervisorischen Zwecken, ohne sie als solche zu bezeichnen, aus dem Jahre 1954 (Satir 1975). In einer solchen Ausbildungsfunktion sind Aufstellungen seit langem verbreitet und anerkannt (Arnold et al.

1996; Schweizer u. Weber 1982). Daneben wurde die Arbeit mit der Familienskulptur von den Schülern Satirs als Familienrekonstruktion zu einer Methode in Selbsterfahrung und Gruppenpsychotherapie weiterentwickelt (Nerin 1989; Kaufmann 1990).

Bert Hellinger und die von ihm inspirierte Arbeit mit Familienaufstellungen taucht das erste Mal in einer breiteren Öffentlichkeit mit der Publikation des von Gunthard Weber 1993 herausgegebenen Buches »Zweierlei Glück« auf. Er galt vorher als ein Geheimtipp, hatte kaum publiziert und arbeitete im Wesentlichen in fünftägigen Seminaren in Ainring unweit der österreichischen Grenze bei Salzburg. Im Klappentext zu diesem Buch heißt es:

»Nachdem er lange als Priester und Schulleiter im Zululand in Südafrika tätig war, trat er aus dem Orden aus und arbeitet seitdem als niedergelassener Psychotherapeut. Er beschäftigte sich intensiv mit der Gruppendynamik, wie sie im angloamerikanischen Bereich praktiziert wird, und integrierte Elemente unterschiedlicher Psychotherapiemethoden in seine Arbeit (Primärtherapie, Transaktionsanalyse, Eriksonsche Hypnotherapie, NLP; Bioenergetik, Kontextuelle Psychotherapie Ivan Boszormenyi-Nagys, u. a.). Vor allem in den 80er Jahren entwickelte er ausgehend von der systemorientierten Skriptanalyse innovative Einsichten über die Vorgänge in Familien, besondern zu tragischen Verstrickungen und sehr wirksame lösungsorientierte Vorgehensweisen. Diese gewinnen in den letzten Jahren im deutschsprachigen Bereich eine zunehmende Beachtung« (Weber 1993).

Das Buch ist ein Bestseller mit inzwischen über 120.000 verkauften Exemplaren, mit Übersetzungen ins Englische und Französische, gefolgt von inzwischen circa 30 weiteren Büchern, zahlreichen Videos und CDs, der Gründung eines Verbandes »Internationale Arbeitsgemeinschaft Systemische Lösungen nach Bert Hellinger« sowie zweier Zeitschriften. Hinzu tritt die Arbeit mit Aufstellungen in Großgruppenveranstaltungen auf einer Bühne vor mehreren Hundert Zuschauern, denen die mediale Aufbereitung ihren Stempel aufdrückt und an denen sich die Fallgruben der Popularisierung gut studieren lassen (König 2000).

Die Aufstellungsarbeit stand bei Hellinger anfangs eher im Hintergrund, mehr Raum nehmen seine Vorstellungen von Familie ein, die wesentlich breiter angelegt sind als die von Moreno und Satir.

Auch hat Bert Hellinger während seiner regulären Arbeit nie Seminare unter dem Titel »Familienaufstellungen« angeboten, anfangs auch nicht seine ersten Schüler. Erst mit der einsetzenden Popularisierung der Arbeitsweise rückte der handwerkliche Teil der Aufstellungsarbeit in den Vordergrund und wurde zunehmend unter Verfahrensfragen diskutiert. Die Popularisierung schafft also erst dieses Label »Familienaufstellungen«, und damit einen Anspruch der Eigenständigkeit der Vorgehensweise. Einher geht dies mit einer Verschulung, Technisierung und Manualisierung der Arbeit. Hier ähnelt die Entwicklung der Aufstellungsarbeit dem Mainstream der Psychotherapie, in der es gleichfalls zu einer zunehmenden Manualisierung psychotherapeutischen Handelns kommt. Da aber in der Aufstellungsarbeit das Große und Ganze, die »Bewegungen der Seele«, manualisiert werden, bewegt sich die Szene immer am Rande des unfreiwillig Parodistischen.

Hellinger reist währenddessen auf Veranstaltungen rund um die Welt und zieht sich zunehmend in die Rolle eines Botschafters des Transzendenten zurück, der von seinen »Einsichten« in die familiäre Ordnung berichtet, seine Arbeit wird zur »angewandten Philosophie«, andere würden sagen zur Esoterik. In den letzten Jahren ist er hervorgetreten mit provokanten Thesen zum Nationalsozialismus und der Dynamik von Tätern und Opfern, was in den Medien und in der professionellen Szene mit heftigen Affekten aufgenommen und entsprechend skandalisiert wurde. Trotz heftigen Widerspruchs in einzelnen Fragen wird er aber auch in der israelischen Psychotherapie rezipiert und seine Arbeit dezidiert gewürdigt, so bespielsweise von Haim Dasberg, Professor für Psychiatrie und Psychotherapie aus Israel, einem Mitbegründer des Nationalen Zentrums für die Vereinigung der Opfer des Holocaust in Jerusalem.

Die Aufstellungsarbeit als Arbeitssetting und Arbeitsform

Entstanden ist die Aufstellungsarbeit als eine Form des Seminars, angeboten auf dem freien Markt, nur zum geringen Teil eingebunden in die Rahmenbedingungen kassenärztlicher Psychotherapie. Diese Seminare umfassten in den Anfängen fünf bis sieben Tage in Gruppen zwischen 15 und circa 30 Teilnehmern. Wie alle Seminarformen dieser Art haben sie einen Schrumpfungsprozess durchgemacht, heute sind es bei den meisten Anbietern dreitägige Veranstaltungen, manche bieten fraktionierte Gruppen über mehrere Termine an. Ich arbeite in Settings von fünf Tagen, am liebsten mit einer Teilnehmerzahl von circa 14 Personen.

Im Zuge der Popularisierung wurde die Aufstellungsarbeit in nur wenigen Jahren auf eine Vielzahl von Themen, Felder und Settings angewandt bzw. übertragen. Das können im Einzelnen sein:

– spezielle Themen: Krebs, Psychosomatik, Trauma, Liebe, Bindung, Versöhnungsarbeit, Spiritualität;
– spezielle Klientengruppen: Psychotiker, Kinder und Jugendliche, Paare;
– Kombinationen mit anderen Methoden: Aufstellungsarbeit und Psychoanalyse, Psychodrama, Gestalt, Mediation, Körpertherapie;
– Anwendung in verschiedenen institutionellen Settings: Einzelarbeit, Klinik, Psychiatrie, Schule, Coaching, Supervision, Organisationsberatung;
– Religion und Esoterik: Schamanismus, »das Göttliche«, »die Seele«.

Diese Ausweitungsbewegung haben in der Geschichte der Psychotherapie alle Verfahren gemacht, und erst über die Jahre hat sich dann eine Art von stiller Arbeitsteilung ergeben, wer für was am ehesten zuständig ist. Inzwischen haben sich jedoch in der Psychotherapie durch ihre gesetzliche Rahmung die Bedingungen für diese Selbstorganisation von Zuständigkeiten verändert. Das hegemoniale Zentrum hat seine Zugbrücken eingezogen und die Ritter der Wissenschaft als Burgwächter angestellt. Diese definieren, was ein wissenschaftlich anerkanntes Verfahren sei. Es lohnt sich also zunehmend weniger für die Peripherie, sich weiterhin dort sichtbar zu machen. Also wendet sie sich anderen Reichen zu: Im Falle der Aufstellungsarbeit sind dies das religiöse, spirituelle und esoterische Feld. Dies ist die deutlichste Grenzüberschreitung der

Aufstellungsarbeit gegenüber dem Reich der Psychotherapie. Ironischer Weise kehrt sie zurück in die Arme eines Reiches, aus dem sich die Psychotherapie einstmals ausdifferenziert hat: dem religiösen Denken. Währenddessen findet im Zentrum bzw. im Mainstream eine ähnliche Rückkehr statt, hier in die Arme der Medizin und der Biologie.

Aufstellungsarbeit als Gruppenpsychotherapie

Die Aufstellungsarbeit ist zuallererst eine Form der Gruppenpsychotherapie und nicht der Familientherapie. Dieser Irrtum bzw. diese konzeptionelle Unklarheit trägt sich bis heute sowohl im professionellen wie im medialen Diskurs durch. Genährt wird sie unter anderm durch Hellinger selber. In den Klappentexten seiner Bücher wird immer wieder von »Familientherapie« geredet. Gearbeitet wird aber nicht mit einer realen Familie, wie dies bespielsweise Virginia Satir und andere Vertreter der Familientherapie seit jeher getan haben und wie dies bis heute praktiziert wird. Gearbeitet wird in einer klassischen Stranger-Group, die bei den meisten Vertretern der Aufstellungsarbeit deutlich größer ist als die Gruppen klassischer Gruppenpsychothcrapie (Tschuschke 2001). Sie fällt in den Bereich der »Median Group«, ein Begriff, den die britische Gruppenpsychotherapie geprägt hat.

Im Unterschied zu anderen Verfahren der Gruppenpsychotherapie, beispielsweise Gruppenanalyse, tiefenpsychologischen oder psychodramatischen Verfahren, ist die Aufstellungsarbeit kein interaktionelles Verfahren. Es wird also nicht an und mit den realen Beziehungen in der Gruppe gearbeitet. Eine eher orthodoxe Sicht auf die Gruppenpsychotherapie würde der Aufstellungsarbeit daher auch das Label »Gruppenpsychotherapie« absprechen und von Einzeltherapie in der Gruppe sprechen. Ich halte das nicht für eine ergiebige Sichtweise. Es ist viel interessanter festzustellen, dass die kassenärztlichen Psychotherapeuten in den letzten zehn Jahren über das nachlassende Interesse an Gruppenpsychotherapie klagen. Es gäbe zunehmend weniger Nachfrage danach, und erst 2005 ist eine finanzielle Bewertung durch die Kassen erfolgt, die es für einen Psychotherapeuten in eigener Praxis überhaupt attraktiv macht, Gruppen anzubieten. Derweilen zeigt sich aber auf dem freien Markt, wo die Leute selber bezahlen, etwas anderes: Die gruppenpsychotherapeutische Arbeit mit Familienaufstellungen ist auf diesem Markt äußerst erfolgreich.

Der Ablauf einer Aufstellungsarbeit im engeren Sinne ist etwa der: Der Protagonist – ich übernehme diesen Begriff aus dem Psychodrama – stellt mit Hilfe der anderen Anwesenden, die seine Familienmitglieder repräsentieren, sein inneres Bild von seiner Familie und sucht auch für sich einen Stellvertreter aus. Dann tritt der Protagonist zurück und kann von außen miterleben, wie unter der Anleitung des Therapeuten die Stellvertreter mit ihren Wahrnehmungen und Gefühlsreaktionen die Grunddynamik seines Familiensystems verlebendigen. In einem zweiten Schritt tritt er selbst in dieses emotionale Universum hinein, kann dort in einer Art Probehandeln seinen Platz in dieser Familie erfahren, emotionale Blockaden lösen und korrektive Erfahrungen machen, die seine Such- und Entwicklungsprozesse befördern. Innerhalb eines solchen Ablaufes, aber auch vorher und nachher, ergeben sich eine Fülle von Situationen und ihrer therapeutischen Gestaltung.

Was die Aufstellungsarbeit als gruppenpsychotherapeutisches Verfahren kennzeichnet, sind die Vielzahl an Rollen und Perspektiven, die der Einzelne im Verlauf seiner eigenen Arbeit und der Arbeit in und an den Aufstellungen der anderen einnehmen kann. Er ist Protagonist sowohl in der Außensicht wie in der Innensicht auf sein familiäres System. Er ist Zuschauer bei den Aufstellungen anderer, aber auch Mitspieler, Stellvertreter. In der Vielfalt der Erfahrungen mit verschiedenen familiären Rollen und Perspektiven erfährt der Blick auf die eigene Familie eine stetige Anreicherung mit neuen Ideen. Es tauchen also in veränderter Form all die therapeutischen Wirkfaktoren auf, die auch für interaktionelle Gruppen angenommen werden, z. B. das Wiederdurchleben der Familiensituation und Katharsis, psychoedukative Faktoren durch Vermittlung von Wissen über familiäre Strukturen und Prozesse, Identifizierung mit anderen und die Hoffnung auf Veränderung, das Erleben von Gruppenkohäsion und das Gefühl angenommen und verstanden zu sein (vgl. Yalom 1989; Tschuschke 1993).

Aufstellungsarbeit als Kurzzeittherapie in der Gruppe

Die Aufstellungsarbeit ist als Kurzzeittherapie konzipiert, zumeist in einer Kompaktform und nicht fraktioniert. Sie folgt damit einem Trend zu kürzeren Prozessen, der insgesamt alle Zweige der Psychotherapie und ihre jeweiligen institutionellen Rahmungen durchzieht. Konzeptionelle Begründungen, ökonomische Faktoren, Beschleunigungseffekte anderer Art, Zeitgeist-Ideologien, alles ist hierbei vermischt.

Die gruppenpsychotherapeutische Forschung hat zwar darauf hingewiesen, dass positive Veränderungen, die sich nicht schon in den ersten circa zehn Sitzungen zumindest als Möglichkeit zeigen, auch später mit geringerer Wahrscheinlichkeit auftreten, und dass auch die Effektstärken von Veränderungen in diesen ersten Sitzungen am größten sind. Brisant werden solche Ergebnisse nur durch eine ökonomische Rahmung, bei der die einen 20 Stunden aus dem finanziellen Topf haben wollen, die anderen aber 200 Stunden aus dem gleichen Topf. Wäre diese Konkurrenzsituation so nicht gegeben, dann könnte man etwas entspannter über die sich verändernde kulturelle Funktion von Psychotherapie reden und einen entsprechenden Umgang der Klienten damit.

Je selbstverständlicher dieser Umgang ein Teil der Alltagskultur wird, umso mehr gehen die Klienten mit der Ware »Psychotherapie« um wie mit anderen Waren auf dem Markt eben auch. Man vergleicht die Preise und sonstige Aufwandskosten, schaut ob man noch etwas im Küchenschrank hat, oder ob es vergleichbare Produkte bei »Aldi« gibt, oder probiert einmal ein anderes Restaurant, zu Festtagen auch einmal etwas Besonderes. Das heißt auch, die Sorge um sich, wie dies Michel Foucault genannt hat, wird marktförmiger.

In der Aufstellungsarbeit verbinden sich zwei Trends, die nur scheinbar widersprüchlich sind und auch keineswegs für die Aufstellungsarbeit alleine gelten. Die Klienten suchen Orte von höherer Erlebnisintensität bei gleichzeitiger geringerer Verbindlichkeit, sowohl zeitlich, örtlich wie personell. Sie möchten in einen kurzen und intensiven Prozess einsteigen, der sie ein Stück weiterbringt bzw. ihnen einen kräftigen Anschub nach vorne gibt, aber nicht um den Preis einer langfristigen Bindung an einen Therapeuten oder eine Gruppe.

Was die Kurzzeittherapie darüber hinaus nicht nur für die Klienten, sondern auch für die Therapeuten interessant macht, wurde mir vor kurzem im Gespräch mit einem befreundeten Analytikerkollegen bewusst, der sich inzwischen auf Traumatherapie, EMDR und andere Verfahren, spezialisiert hat und damit sehr erfolgreich ist. Es sei erstaunlich und für beide Seiten hochbefriedigend, in nur fünf bis zehn Stunden mit einem Klienten eine traumatische Situation zu bearbeiten, die ihn manchmal schon über Jahrzehnte belaste, und danach seien die Symptome einfach verschwunden. Dem stellte er das mühsame Arbeiten in Klein-Klein an der verkorksten Lebensgeschichte eines 50-Jährigen gegenüber.

Die Besonderheit der Leitungsrolle

Im Modell der Kurzzeittherapie insgesamt enthalten ist eine andere Gestaltungsform der Leitungsrolle. Sie ist aktiver und strukturierender. In der Arbeit mit Gruppen heißt dies auch, dass der Leiter in starkem Maße in die Eigendynamik der Gruppe eingreift, sie nach seinen Vorstellungen von einem lösungsorientiertem Vorgehen formt und kanalisiert. Die interaktionellen Verfahren zielen darauf ab, dass sich in der Gruppe die problematischen Verhaltensweisen und Selbstbilder ihrer Mitglieder entfalten, um sie dann über Feedbackprozesse, Bearbeitung von Übertragungen und manches mehr dem Verstehen zugänglich zu machen und so Veränderungen einzuleiten. Ich halte dies für ein unersetzliches Lernfeld. In der Gruppendynamik praktiziere ich genau ein solches Vorgehen im Rahmen eines Selbsterfahrungssettings.

Die Aufstellungsarbeit geht, wie andere Verfahren der Kurzzeittherapie auch, einen anderen Weg. Sie kanalisiert die Eigendynamik der Gruppe in starkem Maße, damit sie sich gerade *nicht* frei entfaltet. Zentrales Mittel, um dies in der Gruppe zu gewährleisten, ist der im Wesentlichen dyadische Charakter des Dialoges zwischen Leiter und Teilnehmern. Gerade diese Leiterorientierung macht die Aufstellungsarbeit anfällig für autoritäres und normatives Auftreten, das den Vertretern dieser Arbeitsweise zu Recht vorgeworfen wird. Neutraler formuliert wird das Aufklärungsmodell der Psychotherapie wieder stärker durch ein Expertenmodell ersetzt. Zugleich zeigt sich auch hier wieder eine erstaunliche Parallelität in der Entwicklung von Peripherie und Zentrum bzw. Mainstream.

Nun halte ich es für naiv anzunehmen, dass einem Gruppenleiter in der interaktionellen Arbeit weniger Machtfülle zukäme als bei einem leiterorientiertem Vorgehen (König 2002). Es spricht sogar einiges dafür, dass auch das Umgekehrte der Fall sein kann. Der aktive Leiter wird schneller greifbar. Sich an seiner Aktivität orientieren zu können, heißt für einen Klienten auch, wählen zu können. Er sieht, was er kriegt, und wenn es ihm nicht passt, dann geht er eben woandershin. Dies ist gleichermaßen ein Zeichen von Freiheit der Wahl wie von Beliebigkeit in der Beziehung.

Damit ein solches Leitungsmodell im Sinne der Klienten arbeitet und ihm nicht etwas überstülpt, braucht es die Orientierung an einem klaren Kontrakt bzw. eine Vorgehensweise, die diesen Kontrakt in allen Schritten gegenwärtig hält und fortschreibt. Kontrakt heißt hier, dass Leiter und Teilnehmer aushandeln, welche Fragestellung der gemeinsamen Arbeit zugrunde liegt. Der Leiter überprüft, ob er sich auf die Fragestellung einlassen kann, und bietet hierzu etwas an. Der Teilnehmer überprüft, ob dies seinen Vorstellungen entspricht. Er gibt dabei notwendigerweise dem Leiter einen Vertrauensvorschuss, weil er genau genommen diese Überprüfung erst nach der Arbeit vornehmen kann, und häufig genug erst in einigem zeitlichen Abstand. Ein solcher Kontrakt ermöglicht also die Kooperation und grenzt sie gleichzeitig ein, indem eben an *diesem* Auftrag gearbeitet wird und nicht an einem anderen, und eine Veränderung des Auftrages selber wiederum ein Gegenstand der Arbeit wäre. Dieses Prinzip »Kooperation« hebt zugleich das prinzipielle Ungleichgewicht zwischen Leiter und Teilnehmer nicht auf, sondern hilft nur, es zu rahmen. Denn der Teilnehmer kommt zu einem Therapeuten, gerade weil der etwas hat, was ihm nicht zur Verfügung steht.

Die zugrunde liegenden Vorstellungen über Familie

Die Aufstellungsarbeit stellt nun nicht nur ein spezifisches Vorgehen zur Verfügung, sondern eben auch ein spezifisches Modell über Familie (vgl. ausführlich dazu König 2004). Auch hier wieder liegen damit verbundene Möglichkeiten und Grenzen eng beieinander. Befreit man Bert Hellinger und seine Adepten von ihrem ideologischen Ballast, dann wird der Blick frei auf eine Familientheorie, deren Grundlagen durch die Sozialwissenschaften und die Familientherapie gut belegt sind. Verwandtschaft ist der Name für die Organisation der beiden Ebenen, die Familie ausmachen, Generation und Geschlecht. Familie realisiert sich in den elementaren Strukturen dieser Verwandtschaft, die jedem, der zu dieser Familie dazugehört, einen spezifischen Platz zuschreiben, als Vater und Mutter, Sohn und Tochter, Schwester und Bruder, Onkel und Tante, Großvater und Großmutter, um nur die zentralen Rollen der familiären Grundstruktur zu nennen.

In dieses Familiensystem werden wir geworfen ohne unser Zutun. Wir haben keine Wahl außer der, dieses Geworfensein anzuerkennen. Geprägt sind diese primären Beziehungen durch den Modus der Bindung, dies ganz im Einklang zur aktuellen Diskussion über die Bindungstheorie. Diese Bindung kann dabei durchaus bizarre Formen annehmen. Die familiäre Grundaufgabe bzw. das familiäre Paradox besteht darin, eine stabile Bindung zu schaffen, um diese dann zu lösen im Sinne einer »bezogenen Individuation«, wie dies Helm Stierlin (1989) genannt hat bzw. um neue Bindungen an ihre Stelle treten zu lassen.

Das Verhältnis der Generationen wird als hierarchisch strukturiert angesehen, wie dies beispielsweise in der strukturellen Familientherapie Salvador Minuchins formuliert ist, aber auch in den meisten sozialwissenschaftlichen Familienmodellen. Innerhalb der Generationen wirkt die Rangfolge des Früher und Später. Beide Vorstellungen, das Kaskadenmodell der Generationen wie das Rangfolgemodell, weisen zurück auf den Fluss der Zeit, der nur in eine Richtung fließt.

Die Prozesse in diesen derart strukturierten Beziehungen, die im eigentlichen Sinne diese Strukturen überhaupt erst hervorbringen, werden austauschtheoretisch beschrieben. Oder anders gesagt, die Beziehungen zwischen den verschiedenen familiären Positionen und den Personen, die sie einnehmen, sind durch die Dynamik von Geben und Nehmen charakterisiert bzw. werden durch dieses Geben und Nehmen erst zu dem, was sie sind. Familienbeziehungen realisieren sich in einem andauernden Austauschprozess.

Dieser Austauschprozess ist notwendigerweise konflikthaft, weil in ihm Gegensätzliches zum Ausgleich gebracht werden muss, in jeder neuen Familie beispielsweise die verschiedenen Rechnungsgrundlagen zweier Herkunftsfamilien, innerhalb dieser neuen Familie zentral die Kräfte von Bindung und Lösung. Der Umgang mit diesen Konflikten realisiert sich in familiären Entwicklungsprozessen, die einerseits Familie überhaupt erst ausmachen, andererseits in jedem Schritt einen Beitrag zu ihrer Auflösung darstellen. Dies folgt einem dialektischen Modell, wie es in seinen Grundzügen von Helm Stierlin (1976) formuliert worden ist. Und: Die Logik dieses familiären Ausgleichs kann letztendlich erst verstanden werden, wenn mindestens drei Generationen einbezogen sind (Boszormenyi-Nagy u. Spark 1981).

Insgesamt weisen die Vorstellungen von Familie in der Aufstellungsarbeit starke Ähnlichkeiten auf mit einem strukturalen Familienmodell, wie es von Tilmann Allert (1998) und Bruno Hildenbrand (2002, 2005) formuliert worden ist, mit seinen Eckpfeilern »Nichtaustauschbarkeit der Personen«, »erotische Solidarität«, »affektive Solidarität«, »Solidarität des gemeinsamen Lebensweges«.

Sieht man einmal von ihrer popularisierten Form ab, so stellt dieser familientheoretische Rahmen ein umfassendes und brauchbares Familiemodell und ein daraus abgeleitetes Arbeitsmodell zur Verfügung, das die Aufstellungsarbeit manch anderem »wissenschaftlich anerkannten« psychotherapeutischen Ansatz voraushat. Als Strukturmodell, das notwendigerweise universalistisch denken muss, bringt es zugleich diverse Schwierigkeiten mit sich, im Zentrum die, wie in der Praxis das Verhältnis zwischen »objektiver« Struktur und subjektiv erfahrenem bzw. konstruiertem Sinn gestaltet werden kann. Oder nochmals anders ausgedrückt: In meinem

Verständnis der Aufstellungsarbeit steht als Basis des theoretischen Entwurfes das Spannungsfeld von basaler Weltorientierung und überindividuellen Strukturen und Prozessen einerseits und den individuellen Stellungsnahmen dazu andererseits.

Ein solches Konzept stellt einen vor das Problem, wie man mit der Annahme von universalistischen Strukturen arbeiten kann, ohne diese gleichzeitig fortwährend zu reifizieren. Wie kann man also auf der Grundlage eines solchen Strukturmodells den rapiden Wandel von Familienformen beschreiben, ohne neue Formen fortwährend an einem normativen Modell zu messen, das empirisch zunehmend die Ausnahme darstellt? Kurzum: ein solches Strukturmodell muss fortwährend auf den Prüfstand, sonst erstarrt es oder gerinnt in seiner popularisierten Form zur Familienideologie oder Familientheologie.

Sinn als zentrale Kategorie psychotherapeutischer Arbeit

Ohne eine solche Familientheorie, wie sie gerade skizziert wurde, könnte die Aufstellungsarbeit überhaupt nicht das leisten, was ich zunehmend als ihre Stärke wahrnehme: Der Tatsache des eigenen Geworfenseins ins Leben, dem Platz, der daraus hervorgegangen ist, und den Ereignissen, die diesen Platz bislang ausgemacht haben, einen Sinn zu geben. Diese Sinngebung geschieht nicht in einem freien Raum der reinen Konstruktion, sondern in der Doppelgestalt von objektiver Faktizität und subjektiv gemeintem Sinn, das heißt gerahmt von tradierten symbolischen Sinnwelten, die subjektiv immer wieder neu angeeignet werden müssen. Ich folge hier den Annahmen des Sozialkonstruktivismus in der Tradition von Peter Berger und Thomas Luckmann (1980). »Die symbolische Sinnwelt bringt Ordnung in die subjektive Einstellung zur persönlichen Erfahrung ... Diese ›nomische‹ Funktion, die symbolische Sinnwelten für das individuelle Bewusstsein erfüllen, kann ganz einfach als diejenige bezeichnet werden, die ›jedes Ding an seinen rechten Platz rückt‹.« (S. 104).

Sinngebung erfolgt in einem psychotherapeutischen Prozess in einer doppelten Form. Niemand sucht einen Psychotherapeuten auf, weil er alles so belassen will, wie es ist. Wir können aber unsere Vergangenheit, zumal je mehr sie uns ausmacht, das heißt je älter wir sind, nicht einfach als sinnlos erklären, als vergeudetes Leben. Die meisten Klienten halten lieber an einer unerträglichen Vergangenheit fest, bevor sie diese Vergangenheit derart allen Sinns entleeren würden. Die Aufstellungsarbeit respektiert diesen Wunsch nach Sinn und hilft, einen solchen zu finden, indem sie der Vergangenheit einen Sinn im Netzwerk der relevanten familiären Beziehungen gibt, etwas abgekürzt formuliert: Dienst an der Familie oder einzelner ihrer Angehöriger. Die Grundrituale der Aufstellungsarbeit, der Dank an die Eltern etwa, Anerkennen, was ist, dienen genau dieser Sinnkonstitution. Erst der erfüllte Sinn kann entlassen werden, so der zentrale Gedanke, und einem neuen Sinn Platz machen, der lebensfreundlicher ist, frei von alten Bindungen, frei zur Wahl neuer Bindungen.

Dieser Prozess folgt nur bedingt der Rationalität von Erkenntnis und Einsicht, zu sehr bewegt er sich zwischen unvereinbaren Polen, beispielsweise von Veränderungswunsch einerseits, Beharrungskraft (oder Widerstand) andererseits. Erst zumeist im Rückblick erscheint eine Veränderung, die in der psychotherapeutischen Arbeit irgendwann stattgefunden hat, als etwas, was wir mit unserem Verstand als einen (psycho-)logischen Ablauf rekonstruieren können. Die Sinngebung geht der Erfahrung nicht voraus, sie folgt ihr nach. Wäre dies nicht so, dann hätten wir es nicht mehr mit Psychotherapie zu tun, sondern mit Religion oder Weltanschauung. Genau diese Gefahr liegt jedoch in einem solchen Ansatz verborgen.

Über den Zeitgeist

In der Psychotherapie liegen fachliche Entwicklungen und Zeitgeistphänomene immer dicht beieinander, auch wenn dies auch hier häufig erst im Rückblick sichtbar wird. Diese Koppelung macht gleichermaßen die Stärke und Schwäche bzw. die Möglichkeiten und Grenzen von Psychotherapie aus. Dabei zeigen sich einige erstaunliche Parallelen in der Entwicklung von Aufstellungsarbeit und psychotherapeutischem Mainstream, die ich nochmals benennen möchte:

– Die Erwartung auf eine neurologische und biochemische Fundierung von Psychotherapie hat eine Entsprechung im Ordnungsdenken Hellingers. In beiden Fällen wird eine objektive Instanz außerhalb der menschlichen Ideenwelt angesiedelt, die es zu entdecken und deren Gesetze es anzuwenden gilt.

– Wann immer sich Psychotherapie in dieser Art mit den »großen« Fragen beschäftigt und die Antworten »außerhalb« sucht, sind das Tor oder die Fallgruben der Ideologie und Weltanschauung weit geöffnet, seien sie nun theologisch oder naturwissenschaftlich geprägt.

– Die Aufklärungsfunktion von Psychotherapie rückt dabei zunehmend in den Hintergrund und wird ersetzt durch ein Expertentum, das mehr oder weniger klar begrenzten Aufträgen folgt.

– In diesem Expertentum entwickeln sich neue Formen der Autorität, die von den Klienten gesucht werden. Zwar bleiben Einzelne an diesen Autoritäten hängen, sie ist aber dennoch prinzipiell austauschbar, bleibt eine Autorität auf Zeit.

– Je mehr Psychotherapie zu einer kulturellen Selbstverständlichkeit wird, umso mehr wird sie zu einer alltäglichen Dienstleistung, die denselben Mechanismen folgt wie andere Dienstleistungen auch. Sie wird marktförmiger.

– Je mehr sich tradierte Lebensformen auflösen und die dazugehörigen Sinnwelten unsicher werden, umso mehr kommt Psychotherapie die Aufgabe zu, auf das entstehende Sinnvakuum eine Antwort zu geben. In dem Maße, wie sie dies tut, überschreitet Psychotherapie ihre Zuständigkeiten und wird zu etwas anderem: zu einer Suche nach einer Kunst der Lebensführung, zu einer Heilslehre, zu einem Teil der Kulturindustrie, zu einer Selbstfunktionalisierung, zu einer neuen Form des Selbstverhältnisses also, von dem wir noch nicht wissen, inwieweit es Teil der Lösung oder Teil des Problems sein wird.

Literatur

Allert, T. (1998): Die Familie. Fallstudien zur Unverwüstlichkeit einer Lebensform. Berlin u. New York.

Arnold, S.; Joraschky, P.; Cierpka, A. (1996): Die Skulpturverfahren. In: Cierpka, M. (Hg.): Handbuch der Familiendiagnostik. Berlin, S. 339–365.

Berger, P.; Luckmann, T. (1980): Die gesellschaftliche Konstruktion der Wirklichkeit. Frankfurt a. M.

Boszormenyi-Nagy, I.; Spark, G. M. (1981): Unsichtbare Bindungen. Die Dynamik familiärer Systeme. Stuttgart.

Bourdieu, P. (1997): Verstehen. In: Bourdieu, P.: Das Elend der Welt. Zeugnisse und Diagnosen alltäglichen Leidens an der Gesellschaft. Konstanz, S. 779–822.

Eckert, J. (1999): Zwischen Therapieschulen und Allgemeiner Psychotherapie: Verstellen neue »Säulen« nicht den Blick in jede Richtung. Gruppenpsychother. Gr. 35:145–155.

Hildenbrand, B. (2002): Familienaufstellungen und die Struktur sozialisatorischer Interaktion. Praxis der Systemaufstellungen: Beiträge zu Lösungen in Familien und Organisationen 3: 24–28.

Hildenbrand, B. (2005): Einführung in die Genogrammarbeit. Heidelberg.

Kaufmann, R. A.(1990): Die Familienrekonstruktion. Erfahrungen – Materialien – Modelle. Heidelberg.

König, O. (2000):»Die zwei Welten«. Psychotherapie zwischen Wissen und Glauben, Reflexion und Aktion. Familiendynamik 4: 504–531.

König, O.(2002): Macht in Gruppen. Gruppendynamische Prozesse und Interventionen. 3. Auflage. München.

König, O. (2004): Familienwelten. Theorie und Praxis von Familienaufstellungen. München.

Nerin, W. F. (1989): Familienrekonstruktion in Aktion. Virginia Satirs Methode in der Praxis. Paderborn.

Roth, G. (2003): Fühlen, Denken, Handeln. Wie das Gehirn unser Verhalten steuert. Frankfurt.

Satir, V. (1975): Selbstwert und Kommunikation. Familientherapie für Berater und zur Selbsthilfe. München. 1993.

Schweitzer, J.; Weber, G. (1982): Beziehung als Metapher: Die Familienskulptur als diagnostische, therapeutische und Ausbildungstechnik. Familiendynamik 7: 113–128.

Stierlin, H. (1976): Das Tun des Einen ist das Tun des Anderen. Frankfurt.

Stierlin, H. (1989): Individuation und Familie. Frankfurt.

Tschuschke, V. (1993): Wirkfaktoren stationärer Gruppenpsychotherapie. Göttingen.

Tschuschke, V. (2001): Gruppenpsychotherapie – Entwicklungslinien, Diversifikation, Praxis und Möglichkeiten. Psychotherapie im Dialog 2: 3–15.

Weber, G. (1993): Zweierlei Glück. Die systemische Psychotherapie Bert Hellingers. Heidelberg.

Yalom, I. D. (1989): Theorie und Praxis der Gruppenpsychotherapie. München.

Klaus Peter Kisker

Globalisierung, die Zerstörung der Zivilgesellschaft

Der Arbeits- und Lebensalltag der abhängig Beschäftigten wie auch vieler Selbständiger ist durch wachsende Arbeitsbelastung und soziale Unsicherheit geprägt. Zahlreiche industriesoziologische Untersuchungen der letzten Jahre zeigen, »dass immer mehr Menschen unter betrieblichen Ängsten leiden. Am häufigsten wird dabei die Sorge um den Arbeitsplatz genannt, gefolgt von der Angst vor Krankheit und Unfall«, die den Arbeitsplatz gefährden könnten »sowie der Angst, einen Fehler zu begehen« (Angst im Beruf nimmt zu in: Süddeutsche Zeitung vom 21./22.07.2001, S. 23). Betriebsräte berichten, dass ganze Belegschaften ausgebrannt sind. Eine wachsende Zahl von Menschen sieht nicht nur die eigene Zukunft, sondern auch die ihrer Kinder und Enkel gefährdet. Aus einer Untersuchung über Krisenerfahrung und Zukunftsängste ist zu entnehmen: »Die Zukunftserwartungen der Befragten sind düster. Fast alle erwarten, dass die Arbeitslosigkeit weiter zunehmen oder auf hohem Niveau stagnieren wird. Ohne Ausnahme erwartet man, dass die Schere der Einkommensverteilung weiter auseinander geht und zwei Drittel glauben, dass die Tendenz zur Ellbogengesellschaft sich verstärkt, dass der soziale Zusammenhang sich aufzulösen droht und dass die soziale Kälte drastisch zunehmen wird« (Bergmann o. J., S. 3). Das Institut für Demoskopie Allensbach kommt zu dem Ergebnis, 71 Prozent der Bevölkerung sind davon überzeugt, dass die ökonomische Entwicklung den sozialen Bindestoff löst und die Gesellschaft des Jahrs 2010 noch wesentlich kälter und egoistischer sein wird, als sie es heute schon geworden ist. 70 Prozent erwarten wachsende soziale Differenzierungen, 54 Prozent sind überzeugt, dass sich künftig nur die Starken durchsetzen werden, während die Schwachen auf der Strecke bleiben. 42 Prozent sagen soziale Unruhen voraus (Köcher 2000). Das sind einige nüchterne Fakten. Welche psychischen Belastungen bis hin zu schweren Depressionen sich aus dem zunehmenden Druck, den Ängsten und lang anhaltender Arbeitslosigkeit ergeben, ist durch zahlreiche Studien belegt.

Die Sorgen und Zukunftsängste sind Zeichen eines Paradigmenwechsels der gesellschaftlichen Entwicklung, der die Grundlagen der Zivilgesellschaft nachhaltig zerstört hat beziehungsweise weiter zerstören wird. Die wesentliche Ursache dafür sind: die Strategien der Konzerne, die mit Androhungen von Betriebsverlagerungen, Betriebsstilllegungen und Fusionsplänen die abhängig Beschäftigten einem ungeheueren Druck aussetzen sowie mit Massenentlassungen drohen, um Lohnverzicht und längere Arbeitszeiten zu erzwingen. Ergänzt und flankiert werden diese Strategien durch eine Wirtschaftspolitik, die diesen Druck nicht abfedert, sondern verstärkt, indem sie durch rigorosen Abbau von Sozialstaatlichkeit vor allem bei der Arbeitslosenversicherung und im Gesundheitswesen, großzügige Steuerentlastungen für die Unternehmen und die Reichen, Aufweichung des Kündigungsschutzes, Minijobs, mit dem Ausbau des Niedriglohnsektors und neuen Zumutbarkeitsregeln das Netz der sozialen Absicherung abbaut.

Wenn das Sozialprodukt Deutschlands (Statistisches Bundesamt 2004) in den letzten Jahren geschrumpft wäre, dann wären Einschränkungen dieser Art unausweichlich. Tatsache ist aber: Das Bruttoinlandsprodukt Deutschlands betrug 1991, dem ersten Jahr, für das gesamtdeutsche Zahlen vorliegen (in Preisen von 1995): 1.711 Milliarden Euro, 2004 betrug es preisbereinigt: 2.016 Milliarden Euro. Das heißt, es ist in den letzten 13 Jahren um rund *18 Prozent* gestiegen. Das Volkseinkommen pro Kopf betrug 1970 in der alten Bundesrepublik: 4.530 Euro, 2003 betrug es in Deutschland preisbereinigt 19.000 Euro. Das heißt, es hat sich mehr als *vervierfacht*. Das Volkseinkommen pro Kopf betrug 1991 14.600 Euro, 2003 19.000 Euro, ist also um *30 Prozent* gewachsen. Die Produktivität (preisbereinigtes Bruttoinlandsprodukt je Erwerbstätiger) ist von 29.707 Euro im Jahr 1970 trotz der Probleme in den neuen Bundesländern im Jahr 2002 auf 51.900 Euro, also um rund

75 Prozent gestiegen. Von 1991 bis 2004 betrug der Anstieg (je Erwerbstätigenstunde) rund *26 Prozent*. Das gesamte Nettovermögen ist in Deutschland zwischen 1991 und 2004 um circa 30 Prozent auf rund 5 Billionen Euro gestiegen. Aber die Mehrheit der Bevölkerung hat von diesem Zuwachs nichts abbekommen. 1991 besaßen 10 Prozent der reichsten Haushalte 45 Prozent des Nettovermögens, 2004 sind es bereits 47 Prozent. Die Vermögensverteilung ist skandalös ungleich.

Das heißt: Niemandem müsste es schlechter gehen als auf dem Höhepunkt des westdeutschen Wirtschaftswunders 1970! Im Gegenteil, allen könnte es besser gehen, nicht nur einigen.

Globalisierung – Eine neue Dimension des Klassenkampfes

Die Einschnitte in das soziale Netz werden von den Unternehmern und ihren Verbandsfunktionären, von den Regierungen, gleichgültig ob sie sich schwarz-gelb oder rot-grün nennen, gebetsmühlenartig mit dem Hinweis begründet, die Globalisierung als qualitativ neue Phase in der wirtschaftlichen Entwicklung erzwinge diese Maßnahmen. Dem muss entgegengehalten werden: Globalisierung ist keine wissenschaftlich fundierte Kennzeichnung einer neuen Etappe in der Entwicklung der Weltwirtschaft. Ein genauerer Blick in die Geschichte zeigt, dass die internationale Kapitalmobilität nichts Neues ist. Aus der Fülle der Untersuchungen sei dazu auf die Studie von Hirst und Thompson (1996) hingewiesen, die eindeutig belegt, dass Globalisierung keine neue, in den letzten Jahren plötzlich eingetretene »Erscheinung« ist. Sie zeigt, dass der Außenhandel als Anteil am Bruttoinlandsprodukt vor dem Ersten Weltkrieg höher war als in den 90er Jahren des 20. Jahrhunderts. Sie belegt, dass internationales Kapital in den führenden Ökonomien zwischen 1905 und 1914 stärker vertreten war als heute und dass multinationale Konzerne keine neue Erscheinung sind und auch heute noch mit nur wenigen Ausnahmen eindeutig einem Heimatland zuzuordnen sind und überwiegend noch immer nur in einer kleinen Anzahl von Ländern oder innerhalb eines Wirtschaftsblockes agieren (Kisker 1999). Bereits Marx hat gezeigt, dass die Ausbreitung des Kapitals auf dem Weltmarkt ein Wesensmerkmal des kapitalistischen Systems ist. Mit der Feststellung: »Die Tendenz, den Weltmarkt zu schaffen, ist unmittelbar im Begriff des Kapitals selbst gegeben« (Marx 1867, S. 311) und »der Weltmarkt (bildet) überhaupt die Basis und die Lebensatmosphäre der kapitalistischen Produktionsweise« (Marx 1867, S.120), hat er darauf hingewiesen, dass der Weltmarkt nicht ein zufälliges Produkt der Entwicklung des Kapitalismus ist, sondern seine Entstehung im Wesen der kapitalistischen Regulation begründet ist.

Ersetzt man den Begriff der Bourgeoisie durch Manager und Proletarier durch Arbeitnehmer oder abhängig Beschäftigte, ließt sich das Kommunistische Manifest wie eine moderne Analyse dessen, was heute als Globalisierung bezeichnet wird:

»Die Bourgeoisie kann nicht existieren, ohne die Produktionsinstrumente, also die Produktionsverhältnisse, also sämtliche gesellschaftlichen Verhältnisse fortwährend zu revolutionieren ....Die fortwährende Umwälzung der Produktion, die ununterbrochene Erschütterung aller gesellschaftlichen Zustände, die ewige Unsicherheit und Bewegung zeichnet die Bourgeoisieepoche vor allen anderen aus ... Das Bedürfnis nach einem stets ausgedehnteren Absatz für ihre Produkte jagt die Bourgeoisie über die ganze Erdkugel ... Die Bourgeoisie hat durch ihre Exploitation des Weltmarktes die Produktion und Konsumtion aller Länder kosmopolitisch gestaltet ... Sie zwingt alle Nationen, die Produktionsweise der Bourgeoisie sich anzueignen, wenn sie nicht zugrunde gehen wollen; sie zwingt sie, die so genannte Zivilisation bei sich selbst einzuführen ... Mit einem Wort, sie schafft sich eine Welt nach ihrem eigenen Bilde« (Marx 1848, S. 465f.).

Der britische Historiker Eric Hobsbawm stellt dazu fest:

»Die Geschichte der Weltwirtschaft seit der industriellen Revolution ist die Geschichte eines immer schnelleren technologischen Fortschritts, eines ständigen, wenn auch ungleichen Wirtschaftswachstums und einer zunehmenden ›Globalisierung‹ – also die Geschichte einer zunehmend komplizierteren und weltweiten Arbeitsteilung und eines immer dichter werdenden Netzwerks aus Güterströmen und Tauschbeziehungen, das jeden einzelnen Bereich der Weltwirtschaft zu einem globalen System verband« (Hobsbawn 1995, S.118).

Umbruchkrise der kapitalistischen Entwicklung

Eine genauere Analyse der gegenwärtigen Entwicklung zeigt, nicht Globalisierung, sondern veränderte Verwertungsbedingungen der Kapitale sind das neue Problem. Im Unterschied zu früheren Aufschwungphasen ist festzustellen, dass die Wachstumsraten in den Aufschwüngen deutlich hinter den früheren zurückbleiben, dass die Arbeitslosigkeit im Zuge der Aufschwünge nicht mehr wesentlich abgebaut wird, dass die Armut auch in den relativ reichen Ländern dramatisch zunimmt, dass selbst in den Aufschwungphasen eine massenhafte Kapitalvernichtung stattfindet, dass eine in dieser Rigorosität noch nie zu beobachtende Verdrängungskonkurrenz eingesetzt hat und dass trotz dieser Kapitalvernichtung Überkapazitäten über den Zyklus hinweg bestehen bleiben.

Diese Tatsachen sind Zeichen eines Strukturbruches in der längerfristigen Entwicklung der kapitalistischen Gesellschaften. Er ist weder Schicksal noch Folge politischer Fehler. Er ist unabhängig von der jeweils betriebenen Wirtschaftspolitik das Ergebnis der Steuerungsmechanismen dieser Wirtschaftssysteme. Seit Mitte der siebziger Jahre reicht die längerfristige Akkumulationsrate, das heißt das neue, zusätzlich gebildete Kapital, nicht mehr aus, den Fall der Profitrate zu kompensieren. Die Folge ist: Seit Mitte der siebziger Jahre sinken gesamtgesellschaftlich und tendenziell gesehen nicht nur die Profitraten, sondern auch die gesamtgesellschaftlichen Profitmassen. So ist zu erklären, dass die Unternehmen weltweit die Realinvestitionen deutlich eingeschränkt haben und sich – so weit dies technisch möglich ist – auf Ersatz- und Rationalisierungsinvestitionen beschränken, dass sie zu Lasten der Realinvestitionen riesige Geldkapitale bilden und eher andere Firmen aufkaufen, als die Gewinne zum Ausbau bestehender Unternehmen zu verwenden.

Diese als *Strukturelle Überakkumulation* zu bezeichnende längerfristige Entwicklung ist als genereller Trend in allen OECD-Ländern zu beobachten.

Ablenkung von den Ursachen

Strukturelle Überakkumulation war und ist eine längerfristig sich anbahnende, absehbare Entwicklung. Sie gefährdet den Bestand der kapitalistischen Systeme. Anhaltende Überkapazitäten und sinkende Profite fordern strategisches Handeln seitens der Kapitale. Das Problem dabei ist, die betriebswirtschaftlich logische Reaktion der Unternehmen – nämlich die Investitionen einzuschränken – verschärft die strukturelle Überakkumulation. Die zyklendurchschnittliche Einschränkung der Realkapitalakkumulation, insbesondere die Reduzierung der Erweiterungsinvestitionen und die Produktionskapazitäten vernichtenden Strategien bremsen zwar den Fall der Profitrate, bewirken aber eine weitere zyklendurchschnittliche Senkung der Akkumulationsrate. Die Einschränkung der Realkapitalakkumulation bei Zunahme des Anteils der Rationalisierungsinvestitionen führt zu einer überzyklischen Entlassung von Arbeitskräften. Längerfristig abnehmende Beschäftigung und Lohndrückerei heißt ceteris paribus abnehmende Nachfrage nach Konsumtionsmitteln und damit Kontraktion der Konsummittelproduktion. Damit fällt nicht nur die Nachfrage nach Investitionsgütern, sondern zusätzlich auch die effektive Nachfrage nach Konsumgütern.

Die immer wieder behauptete Produktivität, Rationalität und Effizienz der herrschenden Regulierungssysteme beruht auf historisch überholten, realitätsfernen Annahmen und auf der bedenkenlosen Identifikation der Interessen des Kapitals mit den Interessen der Gesellschaft. Faktisch bedeutet die betriebswirtschaftliche Rationalität heute gesamtgesellschaftlich eine enorme Vergeudung von Ressourcen. Dies zeigt besonders deutlich die anhaltende Massenarbeitslosigkeit. Unbestreitbar gibt es in der Bundesrepublik viel zu tun. Trotzdem gibt es gegenwärtig rund 7 Millionen Frauen und Männer, von denen die Mehrheit arbeiten kann und arbeiten möchte, die aber durch die Steuerungsmechanismen des kapitalistischen Systems daran gehindert werden, ihre Kräfte für eine bessere Versorgung der Gesellschaft einzusetzen. Zunehmender gesellschaftlicher Irrationalismus charakterisiert eine Produktionsweise, die immer weniger den Bedürfnissen der Mehrheit der

Menschen entspricht, die auf Grund ihrer Eigengesetzlichkeiten sich wie der berühmte Zauberbesen gegen den Menschen wendet.

Die Behauptung, dass die gegenwärtigen ökonomischen Probleme, geringes Wachstum und vor allem ansteigende Massenarbeitslosigkeit Folgen der Globalisierung sind, ist pure Ideologie zum Zweck der Organisation kapitalistischer Verwertung im Zeitalter einer tiefen Strukturkrise. Mit dem Begriff Globalisierung wird versucht, die dramatische Lage, in der sich die kapitalistischen Systeme seit Anfang der 80er Jahre befinden, zu eskamotieren. Ein Beispiel dafür lieferte der Hauptgeschäftsführer des BDA Ludolf von Wartenberg. Er behauptete: »Es gibt ein weit verbreitetes Unwohlsein über die Auswirkungen der Ökonomie auf das Leben des Einzelnen. Das liegt an Defiziten der wirtschaftspolitischen Debatte« (Frankfurter Rundschau vom 08.06.2005, S. 27). Dieser Versuch der Problemverschiebung von den Tatsachen auf die Art und Weise, wie über sie geredet wird, ist bemerkenswert. Aus den tatsächlichen Auswirkungen der Ökonomie macht von Wartenberg ein »Unwohlsein« an dem die Debatte die Schuld trägt. Das ist die perfekte Suspendierung von Realität, wie Richard Sennet (2005) in seinem neuen Buch »Die Kultur des neuen Kapitalismus« schreibt.

Ideologie ist dabei nicht einfach »falsches Bewusstsein«, sondern der Versuch der Rationalisierung von Herrschaftsansprüchen. Globalisierung ist ein Kampfbegriff, ein neues Wort für Klassenkampf von oben. Mit dem Mythos der Zwangsläufigkeit dieser Entwicklung, mit der Behauptung einer ganz neuen Qualität der Weltmarktkonkurrenz (Ziebura 1996) oder eines qualitativen Sprunges in der Tendenz zur Internationalisierung wird versucht, die abhängig Beschäftigten einzuschüchtern und zu disziplinieren und die Unterordnung der Staaten unter die Interessen des Kapitale voranzutreiben. Mit dem Hinweis auf die sich aus der Globalisierung der Wirtschaft ergebenden Sachzwänge, ist der historische Kompromiss zwischen Arbeit und Kapital aufgekündigt und eine tief greifende Verwerfung der gesellschaftlichen Verhältnisse eingeleitet worden. Globalisierung zielt auf rigorose Umverteilung von unten nach oben, den Abbau von Sozialstaatlichkeit, auf verschärfte Ausbeutung der abhängig Beschäftigten, die vollständige

Aushebelung gewerkschaftlicher Gegenmacht und auf unbegrenzte Ausplünderung der Natur. Letztlich aber sind die mit dem Kampfbegriff »Globalisierung« angestrebten Ziele ein Reflex auf die sich verschlechternden Verwertungsbedingungen der Kapitale in den industriell entwickelten Nationen.

Die Behauptung, dass der Staat auf Grund der Globalisierung der Kapitale nicht mehr in der Lage ist, soziale, gesundheits-, bildungspolitische und ökologische Ziele durchzusetzen und dementsprechend auch nicht mehr der Adressat gesellschaftlicher Forderungen seien könnte, ist genau der Mythos, den das Kapital zu etablieren versucht. Richtig ist, dass die einzelnen Staaten heute den Erpressungen der Unternehmen wenig Widerstand entgegensetzen können. Aber die Entwicklung in den skandinavischen Ländern zeigt, dass bei entsprechendem Gestaltungswillen sich auch heute der Staat der blinden Marktlogik entgegenstellen kann. Vor allem aber könnte die EU der Ausbeutung der Menschen sowie der Ausplünderung der Natur Grenzen setzen. Unternehmen können zwar glaubhaft damit drohen, wegen einer für sie ungünstigen Wirtschafts- und Sozialpolitik den Standort Deutschland zu verlassen, sie werden aber niemals den wichtigen Absatzmarkt Europa aufgeben. Was den Regierungen und Bürokraten der europäischen Länder fehlt, ist die Einsicht und der Wille, ein Europa für die Menschen statt für die Kapitale zu schaffen. Eine solche Einsicht ist nicht durch eine Erleuchtung zu erwarten, sie kann nur durch massiven Druck von unten, durch die Bevölkerung entstehen. Das jüngste Beispiel dafür ist die Europäische Verfassung. Im Gegensatz zum Grundgesetz und vielen anderen nationalen Verfassungen ist sie der Versuch, in Europa dem Willen der Bürger zum Hohn der menschenverachtenden neokonservativen Ideologie Verfassungscharakter zu geben und damit ein bestimmtes Wirtschaftsmodell festzuschreiben. Den Franzosen und Niederländern sei Dank, dass sie sich den Anweisungen des »Zirkels der Vernunft« nicht gebeugt haben. Das *Non* der Franzosen und das *Nee* der Niederländer wie auch die wachsende Kapitalismuskritik gibt Anlass zu der Hoffnung, dass die wirklichen Ursachen der gegenwärtigen Fehlentwicklungen diskutabel werden. Dieser neue Diskurs eröffnet die Möglichkeit, Werte und Regeln des Zusammenlebens in Eu-

ropa zu überdenken und dem Sozialdarwinismus Einhalt zu gebieten. Er fördert die Einsicht, dass der Kapitalismus seinem Wesen
nach asozial ist, und schafft ein Bewusstsein für die Notwendigkeit
von Veränderungen.

Literatur

Bergmann, J. (o. J.): Krisenerfahrung und Zukunftsängste. unveröffent-
lichtes Manuskript, S. 3.

Hirst, P.; Thompson, G. (1996): Globalization in Question. Cambridge.

Hobsbawn, E. (1995): Das Zeitalter der Extreme. München.

Kisker, K. P. (1999): Globalisierung und internationale Mobilität deutscher Industrie-unternehmen. In: v. Bülow, W.; Hein, E.; Köster, K.;
Krüger, W.; Litz, H. P.; Ossorio Capella, C.; Schüler, K. W. (Hg.): Globalisierung und Wirtschaftspolitik. Marburg.

Köcher, R. (2000): Zwischen Fortschrittsoptimismus und Fatalismus.
Frankfurter Allgemeine Zeitung vom 16.08.2000: 5.

Marx, K. (1867): Kapital. Bd. III, MEW 25. Berlin.

Marx, K. (1848): Grundrisse. MEW 13. Berlin.

Sennett, R. (2005): Die Kultur des neuen Kapitalismus. Berlin.

Statistisches Bundesamt (2004): Volkswirtschaftliche Gesamtrechnung.
Wiesbaden.

Ziebura, G. (1996): Globalisierter Kapitalismus: Chancenlose Linke?
prokla. Zeitschrift für kritische Sozialwissenschaften 102: 85–106.

Globale Identität(en)

Paweł Dybel

Die Grenzen der Identität oder die Identität als Grenze?

In einem seiner letzten Bücher »Globalisation. The Human Consequences« fragt der polnisch-britische Soziologe Zygmunt Bauman (1998) nach den Konsequenzen der Globalisierungsprozesse für die heutige Welt. Er erörtert den engen Zusammenhang zwischen den Tendenzen der Weltwirtschaft, die besten Möglichkeiten für den freien Fluss des Kapitals zu schaffen, und den tiefgreifenden Verwandlungen im Selbstverständnis der verschiedenen Sozialgruppen, die in der Verflüssigung ihrer traditionellen Identitäten bestehen.

Bauman gilt heute als einer der führenden Theoretiker der Postmoderne. Wenn man seine anderen in den letzten Jahren veröffentlichten Bücher in Betracht zieht, drängt sich eine weitere Analogie auf: Alle oben erwähnten Prozesse werden von ähnlichen Verwandlungen in der postmodernen und poststrukturalistischen Philosophie und in den Geisteswissenschaften begleitet, wo die Problematik der Identität des menschlichen Subjekts auch auf eine im Vergleich mit der bisherigen metaphysischen Tradition völlig neue Weise aufgegriffen wurde. Autoren wie beispielsweise Baudrillard, Rorty, Foucault, Lacan, Derrida oder Deleuze stellen die klassischen in dieser Tradition verfassten Konzepte in Frage, die ihrer Meinung nach ein zu starres Bild der menschlichen Identität implizieren, und versuchen ihnen ihre eigenen, in gewissem Sinne viel offeneren und gleichzeitig mehr komplexen Auffassungen gegenüberzustellen.

Man kann natürlich die Verhältnisse und Beziehungen zwischen all diesen Bereichen der menschlichen Lebenswelt heute auf verschiedene Weise sehen und sie auch verschieden auffassen und beurteilen. Es unterliegt aber keinem Zweifel, dass sie alle direkt oder indirekt aufeinander einwirken und mehr oder weniger miteinander verknüpft sind. Indem sie die traditionellen Formen der zwischenmenschlichen Verhältnisse tief greifend verändern, beeinflussen sie indirekt das Selbstverständnis des heutigen Menschen. Sie prägen neue sich verbreitende Modelle des Lebens, bringen neue Hierarchien der Werte mit sich, produzieren neue Antagonismen und Teilungen innerhalb der Sozialgruppen, zwischen den Nationen usw.

Deshalb stellen sie eine enorme Herausforderung an die Philosophie und die Sozialwissenschaften dar, für welche die Themen der Individuellen und Gruppenidentität, wenn auch aus verschiedener Perspektive, seit langem von zentraler Bedeutung sind. Von der Wirkmächtigkeit der sich verändernden Lebenswelt sind aber auch die heutigen Therapieschulen betroffen. Das trifft vor allem auf Schulen mit einem dialogischen Charakter zu, die das Ziel haben, auf dem Wege des Kommunizierens mit dem Patienten sein gestörtes Selbstverständnis wieder in Ordnung zu bringen. Es kann aber auch für diese Therapieschulen nicht völlig gleichgültig sein, was in der heutigen Philosophie und in den Geisteswissenschaften vor sich geht, besonders bezüglich ihrer neuen Identitätstheorien und Konzepte, die auf die Globalisierungsprozesse Bezug nehmen. Diese neuen Konzepte implizieren oftmals indirekt ein neues Verständnis dessen, was als paradigmatisches Modell von psychischer Gesundheit und Normalität gelten soll und was der Sphäre der Pathologie und Krankheit angehört.

Dieser enge Zusammenhang zwischen der Philosophie und den Geisteswissenschaften einerseits und den dialogischen Schulen der Psychotherapie andererseits ist natürlich seit langem vorhanden. Geschichtlich gesehen war er immer für Therapieschulen sehr wichtig, die nicht nur naturwissenschaftliche sondern auch geisteswissenschaftliche Methoden anzuwenden versuchten – eine besonders in Deutschland lebendige Tradition.[1] Jedoch keine die-

---

1   Ich meine damit die zahlreichen psychologischen und psychotherapeutischen Konzepte, die in Deutschland im 20. Jahrhundert v. a. unter dem Einfluss der Hermeneutik Diltheys und der phänomenologisch-existentialen

ser Traditionen kann in dieser Hinsicht mit der Psychoanalyse verglichen werden. Es genügt, einen kurzen Blick auf die streng analytischen oder die ihnen verwandten Therapieschulen zu werfen:
Daseinspsychoanalyse, Logotherapie, Egopsychologie, Jung'sche
Tiefenpsychologie, die Psychoanalyse Lacans, feministische Konzepte der Psychoanalyse von Kristeva und Irigaray usw. Nicht nur
die Philosophen oder Geisteswissenschaftler haben die Psychotherapeuten zu neuen Einsichten angeregt, sondern auch umgekehrt. Oftmals bieten auch rein psychologische Erkenntnisse und
Einsichten einen guten Ausgangspunkt für philosophische Reflexion an.

Das Paradebeispiel der Wirkung dieser Art bleibt aber bis heute
Freuds Psychoanalyse. Sein Konzept des menschlichen Seelenlebens, das im engen Zusammenhang mit der von ihm herausgearbeiteten Therapiemethode steht, hat sowohl zahlreiche Therapieschulen im 20. Jahrhundert stark beeinflusst, als auch viele moderne und postmoderne Philosophen und Geisteswissenschaftler
angeregt. An die Psychoanalyse anknüpfend haben sie auf völlig
neue Weise die traditionelle Problematik der menschlichen Identität aufgefasst. Der Postmodernismus als breite intellektuelle Strömung, die in den siebziger und achtziger Jahren des vergangenen
Jahrhunderts ihren Höhepunkt erreicht hat, war nicht nur die erste
bedeutende Reaktion in den breiten westlichen universitären und
intellektuellen Kreisen auf die Globalisierungsprozesse der heutigen Welt, sondern auch ein Versuch, über sie zu reflektieren und
eine Art der Diagnose über den Zustand der heutigen Zivilisation
zu stellen. Das besondere Interesse für Freud unter den führenden
Vertretern dieser Strömung bestätigt die enorme Aktualität seines
Werkes in diesem Zusammenhang.

Freuds radikales Infragestellen der tief in der Philosophie und
Psychologie des 21. Jahrhunderts weitverbreiteten Überzeugung
vom Vorrang der bewussten Erlebnisse und Vorstellungen vor den

---

Tradition formuliert worden sind (K. Jaspers, Ch. Ehrenfels, W. Köhler,
F. Krueger, W. Salber, E. Straus, W. Baßler u. a.). Die Autoren dieser Konzepte versuchten auf verschiedene Weise ihre klinischen Erfahrungen
mittels der in der gegenwärtigen Philosophie und in den Geisteswissenschaften verbreiteten Begriffschemen theoretisch aufzufassen.

unbewussten und der Überzeugung von grundsätzlicher Kohärenz und Kontinuität des menschlichen Seelenlebens eröffnete eine völlig neue kritische Perspektive der Auffassung der menschlichen Selbstidentität. Auch der Identität verwandte Begriffe des Selbstbewusstseins, Selbstwissens, Selbstverstehens usw., die sich als höchst problematisch erwiesen haben, unterlagen diesem Wandel.

Kein Wunder also, dass dieser »dekonstruktive« Aspekt Freud'scher Theorie so große Aufmerksamkeit der »postmodern« und »poststrukturalistisch« orientierten Denker und Intellektuellen auf sich gezogen hat. Das bedeutet nicht, dass damit das Problem der menschlichen Identität sich als scheinbar oder sekundär ergeben hat, sondern nur, dass es eine völlig andere Bedeutung gewinnt. Es wird im breiteren Zusammenhang der seelischen Triebkräfte erörtert, welche im Prinzip nicht bewusstseinsfähig sind und in ihrem diskontinuierlichen, dissymmetrischen Verhältnis zum Bewusstsein (d. h. der Identität des Subjekts) aufgefasst werden müssen. Mit anderen Worten, eben weil das menschliche Seelenleben sich bei Freud als im Prinzip gespalten und zersplittert erwiesen hat, lautet die Frage nicht, wie diese Zerrissenheit loszuwerden und ein einheitliches Bild des Seelenlebens wiederherzustellen sei, sondern, welche Formen dieser Selbst-Zerrissenheit man als pathologisch und krankhaft betrachten soll und welche nicht. Wie ist diese Grenze zu ziehen und ist das überhaupt möglich? Wie ist die stabile Identität des seelisch »gesunden« Menschen von der tief gestörten, verflüssigten Identität des seelisch Kranken zu unterscheiden, wenn sie beide in gewissem Sinne gleichermaßen gespalten sind? Warum hat diese Spaltung einmal keine pathologischen Folgen, im anderen Fall dagegen führt sie zur tiefen Depression, Schizophrenie oder dem paranoischen Verfolgungswahn?

Freuds Erkenntnis, dass verschiedenartige Brüche und Diskontinuitäten ein inhärentes Moment des menschlichen Seelenlebens sind, führt zu einem völlig anderen Zugang zu aller Art seelischer Störungen, als es in der klassischen Psychologie der Fall war und ist. Die Psychoanalyse beschränkt sich nicht auf das Aufdecken der Mechanismen von Störungen, sondern vermag auch zu zeigen, wie solche Mechanismen im Falle der »normalen« Menschen fungieren. Kein Wunder, dass von Freud selbst, aber auch von vielen seiner Nachfolger die Neurose in den Rang der zentralen Struktur des menschlichen Seelenlebens erhoben worden ist. Das heißt, ein dauerhaftes gespaltenes Verhältnis des menschlichen Subjekts zu sich selbst ist sowohl für den Neurotiker als auch für den so genannten normalen Menschen kennzeichnend. Mit der Zeit verschob sich das Hauptinteresse der Psychoanalyse in die Richtung der psychotischen Seelenstörungen, welchen man dieselbe paradigmatische Bedeutung wie früher der Neurose eingeräumt hat.[2] Das bedeutet aber nicht, dass damit das Verhältnis zwischen Normalität und Pathologie völlig relativiert wurde. Man hat nur eingesehen, dass dieses Verhältnis viel komplexer (und zugleich auch viel Vieldeutiger) ist, als es bisher aufgefasst wurde, und dass es kaum möglich ist, eine klare Linie der Abgrenzung zwischen ihnen zu ziehen

Im Kontext des zentralen Themas unserer Konferenz taucht die Frage auf, inwieweit die Globalisierungsprozesse dieser Evolution der Psychoanalyse entgegenkommen. Enthält das sich verbreitende Modell der »offenen« (lese: der flüssigen) Identität, die keine festen Anhaltspunkte in der nationalen, ethnischen oder regionalen Tradition mehr hat, sondern bereit ist, in der totalen Selbstvergessenheit dieser Traditionen aus jeder neuen Situation den größten Nutzen für sich zu ziehen, auch etwas inhärent Psychotisches in sich?

Wird damit die Schizophrenie des Kapitalismus noch weiter getrieben, als es Deleuze und Guattari in Antiödipus dargestellt haben? Mit anderen Worten: Sind infolge der Globalisierungsprozesse die herkömmlichen Unterscheidungen im selben Sinne, wie das in der psychoanalytischen Tradition geschah, in Frage gestellt worden?

Wie der Titel unserer Konferenz suggeriert, wurde heute die Frage nach der Identität immer mehr zur Frage nach den Grenzen dieser Identität. Es gibt heftige Auseinandersetzungen in der heu-

---

2 Die Verschiebung ist sowohl bei manchen Freudianer (wie z. B. bei dem polnischen Psychoanalytiker Gustaw Bychowski, der nach der Emigration in die USA dort große Erfolge bei der Behandlung von Psychotikern hatte) als auch in der kleinianischen Schule zu beobachten. Auch in der »poststrukturalistischen« Schule der Psychoanalyse, welche durch Jacques Lacan gegründet wurde, sind die psychotischen Erkrankungen im Zentrum des Interesses (vgl. Lacan 1955–56).

tigen Psychologie nicht so sehr darum, ob der Begriff der Identität bewahrt werden soll oder nicht, sondern wie seine Grenzen zu bestimmen sind. Einen ähnlichen Streit gibt es in der gegenwärtigen Philosophie: Ist im menschlichen Seelenleben etwas Festes und Stabiles zu finden, das nicht relativierbar ist, sondern seinen Eigenwert von sich selbst aus begründet? Gibt es irgendeine Stütze oder Richtmaß, wonach sich sowohl der Psychotherapeut in seiner Behandlung von Patienten als auch der gemeine Mensch in seinem Verhältnis zu anderen orientieren kann? Oder ist der Glaube an solche sich selbst begründende stabile Identitätsstrukturen eine Illusion, deren tief in der neuzeitlichen Philosophie verwurzelte ontologische Grundlagen bloßgelegt werden sollen und der ein völlig anderes, mehr dynamisches und offenes Bild des menschlichen Seelenlebens entgegengesetzt werden soll?

Man kann zwei eng miteinander verbundene Aspekte dieses Streits unterscheiden.

Der erste, innere Aspekt bezieht sich auf die Frage, wie weit der Begriff der Identität ausgeweitet werden kann, ohne völlig relativiert und verflüssigt zu werden. Bis zu welchem Grade und wie soll der Mensch eine offene Haltung bezüglich ihm fremder anderer Ideen und Kulturwerte einnehmen, ohne die Kontinuität des Selbstverhältnisses zu verlieren und ohne in seinem Selbstverständnis zur bloßen Funktion der auf ihn einwirkenden Vorurteile der anderen Sichtweisen und Kulturen zu werden?

Inwieweit und wie kann das menschliche Subjekt sich dem ihm Fremden öffnen und es zum immanenten Teil seines Selbstverständnisses machen, ohne in einen Relativismus zu verfallen, der alle Werte gleichmacht? Denn eine Offenheit, in der das Subjekt sich völlig vergisst und in der Partikularität seiner Sichtweise völlig verschwindet, ist ohne Zweifel eine illusorische Offenheit, die mit der Ausbildung der eigenen Identität in der permanenten Konfrontation mit den Welten der anderen Kulturen nichts gemeinsam hat. Aber auch der Anspruch, dass man in seinem Denken über die universellen Werte verfügt, die man ohne weiteres rational begründen kann, nach denen man dann auch all die fremden kulturellen Werte auslegen und sie dann entweder akzeptieren oder verwerfen kann, hat etwas von aufklärerischer Hypokrisie in sich.

Denn jede rationale Begründung dieser Art nivelliert das Moment der Geschichtlichkeit des Verstehens. Sie setzt voraus, dass man im menschlichen Seelenleben eine klare Scheidungslinie ziehen kann zwischen dem, was mit sich selbst identisch ist, was man dann in den Rang der universalen Idee oder Wertes erheben kann, und dem, was das Endprodukt der verschiedenen geschichtlichen Einflüsse ist, was damit auch eine sekundäre Bedeutung hat. Es scheint, dass besonders nach Gadamers (1975) Darstellung der Geschichtlichkeit des Verstehens als ein konstitutives Moment jede Argumentation, der solches ahistorisches Auffassungsschema zugrunde liegt, als zumindest begrenzt und einseitig beurteilt werden soll.

Der zweite, äußere Aspekt ist die Frage, inwieweit die Grundlagen der Identität des menschlichen Subjekts durch seinen Bezug auf den Anderen bestimmt sind? Inwieweit wird der Bezug des menschlichen Subjekts zu sich selbst durch den ihm vorangehenden Bezug auf den Anderen ermöglicht? Und wenn der letzte Bezug primär und entscheidend ist, worin besteht dann seine konstitutive Funktion?

All diese Fragen über die Grenzen der menschlichen Identität sind im zwanzigsten Jahrhundert zu den fundamentalen Fragen in der Philosophie und in den Kulturwissenschaften geworden. Das sind aber auch die Fragen, die in der Psychoanalyse Freuds eine zentrale Stelle einnehmen, obwohl sie hier natürlicherweise aus der besonderen psychoanalytischen Perspektive formuliert worden sind: Wie ist das Andere und Fremde der seelischen Symptome im Menschen zu verstehen? Sind das völlig sinnlose Phänomene, die man auf ihre organischen Ursachen zurückführen soll, oder haben sie vielleicht einen eigenen Sinn, der in ihnen entschlüsselt und als bedeutungsvolles Zeichen der gestörten Identität des Patienten ausgelegt werden soll? Welche Rolle haben in der Genese solcher Symptome die Anderen gespielt? Wie ist in der Gestaltung der Selbstidentität des Patienten die Rolle solcher bevorzugten Anderen wie des Vaters und der Mutter aufzufassen? Welche Bedeutung soll man dann auch ihrer rein linguistischen Strukturierung, das heißt dem Anderen der Sprache, einräumen? Warum kann der Sinn der Symptome, der Träume, im Prinzip nicht direkt durch den Patienten selbst, sondern erst durch die Vermittlung der Auslegung

des Anderen-Analytikers ermittelt werden? Worin besteht eigentlich die Übertragung durch den Patienten auf den Anderen-Analy-
tiker der aggressiven Stellungnahme, deren originäres Objekt die
Bezugspersonen aus seiner Kindheit darstellen, und wie kann man
dieses rätselhafte Phänomen in der analytischen Behandlung sich
zunutze machen? Wie kann dann auch der Analytiker seiner eigenen Gegenübertragungen loswerden und die Therapie des Patienten als ein völlig neutrales Subjekt weiterführen?

Das sind alles die Fragen, die – auf ihre ontologischen Voraussetzungen hin befragt – sich als höchst relevant und zugleich auch
sehr anregend für die philosophische Suche nach den Grundlagen
der menschlichen Identität und die Rolle des (der) Anderen in ihrer
Konstitution erwiesen haben.

In dem Sinne kommt Freud all diesen Tendenzen und Strömun-
gen der Philosophie des 20. Jahrhunderts entgegen, deren Vertreter, oftmals mit den traumatischen Erfahrungen der zwei Totalita-
rismen, der Konzentrationslager und der sowjetischen Lager konfrontiert, die Frage nach den Anderen in den Rang der zentralen
philosophischen Frage erhoben haben. Ich meine damit vor allem
die Philosophie von Emmanuel Levinas, welche an das Werk von
Martin Buber und Ernst Rosenzweig anknüpft. Das Problem des
Anderen, diesmal aber vor allem als des Anderen der Tradition aufgefasst, kommt auch in der philosophischen Hermeneutik Gadamers (1975) und in den an sie in dieser Hinsicht anknüpfenden postmodernen philosophischen Konzepten von Vattimo, Rorty oder
Bauman zum Ausdruck. Die Hauptaufgabe, die diese Autoren sich
stellen, lautet dann: Wie ist das Subjekt imstande, sein Selbstver-
stehen mit dem des Anderen zu vermitteln, ohne ihn schon im Voraus in den Rahmen seiner eigenen Auffassungsperspektive, in seine
Wertschätzungen und Maßstäbe, die es ungerechterweise als etwas
evidentes und allgemeingültiges annimmt, einzuzwingen? Ist es
dann überhaupt für dieses Subjekt möglich, eine völlig ahistorische, aus dem geschichtlich-kulturellen Zusammenhang, in dem es
gewachsen ist, abstrahierte, Stellungnahme einzunehmen?

Diesen engen Zusammenhang zwischen der psychoanalytischen und philosophischen Auffassung der Frage nach dem Anderen sieht man aber besonders klar in den poststrukturalistischen

Konzepten von Lacan und Derrida, die zum einen sehr stark durch Freuds Theorie inspiriert sind, zum anderen aber der Levinas'schen Fragestellung sehr viel verdanken. Auch die neuesten feministischen Konzepte versuchen diese beiden Sichtweisen miteinander zu vermitteln, indem bei ihnen die Frage nach dem Anderen hauptsächlich zur Frage nach dem Anderen des weiblichen Geschlechts wurde (L. Irigaray, Kristeva, J. Butler).

Die enorme Herausforderung, die Freuds Psychoanalyse hinsichtlich der Frage nach der Identität des Menschen stellt, liegt in der Bloßstellung des Konzepts des Bewusstseins als einer »Abwehrformation«. Dieses verdankt seinen bevorzugten Status hauptsächlich dem, wogegen es sich wehrt (d. h. den verdrängten, unbewussten Vorstellungen). Demzufolge ergibt sich die Grundlage der Identität des Ich als völlig negativ und nicht positiv (d. h. als sich selbst begründend). Dabei ist das, wogegen es sich wehrt, dem Bewusstsein des Subjekts nicht zugänglich, weil es des Unbewussten im Prinzip nie voll bewusst werden kann. Es stellt sich dann die Frage: wie ist die Rolle dieser negativen Instanz im Vorgang der Gestaltung der Identität des menschlichen Subjekts aufzufassen? Kann man sie aus dem einfachen Grunde, dass sie dem Bewusstsein nicht zugänglich ist, ignorieren? Wie ist das aber möglich? Sie scheint doch trotzdem in der Gestaltung all der Bewusstseinsvorgänge sehr wirksam zu sein![3] Dieses Dilemma kann nicht mittels der klassischen philosophischen Begrifflichkeit, welche sowohl im Rahmen des deutschen Idealismus oder des englischen Empirismus herausgearbeitet worden ist gelöst werden. Denn in diesen beiden Traditionen nimmt man die reflexive Bewusstseinsstruktur als den Hauptbeziehungspunkt in der Gestaltung der Selbstidentität durch das Subjekt an. Das was man dann aus den Augen verliert, ist das im Prinzip diskontinuierliche Verhältnis des Bewusstseins zum Unbewussten. Die einzige Lösung ist, das Unbewusste einfach auf ein reines Nichts, die Nichtigkeit selbst, zurückzuführen und mit der lunatischen Gewissheit auf dem Niveau des Bewusstseins weiter

---

3 Diese Auffassung des Verhältnisses zwischen dem Bewusstsein und dem Unbewussten ist besonders klar schon in Freuds früher Arbeit »Entwurf einer Psychologie« (1895) zu beobachten (vgl. Dybel 2004).

zu bleiben – ähnlich wie man das mit dem Kant'schen »Ding an sich« als dem reinen X-Punkt ohne Eigenschaften in der späteren philosophischen Tradition gemacht hat.

Das Problem besteht also darin, wie die wesentliche mitkonstitutive Funktion dieses »Nichts« für die Selbstidentität des Menschen zu rechtfertigen ist, ohne in die traditionellen metaphysischen Schemen zu verfallen. Wie das nichtkontinuierliche Verhältnis des Unbewussten zum Bewusstsein aufzufassen, ohne sie beide miteinander verschmelzen zu lassen, und das heißt auf eine illusorische begriffliche Einheit der angeblich total kohärenten Identität des Subjekts zurückzuführen? Um dieser Aufgabe gerecht zu werden, wird es nicht genügen, die Grenzen der Identität äußerst auszuweiten und sie für alles Fremde und Andere als tatsächlich oder nur potentiell mit ihr zu vermittelnde zu eröffnen.

Denn das Unbewusste wird aus der Perspektive des Bewusstseins viel radikaler als nur ein reines Nichts erfahren, sondern eher als eine Lücke: als ein Intervall oder ein Loch, das es in ihrer Negativität ständig auffordert: Komme nie zur Ruhe im Verhältnis zu deiner selbst. Statt diese Lücke aufzuheben, soll man eher lernen, mit ihrer unüberbrückbaren Fremdheit und Unverhältnismäßigkeit weiterzuleben. Mit anderen Worten, das menschliche Subjekt soll die Unüberwindlichkeit der Spaltung im Verhältnis zu sich selbst anerkennen, ohne in die äußerste Verzweiflung und Depression zu verfallen.

Wie soll das aber eigentlich in der psychoanalytischen Behandlung geschehen? Diese Auffassung setzt ja voraus, dass die klassische Therapiestrategie, die darin besteht, dass dem Patienten ein positives Bild seiner selbst aufgezwungen wird, eigentlich nur die künstliche Herstellung durch den Psychotherapeuten darstellt, also die Illusion der kohärenten und einheitlichen Identität des Subjekts. Diese Illusion mag für kurze Zeit eine Besserung des Wohlbefindens des Patienten bewirken, jedoch schon die erste seriöse Lebensprobe, der er ausgesetzt wird, wird sie zweifellos voll und ganz zunichte machen, so dass die künstlich aufgebaute »positive« Identität des Patienten wie ein Kartenhaus zerfallen wird.[4] Wie soll

---

4   Die psychotherapeutische Strategie das Ich des Patienten zu stärken und es

also der Patient seine Identität bewahren, indem er gleichzeitig im Therapieprozess mit der tiefen peinlichen Wunde in seinem Gedächtnis – das heißt mit den traumatischen Ereignissen aus der Kindheit – konfrontiert wird? Wie soll er mit dem Trauma des Verdrängten leben lernen?

Nun aber stellen sich diese Fragen nicht nur aus der Perspektive des einzelnen Subjekts, sondern auch aus der des geschichtlichen Seins des Menschen. Denn ähnlich wie die traumatischen Ereignisse aus der Vergangenheit des Einzelnen ein permanentes Problem für ihn darstellen, welches in immer neuen symptomatischen Formen in seinen Verhältnissen mit den Anderen wiederkehrt, so gilt dies auch für die Erfahrung des Holocaust, der Verfolgungen unter den faschistischen und kommunistischen Regime oder die Tragödie der Millionen in Hiroshima. Sie fungieren nicht einfach als ein immanenter Teil des Selbstwissens der heutigen Gesellschaften. Sie sind in ihrer traumatischen Dimension als eine permanente Herausforderung erfahrbar, angesichts derer man nicht weiß, wie man sich mit ihr zurechtfinden soll. Das Einzige, was dann übrig bleibt, ist seine eigene Hilflosigkeit zu bekennen und angesichts der Gedächtnisbilder und Erinnerungen zu erstarren. Denn in diesen Ereignissen gibt es etwas, das die Grenzen des Verstehens weitgehend überschreitet und sich wie eine nie zu heilende Parsifalwunde präsentiert, mit der man trotzdem leben lernen soll, um den Sinn in seinen eigenen alltäglichen Tätigkeiten wieder zu finden.

Die Herausforderungen, welche mit den heutigen Globalisierungsprozessen verbunden sind, sind natürlich von verschiedener Art. Das Problem besteht nicht darin, sich angesichts der traumatischen Ereignisse aus der Vergangenheit in eigener Identität zu behaupten, sondern eher darin, auf welche Weise man der totalen Verflüssigung dieser Identität irgendwie vom innen her entgegenwirken kann. Denn infolge dieser Prozesse sind die traditionellen

dann an die gesellschaftliche Umgebung anzupassen, ist besonders für die amerikanische Schule der Ego-Psychologie kennzeichnend. Sie ist ihres illusorisches Charakters wegen einer vernichtenden Kritik durch Jacques Lacan in seinen zahlreichen Artikeln und Werken unterzogen worden (vgl. Lacan 1966).

Grundlagen der menschlichen Identität im Lichte des einen, angeblich überideologischen, dabei völlig objektiven und universellen, Maßstabs des Kapitals in Frage gestellt und relativiert worden. In der heutigen Welt manifestiert sich die steigende Allmacht dieses Maßstabs nicht nur in der allmählichen Beseitigung der verschiedenartigen Hindernisse für den Fluss des Kapitals zwischen den Städten, Regionen, politischen Blöcken usw., sondern auch in der Anpassung an diesen Maßstab in der Organisation der Wissenschaft, der ganzen Kulturpolitik und all der Bereiche der traditionellen geistigen Aktivität des Menschen (der Literatur, der Kunst usw.). Das Resultat ist die steigende Kommerzialisierung dieser Bereiche, womit die Verkennung ihrer ganz spezifischen Bedürfnisse und der ihnen zukommenden traditionellen geistigen Werte einhergeht. Die Frage – wie sich das verkaufen wird – ist praktisch zur einzigen Frage geworden, die man üblicherweise stellt und die allgemein gilt.

Mit diesem Prozess geht auch die Verbreitung des Modells der national, politisch, kulturell entwurzelten Berufsidentität in verschiedenen Sozialgruppen einher. Diesem Modell gemäß sind nur ökonomisch berechenbare (umtauschbare) Ergebnisse der individuellen oder Gruppentätigkeit von Bedeutung, denen man alle anderen Lebenswerte unterwerfen soll. Das Resultat ist der heutige »Mann ohne Eigenschaften«, für den alles in Geld umtauschbar ist und für den die alte Kant'sche Maxime, den Anderen nicht als Mittel, sondern als Zweck in sich selbst zu betrachten, lächerlich und altmodisch klingt. Der permanenten Jagd nach Erfolg und Profiten, nach dem, was von ihm die Firma, die Korporation, die Institution usw. verlangt, hat er alles in seinem Leben untergeordnet: das Land, den Wohnort, die Bekanntschaften, das Familienleben, die Freundschaften, die Liebesbeziehungen usw. Wenn dieser Mann ein Problem mit sich selbst bekommt und sich psychotherapeutisch behandeln lässt, meint er üblicherweise, dass seine Therapie wie die Reparatur eines geschädigten Autos aussehen wird. Man wird mittels der entsprechend fortgeschrittenen Therapiemethode den geschädigten Teil seiner Psyche renovieren oder ersetzen, und er wird dann imstande sein, weiter seine bisherige total verflüssigte und verwüstete Existenz zu führen.

In der Tat sind solche Fälle hoffnungslos. Die Psychotherapeuten, die mit ihnen konfrontiert sind, erinnern an die Priester einer
abgestorbenen Religion, an deren Götter schon niemand mehr
glaubt und die endlich den Platz dem kopflosen Moloch des Kapitals bereiten sollen, der dann seine Opfer direkt vor ihren Augen
auffrisst.

Nun wäre es höchst naiv, und dies ist auch nicht mein Ziel, in
den Globalisierungsprozessen der Weltwirtschaft die Hauptursa-
che der meisten Identitätsprobleme zu sehen, welche die heutigen
Patienten, die psychiatrische Kliniken oder psychoanalytische Behandlungen aufsuchen, präsentieren. Solche Globalisierungskri-
tik, welche man heute oftmals unter den Jungen beobachten kann,
hat etwas von einer Projektion in sich: Alles Böse wird auf ein bestimmtes imaginäres Objekt projiziert und man ist dann zutiefst
überzeugt, dass dessen Beseitigung alles Unheil aus dem Wege
räumen wird. Die tiefgreifenden Veränderungen im Funktionieren
der Weltwirtschaft folgen der Entwicklungslogik des Kapitals, der
Logik also, die man persönlich lieben oder hassen kann, die man
aber nicht einfach mit einem Schlag loszuwerden vermag. Und es
ist vielleicht die Ironie der Geschichte, dass heute – nach dem Zerfall des ganzen sowjetischen Blocks – das größte Verdienst des Autors, der mit aller Schärfe die unmenschlichen Gesetze dieser
Logik aufgespürt und bloßgelegt hat, nicht die illusorische Projektion eines idyllischen kommunistischen Wirtschaftssystems ist,
sondern eher die Darlegung, inwieweit diese unmenschliche Entwicklungslogik die unentbehrliche Grundlage unserer Zivilisation
abgibt, ohne deren sie gleich verkümmern würde. Denn es wartet
auf uns kein Himmel auf der Erde, der Himmel, der sich gleich hinter den Türen befindet, es genügt nur, sie zu öffnen, und das heißt,
den Reichen die Güter wegzunehmen und weniger zu exportieren.
Die Geschichte ist eher eine Hölle, die man nur versuchen kann,
ein bisschen für den Menschen einheimischer zu machen. Und es
scheint, dass besonders in der faustischen Gegend, in der unsere
Konferenz stattfindet, man keine besonderen Beweise braucht, um
daran zu erinnern.

Das Problem liegt also eigentlich nicht darin, wie die Globalisierungsprozesse in der Wirtschaft zu stoppen sind, weil das auf die

Dauer eine hoffnungslose Aufgabe ist, sondern wie und wo ihnen Grenzen zu setzen sind. Wie soll man den unmenschlichen, oftmals den ganzen Bereich des sozialen Lebens verheerenden Konsequenzen dieser Prozesse vorbeugen? Und wie vermeidet man das ungehemmte Ausbreiten der mit ihnen einhergehenden verflüssigten Identität des globalisierten Menschentypus auf die Gebiete der Wissenschaft, der Kultur, der Kunst und die verschiedenen Aspekte des menschlichen Miteinanderseins? Die Frage der Bestimmung der Grenzen der menschlichen Identität ist also mit der Frage der Bestimmung der Grenzen der Globalisierungsprozesse identisch. Das eigentlich Böse besteht nicht in diesen Prozessen selbst, sondern eher in der gedankenlosen Übertragung ihrer alles einebnenden Maßstäbe auf die oben erwähnten Bereiche des menschlichen Zusammenlebens. Das Ergebnis ist die weitgehende Verwüstung solcher Bereiche und das Ausbreiten einer neuen, marktwirtschaftlich sublimierten Form der barbarischen Identität des Menschen »ohne Eigenschaften«. Es ist schwer, solche Menschen zu heilen, weil in ihrem Fall die obsessive Suche ihrer selbst zu etwas Normalem, zur Hauptform ihres alltäglichen Miteinanderseins geworden ist.

Literatur

Bauman, Z. (1998): Globalisation. The Human Consequences. London.

Dybel, P. (2004): Freud und Kant: zwei Konzepte des Subjekts und des Ich. In: Dybel, P.; Sandkühler, H. J. (Hg.): Der Begriff des Subjekts in der modernen und Postmodernen Philosophie. Frankfurt a. M.

Freud, S. (1999): Entwurf einer Psychologie. G. W. Nachtragsband. Frankfurt a. M., S. 375–477.

Gadamer, H.-G. (1975): Wahrheit und Methode. Tübingen.

Lacan, J. (1955–56): Le Séminaire. Livre III. Les psychoses. Paris.

Lacan, J. (1966): Ecrit. Paris.

Werner Balzer

Der Entzug des inneren Raumes

Über zeitgenössische Konstitutionsbedingungen von Subjektivität

> ... das Gedächtnis ist gleichsam der Magen der Seele,
> Freude aber und Trauer
> wie süße und bittere Speise ...
> *Augustinus*

> ... alles ist sich gegenseitig Symptom.
> *Novalis*

Von Weimar nach Dessau und weiter

Insofern die Psychoanalyse Entwicklung als lebenslangen Grenzverkehr von Externalisierung und Internalisierung begreift, ist ihr die Idee eines innerseelischen Bedeutungsraumes eingeboren. Dagegen Andy Warhol, der Meister der Serigraphie: »Willst du alles über Andy Warhol wissen, so schau einfach nur auf die Oberfläche meiner Bilder und Filme und auf mich, und da bin ich. Es gibt nichts dahinter« (Inboden 1992, S. 13). Und an anderer Stelle: »Je öfter man dasselbe sieht, desto mehr verschwindet die Bedeutung, und desto besser und leerer fühlt man sich« (Siemons 1994 in: Die Welt zerspringt in tausend Stücke, FAZ Nr. 133 vom 11.6.1994). Inzwischen sind unsere Lebenswelten selbst zur Serigraphie geworden. Während unsere Drucker die Folien immer schneller ausspeien, ähneln die alltäglichen Erfahrungshorizonte den Überblendungen eines zu schnell laufenden Filmes. Insofern der proteusartige Kulissenwechsel mit seinen medialen Doppelungen und Zerspielungen das uns mögliche Daseinstempo und seine limitierten Verinnerlichungskapazitäten selbst überholt hat, wird aus Warhols Koketterie traurige Prophetie. Während wir auf immer neue Versionen von *Benutzeroberflächen* gezwungen werden, ist eine innovative Rasanz erreicht, welche wohl die Anpassungsfähigkeit der meisten

Lebewesen überfordern würde (vgl. v. Uexküll 1909). Überall ver-
dunstet das Vertraute in reiner Prozessualität, wo Identisches kaum
noch auszumachen ist. Wir stehen gleichsam *davor* wie bei Warhol und haben kaum noch die Zeit, *dahinter* zu gelangen, um den
Datenwildwuchs einer inneren Bearbeitung zuzuführen. Geradezu
heimatlich klingt uns deshalb die Stimme Nietzsches: »Dies ist das,
was ich die Verinnerlichung des Menschen nenne: Damit wächst
erst das an den Menschen heran, was man später seine Seele nennt.
Die ganze innere Welt, ursprünglich dünn wie zwischen zwei Häute
gespannt, ist in dem Maße auseinander- und aufgegangen, hat Tiefe,
Breite und Höhe bekommen als die Entladung des Menschen nach
außen gehemmt worden ist« (Safranski 1997, S. 264). Das Wech-
selgespräch von Warhol und Nietzsche könnte kontrastreicher nicht
sein: Bei dem einen ironische Selbstbestimmung von Subjektivität
als Niemand über die unmittelbar sinnliche Erfahrung präsentischer
Bilder in ihrer reinen Oberfläche, die allenfalls eine Leere deckt
mit implizitem Spott über die Polarität von Manifestem und Latentem; bei dem anderen die Idee der Verinnerlichung eines be-
deutungsfähigen Raumes, der sich paradoxerweise gerade einem
Mangel, nämlich der Absenz von Entladung und Befriedigung verdankt und somit festhält, dass individuelle Menschwerdung und
Kulturbildung auch eine Unlustgeschichte ist, die von einer sensorischen und motorischen Einschränkung handelt.

Zwar ist das Verhältnis von Oberfläche und Tiefe, manifest und
latent, Sinnesreizen und Bedeutung, Erscheinung und Grund mit
dem metaphorischen Konzept eines seelischen Raumes für unsere
Alltagserfahrung konstitutiv. In der fortgeschrittenen Moderne hingegen ist die Relation von Oberfläche und Tiefe, Erscheinung und
Wesen eine der progredienten Entkoppelung und Dekonstruktion.
Narrationen werden, insofern sie nicht schon in sich zerstückelt
und ikonisch reduziert[1] sind, nicht mehr auf Meta-Narrationen be-

---

1   Der computeranimierte Film »Shrek 2«, ein Digest aller möglichen Mär-
    chen, belegt dies beispielhaft im »Tumult der Gleichzeitigkeit« (Großklaus
    2004, S. 154). Im bulimischen Bildergemenge treten u. a. auf: Aschenput-
    tel, Rapunzel, Rotkäppchen, Schneewittchen, gestiefelter Kater, böser Wolf
    und die 3 Schweinchen, Froschkönig, Hänsel und Gretel sowie Pinocchio
    im Tanga-Slip.

zogen. In den Worten Wittgensteins: »Wir dürfen keinerlei Theorie aufstellen ... alle *Erklärung* muss fort, und nur Beschreibung an ihre Stelle treten« (1945–49, S. 78). Diese Bewegung findet sich in den verschiedensten Diskursen. So ist in der Kunstgeschichte (vgl. Schneider 2002) zu Recht von der »Radikalisierung der Oberfläche« gesprochen worden, in dem beispielsweise »die Malerei, ... in ihrer Abkehr von der Mimesis den Begriff einer *nichts als sich selbst präsentierenden Fläche* entwickelte« (Walter 2002, S. 15). Die Biologen waren erstaunt, mehr Proteine zu finden als determinierende Gene – aufgrund der Selbstorganisation in der zytoplasmatischen Peripherie. Über das genetische Gedächtnis als Tiefenstruktur hat sich die Gen*expression* als aktualisierte Oberfläche gelegt. In der Physik der komplexen dynamischen Systeme interessiert man sich nicht reduktionistisch, kausal und *top down* für die Wirkungen klassischer Naturgesetze, sondern *bottom up* etwa für die Kräfte, welche granulare Systeme formen und das Quasi-Gedächtnis von Sanddünen mit ihren emergenten Formwechseln (Richter u. Rost 2002). Allenthalben scheint sich Kausalität in Emergenz zu verpuppen. In psychoanalytischen Falldarstellungen ist seit mehr als zwei Jahrzehnten ein Schwinden der kausalen sowie der genetischen Deutung zu konstatieren, an deren Stelle deskriptive, kontextuelle, affektnahe Kommentare getreten sind. Konnten wir an den äußeren Strebepfeilern gotischer Kathedralen noch den Kampf mit der Schwerkraft im latenten Gewölbeschub manifest ablesen und verrät uns das Bauhaus in Weimar mit seinen dicken Mauern noch treuherzig seine Statik, so ist von der transparenten Fassade[2] des Dessauer Bauhauses gerade nicht mehr auf die verborgenen tragenden Teile zu schließen.[3] Die graphische Benutzer-

---

2   Sehr in Mode – parallel zur Undurchdringlichkeit der Datenflüsse – ist der Diskurs der Transparenz, nicht nur in der gläsernen Architektur. Durchsichtigkeit ist die wahrscheinlich effizienteste Verschleierung wirklicher Machtverhältnisse. Man unternehme hierzu einen Spaziergang durchs Frankfurter Bankenviertel oder lese Samjatins futuristischen Roman »Wir« (1920), wo in einer absolut rationalen, gläsernen, aber nicht vernünftigen Gesellschaft (vgl. Chasseguet-Smirgel 1986) die archaischsten Rituale und Menschenopfer gedeihen.

3   »Das Tragsystem aus Stahl oder Stahlbeton erlaubt im Unterschied zum tra-

oberfläche der Computer schließlich dokumentiert geradezu diesen Kollaps des imaginären Raumes zwischen Oberfläche und Tiefe. Sherry Turkle, Psychologin und Wissenschaftssoziologin am Massachusetts Institute of Technology zufolge (1995) hat sich »der traditionelle Wunsch der Moderne, unter die Oberfläche ... zu schauen, mehr und mehr verflüchtigt« (S. 61). Dies im Gegensatz zu Tiefenepistemologien, die gleichsam räumlich die Relationen von manifest und latent konzeptualisieren, während sie feststellt: »Die Postmoderne dagegen ist eine Welt ohne Tiefe, eine Oberflächenwelt ... so dass die Erkundung von Oberflächen die einzige angemessene Erkenntnisweise darstellt« (S. 71), wobei diese Oberflächen nur noch wechselseitig auf sich selbst verweisen.

»Das Ich«, schrieb Freud, » ist vor allem ein körperliches, es ist nicht nur ein Oberflächenwesen, sondern selbst die Projektion einer Oberfläche« (1923b, S. 253) und in einer späteren Ergänzung: »Das heißt, das Ich leitet sich letztlich von körperlichen Gefühlen ab, hauptsächlich von solchen, die auf der Körperoberfläche entstehen« (englische Standard Edition, Bd. XIX, S. 26, Anm. 1). Die Paläogenese der Oberfläche zum Raum durch die Auffaltung des embryonalen Ektodermes zu Neuralrohr und Gehirn ist eine organische Vorschau auf die kommenden psychischen Entwicklungsaufgaben, ausgehend von flächigen Erfahrungen und Ungetrenntheiten.

Ich möchte mich im Folgenden mit den heutigen Schicksalen des symbolisch elaborierten inneren Raumes befassen – dies im Hinblick auf atemberaubend beschleunigte zeitgenössische Lebenswelten mit ihrer Allgegenwart elektronischer Leitmedien, taktiler Benutzeroberflächen, Verlust von Ferne[4] und Absenz zugunsten artifizieller Präsenz, sensorischer Re-Eskalation, Auflösung von Bedeutung in Erregung und wachsender Dominanz der Bil-

---

ditionellen Mauerwerksbau, wo raumabschließende Wände tragende Bauteile waren, die Unabhängigkeit des Grundrisses von der nur noch Witterungsschutz bietenden Außenhaut ... Der fließende Raum, frei von historischen Ordnungsvorstellungen, ist entstanden« (Bofinger 1991).

4   »Das tiefgestaffelte System von Wahrnehmungshorizonten, das sich radial und abstufungsreich um die individuelle Leibzentrierung herum aufbaut, löst sich auf« (Safranski 2003, S. 83).

derfluchten über die Gedankengänge. Ich vermute, dass manch zeitgenössisches Ich eine Tendenz zeigt, sich regressiv wieder in reizoffene, sensorische, recht beliebig rekombinante Oberflächen zu zerlegen, gleichsam in adhäsiver, flächiger, zweidimensionaler Verklebung mit gewissen medialen Doppelgängern. Oder in knapper Abwandlung eines bekannten Zitates: »Schon die Oberfläche war Ich, und Ich fällt in Oberfläche zurück« (Horkheimer u. Adorno 1944, S. 6). Der *Touchscreen* als Leitfossil mag dereinst diese Geschichte erzählen. Schließlich wird der Umstand zu bedenken sein, dass die Psychoanalyse theoretisch und klinisch sich notwendig in diese Dispersion und Erosion der Identitäten verstricken muss, ihnen aber nicht anheim fallen sollte. Diskursgeschichtlich dürfen wir vermuten, dass gerade jetzt Tagungen über die innere Erfahrung von Raum und Zeit oder die Grenzen von innen und außen abgehalten werden, weil man spürt, wie sehr diese Dimensionen unter zeitgenössischen Bedingungen der Konstitution von Subjektivität verschleifen.

Rückblick

Am 22. August 1938 notiert der todkranke Freud, der zuvor durchaus von der *Innenwelt* gesprochen hatte, in seiner vorletzten Aufzeichnung: »Psyche ist ausgedehnt, weiß nichts davon« (1938, S. 152). Seine Nachfolger haben in verschiedenster Weise Konzepte des inneren Raumes erarbeitet (Hartmann 1939; Rapaport 1960; Sandler u. Rosenblatt 1962; Segal 1974; Meltzer et al. 1975, vgl. Etchegoyen 1991, S. 573ff.; Ogden 1985) oder für seine handlungstheoretische Abschaffung plädiert (Schafer 1976). Besonders durch die kleinianische Theorie wurde der innere Raum zur Bühne des lebenslangen projektiv-identifikatorischen Stoffwechsels des Ichs mit der Welt der Objekte. Metaphorisch ist dieser Raum als Behältnis innerer Welten der Raumvorstellung Newtons nachgebildet (vgl. Ott 2003, S. 125).[5] So wie in diesem metaphorischen

---

5 Jüngst hat Schneider (2005) auf die Bestimmung des Raumes durch Leibniz »als Inbegriff möglicher Lagebedingungen überhaupt« hingewiesen,

Behältnis-Raum schon Zweidimensionalität nicht ohne den Abstand mindestens zweier Punkte denkbar ist, birgt er Erfahrungen von Differenz und Getrenntheit als entwicklungspsychologische Narbe unserer Geschiedenheit von den Dingen, also der abgründigen Entfremdung, Ex-Istenz aus der Welt der Sachen (Flusser 2003, S. 72). Die menschliche Psyche als Doppelgängerwesen beruht auf dem Umstand, dass der Mensch innere und äußere Wahrnehmungen durch *Re-Präsentationen* verschiedener Reifegrade doppeln und verräumlichen kann. Die Strukturierung des inneren Raumes verdankt sich der Repräsentierung von Grenzen. Ausgehend von Verschmolzenheiten und transmodalen Sinneserfahrungen muss der junge Mensch sensorische und semantische Differenzen, räumliche Getrenntheiten, zeitliche Intervalle repräsentieren, um seine intuitive innere Raumzeit zu entfalten: Scheidung von innen und außen (was das Grundproblem jedes Lebewesens ist, hier allerdings auch auf psychischer Ebene), Selbst und Anderer, fort und da, Dauer und Vergänglichkeit, Bejahung und Verneinung, böse und gut.

Die vierte Dimension der Temporalität entwickelt sich über zunächst zyklische Erfahrungen und ihre Rupturen, sofern sie ertragen und verinnerlicht werden. Wahrscheinlich ist entwicklungspsychologisch von einer Gleichursprünglichkeit der inneren Raum- und Zeiterfahrung auszugehen. Die Qualität des inneren Raumes ist abhängig von der semiotischen Elaborierung der beteiligten Gedächtnissysteme und dort codiert. Gewiss ist dieser innere Raum nicht nur von symbolischen Repräsentationen bevölkert. Er hat auch Platz für ikonische oder sensorische Erinnerungsspuren, für ein Wechselspiel von Wahrnehmungsidentitäten und Denkidentitäten, Sachvorstellungen und Wortvorstellungen. Allerdings kann er sich selbst nur symbolisch verfasst zur Anschauung bringen.

---

wodurch der selbständige Gegenstand »Raum« zu einem Abgeleiteten aus der »Räumlichkeit der Körper« werde. Heuristisch plädiert er in der Psychoanalyse für das Aufgeben eines stets »euklidisch« vorgestellten inneren Raumes zugunsten differenzierter Modelle aus der mathematischen Topologie, um verschiedenen psychodynamischen Vorgängen konzeptuell gerecht zu werden.

Die merkwürdige Erfahrung inneren Erlebens ist dem Menschen wohl seit uralten Zeiten eigentümlich. Elaborierte Konzepte des inneren Raumes sind aber späteren Datums (vgl. Ott 2003). Noch Augustinus wunderte sich über den Bischof Ambrosius, der stumm, also innerlich, zu lesen pflegte, während es wohl noch üblich war, im lauten Lesen gleichsam die Stimme des Autors von außen wahrzunehmen (Macho 2004). Augustinus pries 397 n. Chr. sein Inneres: »... so weit und grenzenlos ... in seiner ganzen Tiefe ...« (2002, S. 509), und fragte sich in einer frühen Theorie der Verinnerlichung, wie die »... sinnlich empfangenen Bilder ...« (S. 505) zu Bildern im Inneren geworden sind, was er der Arbeit im »... ungeheueren Raume meines Gedächtnisses« (S. 507) zuschrieb, wobei er das Zeiterleben als »distensio animi« als Ausdehnung der Seele (S. 654) bestimmte.

Giottos Versuche der Erzeugung der Illusion räumliche Tiefe auf einer flachen Bildebene (Gombrich 1996, S. 202) und vollends die Mathematisierung der in der Antike nicht korrekt verfügbaren Zentralperspektive markieren eine sich verändernde Raumerfahrung im Sinne einer Einheitlichkeit (Hauser 1953, S. 293),[6] der Kontinuität der Ausdehnung und des darin Enthaltenen.[7] Als mächtige Individualisierungsbewegung inthronisiert die Renaissance das je eigene Subjekt mit seinem distinkten Blickwinkel und Fluchtpunkt der Anschauung[8]. Öffnete sie den Raum für den persönlichen Blick in der Außenperspektive, so gilt Ähnliches für die Aufklärung mit ihren Geboten der Selbstreflexion und schließlich besonders für die Romantik mit ihrer Erfindung der Psychologie bezüglich der Innenperspektive. Plötzlich bestimmt sich der Mensch aus seiner Geschichte, äußerlich wie innerlich, kollektiv wie individuell. An die Seite der Welterfahrung trat die Selbster-

---

6 Der Bildraum wurde mit den Worten Panofskys (zit. n. Hauser 1953, S. 336) vom »Aggregatraum« zum »Systemraum«.

7 Der Maler Ucello soll mit dem Ausruf: »Was für ein Wunderding ist doch die Perspektive!«, zu Bett gegangen sein (Gombrich 1996, S. 254).

8 »Erst mit der Linearperspektive hörten die Bilder auf, Gott und seine Heiligen auf Erden zu symbolisieren. Sie begannen stattdessen, Ausschnitte einer Natur, wie das Malersubjekt sie eben wahrnahm, Käufern, und das hieß Subjekten der Malerei, identisch zu vermitteln« (Kittler 2000, S. 94).

fahrung[9] (Hauser 1953, S. 703), Sinnverborgenheit und Selbstver-
borgenheit mischten sich zum Gefühl einer allgemeinen Weltver-
rätselung, der alle möglichen Tatsachen als eine Geheimschrift erschienen mit einer Semiotik des Spurenlesens von Hoffmann bis
Poe und später schließlich zu C. Doyle. »Alles äußere ist ein im
Geheimniszustand versetztes Inneres« (Novalis). So schuldet die
psychoanalytische Abwehrpsychologie der Romantik nichts Ge-
ringeres als die Erfindung des Gegensatzes von Manifestem und
Latentem, psychischer Oberfläche und abgründiger Tiefe als Ur-
spalt des Bedeutens, aber auch die Entdeckung der Doppelungs-
natur des Psychischen in Genese und Funktion, des Ich als ein Anderer, welcher in vielen Texten der Romantik als Doppelgänger
umgeht. Indem Brentano »das Romantische« definiert als »ein
Perspektiv«, als »die Bestimmung des Gegenstandes durch die
Form des Glases« (1801, S. 258f.), ist die Idee der projektiven Genese der subjektiven Realität vorweggenommen.[10] In Selbstver-
doppelung, Entdeckung des Unbewussten und der Irrationalität der
im Inneren hausenden Gestalten ist der romantische Dichter unser
deutender Vorfahre, so dass Hauser von ihm sagen kann: »... kurz,
er entdeckt die Grundtatsachen der Psychoanalyse« (1953, S. 701).

Vom Kubismus wurde der zentralperspektivische Bildraum der
Renaissance wieder gestaucht und mehr noch gesprengt zugunsten
einer relativistischen Simultaneität (McLuhan 1968, S. 141), so
dass in den Worten des ahnungsvollen Novalis: »... alles ... sich
gegenseitig Symptom ...«, also Zeichen ist in einem »vielgestal-
tigen Relationsraum« (Ott 2003, S. 134). Foucault (1968, S. 21f.)
unterschied einen mittelalterlichen *Ortungsraum*, wo die Dinge
ihren festen Platz hatten, von einem unendlich offenen Raum der
Ausdehnung, der sich mit Galileis Studien aufgetan habe und wo
der Ort einer Sache nur mehr ein Punkt in ihrer Bewegung sei;
heute sei die *Plazierung* an die Stelle der Ausdehnung getreten, als

---

9   »Wir träumen von Reisen durch das Weltall – Ist denn das Weltall nicht *in
    uns*?« (Novalis 1798 zit. n. Ott 2003, S.130).
10 E. T. A Hoffmann (1817) hat dies mit der Augengeschichte in »Der Sand-
    mann« ausgeführt und nebenbei eine mit Bion zu lesende Theorie der
    Psychose mitgeliefert.

Nachbarschaftsbeziehung zwischen Punkten oder Elementen, beschreibbar als Reihen, Bäume, Gitter. Tatsächlich erhielt ich neulich die Geburtstagseinladung eines erfolgreichen *businessman*, welche mit der nicht ironisch gemeinten Angabe schloss: »Meine Koordinaten«. Es folgten Telefonnummer, Mobiltelefonnummer, Faxnummer, E-Mail-Adresse. Könnte es sein, dass moderne Menschen bereits in ihre eigene Verwandlung vom Subjekt zum Individuum und von dort zu nulldimensionalen Koordinaten im Datenraum eingewilligt haben?

Transformierende Doppelungen, Erregungsmilderung

Wenn Medien Wandler, Transformatoren sind, denen die Fähigkeit zur Speicherung, Bearbeitung und Übertragung eignet (Hörisch 2001, S. 68), dürfen wir uns den inneren Raum mit seinen Agenten selbst als Medium vorstellen. Denn einerseits vermittelt er die ertragene Absenz, unsere Getrenntheit von realpräsenten Objekten, die in der Entwicklung erst langsam zur schmerzlichen Gewissheit wird mit ihrer Wiederfindung durch Repräsentationen. Repräsentierte Verbundenheit mit dem Getrennten ist der entscheidende Meilenstein in der psychoanalytischen Entwicklungslehre. Andererseits ist er zwischen Reiz und Reaktion, Erregung und Abfuhr, Rezeptoren und Effektoren eingelassen und ermöglicht so Erregungsmilderung und Hemmung sofortiger Entladung. Poetische Überbrückung des Mangels und Mäßigung des Triebhaften gehen hier Hand in Hand. Aus unbedingter Erregungswirtschaft wird aufschiebende Bedeutungswirtschaft. Nichts anderes meinte Freud (1900a, S. 571, 607), als er das Denken als einen Umweg zur Wunscherfüllung bezeichnete, indem die unlustvolle Denkidentität die lustbetonte Wahrnehmungsidentität ablöst, was später Verknüpfung der Sachvorstellungen mit den Wortvorstellungen heißen wird (Freud 1923, S. 300).

Der Mensch ist also das Wesen mit dem Vermögen, innere und äußere Wahrnehmungen und vor allem Abwesendes zu doppeln, zu *re-präsentieren, wieder-vorzustellen*. Diese Fähigkeit ist allerdings nur durch die Umschriften, Transformationen genügend einfühlsamer primärer Objekte zu erlangen. Also durch gutartige Doppelgängerprozesse (Balzer 2005), die aber nicht völlig symmetrisch sein dürfen, damit es nicht zu einer affektiven Resonanzkatastrophe kommt wie beim Borderline und auch nicht uneinfühlsam asymmetrisch wie bei der Entwicklung eines »falschen Selbst« (vgl. Fonagy 2001a), wo das Primärobjekt den kindlichen Entäußerungen einen falschen Inhalt überschreibt. Die psychoanalytischen Entwicklungspsychologien nach Freud würdigen allesamt diesen mutativen Doppelungsprozesses, von Lacans (1949) Spiegelstadium über Winnicotts (1967) mütterliche Spiegelfunktion, wo das Baby sich so verinnerlicht, wie es sich im Antlitz der Mutter gesehen sieht, zu Bions Metaphorik des Containment (1970) bis hin zu Bollas (1987) Konzept des »transformational object«, den mimischen Austausch (Krause 1998) und der Affektabstimmung (Stern 1985). Das Urbild aller Doppelgänger in ihrer potenziellen Zweischneidigkeit ist die Mutter. Die Tatsache, dass in der großen Literatur so viele unheimliche Doppelgänger in malignen Doppelgängerprozessen ihr Unwesen treiben, wo gleichsam die Entgiftung der kindlichen Projektionen gescheitert ist, belegt, dass dieses traumatische Misslingen auch in der Kulturarbeit immer neue Abarbeitung erheischt.

Die Auffaltung des psychischen Raumes aus einer zunächst somatosensorischen Matrix erfolgt also durch die Transkription des inneren Raumes genügend guter Primärobjekte, Entwicklungsmedien, die wir bisher mit den Eltern gleichsetzen. Die seelischen Wachstumsbewegungen des Ichs vollziehen sich in einer Dialektik von Abgrenzung und Gehaltensein, Gewähren und Grenze und vor allem Anwesenheit und Abwesenheit, Bewahren und Betrauern. Hierher gehört Bicks (1968) sehr präsentisches Konzept der Funktion früher Hautbeziehungen als Urcontainer einer schemenhaften Selbstkohäsion und einer Andeutung von Ich-Grenzen zwischen innen und außen, später von Anzieu (1985) als »Haut-Ich« ausgearbeitet; gleichfalls Bions (1970) Modell der Relation Container-Contained zur Transformation betaelementarer Sinnesdaten in Gedanken durch die Alpha-Funktion der Mutter. Das präsentische Befriedigungserlebnis erzeugt ein gutes inneres Nachbild, *ertragene* Frustration jedoch das Denken von Absenz und böser Grenze.

Indem die Primärobjekte projizierte wilde Affekte, schwere Ängste aufnehmen und vorverdauen, können diese dem Kind als seelische Nahrung zur Verinnerlichung rückerstattet werden. Wegmarken beruhigten Innerlichwerdens sind die Demarkation von innen und außen, die Affektregulierung sowie die Akzeptanz der Getrenntheit vom Objekt und seine innere Neuerschaffung in Verbundenheit. Diese Prozesse bedürfen einer stabilen mentalen Bindung, des Reizschutzes, der Affektabstimmung und haben wie alle Stoffwechselvorgänge einen nicht beliebig zu raffenden Zeitbedarf. Außerdem ist die Wiederholung ein Kulturstifter nicht nur im Kollektiven, sondern auch im Kinderzimmer. Nur durch die stetige Objektbeziehung kann sich aus der anfänglich flächigen Begegnung mit Dominanz des Taktilen und Akustischen ein innerer Raum mit Repräsentanzen entwickeln. Die rohen Sinnesdaten protopsychischer Erfahrung, viszeral, akustisch, visuell und taktil, können nur durch mildernde und umformende Doppelung im stabilen Objekt auf immer komplexere Stufen von Repräsentation mentalisiert werden, was als semiotische Progression (Plassmann 1993; vgl. dazu ausführlich Fabregat 2004) bezeichnet worden ist. Sowohl der kulturelle Raum als auch der individuelle psychische Raum sind die Frucht einer affektiven Deeskalation und Desomatisierung, wodurch das *Unmittelbare* zunächst *mittelbar* und schließlich *mitteilbar* gemacht wird. Kultur ist nicht zuletzt Gestaltung von Abwesenheit im »potential space«.

Zeichen, Bilder, Symbole und die Verneinbarkeit der Dinge

Angesichts semiotischer *Regressionen* in unserer Kultur der überhitzten Zeichenproduktion muss man sich über einige Begriffe verständigen. Ich folge hier nicht Fonagys (2001b, S. 165) bereits dezidiert symbolischem Mentalisierungsbegriff, sondern einer abgestuften Sicht des Mentalisierungs*prozesses* (Lecours u. Bouchard 1997) mit Skalen wie Repräsentationsgrad, Symbolisierung, Somatisierung, Verbalisierung, Affekttoleranz und motorische Expression. Heuristisch wertvoll bleibt uns auch – statt der heute üblichen Gleichsetzung von Zeichen und Symbol (Wiesing 2005, S. 38) – die Semiotik von Peirce, weil sie psychoanalytisch die Scheidung von eher präsentischen, ikonischen Sachvorstellungen von eigentlich symbolischen, absenzvermittelten Repräsentanzen gestattet. Alles kann als Zeichen funktionieren: »A sign is an object which stands for another to some mind« (Peirce 1873, S. 66).[11] Er unterscheidet drei Klassen von Zeichen; Indizes, Icons und Symbole, die alle eine triadische Relation verkörpern: Zeichen selbst, bezeichnetes Objekt, mentaler Interpretant. Sie unterscheiden sich jedoch wesentlich bezüglich des Abstandes vom Bezeichneten. Indizes bilden nicht ab, sondern haben eine reale Verbindung zum Bezeichneten: Wegweiser, Rauch als Hinweis auf Feuer, ein Schweißausbruch als buchstäbliche Verkörperung eines Angstaffektes. Icons haben eine Ähnlichkeitsbeziehung zu realen oder fiktiven Objekten, wie Bilder, Lautbilder, Tastbilder. Symbole dagegen haben eine interpretative Relation zur repräsentierten Sache ohne physische Verbindung, aber mit der entscheidenden *Fähigkeit* besonders der sprachlichen Symbole, ihr ganz unähnlich zu sein. Dadurch eröffnen sie den Übergangsraum (Winnicott 1971), den »potential space« (vgl. Ogden 1985), der somit gleichsam der Zwilling des Abstandes vom symbolischen Zeichen zur Sache ist. In diesem psychischen Raum können symbolische Zeichen in immer größerer Unbildlichkeit, Unähnlichkeit zum Objekt erfunden werden.

Freilich müssen nicht alle Bilder Zeichen sein, so wie es andererseits objektähnliche, bildliche Symbole gibt. Raumbildend ist jedoch die permutative Fähigkeit gerade der Wortvorstellungen, der bezeichneten Sache unähnlich zu sein. Der entscheidende Quantensprung in der Genese des psychischen Raumes ist das Innerlichwerden (wörtlich: *Er-Innerung)* der ertragenen Kluft zwischen abwesendem Objekt und seiner Benennung im Kinderkopf: von der deiktischen Gegebenheit der benannten Sache zwischen Mutter und Kind zur pikturalen Erinnerungsspur und von dort zur freien Verfügbarkeit auch des unbildlichen Zeichens in Abwesen-

---

11 »Nothing is a sign unless it is interpreted as a sign« (Peirce 1932, zit. n. Wiesing 2005, S. 38).

heit aller Dinge. Zwar können Repräsentationen auch ikonisch sein, so wie es ein Denken in Bildern gibt, welches aber dem ungemilderten Primärprozess näher steht.[12] Ist aber einerseits das Verneinungssymbol in der individuellen Entwicklung ein Wendepunkt, so wird durch die Funktion der Verneinung (Freud 1925) der symbolische Raum gleichsam enzymatisch aufgeschlossen, weil sie: »dem Denken einen ersten Grad von Unabhängigkeit vom Zwang des Lustprinzips gestattet hat« (S. 15). Nur was ich verneinen kann, kann ich mir vorstellen, ohne zu halluzinieren *oder* wegdenken, obwohl es mir vor Augen ist. In Bions Sicht erzeugt die präsentische positive Realisierung einen unreifen, pikturalen Gedanken (vgl. Bott-Spillius 1994, S. 342), während die ausgehaltene negative Realisierung zur Symbolisierung des Objektes in Absenz führt. Das »nothing« wird zum Gedanken, anstelle einer Versklavung an das »no thing«, also einer Erfahrung ganz gegenständlicher Leere, die entweder als unerträgliche projektiv ausgestoßen oder aber, wenn sie libidinisiert ist, süchtig mit sehr konkreten Dingen plombiert werden muss (vgl. Bion 1970, S. 16f.).

Der symbolische Spielraum mit der Verknüpfung von Sach- und Wortvorstellungen und seiner Dialektik von Anwesenheit des Abwesenden, Abwesenheit des Anwesenden ist also Frucht einer Versagungs- und Verlustgeschichte. Die Narbe des Symbolischen ist die Ahnung von der letztlichen Unerfüllbarkeit des Wunsches, von Grenze und schließlich Tod. Indem es auch das Vorübergegangene, *praeter itum* ist, enthält es den Keim der Temporalität als einer wesentlichen Dimension des Innerseelischen. Das Symbolische leistet auch wesentliches für die Über-Ich-Bildung (vgl. Balzer 2004, S. 411), denn insofern es Verlassenes oder Zerstörtes wiedererschafft, zeigt es das Kainsmal der Schuld und Ansätze zur Wiedergutmachung zugleich. Es besiegelt unsere Getrenntheit von den Objekten und überbrückt diese tröstlich in Zeit und Raum auf unstoffliche Weise. Hilfsweise schlichtet es den Abgrund, der uns

---

12 »Das Denken in Bildern ist also ein nur sehr unvollkommenes Bewusstwerden. Es steht auch irgendwie den unbewussten Vorgängen näher als das Denken in Worten und ist unzweifelhaft onto- wie phylogenetisch älter als dieses« (Freud 1923, S. 248).

von den Dingen trennt, wie die Dichtung zeigt. Durch das Symbol sind wir getrennt und im psychischen Übergangsraum bedeutsam wieder verbunden. Deswegen gibt es keine wirkliche Beziehung ohne Getrenntheit, die im Symbolischen aufgehoben ist. Außerdem leistet das Symbolische eine Verschiebung des Triebzieles mit dem Ergebnis von Sublimation, Aufschub anstelle von sofortiger Abfuhr, Bindung freier Energie anstelle von Erregungserzeugung und damit die Eröffnung von Denkmöglichkeiten anstelle von Handlungszwängen.

Es gibt in unserer Kultur, die als Erlebnisgesellschaft (Schulze 1993), Multioptionsgesellschaft (Gross 1994) oder erregte Gesellschaft (Türcke 2002) bezeichnet worden ist, untrügliche Anzeichen für ein mediales Absaugen des symbolisch entfalteten inneren Raumes, für Mentalisierungsstopps auf der Ebene ikonischer Sachvorstellungen: irgendwie repräsentiert, aber unsymbolisiert (Balzer 2004, S. 411). Das Wegbrechen bedeutsamer Repräsentation als *Er-Innerung* korreliert mit dem Grad der Medienverwahrlosung und der zunehmenden Ikonizität der Lebenswelten. Mancherlei zeitgenössische Idolatrien muten an wie eine Rückkehr zum magischen Bild, in dem Darstellung und Sache noch eins waren. »Die im nachmythischen Bewusstsein vollzogene › Trennung von Bild und Sache‹ (Cassirer), die Scheidung … des unmittelbaren Seins und … der Bedeutung scheint damit in der elektronischen Inszenierung wieder rückgängig gemacht zu sein. Im elektronischen Abbild verlöre sich der Zeichen-Charakter und damit Distanz, symbolischer Zwischenraum« (Großklaus 2004, S. 131).[13] Dies gilt für eine Flut *asemiotischer* Bilder, die auf nichts mehr verweisen als sich selbst oder besser gesagt: direkt andocken am Triebwunsch, an der Suche nach erregten Wahrnehmungsidentitäten, am *online* gegangenen Reizhunger. Der psychische Raum entweicht im reflektorischen Kurzschluss zwischen Reiz und körpernaher Reaktion. Insofern sich Bedeutung wieder in Erregung auflöst, kann man von einer Lust am Nichtdenken (Balzer 2004) sprechen. Es ist die Unmittel-

---

13 »Das mediale Erlebnis einer unmittelbaren Augenzeugenschaft über Bilder lässt sich somit auch deuten als lustvolle Einebnung symbolischer Differenz und symbolischen Abstandes« (Großklaus 2004, S. 180).

barkeit dieser Bilder, »deren Chok im Betrachter den Assozia-
tionsmechanismus zum Stehen bringt« (Benjamin 1931, S. 93). Die
Semiose, die sensorische Kontaktflächen zum psychischen Raum
expandiert und diesen strukturiert, kommt zum Erliegen.

Zersetzungen des Symbolischen

In unseren elektronischen Lebenswelten sind mächtige antisymbolische Kräfte am Werke. Vor allem: die aufdringliche, omniprä-
sente Ikonizität, Selbstmächtigkeit von Bildern, Klangbildern,
Tastbildern; die mediale Vernichtung von Abwesenheit; der Verlust
der örtlichen, zeitlichen und entwicklungsimmanenten *Intervalle*
mit Preisgabe des Wartens, des »noch nicht« als des wesentlichen
Spannungsmomentes der Idealbildung und der Frustrationstoleranz; Beschleunigung und Scharfschaltung der betaelementaren
Impulsdichte, die in der verfügbaren Zeit seelisch gar nicht ver-
stoffwechselt werden kann; ferner Simulation und Virtualität als
Faktoren von Entwirklichung und schließlich die Auflösung alles
Identischen in reine Prozessualität im manischen Takt der Innova-
tionen. Gewiss stehen die flexible Enttraditionalisierung und der
Verlust von Ritualen als sozialen »Containern« (vgl. Haas 2002,
S. 115) gleichfalls auf diesem Blatt.

Der unerbittliche *Präsentismus* der Objekte schmälert unseren
Abstand zu den Dingen und damit den Übergangsraum, in dem die
»capacity to be alone« (Winnicott 1958) gedeiht. Von der Wiege an
werden sensorische Modalitäten medial kolonisiert. Schon die
Kleinsten stehen unter optoakustischem Dauerfeuer. Die optische,
akustische und haptische Verlötung mit Bildschirmen, Displays,
Play-Stations, mobilen Telefonen, Tastaturen und *Touchscreens* hat
adhäsive Qualitäten. Referenzen auf Abwesendes können sich
schwer ausbilden. Schockierende und erregende Bilder werden uns
mit Sofortwirkung auf Leib und Lust geschrieben, sie gehen
gleichsam direkt ins Blut. Imagination mutiert zum *Imaging*. Das
Lebenstempo folgt der Schnelligkeit der aktuellen Prozessor-Ge-
neration und erheischt in immer kürzeren Abständen ein *Update*.
Schon Zweijährige verbringen in den USA durchschnittlich täglich

zwei Stunden vor dem Bildschirm (Spitzer 2005, S. 6) in einer
»Bildsoße« und »Klangsoße« (S. 80). Dass dies der neuroplasti-
schen Strukturierung des kindlichen Gehirns abträglich ist, steht
mittlerweile ebenso fest wie die Korrelation mit späteren Störungen der Aufmerksamkeit (S. 51f.). Im Sinne einer »Geräte-
sozialisation« (Eisenberg 2000 zit. n. Baier 2000, S. 211) bedeutet
Bemutterung für viele Kinder, an die Steckplätze superschneller
elektronischer Geräte praktisch körperlich angeschlossen zu sein,
die in Wahrheit Präsenzgeneratoren und Absenzvernichter sind.
Diese Apparate müssen auf Knopfdruck, also ohne Ermäßigung
der infantilen Omnipotenz, verfügbar sein. Tendenziell tritt *down-
load* an die Stelle von Verinnerlichung, *drag & drop* heißt der Be-
ziehungsmodus, Grenze und gar Tod werden scheinbar durch *Neu-
start* überwunden. Abstürze und Zerstörungen werden durch die
Reset-Taste ungeschehen gemacht, unter der *Optionen*-Taste verläuft der kulturelle Hauptnervenstrang. Schon in der Grundschule
wird – etwa statt Gedächtnisübung durch Gedichtlernen – am PC
das Abspeichern in Mediengedächtnisse trainiert. Die Digitalka-
mera veräußerlicht problemlos, was ehedem Er-Innerung war. Primärobjekte als seelische Doppler und Wandler sind durch technische Medien ersetzt, die der antiken Nymphe Echo nicht unähnlich sind, indem sich computergenerierte Bilder der Phantasie
radikal angleichen können – Umgebungsmütter in Gestalt von
Spiegelkabinetten. Ironischerweise wird der *User* seinerseits zur
kongruenten Benutzeroberfläche der Maschine und zum mimeti-
schen Doppelgänger der Betriebssysteme. In diesen desorganisier-
ten Doppelgängerprozessen sieht sich das werdende Selbst in An-
imationen gedoppelt und re-internalisiert sich erregt, aber tau-
sendfach frakturiert. Innen und außen verschwimmen. Die
sensorische Intimbeziehung mit den Apparaten hat viele Züge von
autistischen Objekten und autistischen Formen (Tustin 1980,
1984), sie gleicht Meltzers Charakterisierung der postautistischen,
zweidimensionalen Psyche, wo das Objekt »reich an Oberflächen-
qualitäten, aber arm an Substanz«[14] ist (zit. n. Schneider 2005). Vir-

---

14 Bei Jugendlichen beliebte Fertiggetränke und Trinkflaschen für den Sport
    (ohne Flasche geht man ohnehin nicht) kommen jetzt mit einem mundge-

tualität, semantische Entgrenzung und Simulation lassen unklar, welche Realität gilt und mit welchen Folgen. Durch die Algorithmisierung des Denkens zu Wenn-dann-Schleifen löst sich seine narrative Logik auf, im binären Code findet es seine neue *Lingua franca.*[15]

Die artifizielle Präsenz der Bilder entgeistet Repräsentation zu Sofortmentalitäten durch die »Tyrannei der Echtzeit« (P. Virilio zit. n. Kittler 1995 a, S.158). Benjamins Begriff der Aura[16] paraphrasierend könnte man sagen: sie sind die Erscheinung einer unmittelbaren Tiefe, so oberflächlich sie auch sei, und die widerständige Präsenz gewisser Oberflächen, so tief sie auch scheinen. Im Betriebssystem *Windows* ist von des Renaissancekünstlers Alberti (1435) repräsentationaler, perspektivischer Metapher des Bildraumes als Fenster auf eine Wirklichkeit nur noch Hohn und Spott übrig: Die Realität des Virtuellen behauptet sich selbst.[17] Räume verwandeln sich in Oberflächen, die Räume simulieren. Vor dem global vernetzten, in seinem Innenleben aber völlig impermeablen Bildschirm sitzt der entortete Mensch.[18] In Bezug auf den virtuellen Raum seiner medialen Objekte verhält er sich selbst entgrenzt und immersiv – dies, wenngleich es schon in früheren Epochen immersive Bildwelten gegeben hat, die aber nicht so verlogen nah und total waren (vgl. Wiesing 2005, S. 107).

rechten, versenkbaren Nippel, also einer Industriebrust, die ganz präsentisch und konkret i. S. der oral-haptischen Ikonizität genuckelt werden kann, ohne dass die abwesende Brust noch zu einem *Loch* symbolisiert werden müsste, aus dem zu trinken man erst noch lernt. Das ist zwar praktisch, aber auch ein Sinnbild der semiotischen Regression. Tatsächlich: der Trieb ist die Matrix des Objektes (A. Green).

15 »Nur was schaltbar ist, ist überhaupt« (Kittler zit. n. Bröckling et al. 2004, S. 279).

16 Aura: »Diese ... definieren wir als einmalige Erscheinung einer Ferne, so nah sie sein mag« (Benjamin 1936, S.18).

17 Schon Magritte dürfte repräsentationskritisch Albertis *Fenster* lustvoll zerschlagen haben. Die Verbindungslinie führt vom Bild »Der Sprachgebrauch« (1928/29), »Ceci n'est pas une pipe« u. a. zu »Der Schlüssel der Felder« (1933) und »Der Abend fällt« (1964).

18 »Die Möglichkeit digitaler Speicherung und Übertragung von Information erreichtet einen Wissensraum, der ebenso verteilt wie menschenlos ist« (Kittler 1995b, S. 170).

Das mediale Grundgesetz ist gleichsam dem Primärprozess maßgeschneidert und verstümmeltes Plagiat der Traumarbeit: Verdichtung, Verschiebung, rücksichtslose Darstellbarkeit und keine Zeit für sekundäre Bearbeitung. Die Erregungsapparate fungieren auch als Selbstprothese, um überhaupt ein Gefühl von Dasein und Lebendigkeit zu haben. Daher die Anfälle von Bedrohung und gewaltbereiter Leere, wenn die Bildschirme erloschen sind. Denn wo Frustrationstoleranz und Gewaltbindung misslangen, schreien die sensorischen Exzitationen nach süchtiger Dosiserhöhung im Rahmen von Resomatisierung und Entsublimierung bis hin zur *Erlebnisgewalt* (Balzer 2001, S. 378). Besonders beliebte gewalttätige Computerspiele werden haargleich von der amerikanische Army zum Abtrainieren von Tötungshemmungen eingesetzt (Spitzer 2005, S. 207).[19]

Entladung und Ausagieren sind aber die großen Gegenspieler der Kräfte, die inneren Raum schaffen. Der Amerikaner J. Larnier, Pionier von Simulations- und Cyberspacetechnologien, nannte 1990 das Ziel seiner Visionen: »I want to make your imagination external« (zit. n. Wiesing 2005, S. 119). Im Grenzwert bedeutet dies die Überschreibung des inneren Raumes auf Siliziumchips; im *Internet* expandiert er in Weltenräume und versickert zugleich.

Schließlich dürfte auch eine veränderte »kollektive Zeitorientierung« (Großklaus 2004, S. 163) die Schicksale des inneren Raumes nicht unberührt lassen. Ihm zufolge öffnete »die lineare Sukzession der Schrift überhaupt erst den Horizont der Geschichte« (S.150) und des Nacheinanders: »Im Medium der Schriften scheint das simultane Chaos der inneren Bildwelten gezügelt und gebän-

---

19 Anno 2005: Zwei Jugendliche treten in Stuttgart einen Obdachlosen zu Tode und verbreiten die Fotos ihrer blutigen Schuhe via Handy; vier Jugendliche filmen in Creußen bei Bayreuth ihre Misshandlungen eines 13-jährigen Schülers mit dem Handy (Rhein-Neckar-Zeitung, 9./10.7.2005); in England (Süddeutsche Zeitung Nr. 147 vom 29.6.2005, S. 11) grassiert der Zeitvertreib des »Happy Slapping«: Jugendliche schlagen Unbekannten in öffentlichen Verkehrsmitteln ins Gesicht und stellen die digitalen Fotos ins Internet. Auch angesichts der Kriege, die männliche Jugendliche an Wochenenden auf abgelegenen LAN-Partys führen und der Internet-Videos von Geiseltötungen möchte man heute manchmal sagen: Die Medien sind die Mutter aller Kriege.

digt. Die Zeitgerade diszipliniert den Tumult der Gleichzeitigkeit« (S. 154). Mittels der präsentischen Bilder sieht er dagegen eine Gleichzeitigkeit heraufdämmern, die er sich in den »Raumformen des Netzes, des Mosaiks und der Oberfläche« vorstellt. Als Folge der medialen Vergleichzeitigung durch präsentische Bilder, einer »Kumulation der Anwesenheiten« (S. 163f.) schrumpfe und dehne sich die Gegenwart zugleich. »Gegenwartsschrumpfung« (Lübbe 1991) sei deshalb gleichermaßen Expansion des Gegenwärtigen. Die Kombination von Dichte und Präsenz ist ziemlich symbolisierungsresistent. »Das elektronische Prinzip von Bild, Bildschnitt und Schnittfläche löst das literarisch-narrative Prinzip von Linearität und Intervall ab.« Die Folge sei die »Einebnung aller kulturgeschichtlich eingeübten symbolischen Distanzen« (S. 147), eine Verflachung des »Tiefenraums der Geschichte« (S. 172) durch das mediale Verschleifen zeitlicher Intervalle.

Inferno der Möglichkeiten, Macht der Prozeduren

Das antisymbolische Milieu ist auch ein eigentümliches Gebräu aus semantischen Entgrenzungen und prozeduralen Regulierungen. Der real existierende Orwell (»1984«) steht auf dem Kopf: Spätestens seit einer so genannten *reality show* wissen wir, dass wir selbst *big brother* sind. Die semantische Reeskalation (Türcke 2002, S. 175) gestattet uns jedwede Exhibitionismen und Voyeurismen, doch muss man sich an bestimmte Prozeduren halten, die elektronisch codiert sind und obendrein ein gutes Beispiel für Foucaults (1973, S. 39) Ortlosigkeit der Macht. Die ortlose Macht wirkt hier über den Raub von innerem Raum und Zeit, wobei wir zwischen Zeitvernichtungsfeldern (Weyh zit. n. Baier 2000, S. 101) wählen dürfen. Die unbestreitbaren elektronischen Lebenserleichterungen werfen auch einen Schatten von Gewalt. Wer die elektronische Fußfessel nicht trägt, nicht *eingeloggt* ist, keinen Internet-Zugang hat, sich also nicht mit Updates, Eingabemasken, Abstürzen, fehlenden Verbindungen zum Server, Virenhygiene, Warteschleifen in Hotlines oder menschlichen Virtualgeistern, die ihm per E-Mail *troubleshooting* anbieten, abquält, wird mit Aus-

schluss und sozialem Tod bedroht. Ein mittlerer Manager findet
nach dreitägiger Abwesenheit leicht 300 E-Mails vor. In der aus-
ufernden Bürokratie, einem elektronischen Selbstläufer, hängen
wir entweder *Online* oder *Hotline*. Die Macht dieser Teilnahme-
verpflichtungen ist ideologiefrei, von niemandem absichtlich erfunden, geschmacksneutral und entspricht in ihren totalitären
Zügen mittlerweile dennoch einer eleganten *Diktatur der reinen
Prozeduren*[20]. Sie raubt uns das Kostbarste, was wir haben: Le-
benszeit. Denn die Rückseite der Globalisierung ist Mikronisierung. Der Einzelne vor seinem Bildschirm rückt in den Brennpunkt
kaum verdaulicher Datenströme. Dies geht einher mit einer par-
tiellen Rücknahme der kulturellen Arbeitsteilung: Durch die
elektronische Datenverarbeitung kann jedermann zum eigenen
Bankbeamten, Reisebüro, Verwaltungsbeamten, Schriftsetzer werden. Deregulierung des Reizverbrauchs paart sich mit Überregu-
lierung im Bereich der Arbeit: Beinahe alles unterliegt den Pflichten von Akkreditierung, Zertifizierung und Evaluation.[21] Dank der
schnellen Elektronenströme können sich alle Systeme und Organisationen in immer kurzatmigeren Rückkopplungsschleifen
selbst vermessen, was zeitnahe Entscheidungen erlaubt, wenngleich diese häufig notwendig falsch sein müssen und nur die allgemeine Verwirrung, Komplexität und Kontingenz vermehren,
weil sie auf Messdaten aus komplexen, nichtlinearen Systemen beruhen, deren entscheidungsrelevante Entwicklungstendenz erst
durch Abwarten über ein genügend langes Intervall erkennbar
würde. Die zeitgenössischen Steigerungsimperative (Gross 1994)
regiert der »ethische Imperativ der Multioptionsgesellschaft«:
»Handle stets so, dass weitere Möglichkeiten entstehen.« (ebd.,
S.70). Der Einzelne wird mit Permanenz-Verboten und Perfor-
mance-Geboten belegt. Er hat sich selbst als Vertriebssache im

---

20 Eine kommende Geschichtsschreibung mag einmal von *Windowkratie*
   sprechen.
21 Vielleicht ist der Evaluationswahnsinn der letzte Rest abgesunkener Ge-
   schichtsphilosophie. Also der Versuch, doch noch ein optimales, durch und
   durch vernünftiges Subjekt der Geschichte zu schaffen, wie es seit der Aufklärung allen Bemühungen zum Trotz nicht ausfindig gemacht werden
   konnte.

Marketing zu sehen, bei ständiger Erreichbarkeit und Realisierungsdruck auf Sendung zu gehen und dabei Selbstoptimierung zu betreiben. Während die Erwachsenen von einer Präsentation zur nächsten hetzen, wird mediengestützte *Präsentation*, egal von was immer, Schulfach. Texte, Protokolle, *roundmails*, *papers* überwuchern das Denktempo: zum Erregungsrauschen gesellt sich ein Bedeutungsrauschen.[22] Der flexible Mensch (Sennett 1998) unterliegt dem normativen Druck, keine zu feste Identität auszubilden, gerade so nichtidentisch zu bleiben, wie es eigentlich einer auf Dauer geschalteten Adoleszenz entspräche. Seine Gedanken muss er *PowerPoint* kommensurabel machen, falls er möchte, dass ihm jemand zuhört. Der Begriff des *Projektes* ist das Zauberwort der Veräußerlichungsgebote. Erste Ideen mausern sich vor der Reife zum Projekt, ruhiges Nachdenken erregt sich zum *brainstorming*, das sich in maniformem *mindmapping* auf eine *Fläche* projizieren soll. Die zunehmende Verhexung menschlicher Arbeit in Datenproduktion, Datentransfer und kaum mögliche Datenverdauung[23] machen auch die Eltern als »Container« der kindlichen Entwicklung oft unbrauchbar, weil sie selbst in den Datenausscheidungen sitzen wie in einem modernen Augias-Stall. Die elterlichen »Container« sind zu oft übervoll oder geschlossen.

Die ethische Frage nach dem richtigen Leben wird an den kontingenten Verlauf komplexer dynamischer Systeme gekoppelt, was auf eine Vergottung der Prozessualität, eine Heiligung der Emergenz in einem immer totaleren Präsentismus hinausläuft.[24] Es ist eine Ethik des permanenten Druckes zur Veräußerlichung, nicht des Innerlichwerdens.

---

22 Tinnitus und Allergien sind zwei große Leiden unserer Zeit.
23 »Die Daten, Rückstände des Unbeständigen, sind der Bedeutung entgegengesetzt wie das Plasma dem Kristall. Eine Gesellschaft, die die Stufe der Überhitzung erreicht hat, ... erweist sich als außerstande, einen Sinn zu produzieren, da ihre gesamte Energie von der informativen Beschreibung ihrer Zufallsvariationen in Anspruch genommen wird« (Houellebecq 2001, S. 77).
24 Gross (1994, S. 159) nennt es »panische präsenzpsychotische Mobilmachung«.

Symptome

Daher scheint der Zeitgenosse entweder in seiner hyperkinetischen oder aber erschöpften Version vorzukommen. In letztgenannter erkennt Ehrenberg (»Das erschöpfte Selbst«, 1998) in seiner diskurskritischen Analyse mit Blick auf die »Last des Möglichen« (S. 279) im modernen, projektlosen Depressiven das »genaue Negativ zu den Normen unserer Sozialisation«. Klinisch sehen wir bei Kindern immer mehr Grenzfälle ohne verlässliche Diskriminierung zwischen innen und außen, also noch diesseits der Borderline-Pathologie, wo zumindest die Spaltung zwischen Gut und Böse etabliert ist. Es scheint im Panoptikum schwieriger zu werden, Getrenntheit und Verbundenheit mit den Objekten zu vereinbaren. Stattdessen wundert sich eine hyperkinetische Welt über ihre hyperkinetischen Kinder, die durch Selbsterregung oder einen chemischen Verwandten von *Ecstasy* zur relativen Ruhe kommen. Kinder mit Aufmerksamkeitsstörungen, Sucht nach Bildern oder sensorischen Reizungen, die als Zweithäute fungieren, wo die Selbstgrenzen großporig blieben. Die Kovarianz mit einer desolaten *Medienanamnese* ist eine klinische Tatsache. Sie jagen befriedigenden sensorischen Wahrnehmungsidentitäten nach, statt unlustvolle Denkidentität im Symbolischen zu ertragen. Diese medienmutierte Schizoidie zeigt disruptive oder fusionäre Züge als zwei Seiten derselben Medaille: entweder ein Rückzug mit autistischen Barrieren oder aber die fusionäre Tendenz, am Objekt zu kleben, unter seine Haut zu kommen. Diese Kinder sind sehr adhäsiv, aber eigentümlich beziehungsarm. Affekte agieren sie aus mit geringer Frustrationstoleranz. Ihre Aggressivität ist eine selbsterhaltende (vgl. Glasser 1998) Erlebnisgewalt, eine Weise von Selbsterregung, die eine notdürftige Selbstkohäsion stiftet, wenn die Sinnesreize ausbleiben. Man darf die Prognose wagen, dass diese Kinder der elektronischen Eskalation erst noch in unseren Erwachsenenpraxen angelangen werden.

Aber auch im Gesellschaftlichen ist das zunehmende Versagen symbolischer Gewaltbindung ein Symptom des Mangels bergender, ritueller Räume, die der Unersättlichkeit des Wunsches durch Grenzkontrolle eine Passage ins Symbolische erlauben könnten.

Diese »Container« sind so zersprungen, wie das kollektive Gedächtnis unverbindlich geworden ist. Deshalb erscheint die epidemische Theatralisierung der Haut in Tätowierung, Piercing und Selbstverletzung als selbst erfundenes Ritual, die Initiation einer wenigstens emblematischen Identität, die aber nicht zu ihrem Abschluss kommt, sondern in einer Dauerentzündung des Grenzorgans resultiert, weil sie immer wieder die Unmöglichkeit von Getrenntheit an der Haut selbst dramatisiert, in einer Konfusion und Abfolge von Verwundung und Narbe. Die Graffiti wandern in diesen *Neoriten* gleichsam im Zweidimensionalen, zwischen Haut und Wänden, hin und her, man beschriftet sich und die Welt mit kryptischen Emblemen, die eigentlich eine Suche nach Identität und Namen sind. In manchen Graffiti proklamiert sich das Rest-Ich als unlesbare soziale Tapete. Die Schrift kehrt zu ihren vermutlichen Anfängen zurück: als Brandzeichen einer Stammeszugehörigkeit auf der Haut.[25] Wenn im Internet interaktiv virtuelle Identitäten in zerspielter Form ausgetauscht werden (Turkle 1995, S. 7), ist ein Ende unseres klassischen Identitätsbegriffes in Sicht.

Und der innerseelische Bedeutungsraum? Nicht alles muss ja symbolische Würde erlangen, vor allem nicht in Spiel und Lust. Der Grenzwert von Bedeutung in allem und jedem läge in Paranoia. Meines Erachtens führt jedoch der mediale Entzug des Übergangsraumes tendenziell zu einer Zerlegung des Ich-Selbst-Systemes in sensorische Oberflächen mit zweidimensionalem adhäsiven Modus des Kontaktes mit Objekten ohne Tiefe, was in der Sprache Ogdens (1988) ein Entgleisen der Balance bei der Generierung seelischer Erfahrung zum autistisch-kontiguösen Pol bedeutet. Der herkömmliche Innenraum entdimensioniert sich dabei zu flüchtigen, sensorisch codierten, zirkulierenden Erregungsoberflächen.

---

25 »Nur was nicht aufhört, wehzutun, bleibt im Gedächtnis; nur mit dem Unterschied, … daß bei den Ägyptern bereits … das Schmerzhafte der Erinnerung nicht mehr unmittelbar den Körpern eingebrannt, sondern ausgelagert wird in die symbolischen Formen staatlicher Institutionen und Gesetze … eine Symbolwelt von Merkzeichen, die an die Stelle des Körpers getreten sind und die jetzt die Erinnerung nicht mehr in die Haut, sondern ins Herz schreiben … Die Schrift tritt an die Stelle des Körpers« (Assmann 2000, S. 60).

Vielleicht sind dies Merkmale eines kommenden, sensorisch entgrenzten, *immersiven* Menschen, der gleichsam der Schwerkraft
im medialen Feld folgt, dabei aber rasch und strategisch in ephe-
meren, ikonischen Zeichenwelten navigieren kann, Mimesis an
asemiotischen Prozeduren leistet und womöglich einen adaptati-
ven Selektionsvorteil gegenüber dem langsamen, altmodischen
Menschen mit einem symbolisch entfalteten inneren Raum hat.
Unsere Lebenswelten honorieren das prozedurale, nicht das autobiographische Gedächtnis. Dieser Abschied vom langsamen Iden-
titätsmenschen alter Tage lässt bislang nichts Gutes ahnen, vor
allem nicht für Gewaltbindung und Entwicklung der kulturstiften-
den Fähigkeit zum Schuldgefühl. Eine offensive psychoanalytische Medienpädagogik aber wäre ebenso nötig wie – angesichts
der vereinten antisymbolischen Kräfte – vermutlich wenig wir-
kungsmächtig.

Schlussbemerkung: Quantenpsychoanalyse?

> Zwei Gefahren bedrohen beständig die Welt,
> die Ordnung und die Unordnung.
> *Valéry*

> Als wir das Ziel aus den Augen verloren,
> verdoppelten wir unsere Anstrengungen.
> *Twain*

Und die Psychoanalyse? Sie schwimmt selbst im Strom der Diskurse, manchmal unbemerkt.[26][27] Ihre Behandlungstechnik ist sehr

---

26 Beispiele solcher kultureller, diskursiver Mitbewegungen sind die Ausarbeitung der Objektbeziehungstheorie in Zeiten immer flüchtigerer Objekte und die Epoche der Narzissmus-Theorien; nicht zufällig lauten die Themen heute: autistische Barrieren, Haut-Ich, Zweithäute, psychische Rück-
   züge, pathologische Organisationen, Falschheit und Lüge, deadness and
   aliveness, Mentalisierung, Konkretismus, Theorie des Denkens und Renaissance einer mentalistisch reformulierten Bindungstheorie.
27 Bezüglich des impliziten Selbstverständnisses gab es die *allwissende
   Selbstidealisierung* als »erratender« Detektiv (verbildlicht bis zur Komik

präsentisch geworden. Diese segensreiche, affektnahe Vertiefung der klinischen Oberfläche machte nicht neurotische Pathologien überhaupt erst der Behandlung zugänglich. Frühe Störungen sind ja immer auch Pathologien der inneren Raumbildung, der repräsentierenden Prozesse und erfordern deshalb höchste Sorgfalt gegenüber affektiven Bewegungen. Schulenübergreifend arbeiten wohl die meisten Psychoanalytiker im Gegenwartsunbewussten (Sandler u. Sandler 1987). Die Lockerung des Bandes zu Vergangenheitsunbewusstem und Lebensgeschichte wird aber bereits als »ahistorische Behandlungstechnik« (Bohleber 2003) infolge einer »narrativen Wende« (S. 783) beklagt (vgl. auch Kennedy 2003). Der technische Wandel wurde von der kleinianischen Objektbeziehungstheorie äußerst verdienstvoll gefördert und von den modernen neurobiologischen Gedächtnistheorien auch untermauert. Der Zusammenhang von aktueller Oberfläche und Genese, Kontext und Grund, hat sich dadurch kompliziert und verunklart. Er muss aber expliziert werden können, denn Übertragung ist ein Gedächtnisbegriff.

Im gelockerten Nexus zwischen klinischer Momentanoberfläche und innerer Lebensgeschichte wird aus der Funktion der Deutung die Deutung der Funktionen:[28] Von Augenblick zu Augenblick dreht sich der Prozess um die Achse Externalisierung – Internalisierung in einem digestiven, transformierenden Containermodell. Nosologie und Systematik führen eher ein Schattendasein. Skizzenhaft: Kontextualität statt Kausalität, von der Struktur zur Funktion, vom Wortlaut zum Affekt, von der Gestalt zur Relation. Unter ständiger Berücksichtigung des Angstniveaus werden die Modi vor den Repräsentanzen untersucht, wobei die Störung nach Art einer generativen Grammatik laufend Übertragungen, aber keine gestalthafte *Übertragungsneurose* erzeugt. Deutung wandelt sich

z. B. in Pabsts Film »Geheimnisse einer Seele«, 1925), die *heroische Selbstidealisierung* als alles ertragendes, überlebendes und dadurch heilendes Opfer (vor allem im Rahmen der anfänglichen deutschen Rezeption des Kleinianismus). Heute deutet manches auf die *Selbstästhetisierung* eines hermetischen psychoanalytischen *Prozesses*.

28 »Die Psychoanalyse schmilzt … die unbewussten Zwänge in Optionen um« (Gross 1994, S. 73).

zum affektnahen, deskriptiven Kommentar, der unaufdringlich, aber präzis durch Transformation der Affekte Bedeutungsraum schaffen soll. Zweifellos stellt dies die angemessene Technik bei mangelhafter Mentalisierung dar – mit Schäden für Selbst- und Objektrepräsentanzen, Denken, Affekterleben und -steuerung. Es sind Doppelgängerprozesse, in die sich der Analytiker verwickeln muss, um Entwicklung zu ermöglichen (Hinz 2002). Dies besonders, wenn es um im prozeduralen Gedächtnis niedergelegte, nie repräsentierte und deshalb auch nie verdrängte pathologische Modi geht, die sich nur im Handlungsdialog (Klüwer 1983) oder *enactment* verlebendigen können. Allerdings nähert sich mitunter (vgl. Fonagy 1999) die Sicht des analytischen Prozesses einer Logik des *Vergessens* in dem Sinne, dass prozedural encodierte, pathologische Modi durch mutative Erfahrungen überschrieben werden. Es gibt auch die berechtigte Sorge, das Konfliktmodell werde zu Gunsten eines Defektmodells aufgegeben; dies erscheint nicht etwa als zwingende Fallgrube des Kleinianismus, sondern eher eines eklektizistischen Interaktionismus und des inflationären Gebrauchs der Container-Metapher als Passepartout. Inwieweit außerdem der Übertragungsbegriff in bedenklicher Weise überinklusiv wird, wäre ein gesondertes Thema.[29]

Die einflussreichen behandlungstechnischen Schriften von Ferro (2003) zeigen beispielhaft die radikale Dekonstruktion der Verbindung zwischen aktueller Narration und Lebensgeschichte. Im Rückgriff auf eine Feldtheorie der psychoanalytischen Situation (Baranger u. Baranger 1961–62) und Arbeiten von Bion (1970) begreift er, übrigens wie schon Lewin (1955), das Material des Patienten nach Art eines Wachtraumes, wobei unablässig »in Echtzeit« (Ferro 2003, S. 159) ein »Film(s) aus Alpha-Elementen … nicht erkennbaren Piktogramm(en)«, also ikonischen Elementen, in narrative Derivate verwandelt wird, die dem »affektiven Hologramm« (S. 163) Benennung verschaffen. Somit kann er die

---

29 Die Frage ist, ob überhaupt noch etwas *übertragen* wird, wenn der Patient den Analytiker in seine prozeduralen, nicht repräsentierten Modi verwickelt und sie schlicht *entfaltet*, wie sie eben sind. Vielleicht wäre hier der Begriff einer *unbewussten Aktualmatrix* angemessener.

Psychoanalyse als die Methode definieren: »... die es gestattet, Emotionen in Narrationen aufzulösen« (Ferro 2003, S. 162). Mit einer Sicht der Übertragung, die jeweils nur zu einem kleinen Teil aus der Lebensgeschichte und den Phantasmen stamme und: »... zum größten Teil als *Antwort* und *Reaktion* auf unsere Deutung zu sehen« (Ferro 2003, S. 156) sei, erscheint die Zirkularität der Narrationen besiegelt. Durch »ungesättigte« (Ferro 2002a, S. 69) Deutungen und »microtransformations« (Ferro 2002b, S. 597) soll der »Container« erweitert (vgl. Ferro 2003, S. 164) werden: Hier schimmert jener Imperativ der Möglichkeitsvermehrung durch. Ganz gewiss sind Ferros Beiträge für viele klinische Situationen sehr wertvoll. Die Probleme beginnen aber auch hier mit der Generalisierung. Vergegenwärtigung und Transformation muss irgendwann auch Einsicht folgen. Psychoanalyse kann der Scylla und Charybdis von genetischem Trugschluss und unendlichem Prozess nicht entrinnen.

Mittlerweile schickt sich eine andere, längst latente Metapsychologie an, den scheinbaren Hiatus zwischen Behandlungstechnik, Metapsychologie und Biographie zu überbrücken: Dies ist die Theorie komplexer, dynamischer, selbstorganisierender Systeme (vgl. Richter u. Rost, 2002; Quinodoz 1997; Goldberg 2001; Galatzer-Levy 2004).[30]

Die Genese verwandelt sich dieser induktiven Sicht zunehmend in Epigenese, wobei in den Begriffen von Rückkoppelung, Attraktoren, Iteration, Rekursivität, Selbstähnlichkeit, Fraktal[31], nichtlinearen Differenzialgleichungen, Konnektivität (vgl. Turkle, 1995; Olds 1994), Emergenz[32] gedacht wird. Tatsächlich sind ja

---

30 »That requires that everything can be bracketed as a local metanarrative with local rules and thus be scrutinised« (Goldberg 2001, S. 127).

31 Eine Küstenlinie hat eine fraktale Struktur. Sie hat: »... derart viele Ecken und Kanten ..., dass ihre Länge *de facto* nicht mehr als Länge gemessen werden kann, sondern schon mehr zu einer Fläche tendiert.« Die genaue Bestimmung ihrer Dimension tendiert von einer Linie (D=1) zu einer Fläche (D=2), ist also eine gebrochene, nicht ganzzahlige Dimension« (Richter u. Rost 2002, S. 87).

32 »Selected fact« ist eine Emergenz im mentalen Prozess des Psychoanalytikers.

auch schon Freuds geniale Begriffe von *Überdeterminierung* und *Nachträglichkeit* die zwei Schaltstellen der kausalen Nichtlinearität im Psychischen[33], auch wenn seine Zeit für diese theoretische Ausarbeitung noch nicht reif war. Die Theorie der komplexen dynamischen Systeme ist der Dynamik des menschlichen Seelenlebens wahrscheinlich auch angemessen. Obwohl sie klinische Aktualität und Genese scheinbar noch mehr entkoppelt, vermag sie vielleicht den Tiefenraum der individuellen Geschichte neuartig auszuloten.

Allerdings könnte sich durch die narratologischen und die komplex-dynamischen Diskurse eine Kluft ganz anderer Art öffnen: sie verliefe zwischen wissenschaftlicher Wahrheit und psychoanalytisch-therapeutischer Pragmatik. Wir wären damit in guter Gesellschaft. Hawking (1990) spricht von praktisch genügend guten »operativen Theorien«, wenn es bei makroskopischen Systemen mit enormer Teilchenzahl unmöglich ist, die eigentlich *wahren*, fundamentalen quantenmechanischen Gleichungen zu lösen, was nichts anderes heißt, als dass man sich beim Bau von Wasserrohren mit der klassischen Strömungsmechanik bescheidet.

Eine psychoanalytische Behandlungstechnik, die inneren Raum schlechthin nur schaffen kann, indem sie den Prozess in steigender Bildauflösung immer feiner rastert, immer mikroskopischer *zoomt,* quantelt und das Gestalthafte dekonstruiert, darf sich dennoch nicht in einer Proliferation deskriptiver, rekombinanter, zirkulierender, *nur lokal tiefer Oberflächen* zersetzen. Sie muss die Gefahren von Rekursivität und unendlichem Regress (vgl. Turkle 1995, S. 489) im Auge behalten. Sonst könnte der psychoanalytische Geltungsanspruch als einer umfassenden Theorie des menschlichen Seelenlebens in einer Praxis des reinen Prozesses auf dem Spiel stehen. Sie braucht den ständigen Blickwechsel zwi-

---

33 Tatsächlich macht es in einem lebendigen, selbstorganisierenden System wie der menschlichen Psyche nur Sinn, von Kausalität zu sprechen, wenn man *delta t* gegen null streben lässt. Bei jeder Vergrößerung des Messzeitraumes verschwimmt die Kausalität aufgrund des Zusammenwirkens von Reizschwelle, mehrfacher Einwirkung (Überdeterminierung) und rückkoppelnder Nachträglichkeit.

schen Makroskopie und Mikroskopie. Wenn die Deutungstechnik den psychischen Raum offen hält, ihm aber auch Form, Grenze und Temporalität gibt, kann das Gewebe der Narrationen und Affekte eine verinnerlichungsfähige Bedeutungstiefe erlangen. Vermutlich ist auch die Übertragung nicht immer total. Eher noch totalisiert sie sich in Abhängigkeit von bestimmten Gegebenheiten wie Regressionstiefe, Ich-Reife, Angstniveau, Mentalisierungsgrad und Qualität der Selbstgrenzen und dem davon abhängigen Ausmaß des projektiven Druckes. Nicht alles ist Spaltung oder Identitätsdiffusion. Es gibt auch heute noch Übertragungen von Repräsentanzen nach dem Modell der Verschiebung. Statt einer behandlungstechnischen Einheitsoberfläche bedürfte es deshalb der kontinuierlichen Prozessdiagnose und einer theoretischen Ausarbeitung der technischen Differentialindikationen.

Wenn das psychoanalytische Denken sich in infiniter Prozessualität ohne ein Identisches außerhalb dieser auflöste, würde es selbst zu einer Maske unserer Zeit. Statt raumschaffend zu sein, bliebe es Geisel endloser Gegenwärtigkeit. Um sich auf die präsentische Explosion der Affekte, Texte und Oberflächen einzulassen, ohne angesteckt zu werden, braucht es selbst ein funktionierendes Immunsystem. Dieses besteht wesentlich im festgehaltenen, dialektischen Bezug auf auch außerhalb des Prozesses existierende Dimensionen wie Konflikt, Triebtheorie, Biographie, Nosologie und sogar soziale Realität. Denn behandlungstechnische Mikronisierung kann auch in einen endlosen Dialog münden, der eben keinen integralen Bedeutungsraum zwischen Genese und Aktualisierung formt und dem Patienten nicht zu seiner inneren Geschichte verhilft. Von den Bewegungsmustern einer Ameise auf einer kleinen Sanddüne, die dem Beobachter so verwickelt und intelligent erscheinen (vgl. Turkle 1995, S. 433), obwohl das Tierchen nur wenige Neurone hat, nimmt man an, dass dieser intentionale Eindruck lediglich infolge *einfacher*, lokaler *Antworten* auf eine *komplexe Oberfläche* entsteht.

»Schau einfach nur auf die Oberfläche meiner Bilder ... es gibt nichts dahinter« (Warhol zit. n. Inboden 1992, S. 13): nur eine entschieden präsentische, tief oberflächliche, mikrologische Psychoanalyse, die zugleich im Makrologischen und Vergangenen sicher

verankert ist, kann dies Dahinter zu einem Bedeutungsraum weiten, ohne sich selbst zu entgrenzen, zu entgründen und zu zer-
streuen.

Sonst mündet der fiktive Dialog zwischen Warhol und Nietzsche vom Anfang womöglich am Ende in einer anderen Wechsel-
rede:

A: Warum diese Komödie, jeden Tag?
B: Der alte Schlendrian. Man kann nie wissen ... Diese Nacht habe
   ich in meine Brust geschaut.
   Darin war eine kleine Wunde.
A: Du hast dein Herz gesehen.
B: Nein, es lebte ... *Ängstlich.* A!
A: Ja.
B: Was geschieht eigentlich?
A: Irgend etwas geht seinen Gang.
Pause.
B: A!
A *gereizt*: Was ist denn?
B: Wir sind doch nicht im Begriff, etwas zu ... zu ... bedeuten?
A: Bedeuten? Wir, etwas bedeuten? *Kurzes Lachen.* Das ist aber
   gut!

Die Sprecher sind: Clov und Hamm im Becketts »Endspiel« (1956,
S. 53).

Literatur

Anzieu, D. (1985): Das Haut-Ich. Frankfurt a. M.
Augustinus (397): Bekenntnisse. Frankfurt a. M., 2002.
Assmann, J. (2000): Der Tod als Thema der Kulturtheorie. Todesbilder und
   Totenriten im alten Ägypten. Frankfurt a. M.
Baier, L. (2000): Keine Zeit! 18 Versuche über die Beschleunigung. Mün-
   chen.
Balzer, W. (2001): Das Sensorische und die Gewalt. Mutmaßungen über
   ein Diesseits von Gut und Böse. Zeitschrift f. psychoanalytische Theo-
   rie und Praxis 16: 365–381.

Balzer, W. (2004): Lust am Nichtdenken. Zum Verhältnis von Erregung und Bedeutung in beschleunigten und entgrenzten Lebenswelten. Zeitschrift f. psychoanalytische Theorie und Praxis 19: 399–416.

Balzer, W. (2005): Der Arglose Doppelgänger. Mentale Gleichschaltung und falsche Sinnhaftigkeit bei der Behandlung narzisstischer Störungen. In: Kernberg, O.; Hartmann, H. P.: Narzissmus. Grundlagen-Störungsbilder-Therapie. Stuttgart u. New York.

Baranger, M.; Baranger, W. (1961-62): La situación analítica como campo dinámico. Revista Uruguaya de Psicoanálisis IV:1.

Beckett, S. (1956): Endspiel. Frankfurt a. M.

Benjamin, W. (1931): Kleine Geschichte der Photographie. In Benjamin, W.: Das Kunstwerk im Zeitalter seiner technischen Reproduzierbarkeit. Frankfurt a. M.

Benjamin, W. (1936): Das Kunstwerk im Zeitalter seiner technischen Reproduzierbarkeit. Frankfurt a. M.

Bick, E. (1968): The experience of skin in early object relations. Int. J. Psychoanal. 49: 484–486.

Bion, W. R. (1970): Attention and Interpretation. New York u. London.

Bofinger, H. (1991): Modernité / Postmodernité oder die Rückkehr der Architektur in die Normalität. In: Wohin treibt die Moderne? Sammelband der Vorträge des Studium Generale der Universität Heidelberg im Wintersemester 1991/92. Heidelberg, S. 47–53

Bohleber, W. (2003): Erinnerung und Vergangenheit in der Gegenwart der Psychoanalyse (Editorial). Psyche – Z. Psychoanal. 57: 783–788.

Bollas, C. (1987): The shadow of the object. London.

Bott-Spillius, E. (1994): Developments in Kleinian Thought: Overview and Personal View. Psychoanal. Inq. 14: 324–364.

Brentano, C. (1801): Godwi oder das steinerne Bild der Mutter. In: Kemp, F. (Hg.) Werke/ Clemens Brentano, Bd. 2. München, 1963.

Bröckling, U.; Krasmann, S.; Lemke, T. (Hg.) (2004): Glossar der Gegenwart. Frankfurt a. M.

Chasseguet-Smirgel, J.(1986): Die archaische Matrix des Ödipuskomplexes in der Utopie. In: Chasseguet-Smirgel, J.: Zwei Bäume im Garten. Zur psychischen Bedeutung der Vater- und Mutterbilder. München u. Wien, S. 112–134.

Ehrenberg, A. (1998): Das erschöpfte Selbst. Depression und Gesellschaft in der Gegenwart. Frankfurt u. New York.

Etchegoyen, H. (1991): The Fundamentals of psychoanalytic technique. London u. New York.

Fabregat, M. (2004): Metaphors in psychotherapy: from affect to mental representations. Dissertation, Philosophische Fakultäten der Universität des Saarlandes.

Ferro, A. (2002 a): In the Analyst's Consulting Room. Hove.

Ferro, A. (2002 b): Some implications of Bion's thought. The waking dream and narrative derivatives. Int. J. Psychoanal. 83: 597–607.

Ferro, A. (2003): Probleme der Theorie und Technik bei der Behandlung von Patienten im Entwicklungsalter. Kinderanalyse 11: 155–181:

Flusser, W. (2003): Krise der Linearität. In: Wagnermaier, S.; Röller, N. (Hg.): absolute Vilém Flusser. Freiburg, S. 71–84.

Fonagy, P. (1999): Memory and therapeutic action. Int. J. Psychoanal. 80: 215–223.

Fonagy, P. (2001a): A reconsideration of the development of affect regulation against the background of Winnicott's concept of the false self. Vortrag auf der Tagung »Trauma und Affekt«, München, Juni 2001. (Dt.: Fonagy, P.; Target, M. [2002]: Neubewertung der Entwicklung der Affektregulation vor dem Hintergrund von Winnicotts Konzept des »falschen Selbst«. Psyche – Z. Psychoanal. 56: 839–862)

Fonagy, P. (2001b): Attachment theory and psychoanalysis. New York.

Foucault, M. (1968): Andere Räume. In: Foucault, M.: Short Cuts. Frankfurt a. Main 2001. S. 20–38.

Foucault, M. (1973): Die Macht und die Norm. In: Foucault, M.: Short Cuts. Frankfurt a. Main 2001. S. 39–55.

Freud, S. (1900): Die Traumdeutung. G. W. Bd. II/III. Frankfurt a. M.

Freud, S. (1913). Das Unbewusste. G. W. Bd. X. Frankfurt a. M.

Freud, S. (1923): Das Ich und das Es. G. W. Bd. XIII. Frankfurt a. M.

Freud, S. (1925): Die Verneinung. G. W. Bd. XIV. Frankfurt a. M.

Freud, S. (1938): Ergebnisse, Ideen, Probleme. G.W. Bd. XVII. Frankfurt a. M.

Freud, S. (1925): Texte aus den Jahren 1885–1938, Bd. XIX. Frankfurt a. M.

Galatzer-Levy, R. M. (2004): Chaotic possibilities: toward a new model of development. Int. J. Psychoanal. 85: 419–442.

Glasser, M. (1998): On violence. Int. J. Psychoanal. 79: 887–902.

Goldberg, A. (2001): Postmodern Psychoanalysis. Int. J. Psychoanal. 82: 123–128.

Gombrich, E. (1996): Die Geschichte der Kunst. Frankfurt a. M.

Großklaus, G. (2004): Medien-Bilder. Inszenierung der Sichtbarkeit. Frankfurt a. M.

Gross, P. (1994): Die Multioptionsgesellschaft. Frankfurt a.M.

Haas, E. T. (1999): Ödipuskomplex und Ödipusfabel: Lebenstatsachen bei

Sophokles. In: Haas, E. T.: ... und Freud hat doch recht. Die Entstehung der Kultur durch Transformation der Gewalt. Gießen, S. 111–134.

Hartmann, H. (1939): Ich-Psychologie und Anpassungsproblem. Stuttgart.

Hauser, A. (1953): Sozialgeschichte der Kunst und Literatur. München.

Hawking, S. (1990): Ist alles vorherbestimmt? In: Hawking, S.: Einsteins Traum. Rowohlt.

Hinz, H. (2002): Wer nicht verwickelt wird, spielt keine Rolle. Zu Money-Kyrle: »Normale Gegenübertragung und mögliche Abweichungen«. Jahrbuch der Psychoanalyse 44: 197–223.

Hörisch, J. (2001): Der Sinn und die Sinne. Eine Geschichte der Medien. Frankfurt a. M.

Hoffmann, E. T. A. (1817): Der Sandmann. Stuttgart.

Horkheimer, M.; Adorno, T. W. (1944): Dialektik der Aufklärung. Frankfurt.

Houellebecq, M. (2001): Die Welt als Supermarkt. Reinbek b. Hamburg.

Inboden, G. (1992): Andy Warhol, White Disaster I. Staatsgalerie Stuttgart. Stuttgart.

Kennedy, R. (2003): Die Wiedereinführung der Geschichte in die Psychoanalyse. Psyche – Z. Psychoanal. 57: 874–888.

Kittler, F. (1995a): Die Informationsbombe. Gespräch mit Paul Virilio. In: Kittler, F.: Short Cuts. Frankfurt a.M., S. 134–161.

Kittler, F. (1995b): Der Kopf schrumpft. Herren und Knechte im Cyberspace. In: Kittler, F.: Short Cuts. Frankfurt a. M., S. 168–176.

Kittler, F. (2000): Schrift und Bild in Bewegung. In: Kittler, F.: Short Cuts. Franfurt a. M., S. 89–106.

Klüwer, R. (1983): Agieren und Mitagieren. Psyche – Z. Psychoanal. 37: 828–840.

Krause, R. (1998). Allgemeine Psychoanalytische Krankheitslehre. Bd. 2. Modelle. Stuttgart.

Lacan, J. (1949): Le stade du miroir comme formateur de la fonction de Je, telle, qu'elle nous est révéllée dans l'expérience psychoanalytique. Revue Française de Psychoanalyse 13: 449–455.

Lecours, S.; Bouchard, M.-A. (1997): Dimensions of mentalization: outlining levels of psychic transformation. Int. J. Psychoanal. 78: 855–875.

Lewin, B.D. (1955): Dream psychology and the analytic situation. Psychoanal. Quart. 24: 169–199.

Lübbe, H. (1991): Gegenwartsschrumpfung. Über die Zeitverfassung der modernen Kultur. In: Wohin treibt die Moderne? Heidelberg, S. 155–167.

Macho, T. (2004): Die Stimmen der Doppelgänger. Radio-Essay SWR 2, 4.10.2004, Manuskript.

McLuhan, M. (1968): Medien verstehen. In: Baltes, M.; Höltschl, R. (Hg.): absolute Marshall McLuhan. Freiburg, S. 138–174.

Meltzer, D.; Bremner, J.; Hoxter, S.; Weddell, D.; Wittenberg, I. (1975): Explorations in Autism. A Psycho-analytical Study. Perthshire.

Ogden, T. H. (1985): On potential space. Int. J. Psychoanal. 66: 129– 141.

Ogden, T. H. (1988): On the dialectical structure of experience – some clinical and theoretical implications. Contemp. Psychoanal. 24: 17–45.

Olds, D. D. (1994): Connectionism and Psychoanalysis. J. Am. Psychoanal. Ass. 42: 581–612.

Ott, M. (2003): Raum. In: Barck, K.; Fontius, M.; Schlenstedt, D.; Steinwachs, B.; Wolfzettel, F. (Hg.): Ästhetische Grundbegriffe. Historisches Wörterbuch in sieben Bänden. Band 5: Postmoderne – Synästhesie. Stuttgart u. Weimar, S. 113 – 148.

Peirce, C. S. (1873): On the nature of signs. In: Peirce, C. S.: Writings, Bd. III. Hg. v. C. Kloesel, Bloomington, 1986.

Plassmann, U. (1993): Organwelten: Grundriß einer analytischen Körperpsychologie. Psyche – Z. Psychoanal. 47: 261–282.

Quinodoz, J. M. (1997): Transitions in psychic structures in the light of deterministic chaos theory. Int. J. Psychoanal. 78: 699–718.

Rapaport, D. (1960): The structure of the psychoanalytical theory. New York (Dt.: Die Struktur der psychoanalytischen Theorie. Stuttgart, 1961).

Richter, K.; Rost, J.-M. (2002): Komplexe Systeme. Frankfurt a. M.

Safranski, R. (1997): Das Böse oder das Drama der Freiheit. München u.Wien.

Safranski, R. (2003): Wieviel Globalisierung verträgt der Mensch? München u. Wien.

Samjatin, J. (1920). Wir. Köln.

Sandler, J.; Rosenblatt, B. (1962): The concept of the representational world. Psychoanal. Stud. child. 17: 128–145.

Sandler, J.; Sandler A.-M. (1987): The past unconscious, the present unconscious and the vicissitudes of guilt. Int. J. Psychoanal. 68: 331–341.

Schafer, R. (1976): Eine neue Sprache für die Psychoanalyse. Stuttgart.

Segal, H. (1974): Melanie Klein. Eine Einführung in ihr Werk. Frankfurt a. M.

Schneider, G. (2002): Von der Tiefe in die Oberfläche – und zurück? Psychoanalyse im Widerspruch 14: 15–22.

Schneider, G. (in Vorb.): Innerer und äußerer Raum – zur Problematik euklidischer Modelle im klinischen Diskurs. Vortrag auf der Frühjahrstagung »Zeit und Raum im psychoanalytischen Denken« der Deutschen Psychoanalytischen Vereinigung, Bremen, Mai 2005.

Schulze, G. (1993): Die Erlebnisgesellschaft. Frankfurt u. New York.

Sennett, R. (1998): Der flexible Mensch. Die Kultur des neuen Kapitalismus. Berlin.

Spitzer, M. (2005): Vorsicht Bildschirm. Elektronische Medien, Gehirnentwicklung, Gesundheit und Gesellschaft. Stuttgart u. a.

Stern, D. (1985): Die Lebenserfahrung des Säuglings. Stuttgart.

Türcke, C. (2002): Erregte Gesellschaft. Philosophie der Sensation. München.

Turkle, S. (1995): Leben im Netz. Identität im Zeichen des Internet. Reinbek b. Hamburg.

Tustin, F. (1980): Autistic objects. International Review of Psychoanalysis 7: 27–38.

Tustin, F. (1984):Autistic shapes. International Review of Psychoanalysis 11: 279–289.

Uexküll, J. v. (1909): Streifzüge durch die Umwelten von Tieren und Menschen. Bedeutungslehre. Frankfurt a. M.

Walter, H. (2002): Die Radikalisierung der Oberfläche. Neue Rundschau 113: 9–22.

Wiesing, L. (2005): Artifizielle Präsenz. Studien zur Philosophie des Bildes. Frankfurt a. M.

Winnicott, D. W. (1958): The capacity to be alone (dt. in: Winnicott, D. W.: Reifungsprozesse und fördernde Umwelt. Frankfurt a. M.).

Winnicott, D. W. (1967): Mirror-role of the mother and family in child development. In: Lomas, P. (Hg.): The Predicament of the Family: A Psycho-Analytical Symposium. London.

Winnicott, D. W. (1971): Playing and reality. London.

Wittgenstein, L (1945–1949): Philosophische Untersuchungen. Frankfurt a. M.

Paul J. Kohtes

Lost in Orbit – Kommunikation als Metapher

Wenn wir heute sagen, wir lebten nach der Aufklärung und der Industrialisierung im Zeitalter der Kommunikation, dann mag das zunächst eine interessante These sein, bewiesen ist sie damit aber noch nicht. Denn Kommunikation hat es immer schon gegeben, auch bevor der Mensch auf der Erde erschien. Wenn die Bienen sich mitteilen, wo der beste Nektar zu finden ist, kommunizieren sie ebenso wie der Delphin, der seine Pfeifgeräusche dem Partner sendet.

Kommunikation ist also zunächst einmal ein nicht an den Menschen gebundener Vorgang. Hinzu kommt noch die unendliche Fülle der – wie man sagen könnte – funktionalen Kommunikation. Wenn beispielsweise das Samenkorn in der Erde die Wärme der Sonne spürt, ist das zunächst einmal ein kommunikatives Signal.

Oder die permanente Kommunikation, die den neuronalen Bereich kennzeichnet. Selbst wenn unser Fuß einen Abdruck im Sand oder im Schnee hinterlässt, ist das nicht nur ein physischer Vorgang, sondern auch eine Form der Kommunikation.

Um das Thema nicht aus den Augen zu verlieren – und nicht gleich zu Beginn des Beitrages »Lost in Orbit« zu sein – liegt der Fokus im Folgenden auf der zwischenmenschlichen Kommunikation, genauer gesagt: es soll vor allem um die Kommunikation in Wort und Schrift gehen. Allerdings muss auch dann noch einmal kritisch nachgefragt werden, ob wir heute wirklich in einem so außergewöhnlichen Zeitalter leben, dass man es »kommunikativ« nennen kann. Schließlich haben Wort und Schrift in nahezu allen uns bekannten Kulturen der Menschheitsgeschichte eine große Rolle gespielt. Die keltischen Runenzeichen sind ebenso ein Beleg dafür wie die ägyptischen Hieroglyphen. Wort und Schrift waren ursprünglich vor allem Versuche, eine Verbindung mit dem Numinosen herzustellen, mit dem Transzendenten, mit den Göttern. Schließlich wurden sie sehr rasch auch Instrumente der Machtausbreitung und der Machterhaltung. Alle imperialen Kulturen versuchen, ihr Territorium durch die Dominanz der eigenen Sprache und Schrift zu vergrößern und letztlich zu beherrschen. Dies geschah früher fast ausschließlich infolge von Eroberungskriegen, die Perser hielten das so, ebenso die Griechen und, uns allen bestens vertraut, die Römer. Gerade am römischen Latein können wir in Europa am einfachsten ablesen, wie dieser Mechanismus tatsächlich gewirkt hat: Kaum eine europäische Sprache, die nicht mehr oder weniger vom Lateinischen durchsetzt ist.

Allerdings erleben wir heute zum ersten Mal die weltweite Ausbreitung einer Sprach- und Schriftkultur unabhängig von kriegerischen Auseinandersetzungen, nämlich die des Englischen, besser gesagt des Amerikanischen. Und vielleicht ist allein diese Tatsache schon ein zentrales Argument für die These vom »kommunikativen Zeitalter«. Ohne Zweifel hat es allerdings auch schon in früheren Kulturen gravierende gesellschaftliche Veränderungen aufgrund kommunikativer Leistungen gegeben. Denken wir doch nur einmal an das geniale kommunikative Feuerwerk, das der Apostel Paulus entfacht hat. Fast könnte man ihn deshalb auch als einen der bedeutendsten Vorläufer der heutigen professionellen Kommunikationen bezeichnen. Hat er es doch allein mit kommunikativen Mitteln geschafft, aus einer kleinen jüdischen Sekte eine griechisch/römisch strukturierte Weltreligion zu formen. Das hat ihm bis heute keiner nachgemacht. Der kommunikative Erfolg des Apostels Paulus seinerzeit war keineswegs ein Zufallstreffer. Die gesellschaftliche Bedeutung von Kommunikation war auch in seiner Welt durchaus schon sehr bewusst. Ein Zeitgenosse von Paulus, der römische Philosoph Epiktet, hat schon 58 n. Chr. festgestellt: »Es sind nicht die Tatsachen, die unser Gemeinwesen bewegen, sondern die Meinungen – sogar die Meinungen über die Meinungen.« Mit anderen Worten: Kommunikation war der Schlüssel zum Verständnis dessen, was das Römische Reich in Bewegung hielt.

Wenn Karl der Große sich dafür einsetzte, dass in seinem Reich auch die einfachen Leute Lesen und Schreiben lernen sollten, dann hatte er offensichtlich eine sehr klare Vorstellung von der Bedeutung von Kommunikation in seinem schon supranational zu nennenden Reich. Unverzichtbar bei unserer Reise durch die Entwicklung der Kommunikation ist natürlich der Hinweis auf die Erfindung und auf die rasante Entwicklung der Drucker-Kunst. Mit ihr wurde in der Tat eine neue Dimension in der Fähigkeit, miteinander zu kommunizieren, eröffnet – bis hin zu dem, was heute in der Soziologie »Massenkommunikation« genannt wird. Damit können wir gleich in unsere Zeit springen, in der wir tatsächlich Zeuge einer ähnlichen kommunikativen Revolution sind, wie es damals die Entwicklung des Buchdrucks gewesen ist.

Vielleicht nimmt man jetzt an, unsere heutige kommunikative Revolution sei die Erfindung des Films und später des Fernsehens gewesen. Wenn wir uns jedoch einmal das Spiel erlauben, unsere Zeit aus der Perspektive des Jahres 2050 oder sogar 2100 zu sehen, dann waren Film und Fernsehen nur das Präludium für die viel bedeutendere kommunikative Revolution, nämlich die Entwicklung der digitalen Kommunikation, besser bekannt als die Erfindung des Computers, eine Entwicklung, die eng mit dem Namen von Bill Gates verknüpft ist. Ist es übrigens ein Zufall, dass dieser Mann so heißt, wie er heißt: gates = Tore?

Erst die allumfassende und bis in einfachste Strukturen unseres Alltags hineinreichende Anwendung von digitaler Kommunikation macht die eine Seite des Tores aus. Und die andere Seite? Das ist die dadurch möglich gewordene kommunikative Vernetzung der Menschen auf der ganzen Welt – mit all ihrem Wissen und »Meinen«.

Das Internet ist das Synonym dafür geworden. Mit dem Internet hat auch das letzte Stündlein aller Geheimnisse geschlagen. Mit dem Internet – und wir erleben heute erst eine relativ einfache Vorstufe – ist es erstmals in der Geschichte möglich, nahezu alle Menschen kommunikativ miteinander zu verbinden. Eine besonders bedeutsame Folge dieser globalen Vernetzung ist die zunehmende Virtualisierung der Welterfahrung.

Wer kennt nicht die Erfahrung beim »Surfen« im Internet: Statt konkrete Ergebnisse abzufragen, verliert man sich immer weiter in immer neuen Welten – bis zu dem Gefühl »lost in orbit« zu sein, was diesem Beitrag den Titel gab.

Nun sind alle diese Erkenntnisse noch nicht so bedeutend, dass sie allein Anlass wären, sie hier zu reflektieren. Jedoch sind sie notwendig, damit wir uns den beiden interessanten Fragen widmen können, die daraus folgen.

Erstens: Handelt es sich bei den beschriebenen kommunikativen Phänomenen unserer Zeit tatsächlich um ein entwicklungsgeschichtliches Neues Zeitalter der Menschheit?

Und Zweitens: Welche Veränderungen könnten sich für die Menschheit auf der Ebene des Bewusstseins, also nicht nur auf einer verhaltenspsychologischen Ebene – sondern im Sinne eines grundlegenden Paradigmenwechsels ergeben?

Die erste Frage können wir nur beantworten, wenn wir die metaphysische oder metafunktionale Bedeutung von Sprache kennen.

Warum sprechen wir überhaupt? Damit ist nicht der Austausch von Lauten gemeint, von Tönen wie sie ja – durchaus differenziert – auch zwischen anderen Lebewesen als dem Menschen bekannt sind. Die Frage nach dem Sinn der Sprache ist die nach dem Bewusstsein des Menschen, denn nur dieses hat ihm die Möglichkeit gegeben, Sprache als Kommunikationsinstrument zum Austausch intellektueller Botschaften, also nicht nur utilitaristischer, zu entwickeln und zu nutzen. Dass das, was wir »Mensch« nennen, erst mit dem Bewusstsein beginnt, ist sicher konsensfähig. Was aber ist das Besondere des Bewusstseins? Wie so oft in unseren Sprachen erklärt sich der Begriff von selbst: Es ist die Erfahrung des Sich-selbst-bewusst-Seins. Diese Erfahrung wird in der Bibel mit der wunderbaren Bildergeschichte vom »Baum der Erkenntnis« beschrieben. Das Wesen, das bislang undifferenziert in der Seligkeit der Unbewusstheit, hier Paradies genannt, gelebt hat, entdeckt sich selbst, in unsere heutige Sprache übersetzt, es entdeckt sein Ich, sein Ego. Das muss ein dramatischer Entwicklungsschritt gewesen sein, vom unbewussten Wesen, das noch völlig eins war mit der gesamten Schöpfung, zum Menschen, der sich in seiner Individualität, seinem Ich-Bewusstsein als getrennt vom Ganzen erlebt. Das könnte sogar das Urtrauma des Menschen sein! In der Bibel wird

diese traumatische Erfahrung als Erbsünde – Sünde im Sinne von
»abgesondert« – beschrieben.

Wie verloren musste sich der Mensch vorgekommen sein, als er
die unbewusste Gemeinschaft, das Paradies, eintauschte gegen die
Erkenntnis der Vereinzelung in einem ihm gegenüberstehenden
Universum: lost in orbit!

Übrigens erlebt der Mensch im Geburtsvorgang das gleiche
Spiel noch einmal, individuell. Aus der Geborgenheit der Symbio-
se mit der Mutter wird das Baby in die Vereinzelung der Welt ge-
presst. Und entwickelt infolgedessen sein Selbst-Bewusstsein.

Die Bewusstheit von Ich und Nicht-Ich machte die Entwicklung
von Sprache notwendig. Warum? Mit der Sprache versuchen wir –
auch heute noch – nichts anderes, als unsere Vereinzelung, unser
Getrenntsein, zu überwinden. Mit Sprache wollen wir die Eins-Er-
fahrung wiederherstellen. Das Wort Kommunikation macht das
deutlich. Es kommt bekanntlich von communicare, sich mitteilen,
sich gemein machen. Mitteilen heißt, die Teilung aufheben; sich
gemein machen heißt, Gemeinschaft herstellen. Entwicklungsge-
schichtlich gesehen ist Sprache immer nur der Versuch, Einheit
wiederherzustellen. Welche Einheit? Die des Paradieses ist offensichtlich unwiederbringlich vorbei.

Das, was uns Menschen seit dem Verlust des Paradieses das
Wichtigste geworden ist, ist bekanntlich das Ego! Mit Sprache, mit
Kommunikation versuchen wir, jeder von uns, unsere eigene, ganz
persönliche Einheit herzustellen. Infolgedessen ist Sprache zwischen Menschen – ob man das gern hört oder nicht – immer Ma-
nipulation. Genau wie die sonst übliche und eingangs skizzierte
funktionale Kommunikation, hat auch Sprache immer Absicht, In-
tentionalität.

Wenn ein Kind sagt: »Ich will ein Eis«, gibt es nicht nur das Signal, dass es etwas Bestimmtes möchte. Dahinter ist der Wunsch,
die Eltern mögen sich mit seinem Ich identifizieren, ihm zustim-
men, sich mit ihm gemein machen. Jede Kommunikation verfolgt
letztendlich diesen Zweck, gleich ob wir bitten, befehlen oder plau-
dern. Natürlich soll auch dieser Beitrag dazu führen, dass der Leser
sich mit dem Ego des Autors gemein macht, selbst wenn der Leser
sich gelangweilt oder provoziert fühlt. Es hängt vom Geschick des

Autoren-Egos ab, wie gut die gewünschte Gemeinschafts-Erfahrung gelingt.

In der christlichen Tradition wurde eigens ein Ritus entwickelt für die Herstellung von Gemeinschaft zwischen Ego – Mensch und Omni – Gott, nämlich die Kommunion. Der Name sagt es: Communio – Vereinigung.

Das Ego auf seiner immer währenden Suche nach Einheit erfindet nun immer neue raffiniertere Formen, wenigstens temporär Substitutionen der ursprünglichen vollständigen Einheit zu erhaschen. Die Folge ist eine Zunahme von Komplexität. Wenn wir die Entwicklung des Menschen vom Verlust des Paradieses, das heißt dem Beginn des Bewusstseins, bis zu unserer heutigen Zeit beobachten, ist vor allem eins durchgängig, nämlich die Entwicklung vom Einfachen zum Vielfältigen. Fast mutet es tragisch an, dass sich der Mensch dabei zunehmend von der ursprünglichen Einheit entfernt. Je mehr er Einheit durch Sprache und Kommunikation wiederherzustellen versucht – desto mehr entfernt er sich davon. Wir sind heute von der Einheit, nach der wir uns zutiefst im Innern so sehr sehnen, weiter entfernt als je zuvor. Soweit die metaphysische Sicht.

Auf der anderen Seite dieses Bildes – nämlich in unserer konkreten, realen Welt – sehen wir eine ganz gegenläufige Entwicklung. Diese ist sicher zurzeit nur unscharf zu erkennen, in ihren Konturen aber schon sehr deutlich. Die Welt wächst zusammen. Globalisierung nennen wir das. Teilhard de Chardin nannte dies sogar »Planetisation«. Die weltumspannende Kommunikation des Internets ist dafür eine Metapher. Erstmals in der Geschichte der Menschheit sind Umrisse einer weltweiten Verbundenheit erkennbar. Daran ändern auch nichts die vielen Widerspenstigkeiten in Form von regionalen und ethnischen Konflikten. Auch die Basken, die Nordiren, die Tschetschenen, die Nordkoreaner werden sich auf Dauer dem Sog der Globalisierung nicht entziehen können. UNO, Weltzukunftsrat, das Vordringen der englisch/amerikanischen Sprache, die Aufhebung von Zeit und Raum durch Flugzeug und Internet sind die Boten dieses neuen Zeitalters. Vielleicht fragt man sich, ob man das noch erleben wird? Wir sind doch bereits mittendrin! Es wäre kein Problem mehr, die Ergebnisse eines Kon-

gresses in Sekunden 500 Millionen Menschen auf der ganzen Erde
zugänglich zu machen. Es wäre doch ganz einfach möglich, berufliche Erkenntnisse der Psychotherapie schon morgen in Peking
oder Shanghai mit der traditionellen chinesischen Medizin abzu-
gleichen – wenn man es nur wollte. Auch wenn zurzeit noch für
Milliarden Menschen dieser »Luxus« weder technisch noch wirtschaftlich erreichbar ist – sie werden ihn nutzen, sobald sie es können. Das sieht man an der Entwicklung in Schwellenländern wie
Indien und China.

Kehren wir noch einmal – abschließend – in die intergalaktische
Perspektive zurück, aus der wir die Entwicklung des Menschen von
der einfachen Bewusstwerdung des Ichs bis zur überbordenden
Differenziertheit unserer Zeit beobachtet haben. Dann scheint die
Antwort auf die letzte Frage, die wir eingangs gestellt haben, rela-
tiv leicht, nämlich: Wohin führt uns das alles? Was ist letztlich der
Weg der Menschheit? Noch konkreter: Was ist unser eigentlicher
Job hier auf Erden? Im katholischen Katechismus, den übrigens
der heutige Papst herausgegeben hat, als er noch Joseph Kardinal
Ratzinger hieß und oberster Glaubenswächter war, heißt das so:
»Der Mensch ist dazu geschaffen, in der Gemeinschaft mit Gott zu
leben, in dem er sein Glück findet.« Früher hieß das noch: »Wir
sind dazu auf Erden, den Willen Gottes zu tun.« Wenn das kein Pa-
radigmenwechsel ist . . . !

Was mag also hinter diesem neuen Denken stecken, befreit von
Frömmigkeit? Wenn wir in unserem einfachen Vokabular bleiben,
dann muss man Gott mit Einheit übersetzen. Da jedoch – wie wir
gesehen haben – diese vollkommene Einheit in der differenzierten
Welt nicht zu erreichen sein kann, es immer nur bei einer Annähe-
rung bleiben kann, haben viele Religionen, zumindest in der mono-
theistischen Form, diese Einheitserfahrung ins Jenseits, nach dem
Tod verlegt. Wer sich damit zufrieden geben möchte, sollte jetzt
aufhören weiterzulesen. Vieles spricht jedoch dafür, dass die Dra-
maturgie der Menschheitsgeschichte ein intelligenteres Happy End
verdient. Es spricht sogar vieles dafür, dass der Mensch in der Lage
ist – oder sein sollte – die Einheitserfahrung wieder im Hier und
Jetzt zu machen. Allerdings kann das nicht eine Rückkehr in die
Unbewusstheit unserer »paradiesischen Zeit« sein. Es muss eine

Einheitserfahrung sein, bei der das Bewusstsein seine höchste Ausdifferenzierung erfährt, bei der alle Grenzen der Bewusstheit überwunden sind. Eine Idee davon, was damit gemeint ist, versucht der Mensch von jeher über bewusstseinserweiternde Drogen zu erhaschen. Man könnte jetzt vielleicht fragen, gibt es das denn, eine vollkommene Bewusstheit, ohne Drogen, ganz real im Hier und Jetzt?

Es geht hier nicht um ein abstraktes Modell, eine esoterische Idee. In allen differenzierten Kulturen ist die Erfahrung bereits beschrieben: bei den Griechen von Platon als »reine Erkenntnis«, in der christlichen Tradition als »Mystik« – genial skizziert von Meister Eckhart – und in der Wissenschaft wie bei Einstein als die »Relativität von Zeit und Raum«.

Dabei geht es heute jedoch nicht um irgendein, womöglich geheimes Wissen – im Gegenteil, wie Meister Eckhart sagt: »Du musst in ein Nicht-Wissen kommen, wenn du ›es‹ erfahren willst.«

Allerdings lässt sich diese Erfahrung nicht mit den üblichen Methoden erarbeiten oder erzeugen. Es ist ein Prozess des Öffnens – bis in die Unendlichkeit. In seiner Sehnsucht nach Wiederherstellung der verlorenen Einheit – man darf sie übrigens mit Fug und Recht auch Liebe nennen ist der Mensch mit der Absicht unterwegs, sein Bewusstsein immer weiter auszudehnen. Immer mehr Aspekte werden so in seinem Ego integriert werden. Sein bestes Werkzeug dafür ist die Sprache. Wie wir gesehen haben, führt auf der konkreten Ebene der Welterfahrung diese Zunahme an Bewusstheit zu größeren Einheiten. Die Globalisierung ist also eine zwangsläufige Folge der Bewusstseinsentwicklung. Auf der Ebene des Individuums führt die Zunahme an Bewusstheit hin zur Mystik. Deshalb können wir allein an der äußeren Entwicklung der Welt ablesen, dass wir auf dem langen Weg in die Mystik sind – Mystik hier gebraucht als Begriff für die bewusste Einserfahrung.

Für diese Sicht und Prognose gibt es seit Jahrhunderten Zeugen in allen Kulturen. In unserer Zeit ist es der bekannte Theologe Karl Rahner, der schon 1966 hat gesagt hat: »Der Mensch des 21. Jahrhunderts wird ein spiritueller Mensch sein, oder er wird nicht mehr sein.« Das klingt so recht nach deutscher Wissenschaft: klug, ernsthaft und mit Zeigefinger.

Dass diese spirituelle Erfahrung nichtintellektuell, ganz sinnlich und lebendig ist, hat ein Großer aus der arabischen Welt uns in einem wunderbaren Gedicht mit der Titelfrage »Was ist zu tun?« hinterlassen.

Es ist von M. D. Rumi, der von 1207 bis 1275 im heutigen Persien lebte, und es soll der Abschluss dieses Beitrages sein:

»Ich kenne mich selbst nicht mehr.
Bin kein Christ, kein Jude, nicht Perser noch Moslem.
Alle Trennung ist überwunden!
Ich sehe die Welt als All-Eines.
Dieses Eine ersehne ich, dieses Eine erkenne ich, dieses Eine sehe und bekenne ich.
ER ist der Anfang und das Ende – Innen und Außen.
Nur Ihn kenn ich, Gott: ›Den, der da ist.‹
Ein einziges Mal mit Dir vereint in dieser Welt, erfahre ich alle Welten, triumphiere und tanze für immer und ewiglich.«

Psychotherapie mit und in fremden Kulturen

Sudhir Kakar

Kultur und Psyche – Auswirkungen der Globalisierung auf die Psychotherapie

Man kann die Welt *nur* von dem Ort aus betrachten, an dem man steht. *Meine* Perspektive auf die Psychotherapie im Zeitalter der Globalisierung ist die eines *nichtwestlichen* Therapeuten. Für mich beinhaltet Globalisierung in erster Linie das Verschwinden von Grenzen. Für uns Psychotherapeuten sind die Grenzen, die für unsere Arbeit bedeutend sind, *nicht* diejenigen, die eine freiere Bewegung von Kapital und Gütern verhindern, sondern es sind *die Grenzen* zwischen den Kulturen. Wir leben in einer Zeit, in der die Grenzen zwischen den Kulturen sehr viel poröser geworden sind und die Kulturen dieser Welt sich in einer Art und Weise und einer Schnelligkeit begegnen, die in der menschlichen Geschichte einzigartig ist.

Viele nachdenkliche Menschen in meiner und anderen Teilen der Welt außerhalb Europas und den USA blicken der Globalisierung mit Furcht entgegen. Sie sehen in ihr lediglich eine andere Form der Verwestlichung nichtwestlicher Kulturen, einen hegemonischen und homogenisierenden Prozess, mit dem die kulturelle Vielfalt anderer Völker überdeckt wird und wo die einzige Chance lokaler Produkte und Praktiken zu bestehen – beispielsweise des indischen Yogas – die ist, dass sie in den globalen Strudel hineingezogen werden und als »internationale Güter« für den allgemeinen Konsum neu verpackt werden. Paradoxerweise, trotz der Angst, welche die Globalisierung auslöst, beschleunigt sie durch die ökonomische Entwicklung auch ein wachsendes Selbstbewusstsein nichtwestlicher Kulturen wie die Indiens oder Chinas. Kulturelle Begegnungen in der Ära der Globalisierung werden insofern nicht länger einzig in Hinsicht auf Gewinner und Verlierer gesehen. Sie sind auch Prozesse der Integration, Transformation, Widerbehauptung und Neubelebung, die für *alle* kulturellen Begegnungen charakteristisch sind.

Ich vermute, dass zukünftige Psychotherapien – sowohl im Westen als auch im Osten – sich viel weniger leisten können, »ethnozentrisch« zu sein, und sie werden Ideen und Praktiken verschiedenster kultureller Traditionen wahrscheinlich sehr viel freier voneinander borgen. Aber das ist Zukunft. Was wir *gegenwärtig* vorfinden ist ein Zustand der Globalisierung, in dem die westlichen Psychotherapien mit dem Anspruch der Universalität dominieren. Diesen Anspruch der Vorherrschaft möchte ich im Folgenden diskutieren und vor dem Hintergrund meiner eigenen Erfahrungen – sowohl als Klient als auch Praktiker psychodynamischer Therapie – untersuchen.

Mein Interesse an der Rolle der Kultur in psychoanalytischer Therapie begann *nicht* als abstraktes, intellektuelles Unternehmen, sondern aufgrund eines drängenden persönlichen Anliegens. Ohne es damals wirklich zu merken, thematisierte sich die Rolle der Kultur vor mehr als 30 Jahren, als ich fünf Tage pro Woche eine Lehranalyse bei einem deutschen Analytiker des Sigmund-Freud-Instituts in Frankfurt absolvierte. Die Rolle meiner Kultur in der Analyse nahm ich vorerst wahr, weil mir eine Reihe von Gefühlen des Unbehagens zu schaffen machte, deren Quelle mir für viele Monate verborgen blieb. Tatsächlich sollten noch viele Jahre ins Land gehen, bis ich die kulturelle Landschaft der Psyche in mehr als ihrer rudimentären Form verstand und meine Erfahrungen – sowohl als Analysand als auch Analytiker interkultureller Therapien – verständlicher wurden.

Während meiner Analyse in Deutschland verdiente ich sehr wenig, und ich erinnere mich, wie ich seinerzeit gekränkt war, weil mein Analytiker mir nicht aus meiner elenden, finanziellen Lage helfen wollte, von der ich doch auf der Couch ständig berichtete. Ich war enttäuscht, wenn mein Analytiker die Rechnung am Monatsende pünktlich präsentierte und nie ein Angebot machte, das Honorar zu reduzieren. Ohne ihn jemals direkt gefragt zu haben, gab ich genug Hinweise, dass es hilfreich wäre, wenn er mir einen besser bezahlten Job vermitteln würde – beispielsweise als Assistent an dem Institut, in dem er eine bedeutende administrative Lehrposition inne hatte.

Es fiel mir nicht schwer, jedes Mal pünktlich zu den Analysestunden zu kommen, doch ich fand es befremdlich, dass er – ebenso pünktlich – die Stunde nach 50 Minuten beendete, wenn ich gerade erst richtig in Fahrt gekommen war und das Gefühl hatte, dass auch er gerade an meinem Erzählen intensiv teilnahm. Es brauchte einige Monate, bis ich merkte, dass meine wiederkehrenden Gefühle der Befremdung sich nicht aus unseren *äußerlichen* kulturellen Differenzen nährten, wobei ich bei äußerlichen kulturellen Differenzen Höflichkeitsvorstellungen, Sprachgewohnheiten, Einstellungen gegenüber Zeit und Pünktlichkeit oder aber Unterschiede in der ästhetischen Sensibilität meine. Um ein Beispiel zu geben: Beethovens Musik war mir ebenso fremd, wie die klassische Hindustani Musik, die mich so bewegte, meinem Analytiker fremd – wenn nicht gar gänzlich unbekannt – war. Die Ursachen für meine Gefühle der Befremdung lagen, wie ich erst später verstand, in tieferen kulturellen Schichten des Selbst, die ein nicht wegzudenkender Teil meiner Subjektivität waren, ebenso – das nehme ich zumindest an – wie auch bei ihm. Mit anderen Worten, wenn wir uns während einer Sitzung manchmal plötzlich fremd wurden, so lag das daran, dass jeder von uns in einem spezifischen, kulturellen Unbewussten gefangen war – ein kulturelles Unbewusstes, das aus einem mehr oder weniger geschlossenen System kultureller Vorstellungen besteht, die der bewussten Wahrnehmung nicht leicht zugänglich sind. Diese tieferen, kulturellen Schichten schimmerten damals bereits durch, auch wenn ich sie erst Jahre *nach* Abschluss meiner Lehranalyse in ihrem vollen Ausmaß erkannt habe.

In der Lehranalyse war ein solches Durchschimmern tieferer kultureller Schichten beispielsweise als ich meinem Analytiker erzählte, dass ich mich wie *Eklavya* fühlte. Die Geschichte aus dem Epos des Mahabharata lautet wie folgt:

Eklavya war ein Junge eines in den Wäldern lebenden Stammes aus niedrigstem Stand, dessen tiefster Wunsch war, Bogenschießen von Drona zu lernen, einem bekannten Lehrer für Prinzen und Nachkommen der Adelsfamilien. Drona verweigerte natürlich, sein Wissen an einen so niedrigkastigen Jungen weiterzugeben. Dennoch voller Hingabe berührte Eklavya in Hochachtung die Füße des großen Bogenschützen und verschwand im Wald. Dort formte er ein Bildnis Dronas aus Ton und behandelte es wie den Lehrer aus Fleisch und Blut, während er sich in der Gegenwart dieses Tonbildes im Bogenschießen übte. Schon bald wurde Eklavya so geschickt, dass niemand ihm in der Kunst des Bogenschießens die Stirn bieten konnte. Eines Tages, als Pandava-Prinzen, von ihrem Lehrer Drona begleitet, im Wald jagten, lief ihr Hund davon und kam zu der Lichtung, wo Eklavya in seine Übungen vertieft war. Der Hund begann zu bellen und hörte nicht auf, obgleich Eklavya versuchte, ihn zu verscheuchen. Verärgert darüber, dass er bei seinen Übungen gestört wurde, schoss Eklavya sieben Pfeile gleichzeitig auf den Hund, die ihm den Mund zunähten. Als der Hund zu den Prinzen zurückkehrte und diese die erstaunlichen Fähigkeiten des unbekannten Bogenschützen sahen, drangen sie tiefer in den Wald ein, um ihn zu finden. Als sie den dunkelhäutigen, halb nackten Jungen fanden, fragten sie, wer sein Lehrer sei. »Drona«, antwortete der Junge. Die Prinzen kamen zu Drona zurück und berichteten ihm. Arjuna, Dronas bester Schüler, beschwerte sich, dass Drona gesagt habe, niemand werde ihn im Bogenschießen übertreffen können, und nun war dort dieser Stammesjunge, verschmutzt und in Baumrinde gekleidet, der besser als alle Prinzen schoss und behauptete, Drona selbst habe ihn unterrichtet. Drona begab sich in den Wald, und als er vor Eklavya stand, fiel dieser auf die Knie und berührte – als Zeichen der Verehrung – mit der Stirn Dronas Füße, und erklärte sich als sein Schüler. »Wenn du mein Schüler bist«, erwiderte Drona, »dann zahle mir mein Honorar«. »Ich werde geben, was immer mein Guru verlangt«, erwiderte Eklavya. »Deinen rechten Daumen«, forderte Drona. Eklavya schnitt sich, ohne zu zögern, seinen rechten Daumen ab und gab ihn Drona. Dronas Versprechen gegenüber Arjuna, dass niemand ihn als Bogenschützen übertreffen würde sowie sein eigener Ruf als Lehrer von Prinzen wurde auf diese Art und Weise gewahrt.

Ich werde mich hier nicht mit der Art meiner persönlichen Identifikationen in Eklavyas Geschichte aufhalten oder aber was es über das Selbstbild eines Studenten der »Dritten Welt« enthüllt, der in einem selbstbewussten, europäischen Land lebte, was Deutschland in den 70er Jahren war. Was die Geschichte Eklavyas damals – für uns beide, den Analysanden und den Analytiker – in den Vordergrund rückte, waren die kulturell bestimmten Vorstellungen unserer Lehrer-Schüler-Beziehung, wie auch menschlicher Beziehungen im Allgemeinen. Um mit unserer Beziehung anzufangen: Ich wies meinem Analytiker im Universum von Lehrer-Heilern *den* Platz zu, der in der indischen Tradition gewöhnlich dem persönlichen Guru vorbehalten ist. Es schien, dass ich – unbewusst – einem anderen Beziehungsmuster folgte, nämlich dem der sehr viel intimeren Guru-Schüler-Bindung, als mein Analytiker, dessen Orientierung stärker von der mehr vertraglichen Arzt-Patienten-Beziehung bestimmt wurde. In *meinem* kulturellen Leitbild war er die Personifizierung des weisen, alten Mannes, der einen ernsthaften und hart arbeitenden Schüler wohlwollend leitete, einen Schüler, der die Verantwortung für sein Wohlbefinden, auch das leibliche Wohlbefinden, *ganz* dem Lehrer übertragen hatte. Aus diesem Beziehungsmuster leiteten sich beispielsweise auch meine am Anfang erwähnten Erwartungen ab, dass der Analytiker mir finanzielle Hilfestellung leisten solle. Mein Guru-Leitbild verlangte auch, dass mein Analytiker sein Mitgefühl, sein Interesse, seine Wärme und seine Aufgeschlossenheit stärker zeigen sollte als es im psychoanalytischen Modell gewöhnlich oder sogar möglich ist. Ein Händeschütteln mit den Worten: »Guten Morgen, Herr Kakar« am Anfang der Sitzung und ein Händeschütteln am Ende der Sitzung mit: »Auf Wiedersehen, Herr Kakar« – selbst wenn es von einem freundlichen Lächeln begleitet war – entsprach einer kargen Hungerration für jemanden, der den Analytiker als seinen Guru adoptiert hatte.

In unseren jeweiligen kulturellen Orientierungen wurde auch den Beziehungen gegenüber Familienangehörigen unterschiedliche Bedeutung beigemessen. In meiner Kindheit beispielsweise verbrachte ich lange Zeit in den erweiterten Großfamilien meiner Eltern. Verschiedene Onkel, Tanten, Cousinen und Cousins waren in der Zeit meines Heranwachsens von großer Bedeutung. Sie nun in den analytischen Deutungen zu elterlichen Figuren zu reduzieren oder ihnen nur flüchtige Aufmerksamkeit zu schenken, kam einer Verarmung meiner inneren Welt gleich.

Wie ich später merkte, waren unsere voneinander abweichenden Vorstellungen über die »wahre« Natur menschlicher Beziehungen die Folge eines grundlegenden Unterschieds der kulturellen Betrachtungsweise. Die modernen, westlichen Wissenschaften vom Menschen konzipieren den Menschen als ein individuelles (unteilbares) Wesen, das sich selbst gleich bleibt, geschlossen ist und eine innerlich homogene Struktur hat. Dagegen vertreten indische Theoretiker die Meinung, dass der Mensch ein »Dividuum«, das heißt teilbar, ist. Nach dem Anthropologen McKim Marriott ist das hinduistische Dividuum offen, mehr oder weniger flüssig und nur zeitweilig integriert; es ist keine Monade, sondern (mindestens) eine Dyade, die ihr persönliches Wesen aus zwischenmenschlichen Beziehungen ableitet.

Diese stärkere Einbeziehung des Menschen in die Gemeinschaft beschränkt sich nicht auf das traditionelle, ländliche Indien. Auch für städtische und hochgebildete Menschen, die den Großteil der psychotherapeutischen Patienten ausmachen, ist die Orientierung an *Beziehungen* noch immer die »natürlichere« Betrachtung von Selbst und Welt. Mit anderen Worten, für diese Menschen sind persönliche Affekte, Bedürfnisse und Motive relational, und entsprechend sind ihre Leiden Störungen von Beziehungen.

Wie ich später entdeckte, als ich selbst begann, Psychotherapie zu praktizieren, ist es für indische Familienangehörige nicht ungewöhnlich, dass sie den Patienten zu einem ersten Gespräch beim Psychotherapeuten begleiten und sich über die *Autonomie* des Patienten als eines der Symptome seiner Störung beklagen. So beschrieben der Vater und die ältere Schwester eines 28-jährigen Ingenieurs mit einer psychotischen Störung ihre Sicht seines Hauptproblems als das einer unnatürlichen Autonomie: »Er ist sehr hartnäckig, wenn er seine Ziele verfolgt, ohne auf unsere Wünsche Rücksicht zu nehmen. Er glaubt, selbst zu wissen, was gut für ihn ist, und hört nicht auf uns. Er denkt, sein eigenes Leben und seine Karriere seien wichtiger als die Bedürfnisse des Rests der Familie.«

Die Sehnsucht nach der bestätigenden Gegenwart der geliebten

Personen, das Leid, das sie verursachen oder ihre Nichtverfügbarkeit und Unzugänglichkeit in Zeiten, wenn sie gebraucht werden, ist die vorherrschende Modalität sozialer Beziehungen in Indien. Diese Modalität drückt sich auf verschiedene Weise aus, zum Beispiel dadurch, dass sich jemand hilflos fühlt, wenn die Familienangehörigen abwesend sind, oder dass es ihm schwer fällt, allein Entscheidungen zu treffen. Kurz gesagt, Inder tendieren dazu, sich mit den Erfordernissen, die die äußere Welt ihnen abverlangt, gänzlich auf die Unterstützung anderer zu verlassen (Kakar 1978, 1987, 1997).

Kann es sein, dass mein Analytiker so war wie andere westliche Psychoanalytiker, die ich in der Zeit meiner Lehranalyse las und die dies als »Schwäche« der indischen Persönlichkeit interpretierten? Eine Auslegung, die unvermeidlich der verallgemeinernden Wertung zugrunde liegt, dass Unabhängigkeit und Initiative »besser« seien als gegenseitige Abhängigkeit und Gemeinschaft? Wir bedienen uns häufig einer Sprache, die aufbauend auf unserem kulturellen Hintergrund dasselbe Verhalten entweder pathologisiert oder normal erscheinen lässt; der Unterschied zwischen »abhängig« und »anhänglich« ist mehr eine Frage des gewählten Adjektivs als tatsächliche inhaltliche Substanz. Aber natürlich hängt es von dem Bild einer Kultur ab, das sie von einer »guten Gesellschaft« und von »persönlichen Tugenden« hat, ob das Verhalten eines Menschen in Beziehungen sich auf der Skala zwischen Isolation und Verschmelzung eher dem Isolationspol oder dem Verschmelzungspol nähert. Um mit einer Metapher Schopenhauers zu sprechen: Das Grundproblem menschlicher Beziehungen ähnelt dem von Igeln in einer kalten Nacht. Um der Wärme willen drängen sie sich aneinander, stechen sich und rücken wieder voneinander ab. Dann empfinden sie erneut Kälte und nähern sich wieder einander. Diese Bewegungen werden wiederholt, bis eine optimale Position erreicht wird, in der die Körpertemperatur über dem Gefrierpunkt liegt und dennoch die von den Stacheln verursachten Schmerzen (die Nähe des anderen) erträglich bleiben. Dieser Balanceakt zwischen Nähe und Distanz variiert von Kultur zu Kultur. Unabhängig davon, an welchen Ort dieses Kontinuums der Isolation und Verschmelzung unsere *persönlichen* Lebensschicksale uns getragen hatten, wurde in meiner indischen Kultur (im Gegensatz zur deutschen Kultur meines Analytikers) die optimale Position mit der Hinnahme größerer Schmerzen verbunden, um entsprechend mehr Wärme zu erhalten.

Lassen Sie mich hinzufügen, dass ich natürlich keine vereinfachte Dichotomie zwischen dem westlichen Bild eines individuellen, autonomen Selbst und einem an Beziehungen orientierten, überpersönlichen Selbst meiner eigenen indischen Kultur nahe legen will. Beide Visionen menschlicher Erfahrung sind allen größeren Kulturen eingeschrieben, obgleich eine Kultur die eine Erfahrung auf Kosten der anderen betonen und hervorheben mag. Was die Vertreter der Aufklärung im Westen in den letzten Jahrhunderten in den Hintergrund gedrängt haben, ist der noch immer dominante Wert indischer Identität, nämlich dass die größte Quelle menschlicher Stärke in der harmonischen Integration mit der Familie und der Gruppe liegt. Sie betont, dass die Zugehörigkeit zu einer Gemeinschaft das grundlegendste Bedürfnis des Menschen ist. Nur wenn ein Mensch wirklich einer solchen Gemeinschaft angehört – auf natürliche Weise und ohne darüber nachdenken zu müssen –, kann er am Fluss des Lebens teilhaben und ein vollständiges, kreatives und spontanes Leben führen.

In der Praxis sind die kulturellen Orientierungen von Patienten, die zu einer psychoanalytischen Therapie kommen, natürlich nicht diametral gegensätzlich zu denen des Therapeuten – und das ermöglicht überhaupt erst Psychotherapie in nichtwestlichen Kulturen. Die meisten nichtwestlichen Patienten (Migranten also), die von Therapeuten in den USA oder Europa behandelt werden, haben sich in unterschiedlichem Maße in die dominante Kultur ihres Gastlandes integriert. Ebenso sind Patienten der Psychotherapie in *nicht*westlichen Kulturen, wie auch ihre Therapeuten, mehr oder weniger verwestlicht. So neigen sie beispielsweise dazu, in ihrer Selbsterfahrung stärker individualisiert zu sein als der Großteil ihrer traditionellen Landsleute.

Es gab zwischen meinem deutschen Analytiker und mir wahrscheinlich auch andere kulturelle Differenzen, die *ebenso* grundlegend in unseren Weltanschauungen und Vorstellungen vom Menschen und der menschlichen Natur auseinander gingen. Beispielsweise der Körper. Ich spreche hier *nicht* von der frühen psychoanalytischen Betonung, die den Körpererlebnissen den Vorrang gibt – den oralen, analen und genitalen Determinanten des psychischen Lebens.

Ich spreche nicht einmal von einem Unbehagen gegenüber der orthodoxen psychoanalytischen Ansicht vom Körper als Beherrscher des Geistes. Ich glaube, dass es für nichtwestliche Kulturen heilsam ist, der Bedeutung des Körpers für das psychische Leben gewahr zu werden, auch wenn derartige Vorstellungen in östlichen Traditionen, wie beispielsweise dem buddhistischen Tantra, präsent sind. Was problematisch ist, ist die *Überbetonung* des Körpers und die Annahme, dass die Orientierung am Körper kulturübergreifend sei. Das ist – meiner Meinung nach – nicht der Fall.

Das indische Körperbild ist genauestens im traditionellen System der indischen Medizin, dem Ayurveda, beschrieben. Nach ayurvedischer Vorstellung besteht im Universum alles, ob belebt oder unbelebt, aus fünf Formen der Materie – Erde, Feuer, Wind, Wasser und Äther –, wobei jedes Element grobe und feine Formen aufweist. Unter bestimmten günstigen Bedingungen organisiert sich Materie in Form von Lebewesen. Die Körper der Lebewesen absorbieren beständig die fünf Elemente, die in der Umwelt enthalten sind. Insofern ist es nicht erstaunlich, dass das indische Körperbild den intimen Zusammenhang von Körper und Umwelt betont, wobei ein unaufhörlicher Austausch von Umwelt und Körper einhergeht mit beständigen Veränderungen innerhalb des Körpers. Im Unterschied dazu wird der Körper in der westlichen Vorstellung klar umrissen und hebt sich *deutlich* gegen die übrigen Objekte in der Welt ab. Es ist eine Betrachtungsweise, bei der der Körper als eine uneinnehmbare Festung gesehen wird, der nur eine begrenzte Zahl von Zugbrücken hat, die einen lockeren Kontakt zur Außenwelt aufrechterhalten. Das indische Körperbild hingegen betont, dass es ein Teil der Natur und des Kosmos ist, welche die körperlichen Prozesse entscheidend beeinflussen. Es ist insofern verständlich, dass man sich im wissenschaftlichen Diskurs des Westens mit deutlicher Vorliebe mit dem beschäftigt, was *innerhalb* der Festung des individuellen Körpers vor sich geht. Vorzugsweise sucht man Verhaltensprozesse durch entwicklungspsychologische

Theorien zu erklären, die aus der *Biologie* stammen, wobei die natürliche und übernatürliche Umwelt – beispielsweise die Auswirkungen von Planetenkonstellationen, irdischen Magnetfeldern,
Jahreszeiten- und Tagesrhythmen, Edelsteinen und Edelmetallen,
die im traditionellen indischen Diskurs so bedeutend sind – mehr
oder weniger ausgeschlossen bleiben (Kakar 1982). Unabhängig
von wissenschaftlichen Versprechen, kann die gegenwärtige Betonung der *genetischen* Erklärung aller emotionalen Störungen *auch*
als eine Konsequenz des westlichen Körperbildes gedeutet werden.

Setzt man voraus, dass das Körper-Ich die früheste Form der
Ich-Organisation ist und der Körper im menschlichen Leben eine
bedeutende Stellung einnimmt, ist es nicht überraschend, dass verschiedene kulturelle Körperbilder zu radikal unterschiedlichen
Wegen weltlicher Erfahrung und der Organisation dieser Erfahrungen führt. Die Körpergrenzen der Inder – zwischen Soma und
Natura, zwischen Selbst und Anderen, zwischen Körper und Psyche – lassen sich entsprechend auch weniger klar gegeneinander
abgrenzen. Schließlich gibt es nach hinduistischer Perspektive keinen wesentlichen Unterschied zwischen Körper und Geist. Der
Körper wird lediglich als grobe Form der Materie betrachtet (*sthu-
lasharira*), während der Geist oder die Psyche als eine *feinere* Form
derselben Materie verstanden wird (*sharira*).

Um beim Körper zu bleiben, will ich kurz anmerken, wie Kultur sogar geschlechtliche Darstellungen des Körpers beeinflusst.
Neben der universalen Unterscheidung der Geschlechter, die wir
bereits im frühesten Alter machen, formt unser kulturelles Erbe in
uns weiter aus, *was* männliches oder weibliches Sein, Denken,
Aussehen und Verhalten ausmacht. Dies zeigt sich sehr deutlich in
griechischen und römischen Skulpturen, die – wie ich finde – die
westlichen Geschlechtsvorstellungen stark beeinflusst haben. Hier
werden männliche Götter mit sehnigen, stark muskulösen Körpern
und Brustkörben ohne eine Spur von Fett dargestellt. Man braucht
diese Darstellungen nur einmal vergleichen mit den Skulpturen
hinduistischer und buddhistischer Götter, bei denen die Körper
weicher und runder gearbeitet sind. Diese Nähe indischer Götter
zur weiblichen Form – also die Minimalisierung der Unterschiede
zwischen Weiblichkeit und Männlichkeit – findet seinen Höhe-

punkt in der Gestalt des *Ardhanarishvara*, »halb Mann, halb Frau«, eine Form des großen Gottes *Shiva*, vertikal geteilt in eine männliche und eine weibliche Körperhälfte. Das Vorhandensein unterschiedlicher kultureller Deutungen männlicher und weiblicher Körperideale hat dazu geführt, dass beispielsweise Europäer in der Kolonialzeit indische Männer als unmännlich bezeichnet haben – einmal abgesehen von den so genannten »Kriegerrassen«, nämlich den Sikhs, Rajputs und Jats. Derartige Körperbilder sind reflexive Urteile unserer tief sitzenden und kaum reflektierten Überzeugungen davon, was maskulin und feminin ist, was männlich und was unmännlich ist.

Würde man versuchen, die sexuelle Differenzierung von Menschen auf einer Skala graphisch darzustellen, dann gäbe es ein Minimum an Differenzierung, das notwendig ist, um mit gewisser Lust heterosexuell zu funktionieren. Und am anderen Ende der Skala ein Maximum, das jegliche Empathie und den emotionalen Kontakt mit dem anderen Geschlecht abschneidet. Zwischen diesen beiden Polen gibt es ein Spektrum geschlechtlicher Positionierungen, die von der einen oder anderen Kultur besetzt sind, wobei jede Kultur beansprucht, dass ihre Einstellung die einzig reife und gesunde ist (Kakar 1989).

Was hätte mein Analytiker tun können? Hätte er Wissen über meine Kultur erwerben müssen, und welche Art des Wissens? Hätte ein anthropologisches, historisches oder philosophisches Grundwissen über die Hindu-Kultur sein Verständnis für mich verändert? Oder wäre ein *psychoanalytisches* Verständnis meiner Kultur hilfreicher gewesen? Psychoanalytisches Wissen einer Kultur ist nicht äquivalent mit anthropologischem Wissen, auch wenn es zwischen beiden Überlappungen gibt. Psychoanalytisches Wissen ist in erster Linie das Wissen um die *Phantasien* einer Kultur; das Wissen, wie sich diese Phantasien in symbolischer Form – in Mythen, Volksmärchen, Volkskunst, Literatur und im Kino – verschlüsseln.

Neben der Fragestellung, *was* für ein Wissen müssen wir auch fragen *welche* Kultur? Hätte ein psychoanalytisches Wissen der Hindu-Kultur in meinem Fall gereicht? Ich bin zwar ein Hindu, aber durch Geburt auch ein *Punjabi Khatri*, was so viel heißt, dass

meine übergreifende Hindu-Kultur durch eine starke regionale
Kultur als Punjabi und weiter durch meine Khatri-Kaste vermittelt
wurde. Diese Hindu-Punjabi-Khatri-Kultur wurde weiter modifi-
ziert durch einen agnostischen Vater und eine traditionellere, gläu-
bige Mutter, die beide zudem in unterschiedlichem Maße verwestlicht waren. Kann erwartet werden, dass ein Analytiker so viel kulturelles Vorwissen über seine Patienten erwirbt? Andererseits, ist
es für einen Analytiker in Ordnung, *keinerlei* Wissen über den kulturellen Hintergrund seiner Patienten zu haben? Oder liegt die
Wahrheit, wie so oft, irgendwo in der Mitte?

Hier nun kommt die Überraschung. Mein Analytiker war ein ex-
zellenter Therapeut – feinfühlig, einsichtsvoll, geduldig. Und wie
ich beim Fortschreiten meiner Analyse feststellte, wurden meine
Gefühle der Entfremdung, die alle diese Fragen entstehen ließen,
geringer und geringer. Was passierte? Stach der kulturelle Teil meines Selbst weniger hervor als der Analytiker noch tiefere Schichten meines Selbst berührte, wie viele Psychoanalytiker behaupten
mögen?

George Devereaux, ein Psychoanalytiker, der ebenfalls Anthro-
pologe und ein Pionier war, Kultur in psychoanalytischer Therapie
zu thematisieren, behauptete, dass ein Analytiker in wirklich tiefer
psychoanalytischer Therapie den spezifischen kulturellen Hintergrund eines Patienten weniger vorzeitig wissen muss als in ober-
flächlicheren Formen der Psychotherapie (Devereaux 1953). Nach
seinem Konzept der Psychoanalyse als universale, akulturelle Wissenschaft, stellen die Persönlichkeitsstörungen, die Gegenstand
der Psychoanalyse sind, eine partielle Regression des (kulturellen)
Menschen zum (universellen) Homo sapiens dar. »Aus diesem
Grund«, schreibt er, »gleichen Kinder und abweichende Mitglieder unserer Gesellschaft ihrem Pendant in anderen Kulturen sehr
viel mehr als normale Mitglieder unserer Gesellschaft den normalen Mitgliedern anderer ethnischer Gruppen gleichen« (S. 632).

Eine tiefe Psychoanalyse würde die gleichen universellen
Phantasien und Bedürfnisse enthüllen, obgleich die Konstellation
der Abwehrmechanismen – wie Devereaux einräumt – kulturell beeinflusst sein können (Kakar 1994). Für Devereaux waren in der
Tat die wichtigsten (und schädlichsten) Einflüsse der Kultur auf

psychoanalytische Therapie *nicht* die Indifferenz des Analytikers, sondern sein *Interesse* an kulturellen Faktoren. Er wies richtigerweise auf die Gefahr der Gegenübertragung hin, wenn ein Analytiker *zu* interessiert an der Kultur seines Patienten ist. Sensibilisiert gegenüber dem Interesse des Analytikers an seiner Kultur, würde der Patient dem Analytiker entweder entgegenkommen, indem er lange Ausführungen über seine Kultur macht, oder er würde das Interesse des Analytikers nutzen, um ihn davon abzulenken, tiefer in die eigentlichen, persönlichen Motivationen des Patienten einzudringen. Über Freud ist bekannt, dass er einen in Aussicht stehenden Patienten, einen Ägyptologen, aufgrund seines *eigenen* Interesses an der Ägyptologie zu einem anderen Analytiker schickte.

Die meisten Analytiker würden mit Devereaux übereinstimmen, dass Patienten, die von einem Psychoanalytiker Hilfe ersuchen, viele grundlegende und universelle Komponenten ihrer Persönlichkeitsstruktur teilen. Durch die Annahme der Universalität von Persönlichkeitsstrukturen sowie der Universalität der psychoanalytischen Methode – eine Einstellung, die vor mehr als 35 Jahren von einem Panel der *American Psychoanalytic Association* wiederholt wurde (Jackson 1968) – fühlen Analytiker sich ausreichend gewappnet, Patienten unterschiedlichster kultureller Hintergründe zu behandeln. Natürlich gibt es dabei Schwierigkeiten, wie Ticho (1971) aufzählte: eine vorübergehende Beeinträchtigung des analytischen Handwerkszeugs, der Empathie für den Patienten, des diagnostischen Scharfsinns. Hinzu kommen bestimmte Gegenübertragungen, die nicht leicht von stereotypen Reaktionen auf eine fremde Kultur zu unterscheiden sind. Im Allgemeinen aber – die empathische Einstellung des Analytikers ebenso vorausgesetzt, wie auch sein Beherrschen der Regeln des analytischen Verfahrens – sind derartige Schwierigkeiten nicht von Dauer und benötigen keine Veränderung der analytischen Technik. Es ist für den Analytiker *nützlich*, aber nicht essentiell, den kulturellen Hintergrund der Patienten zu verstehen.

Ich glaube, dass diese Schlussfolgerungen der Rolle der Kultur in psychoanalytischer Therapie, die auf meine eigene lehranalytische Erfahrung zuzutreffen schienen, oberflächlich betrachtet zwar stimmen, aber zutiefst falsch sind. Denn was ich in meinem Fall tat – und ich denke, die meisten Patienten machen das –, war, mich der Kultur meines Analytikers anzupassen, in meinem Fall sowohl an seine westliche, nordeuropäische Kultur als auch an seine freudianische psychoanalytische Kultur. Letztere, das wissen wir, wird von einer Vision menschlicher Erfahrung geleitet, die die Individualität und die Komplexität und Tragödie im Leben, in dem viele Wünsche schicksalsbedingt unerfüllt bleiben, betont. So hat die Psychoanalyse nach Kenneth Keniston »einen fast grenzenlosen Respekt vor dem Individuum; sie ist überzeugt, das Verstehen besser ist als Illusionen; sie beharrt darauf, dass unsere Psyche dunklere Geheimnisse birgt, als wir uns eingestehen mögen; sie weigert sich, zuviel zu versprechen; und sie bewahrt sich einen Sinn für die Komplexität, die Tragik und die Wunder des menschlichen Lebens.« Ich bewegte mich also aus meinem eigenen Hindu-kulturellen Hintergrund weg, in dem das Leben nicht als tragische, sondern *romantische* Suche betrachtet wird; wo das Leben sich über viele Wiedergeburten erstreckt, mit dem Ziel und der Möglichkeit, eine andere, »höhere« Ebene der Realität zu erfahren, die *hinter* der geteilten, nachweisbaren, empirischen Wirklichkeit unserer Welt, unserer Körper und unserer Gefühle steht.

Nun wissen wir, dass jede Form der Therapie auch zu einer gewissen Einverleibung der entsprechenden Kultur führt. Wie Fancher (1993) bemerkt: »Durch die Fragen, die wir stellen, die Dinge, die wir hervorheben, die Themen, die wir für unsere Kommentare wählen, die Art und Weise, wie wir uns gegenüber dem Patienten verhalten, die Sprache, die wir benutzen – durch alle diese und eine Reihe anderer Wege kommunizieren wir dem Patienten unsere Vorstellung davon, was ›normal‹ ist und der Norm entspricht. Unsere Deutungen der Ursprünge der Konflikte unserer Patienten enthüllen in reiner Form unsere Annahmen, was verursacht, was im Leben problematisch ist, wo der/die Patientin nicht bekam, was er/sie brauchte, was anders gewesen sein sollte« (S. 89f.).

Als ein Patient auf der Höhe der Übertragungsliebe war ich im Feinsten auf Andeutungen meines Analytikers bezüglich der Werte, des Glaubens und der Visionen eines erfüllenden Lebens eingestimmt. Andeutungen, um die selbst der zurückhaltendste

Analytiker im therapeutischen Prozess nicht herumkommt. Ich konnte die Andeutungen, die mein Verhalten und meine Reaktionen unbewusst entsprechend mitgestalteten, schnell aufnehmen, mit dem dringenden Bedürfnis, dem Geliebten zu gefallen und gefällig zu sein. Mein intensives Bedürfnis, vom Analytiker verstanden zu werden – ein Bedürfnis, das ich mit jedem Patienten teilte –, gebar eine unbewusste Kraft, die mich jene kulturellen Anteile meines Selbst herunterspielen ließ, von denen ich glaubte, sie würden meinem Analytiker zu fremd sein. Was ich in der Übertragungsliebe begehrte, war die Nähe zum Analytiker, wobei ich seine kulturell geprägten Interessen, Einstellungen und Glaubensvorstellungen voll zu teilen wünschte. Dieses intensive Bedürfnis, verstanden zu werden – paradoxerweise, indem ich Teile meines Selbst aus dem analytischen Verständnisfeld heraushielt –, zeigte sich auch dadurch, dass ich sehr schnell begann, in Deutsch – der Sprache meines Analytikers – zu träumen; etwas, was ich niemals vor oder nach der Analyse tat.

Die Sprache, in der die Analyse durchgeführt wurde – nämlich Deutsch – förderte, dass ich bestimmte Anteile meines Selbst herunterspielte. Unsere Muttersprache – die Sprache unserer Kindheit – ist innigst mit emotional gefärbten sinnlich-motorischen Erlebnissen verbunden. Wenn aber die Sprache in der Therapie nicht die Muttersprache des Patienten ist, dann fehlt oft, was Bion (1963) die »Alpha Elemente« nannte. Das heißt, analytische Therapie ist dann häufig in der Gefahr, bei dem Patienten ein »operationales Denken« (Bash-Kahre 1984) zu fördern. Mit anderen Worten, es herrschen verbale Ausdrucksformen vor, ohne die ihnen zugeordneten Verbindungen mit Gefühlen, Symbolen und Erinnerungen. Auch wenn grammatikalisch richtig und reich im Vokabular, ist die fremde Sprache emotional verarmt, zumindest was die *frühen* Erinnerungen betrifft. Um ein Beispiel zu geben: Als einer meiner zweisprachigen Patienten signifikante Erlebnisse in Englisch erzählte, sprach er häufig in einem unpersönlichen Ton, der charakteristisch für »operationales Denken« ist. Dieselben Erlebnisse in Hindi erzählt – der Muttersprache des Patienten – riefen ein sehr viel weiter reichenderes Spektrum an Gefühlen hervor. Als der Patient in einer Sitzung in *Englisch* erzählte, dass er in der letzten

Nacht zu seiner Frau gesagt hatte: »Lass uns Sex haben«, war sein
Tonfall unpersönlich, sogar leicht depressiv. Als er gefragt wurde,
in Hindi zu wiederholen, was er seine Frau genau gefragt hatte, war
seine Antwort, »teri le loon« – deines will ich haben. Die konkre-
tere Ausdrucksweise im Hindi, in der das Benutzen der Vagina der
Frau gefordert wird, rief in ihm nicht nur stärkere Gefühle einer aggressiven Erregung hervor (und Scham, während er es erzählte),
sondern war ebenso mit furchtsamen Erinnerungen aus der Kindheit assoziiert, als der gleiche Ausdruck von einem älteren Spiel-
kameraden an ihn gerichtet wurde.

Wie sollte ein Analytiker dann das Thema kultureller Unter-
schiedlichkeit in der Praxis angehen? In der idealen Situation
würde der kulturelle Unterschied nur minimal existieren. Das
würde bedeuten, dass der Analytiker durch eine weitreichende
Auseinandersetzung mit dem Alltagsleben, den Mythen, der Volkskunst und Literatur, der Sprache und Musik über ein psychoanalytisches Wissen der Kultur des Patienten verfügt. Denn ohne diese
maximale Forderung ist der Analytiker der Gefahr ausgesetzt, den
Verlockungen kultureller Stereotypisierung zu unterliegen: Wichtige Unterschiede werden unterdrückt, eine Gleichheit wird angenommen, wo nur Ähnlichkeiten existieren.

Was der Analytiker allerdings – meiner Meinung nach –
braucht, ist *nicht* eine genaue Kenntnis der Kultur seines Patienten,
sondern ein ernsthaftes Hinterfragen der Vorstellungen, die seiner
eigenen Kultur zugrunde liegen – das heißt, der Kultur, in die er
geboren wurde, und der Kultur, in die er als Psychoanalytiker be-
ruflich sozialisiert ist. Mit anderen Worten, ich schlage vor – aufgrund der fehlenden *Möglichkeit*, ein psychoanalytisches Wissen
der Kultur des Patienten zu erlangen –, dass der Analytiker danach
streben sollte, die Gefühle der Entfremdung durch kulturelle Differenz beim Patienten so weit zu reduzieren, dass der Patient nicht
oder nur geringfügig kulturelle Teile seines Selbst aus der therapeutischen Situation ausschließt. Das ist *nur* möglich, wenn der
Analytiker eine *kulturelle Offenheit* vermitteln kann. Das heißt,
dass er sich über die Vorstellungen seiner Kultur bezüglich der
menschlichen Natur, menschlicher Erfahrungen und der Erfüllung
menschlichen Lebens bewusst ist und die Relativität seiner Vor-

stellungen anerkennt, in dem Wissen, dass es sich dabei um kulturelle Produkte handelt, die in eine bestimmte Zeitepoche eingebettet sind. Er muss sich sensibilisieren für die versteckte Existenz dessen, was Heinz Kohut »Gesundheit- und Reife-Moral« (1979, S. 12) nennt, und sich darüber bewusst werden, dass seine Konzepte der Psychopathologie nicht unbedingt universale Gültigkeit haben. Er muss kulturelle Urteile über psychologische Reife, geschlechtsangemessenes Verhalten, »positive« oder »negative« Entschlüsse entwicklungsbedingter Konflikte und Komplexitäten – die oft im Gewand universal gültiger Wahrheiten erscheinen – ausmerzen.

Weil ungelöster kultureller Chauvinismus und Ethnozentrismus – die Tendenz, fremde Kulturen in Hinsicht auf unsere eigene Kultur zu betrachten – das Erbe *aller* Menschen ist, ist die Aneignung kultureller Offenheit keine einfache Sache. Kulturelle Vorurteile können an den am wenigsten erwarteten Orten auflauern. Zum Beispiel haben Psychoanalytiker der künstlerischen Kreativität einen hohen Platz eingeräumt. Nicht in allen Kulturen und zu allen Zeiten hatte künstlerisch-kreative Aktivität – beispielsweise zu malen, zu bildhauern, sich im literarischen oder musikalischen Feld zu engagieren – den hohen Wert, den es in modernen westlichen Gesellschaften heute hat. In anderen geschichtlichen Epochen haben viele Zivilisationen – einschließlich meiner eigenen, bis auf den heutigen Tag – *religiöser* Kreativität den höchsten Platz zugewiesen. Psychoanalytiker müssen sich vergegenwärtigen, dass in einem solchen kulturellen Umfeld, bei erfolgreicher Therapie, folgende Schlussfolgerung gezogen werden könnte: »Die Visionen des Patienten haben merklich in Quantität und Qualität zugenommen, und seine hingebungsvolle Stimmung hat sich für immer längere Zeiträume gehalten.«

Ich will an dieser Stelle wiederholen, dass ich nicht alles in der Psychoanalyse in Frage stelle und es summarisch der Kategorie einer westlichen Ethnopsychotherapie zuordne. Die Psychoanalyse hat bedeutende, schwer erkämpfte Einsichten über die Psyche erlangt, die tatsächlich universal und sehr nützlich sind: die Bedeutung der unbewussten Kräfte, die Bedeutung der frühen Kindheitserfahrungen für das psychische Leben, die Konzepte des

Widerstandes und der Übertragung in der therapeutischen Technik und viele, viele andere. Andererseits benötigen die psychoanalytischen Konzepte von Normalität und Pathologie sowie die Theorie menschlicher Entwicklungsstufen ein Korrektiv oder müssten gar verworfen werden, wenn die Psychoanalyse weiterhin eine bedeutende Rolle in der heutigen, globalisierten Welt spielen will.

Abschließend möchte ich noch einmal nahe legen, dass eine optimale Psychotherapie mit Patienten verschiedener Kulturen von Therapeuten *nicht* verlangt, Wissen über die Kultur des Patienten zu haben. Was der Therapeut braucht, ist eine reflektierende, bewusste Offenheit gegenüber seiner eigenen Kultur. Ein Therapeut kann seine Fortschritte bezüglich dieser Offenheit folgendermaßen messen: An wachsenden Gefühlen der Neugierde und des Erstaunens in der Gegenübertragung, wenn die kulturellen Teile des Patienten ihre Stimme in der Therapie finden; wenn die Versuchung, diese kulturellen Teile zu pathologisieren, abnimmt; wenn die eigenen Werte nicht länger normativ erscheinen, und wenn sein Wunsch, den Patienten in diesen Werten anzuleiten, merklich nachlässt.

Möglicherweise ist die primäre Aufgabe, welche die Globalisierung dem Psychotherapeuten auferlegt, die eigenen kulturellen Grenzen poröser zu machen.

Literatur

Bash-Kahre, E. (1984): On difficulties arising in transference and countertransference when analyst and analysand have different socio-cultural backgrounds. International Review of Psychoanalysis 11: 61–67.

Bion, W. R. (1963): Elements of Psychoanalysis. London.

Devereaux, G. (1953): Cultural factors in psychoanalytic therapy. J. Am. Psychoanal. Ass. 1: 629–655.

Fancher, R. T. (1993): Psychoanalysis as culture, Issues in Psychoanalytic Psychology 15: 81–93.

Jackson, S. (1968): Panel on aspects of culture in psychoanalytic theory and practice. J. Am. Psychoanal. Ass. 16: 651–670.

Kakar, S. (1978): The Inner World: Childhood and Society in India. Delhi u. New York.

Kakar, S. (1982): Shamans, Mystics and Doctors. New York.

Kakar, S. (1987): Psychoanalysis and non-western cultures. International Review of Psychoanalysis 12: 441–448.

Kakar, S. (1989): The maternal-feminine in Indian psychoanalysis International Review of Psychoanalysis 16: 355–362.

Kakar, S. (1994): Clinical work and cultural imagination. Psychoanal. Quart. 64: 265–281.

Kakar, S. (1997): Culture and psyche. Delhi.

Kohut, H. (1979): The two analyses of Mr. Z. Int. J. Psychoanal. 60: 3–27.

Ticho, G. (1971): Cultural aspects of transference and countertransference. B. Menninger Clin. 35: 313–326.

Yesim Erim und Wolfgang Senf

Klinische interkulturelle Psychotherapie – Standpunkte und Zukunftsaufgaben

Fragen der Interkulturalität in der Psychotherapie werden in Deutschland nicht mehr als exotische Randthemen angesehen. Die zunehmende kulturelle Heterogenität der Bevölkerung führt immer häufiger zu Psychotherapien im interkulturellen Setting, so dass der Bedarf und das Interesse für Fortbildungen in diesem Bereich steigen. Die interkulturelle Begegnung in der Zuwanderung stellt die Psychotherapie vor drei grundsätzliche Fragen. Es geht erstens um die Fragestellung, wie die interkulturelle Beziehungsdynamik verstanden und interkulturelle Beziehungskompetenzen vermittelt werden können. Die zweite interessante Fragestellung befasst sich mit der Wirksamkeit westlicher Psychotherapie bei Angehörigen traditioneller Kulturen. Schließlich muss eine berufspolitische Diskussion darüber geführt werden, wie die defizitäre psychotherapeutische Versorgung von Menschen mit Migrationshintergrund verbessert werden kann.

Interkulturelle Beziehungsdynamik

Die erste Fragestellung bezieht sich auf die Wahrnehmung, Bewusstmachung und Bearbeitung von Problemen der interkulturellen Beziehungsdynamik und erfordert die Auseinandersetzung mit soziokulturellen Besonderheiten ethnischer Gruppen. Aus tiefenpsychologischer Sicht geht es hier um Übertragungsbereitschaften, die durch kollektive Erfahrungen der ethnischen Gruppe geprägt sind (Erim 2005). In der Praxis taucht immer wieder die Frage auf, ob das Problemverhalten der Patienten durch ihre individuelle Biographie oder durch ethnische und kulturelle Besonderheiten des Erlebens erklärt werden kann.

In diesem Punkt ist mit der US-amerikanischen Autorin McGoldrick (1982) und mit Leyer (1991) die Notwendigkeit festzuhalten, dass orientierende Kulturtypologien für die transkulturelle Psychotherapie legitim und unverzichtbar sind. Auch wenn sie teilweise Stereotypen Vorschub leisten, sind »ethno-sozio-kulturelle Leitfäden« (Leyer 1991) in der praktischen Arbeit unverzichtbar. Sie ermöglichen nämlich eine erste Orientierung des Psychotherapeuten über den jeweiligen kulturellen Hintergrund, und wie dieser mit den individuellen zentralen Konflikten des Patienten verknüpft sein könnte. Es wäre wünschenswert und verdienstvoll, wenn auch in Deutschland durch die Mitarbeit von Therapeuten unterschiedlicher Ethnien solche Leitfäden entstehen könnten. Folgende zentrale Aspekte des Verhaltens gelten als ethnisch geprägt und gehörten in einen solchen Leitfaden: Regulation von Beziehung durch Nähe, Generationenfolge und Geschlecht, Paarfindung und Lebenszyklus, Krankheitserleben.

Nachdem unterschiedliche Herkunft von Patient und Therapeut lange Zeit als eine Schwierigkeit in der Psychotherapie angesehen wurde, wurde bezüglich der interkulturellen Beziehungsdynamik festgestellt, dass eine Therapie durch diesen Umstand auch gefördert und beschleunigt werden kann (Schachter u. Hugh 1968; Tang und Gardner 1999). Die Voraussetzung dafür ist, dass Therapeuten sich über die übliche Selbsterfahrung hinaus mit ihren ethnienbezogenen Wahrnehmungen und Voreinstellungen befassen. In der interkulturellen Psychotherapie werden durch kollektive Voreinstellungen typische Übertragungen und Gegenübertragungen ausgelöst (Erim 2004). Häufige Themen sind Überlegenheit und Dominanz der kulturellen Zugehörigkeiten sowie die diesbezügliche Konkurrenz, verknüpft mit den Themen der Benachteiligung und Diskriminierung. Wenn wir davon ausgehen, dass jede Form der Migrationsbewegung darauf zurückgeht, dass die Migranten mit ihrem ursprünglichen Platz, ihrer Heimat nicht zufrieden waren und in wirtschaftlicher, politischer oder sozialer Hinsicht einen besseren Platz für sich gesucht haben, wird das Auftauchen des Benachteiligungsthemas in kulturell gemischten Therapiesettings

(z. B. einheimischer Therapeut und Patient nichtdeutscher Kulturzugehörigkeit) nachvollziehbar. Nach dieser Hypothese spielt in der Biographie eines jeden Migranten die Benachteiligung im Sinne einer nicht ausreichend fördernden ersten Umwelt eine Rolle, und Versorgungskonflikte nehmen einen großen Raum im therapeutischen Prozess ein.

Erdheim (1994, 2000) hat mit seiner Theoriebildung über das Fremde und das Böse als Projektionsfläche eine Grundlage für das psychoanalytische Verständnis interethnischer Beziehungen geschaffen. Nach dieser Sichtweise werden in der Begegnung mit dem Fremden eigene Konflikte mobilisiert und Wertvorstellungen in Frage gestellt. Alles, was man bei sich nicht haben möchte, werde auf den Fremden, nach außen projiziert. Damit bleibe das Gute im Subjekt, das Böse außerhalb. Das Fremde diene damit auch als Mittel für die Beschreibung des Selbst. Wenn durch diese Projektions- und Spaltungsmechanismen die Auseinandersetzung mit dem Fremden vermieden werde, bringe sich jedoch das Individuum und die Gesellschaft um eigene Entwicklungschancen, da neue Konfliktlösungen nicht gefunden werden können (Erdheim 1994; vgl. Leyer 1991).

Demnach sieht Erdheim in der Auseinandersetzung mit dem Fremden und Neuen eine Möglichkeit der Erforschung des Selbst, einen Entwicklungs- und Reifungsprozess. Diese Auseinandersetzung benötigt Ressourcen. Sowohl das Individuum als auch die Gruppe oder die Gesellschaft haben in Zeiten besserer psychischer und gesellschaftlicher Ressourcen eine größere Bereitschaft für diese Auseinandersetzung. In Zeiten knapper Ressourcen entsteht insbesondere auf der gesellschaftlichen Ebene eine Bereitschaft dazu, das Fremde zu ignorieren oder sich durch projektive Mechanismen von dem Fremden zu distanzieren. So kann in Zeiten der Globalisierung die benachteiligte soziale Stellung von Migranten von politischer und administrativer Seite im Rahmen der allgemeinen Kürzungen gerechtfertigt oder duldbar erscheinen, obwohl aufgrund der Bevölkerungsentwicklung auf der Hand liegt, dass die heutige Vernachlässigung schwerwiegende soziale Folgen in der Zukunft haben wird.

Wirksamkeit westlicher Methoden bei anderen Kulturkreisen

Aufgrund der Erfahrung der letzten Dekade, in der sowohl Institutionen als auch niedergelassene Psychotherapeuten interkulturelle Behandlungen durchführen konnten, kann die Frage nach der Wirksamkeit westlicher Therapiemethoden bei Angehörigen traditioneller Kulturen positiv beantwortet werden. Bei Mitgliedern traditioneller Kulturen wurde immer wieder eine Unvereinbarkeit westlich-kultureller und familiärer Ziele in der Psychotherapie vermutet. Diese Unvereinbarkeit wurde mit der unterschiedlichen Bewertung der Autonomie und Getrenntheit des Individuums in unterschiedlichen Kulturen erklärt. Später stellten viele Autoren fest, dass diese beiden Werte, Autonomie auf der einen Seite und familiäre Kohäsion auf der anderen Seite, in der Therapie durchaus vereinbar sind und auch traditionelle Kulturen die Individualisierung als Ziel der persönlichen Reifung akzeptieren. (vgl. Fis'ek u. Schepker 1997)

Wie ist es aber mit der Wirksamkeit traditioneller Therapiemethoden bei Angehörigen anderer Kulturkreise bzw. der Notwendigkeit einer Erweiterung der »westlichen« Methodik durch kultursensitive Interventionen (Pfeiffer 1991; Yilmaz 2001). Wir haben nur wenige Antworten auf diese Frage. Einige Autoren haben darüber geschrieben, wie sie fernöstliche Methoden der Selbsterfahrung und Entspannung oder beispielsweise schamanistische Rituale (van Kampenhout 2003) in das eigene Therapierepertoire übernehmen.

Versorgung der Migranten

Psychische Probleme bei Migranten werden in der Primärversorgung oft zu spät erkannt. In der Untersuchung von Odell et al. (1997) wurden die psychologischen Probleme bei Migranten eher erkannt, wenn sie mit sozialen Problemen einhergingen oder die Patienten eine psychiatrische Vorgeschichte hatten. Eine komorbide somatische Erkrankung behinderte dagegen die Feststellung von psychischen Problemen.

Haasen et al. (2000) konnten in einer empirischen Untersuchung die Schwierigkeiten psychiatrischer Diagnostik bei unausreichenden Sprachkenntnissen des Patienten belegen.

Auch in der Akutpsychiatrie steigt die diagnostische Sicherheit einheimischer Therapeuten bei besseren Deutschkenntnissen der Migranten. Im Anhang F der USA-Ausgabe des DSM-IV werden Richtlinien zur Formulierung einer kulturbezogenen Diagnose vorgeschlagen. In der Beurteilung der psychischen Symptomatik sollen kulturtypische Erklärungen für die Beschwerden, kulturtypische Formung von beispielsweise Wahninhalten oder Erfahrungen mit volksmedizinischen Heilmethoden berücksichtigt werden.

Diese Ergebnisse, welche die Notwendigkeit von speziellem kulturbezogenen Wissen in der psychiatrisch-psychotherapeutischen Diagnostik bei Migranten deutlich machen, und der Erfolg von integrierten interkulturellen Angeboten haben heute in der Psychotherapielandschaft eine Vielzahl von migrantenspezifischen Angeboten entstehen lassen. Neben muttersprachlichen Angeboten an Regelversorgungseinrichtungen haben sich Beratungsstellen für Migranten, Verbundprojekte und überregionale ethnienspezifische Settings etabliert.

Trotzdem sind die vorhandenen Angebote nicht ausreichend. Ein großes Problem besteht bei der ambulanten psychotherapeutischen Behandlung von Patienten mit nicht ausreichenden Deutschkenntnissen. Diese Patienten können nach Abschluss der Diagnostik leider nicht einer ambulanten Behandlung zugeführt werden. Diese Tatsache führt zu einer Frustration der bilingualen Therapeuten, die den Patienten keine Behandlungsmöglichkeit aufzeigen können. Da die Patienten durch eine psychotherapeutisch orientierte Diagnostik für ihre psychischen Konflikte sensibilisiert werden, stellt sich manchmal sogar die Frage, ob es der therapeutischen-medizinischen Ethik entspricht, diagnostische Erstgespräche für diese Patienten anzubieten.

Unseres Erachtens entstehen diese Probleme dadurch, dass auf der Bundes- und der Regionalebene der überdauernde Charakter der Zuwanderung ausgeblendet wird. Wichtiger politischer Entscheidungsbedarf entsteht nicht durch zu erwartende Flüchtlingsbewegungen, sondern durch die bleibende interkulturelle Verände-

rung der Gesellschaft nach der Arbeitsmigration. Der Ausländer-
anteil an der Altersgruppe der 20- bis 40-Jährigen wird 2010 in
Nordrhein-Westfalen 40–46 Prozent betragen (Birg 2000). Die
Gruppe der Migranten ist im Bereich der psychosozialen Versorgung, des Schul- und Ausbildungswesens unterversorgt und
benachteiligt. Migranten der ersten Generation sind häufiger von
Arbeitslosigkeit und vorzeitiger Berentung betroffen. Die hier ge-
borenen Migranten sind in weiterführenden Schulen und in der Be-
rufsausbildung unterrepräsentiert und finden in vielen Fällen keinen Einstieg ins Arbeitsleben.

– Zugewanderte verfügen nur über 75 Prozent der Pro-Kopf-
  Wohnfläche eines Deutschen.
– Die Erwerbsquote liegt zwar ähnlich hoch wie die der Deutschen, aufgrund der Altersschichtung sind aber doppelt so viele
  Ausländer arbeitslos wie Deutsche.
– Während bei den Deutschen knapp 60 Prozent als Angestellte
  und Beamte beschäftigt sind, sind zwei Drittel der Ausländer Arbeiter, bei den aus der Türkei 81,8 Prozent.
– 72 Prozent der aus der Türkei stammenden Arbeiter sind un- und
  angelernte Arbeiter (andere Nationalitäten 46–54 Prozent,
  Deutsche 10 Prozent; Statistisches Bundesamt 2003).

Diese Benachteiligung wird von politischer und administrativer
Seite im Rahmen der allgemeinen Kürzungen gerechtfertigt, wird
aber aufgrund der geschilderten Bevölkerungsentwicklung schwere gesamtgesellschaftliche Folgen haben. Wenn Schule und Be-
rufsleben als wichtige Mediatoren der Integration ausfallen, ist
eine Marginalisierung der Migranten zu befürchten. Im psychosozialen und pädagogischen Bereich werden zurzeit wichtige Chancen der positiven Einflussnahme vertan.

Trotz jahrzehntelanger Migrationserfahrung kann in Deutschland noch nicht von einer Chancengleichheit in der Gesundheits-
versorgung gesprochen werden, da immer noch kein gleicher Zugang oder eine gleiche Inanspruchnahme der verfügbaren Versorgung bei gleichem Bedarf und gleicher Qualität für Einheimische
und Migranten gegeben ist. Dies ist weder im stationären noch im
ambulanten Setting der Fall. Beispielhaft soll die Versorgungssi-

tuation der größten ethnischen Gruppierung, der türkischsprachigen Migranten im Rheinland, dargestellt werden:

- Während für Deutsche auf 35.000 Einwohner ein psychiatrischer Praxissitz kommt, ist die Relation für aus der Türkei stammende Patienten in Köln und dem näheren Einzugsgebiet 1:120.000.
- Für potentiell 120.000 aus der Türkei stammende Einwohner stehen zwei niedergelassene Psychotherapeuten zur Verfügung. Somit haben die betroffenen Patienten Wartezeiten von ein bis zu drei Jahren.
- In den 59 Tageskliniken Nordrhein-Westfalens arbeitet nur ein türkischsprachiger Psychologe.
- Zuletzt sei noch erwähnt, dass es in Nordrhein-Westfalen 108 niedergelassene Kinder- und Jugendpsychiater gibt, darunter nur zwei türkischsprachige (in Neuss und Gelsenkirchen).
- Der gerontopsychiatrische Bereich und der Bereich Suchtbehandlung müssen ohne türkischsprachige Ärzte und Psychologen auskommen.

Berufspolitische Zukunftsaufgaben lassen sich unter diesen Gesichtspunkten folgendermaßen formulieren:

- Aufhebung der ausländer- und berufsrechtlichen Hindernisse, wonach die Approbation zum psychologischen Psychotherapeuten an die deutsche Staatsbürgerschaft gebunden ist. Zulassungsausschüsse der Kassenärztlichen Vereinigungen verweigern Sonderbedarfszulassungen für approbierte ärztliche oder psychologische Psychotherapeutinnen und -therapeuten mit muttersprachlicher und interkultureller Kompetenz, da diese kein anerkanntes Kriterium sei, was einer Sonderbedarfsfeststellung nach zugrunde liegen müsste.
- Qualitätskriterien für eine effiziente psychotherapeutische und psychosoziale Versorgung von Migrantinnen und Migranten sollten erarbeitet werden, damit diese im Handlungskonzept der Einrichtungen dauerhaft, konkret und messbar verankert werden können, sie sollte sowohl die Bedürfnisse der Migrantenklientel berücksichtigen wie auch die Bedürfnisse auf der Mitarbeiterseite in den Blickpunkt rücken.

– Kultursensitive Diagnostik und Behandlung sollte in die Lehrpläne der entsprechenden Fakultäten aufgenommen werden, um sie zu einem der Hauptthemen in der beruflichen oder betrieblichen Aus-, Fort- und Weiterbildung zu machen.

– Qualitätsstandards für Curricula und Weiterbildungen beispielsweise zum Erwerb interkultureller Kompetenzen, um von Beginn an eine nachhaltige Wirksamkeit zu sichern.

Literatur

Birg, H. (2000): Perspektiven der Bevölkerungs- und Wanderungsentwicklung mit ihren Chancen und Risiken für den Wirtschafts- und Standort »Ländlicher Raum«. Ländliche Räume in Nordrhein – Westfalen. ILS – Schriften 85: 29–36.

Erdheim, M. (1994): Das fremde Böse. Prax. Kinderpsychol. Kinderpsychiat. 43: 242–247.

Erdheim, M. (2000): Das Fremde. Totem und Tabu in der Psychoanalyse. In: Streeck, U. (Hg.): Das Fremde in der Psychoanalyse. 2. Auflage. Gießen, S. 167–183.

Erim, Y. (2004): Interkulturelle Aspekte der psychotherapeutischen Beziehung. Kollektive Übertragungsbereitschaften. Psychotherapie im Dialog 4: 368–374.

Erim, Y. (2005): Psychotherapie mit Migranten. In: Senf, W.; Broda W. (Hg.): Praxis der Psychotherapie, ein integratives Lehrbuch der Psychotherapie. 3. Auflage. Stuttgart, S. 672–677.

Fisek, G. O.; Schepker, R. (1997): Kontext – Bewußtheit in der transkulturellen Psychotherapie: Deutsch-türkische Erfahrung. Familiendynamik 22: 396–413.

Haasen, C.; Yagdiran, O.; Maß, R. (2000): Differenzen zwischen der psychopathologischen Evaluation in deutscher und türkischer Sprache bei türkischen Migranten. Nervenarzt 71: 901–905.

Leyer, E. M. (1991): Migration, Kulturkonflikt und Krankheit. Opladen.

McGoldrick, M. (1982): Ethnicity and Family Therapy: an Overview. In: McGoldrick, M.; Pearce, J. K.; Giordano, J. (Hg.): Ethnicity and Family Therapy. New York u. London, S. 3–30.

Odell, S. M.; Surtees, P. G.; Wainwright, N. W.; Commander, M. J.; Sashidharan, S. P. (1997): Determinants of general practitioner recognition. Brit. J. Psychiat. 171: 537–541.

Pfeiffer, W. (1991): Wodurch wird ein Gespräch therapeutisch? Zur kulturellen Bedingtheit psychotherapeutischer Methoden. Z. Psychosom. Med. Psychother. 41: 93–101.

Schachter, J. S.; Hugh, F. B. (1968): Transference and Countertransference in interracial analyses. J. Am. Psychoanal. Ass.16: 792–808.

Tang, N.; Gardner, J. (1999): Race, Culture, and Psychotherapy: Transference to Minority Therapists. Psychoanalytic Quart. 68: 1–20.

van Kampenhout, D. (2003): Die Heilung kommt von außen. Schamanismus und Familienstellen. Heidelberg.

Yilmaz, A. T. (2001): Cultural Formulation: Clinical Case Study. In: Yilmaz, A. T.; Weiss, M. G.; Riecher-Rössler, A. (Hg.): Cultural Psychiatry: Euro-international Perspectives. Basel u. a., S. 1-10.

Ali Kemal Gün

Einheimische und Inländer – Probleme bei bikulturellen psychotherapeutischen Behandlungen[1]

Die Analyse der bikulturellen Interaktion zwischen einheimischen Therapeuten und türkeistämmigen Patienten macht deutlich, dass die Beziehung zwischen den Beteiligten an Bedeutung gewinnt, insbesondere wenn es um die psychotherapeutische Behandlung geht. Die Untersuchungsergebnisse meiner Dissertation zeigen, dass die interviewten Therapeuten und Patienten unterschiedliche Vorstellungen und Erwartungen an und über psychotherapeutische Behandlungen haben. Beide neigen dazu, die kulturelle Differenzen über- oder unterzubewerten. Umso wichtiger scheint der Aufbau einer vertrauensfördernden, tragfähigen Therapeut-Patient-Beziehung zu sein, ob die therapeutische Begegnung für alle Beteiligten hilfreich, nützlich und zufriedenstellend erlebt wird. Deutlich wird hierbei die Bedeutung der »interkulturellen therapeutischen Kompetenz«.

In den letzten Jahren ist der Begriff »interkulturelle Kompetenz« ein Schlagwort in der Behandlung durch helfenden Berufe geworden. Es gibt unterschiedliche Vorstellungen darüber, was damit gemeint ist. Mit der oben genannten Untersuchung wurde der Versuch unternommen, unter anderem darauf eine Antwort zu finden. Im Folgenden geht es um einen Teilaspekt der Untersuchung am Beispiel »Gleichbehandlungsmaxime« und »kulturelle Missverständnisse«.

---

[1] Die Gesamtergebnisse der Untersuchung werden 2006 im Lambertus-Verlag veröffentlicht.

Methodik und Durchführung der Untersuchung

Bei der Untersuchung wurden vier deutsche Therapeuten (zwei Psychologinnen und zwei Psychiater) und vier aus der Türkei stammende Patienten (zwei Frauen und zwei Männer) interviewt.

Die Therapeuten sind Psychologen und Psychiater, die im stationären und ambulanten Bereich tätig sind. Mit Ausnahme eines Patienten sind alle der deutschen Sprache mächtig, so dass die Interviews auf Deutsch durchgeführt wurden.

Bei der Auswahl der Patienten wurde darauf geachtet, dass sie über Erfahrungen sowohl mit deutschen als auch muttersprachlichen Therapeuten verfügen.

Zur Untersuchung der Fragestellung wurden qualitative, an einem Leitfaden orientierte, teilstandardisierte narrative Interviews durchgeführt.

Auswertungsmethode

Die durch die Interviews gewonnenen Daten wurden nach der Methode der tiefenhermeneutischen Textinterpretation ausgewertet. Das von Leithäuser und Volmerg entwickelte Verfahren ist ein psychoanalytisch orientiertes Vorgehen, welches den Anspruch erhebt, die manifesten und latenten Sinngehalte des Textes auf unbewusste Zusammenhänge hin auszulegen, also die die sprachlichen Äußerungen determinierenden psychosozialen Strukturen und Mechanismen herauszuarbeiten. Dabei konzentriert sich der Interpret auf Widersprüche zwischen einzelnen manifesten und latenten intentionalen Gehalten des Textes.

Die einzelnen Interviews wurden in drei Schritten gemäß einer *vertikalen Hermeneutik* ausgewertet, und zwar wurde zunächst eine Kurzdarstellung der Interviewverläufe vorgenommen, anschließend eine zusammenfassende thematische Darstellung, der sich eine verallgemeinernde Interpretation anschloss. Diese durch vertikale Analyse gewonnenen Daten wurden gemäß einer so genannten *horizontalen Hermeneutik* gesichtet, das heißt, das Datenmaterial aus der Gesamtheit aller Interviews wurde dann einer vergleichenden Auswertung unterzogen. Bei der Auswertung der Interviews werden die dort getroffenen Aussagen auf ihre unbewussten und verdrängten Inhalte befragt.

Durch diese Sinnerschließungsfragen wird versucht, das Verdrängte aufzudecken und zu entschlüsseln. Da bei der Entschlüsselung des latenten Sinngehaltes des Textes Übertragungs- und Gegenübertragungsphänomene eine bedeutende Rolle spielen, sind hermeneutische Verfahren immer auch abhängig von den Gegenständen, die sie interpretieren, und von den Personen, die interpretieren: »Solche Abhängigkeiten sind nicht auflösbar« (Leithäuser u. Volmerg 1979, S. 7).

Insgesamt wurden 28 Themen herausgearbeitet. Davon wurden acht Themen horizontal hermeneutisch ausgewertet. Hier sollen nun zwei von denen beispielhaft zusammenfassend vorgetragen werden. Es geht um »Gleichbehandlung« und »kulturelle Missverständnisse«.

Gleichbehandlung

Einer der zentralen Konflikte, der durch die Ergebnisse der vorliegenden Untersuchung deutlich wird, ist die Vorstellung, es gäbe so etwas wie eine Gleichbehandlung von Patienten. Die befragten Therapeuten bedienen sich einer Gleichbehandlungsmaxime als therapeutisches Ideal und kommen zu dem Schluss, alle ihre Patienten gleich zu behandeln. Ausschlaggebend für die Planung und Durchführung einer Behandlung, so lässt sich aus der Gleichbehandlungsmaxime schließen, sei für sie die gestellte Diagnose, nicht aber die kulturellen, religiösen, ethnischen und sprachlichen Hintergründe der zu behandelnden Patienten. »*Ich denke schon, dass ich unabhängig von der Herkunft aufgrund einer gestellten Diagnose dieselben Behandlungsstrategien verfolge, es ist völlig egal, ob das jetzt ein deutscher Patient ist oder ein ausländischer Patient ist*« (I, 8).[2] Hier stellt sich zunächst die Frage, wie die Diagnosen gestellt

---

2 Die Ziffern in Klammern verweisen auf die Interviewnummer und die Textpassage des Gesamtergebnisses.

werden. *»Es ist leider nicht so selten, dass eine falsche Diagnose gestellt wird ...«* (I, 5). Auf die nicht korrekte oder falsch gestellte Diagnose folgen Behandlungen, *»... die sich nachher als nicht notwendig herausstellen, aber das ist natürlich 'ne Unwägbarkeit, die man im Moment nicht so abstellen kann«* (I, 8).

Die Frage, ob sich dadurch, dass es sich um eine Behandlung von Migranten handelt, hieraus Abweichungen zu sonstigen Therapien (denjenigen mit einheimischen Patienten) ergeben, verneinen alle Therapeuten, mit Ausnahme einer interviewten Psychotherapeutin, die deutliche Unterschiede erkennt. *»Nö, da gibt's eigentlich keinen Unterschied ... das ist ganz unabhängig vom Kulturkreis, aus dem jemand kommt.... Gleich, ob der Patient Migrant ist oder einheimisch, das spielt überhaupt keine Rolle«* (IV, 1). *»Im Prinzip sehe ich da keinen großen Unterschied zwischen der Arbeit mit – eh – deutschen Patienten und ausländischen Patienten«* (V, 1). *»... generell kann ich sagen, dass ich keinen großen Unterschied mache, ob es jetzt nun ein deutscher oder ausländischer Patient ist«* (I, 6). Die befragten Therapeuten erkennen zwar keine Unterschiede, zeigen aber in ihrer Wortwahl wie *»eigentlich«*, *»im Prinzip«*, *»keinen großen Unterschied«* und *»generell«* eine deutliche Unsicherheit in ihrer Argumentation.

Die Gesamtbetrachtung der Interviews zeigt, dass die befragten Therapeuten die Gleichbehandlungsmaxime als eine Art von Gerechtigkeitsdenken favorisieren. In Aussagen wie etwa: *»... gleich, ob der Patient Migrant ist oder einheimisch, das spielt überhaupt keine Rolle«* (IV, 1) scheint die implizite Annahme zu stecken: Wir machen keinen Unterschied zwischen unseren Patienten, es ist egal, aus welchem Kulturkreis, welcher Religion oder Ethnie jemand stammt; wir behandeln gerecht, indem wir alle Patienten gleich behandeln. Die Gleichbehandlungsmaxime wird im Sinne von vorurteilsfreier, unvoreingenommener, objektiver und daher *»gerechter Behandlung«* verstanden. Eine gerechte Behandlung setzt aber voraus, dass keiner der Beteiligten Benachteiligungen ausgesetzt ist.

Im Kontext der Therapeut-Patient-Beziehung erleben die interviewten türkeistämmigen Patienten die von den Therapeuten hochgehaltene Gleichbehandlungsmaxime als ungleiche Behandlung.

Sie nehmen das, was ihnen als Gleichbehandlung (i. S. von Gerechtigkeitsdenken) von den Therapeuten präsentiert wird, als Ungerechtigkeit wahr. Ihrer Auffassung nach wird den herkunftskulturbedingten Unterschieden nicht die notwendige Bedeutung beigemessen: *»Bei einigen Therapeuten war das schon so, dass sie mit der Sache einfach nicht zurechtkamen, weil sie Kulturunterschiede nicht sahen«* (II, 9). Für sie zeigen sich diese Unterschiede in Erziehung, Erwartungshaltung und Umgangsweise: *»... ich denke, dass deutsche und türkische oder kurdische ganz anders sind, also die Erziehung ist ganz anders, eh – die Erwartungen sind ganz anders, ja, die Kultur ist ganz einfach anders«* (II, 10). Türkeistämmige Patienten fühlen sich nicht verstanden, wenn sie sozusagen »gleich« behandelt werden. Hierdurch kommt es zur Verkennung ihrer jeweiligen Andersartigkeiten, Besonderheiten und Unterschiedlichkeiten. Dies führt zu einer, von ihnen so empfundenen, Ungerechtigkeit in der Therapeut-Patient-Beziehung.

Die Nichterfassung individueller Besonderheiten oder Unterschiede muss folglich immer zu einer Art Ungleichbehandlung führen. Einer so genannten Gleichbehandlungsmaxime kann ein Therapeut erst dann gerecht werden, wenn er auf die individuellen, kulturellen, religiösen, ethnischen, sprachlichen und geschlechtsspezifischen Besonderheiten von Patienten eingeht, diese anerkennt und wertschätzt. Wirkliche Gleichbehandlung bei bestehender Ungleichheit setzt bei allen Patienten voraus, in ihren jeweiligen Ungleichheiten zur Kenntnis genommen zu werden.

Tiefenhermeneutisch betrachtet, scheint im Festhalten an der Gleichheitsmaxime zum Ausdruck zu kommen, dass die Therapeuten dem befürchteten »Vorwurf«, sie könnten Migranten schlecht behandeln, vorbeugen möchten. Dies ist mit dem Druck verbunden, beweisen zu müssen, dass sie die Migranten nicht anders behandeln als ihre deutschen Patienten. Andererseits kann im Festhalten der Patienten, in deren Betonung der kulturellen, ethnischen und religiösen Besonderheiten, ebenfalls eine Abwehr- oder Vermeidungsstrategie erkannt werden, sich nämlich nicht mit ihren »eigentlichen Problemen« auseinander setzen zu wollen. Unbewusst wirksame Widerstände, die mit Verdrängungsmechanismen einhergehen, können zu einer Konfliktverlagerung und letztlich zum Agieren der Konflikte in der Beziehungsebene führen.

Durch die Querschnittanalyse des Interviews wird also ein Grundkonflikt in der Behandlung der Migranten deutlich, nämlich der Konflikttyp der »Gleichbehandlung oder der Ungleichheit«. Mit einem hermetischen Modell, unberührt von Kultur, Kommunikation oder Interaktion, scheint dieser Konflikt schwer lösbar zu sein. Dabei besteht die Gefahr, in der Gleichheit die Unterschiede aus den Augen zu verlieren oder in den Unterschieden die Gleichheit nicht wahrzunehmen. Die Lösung des Konflikts scheint darin zu liegen, bei der Ungleichheit eine höhere Form der Gleichheit zu finden.

Kulturelle Missverständnisse

Bei den Auswertungen der Interviews fällt auf, dass sehr häufig kulturelle Differenzen zwischen Therapeuten und Patienten erwähnt werden. Kulturelle Verständigung oder kulturelle Missverständnisse werden wiederholt als einer der wichtigsten Aspekte in der Behandlung von Migranten angegeben, und zwar, je nach Perspektive, als Bereicherung, Erleichterung und Vorteil oder auch Erschwerung, Einengung und Benachteiligung. Die Therapeuten wie auch die Patienten sind sich darüber einig, dass es für eine erfolgreiche Behandlung von großer Bedeutung ist, wenn beide aus dem gleichen Kulturkreis stammen. Die Therapeutin Frau Ruppert sieht es als Idealvorstellung an:

»… wenn wirklich jeder, der hier solche Hilfe braucht, die von jemandem bekommen könnte, der aus seiner Kultur kommt. Ja, nicht nur muttersprachlich, das reicht eigentlich nicht, sondern wirklich, dass jemand, der aus der gleichen … aus derselben Kultur stammt, der dieselben Bedeutungen kennt, der den gleichen Hintergrund hat. Also nicht nur dieselben Vokabeln, sondern die gleichen Bedeutungen kennt« (VI, 3).

Umgekehrt sehen die Therapeuten kulturelle Differenzen als erschwerend in der therapeutischen Interaktion an: »*Je nachdem, aus welchem Kulturkreis jemand kommt und wie fit jemand sprachlich ist, ist die Arbeit mühseliger, die Zeit für 'ne Verständigungsbasis zu finden«* (V, 1). Für einen Therapeuten ist es in einer solchen Situation schwieriger, kulturspezifische Aussagen entsprechend dem Symptomwert zuzuordnen:

»Es gibt immer wieder ... kulturspezifische Aussagen von Patienten, die für uns z. B. auch psychotisch anmuten, weil sie, wenn man sie so als Deutscher betrachtet, schon eine psychotische Botschaft vermitteln, die aber aus der Landessituation heraus so gar nicht gemeint sind und auch wirklich keine psychotische Symptomatik beschreiben« (I, 15).

Als erschwerend wird ebenso die eigene Unsicherheit des Therapeuten erlebt, die sich auf den Gesamtkontext seines Patienten bezieht, wenn er oder sie einem anderen bzw. fremden Kulturkreis entstammt: *»Ich bin – wie ich mich selber erlebe – manchmal etwas unsicher, ob ich dem unterschiedlichen kulturellen Stellenwert einzelner Gesten gerecht werde, d. h., ob ich da nicht falsch verstanden werde«* (I, 6). Diese Unsicherheit geht bei einigen Therapeuten sogar so weit, dass sie nicht mehr wissen, wie sie mit der Situation umgehen sollen: *»Ich weiß es nicht, wie die Lösungsmöglichkeit in ihrer Kultur aussieht. Ich bin einfach fassungslos. Ich weiß es nicht, was richtig, was falsch, was normal, was nicht normal ist«* (VI, 4). Man sei sogar: *»oft sehr hilflos«. »Da kriegt man einfach keinen Fuß rein«* (V, 4). Trotz der Bereitschaft der Therapeuten, über die Herkunftskultur ihrer Patienten etwas zu erfahren und Rahmenbedingungen für eine bessere Verständigung zu schaffen, haben ihre Bemühungen nur eingeschränkt Erfolg:

»Bei allem Bemühen, was über die Religion und die Kultur zu erfahren, ..., kann das natürlich nur bruchstückhaft sein, so dass da doch oft Probleme im Verständnis auftreten, einfach weil ich die Hintergründe nicht so durchschauen kann« (I, 2).

Auch die interviewten türkischen Patienten legen großen Wert darauf, dass sie von jemandem behandelt werden, der aus der gleichen Kultur stammt oder ihre Herkunftskultur kennt: *»Die deutschen Therapeuten sind auch als Menschen sehr gut. Ich habe ihnen gegenüber keine Vorurteile. Aber ich finde die türkischen Therapeuten mir sehr viel näher, weil sie meine Kultur kennen«* (III, 18).

Beide Seiten vertreten dieselbe Ansicht, dass kulturelle Diffe-

renzen als Hindernis in der Therapeut-Patient-Interaktion anzusehen ist. Für die Therapeuten ebenso wie für die Patienten ist Kultur ein Orientierungssystem. Möglichkeiten einer gemeinsamen
Verständigung werden hieran festgemacht.

Beide Seiten nehmen die jeweiligen Gegenseiten aus einer bestimmten Perspektive wahr. Ihre Interpretation des Wahrgenommenen und ihr interaktionaler Kontext unterliegen einer kulturspe-
zifisch/normativen Bewertung. In diesem Zusammenhang versteht
Thomas (2000) Kultur als: »… ein gemeinsames, für alle verbind-
liches System von bedeutungshaltigen Zeichen …, das es ihnen erlaubt, die Welt und sich selbst in einer bestimmten Art wahrzunehmen, zu interpretieren und zu behandeln, und zwar in einer Weise,
wie es die eigene Gemeinschaft akzeptiert und versteht« (S. 231).

Frau Erim berichtet über die von ihr geleitete ambulante muttersprachliche Gruppentherapie für türkeistämmige Patientinnen,
dass die Voraussetzung, an der halb offenen psychoanalytisch orientierten Gruppe teilzunehmen, unter anderem der ausdrückliche
Wunsch der Patientinnen nach einer muttersprachlichen Therapie
sei:

»Die meisten Patientinnen hatten ausreichende Kenntnisse der deutschen
Sprache, legten jedoch Wert darauf, sich in der Therapie in ihrer Muttersprache auszudrücken. Hinzu kam, daß einige Patientinnen in voraus-
gegangenen Behandlungen den Eindruck hatten, mit ihren kulturspezi-
fischen Problemen nicht verstanden worden zu sein. In einigen Fällen
hatten die Patientinnen aus diesem Grund die Therapie abgebrochen, bei
anderen hatten die Vorbehandler sich nicht kompetent gefühlt und hatten die Patienten an unsere Ambulanz weiterverwiesen« (Erim 2001,
S. 160).

Die Patienten orientieren sich nach eigenen Bedürfnissen und nach
den Vorgaben ihrer Herkunftskultur, nicht aber nach anderen, ihnen fremden, neuen Orientierungssystemen. So wie es in der jeweiligen Situation passt, wird die eigene Herkunftskultur bzw. die
Herkunftskultur der Eltern angenommen oder abgelehnt. Fühlt
man sich von deutschen Therapeuten nicht verstanden, wandert
man zu einem muttersprachlichen Therapeuten, ohne sich dabei
mit den intrapsychischen Beweggründen dieser Wanderschaft auseinander zu setzen.

Das Zurückgreifen auf die Herkunftskultur kann der Abwehr dienen, sich auf die hiesige Gesellschaft einzulassen. Von der Ebene der Persönlichkeitsstruktur her betrachtet, kann man hierin einen Widerstand erkennen, sich mit anstehenden Konflikten zu befassen. In der Erlebniswelt von einigen Patienten haben diese Elemente Formen eines Rituals (z. B. Gastgeberkultur) angenommen. Hier scheint eine Allianz zwischen konservativen Aspekten der Herkunft (i. S. der nicht veränderbaren Teile der Kultur) und unauflösbaren und unüberwindbaren Teilen des Selbst, die im unbewussten Festhalten an der Krankheit zum Ausdruck kommen, zu bestehen. Die konservative Seite, im Sinne der bestehenden Krankheit, ist mit den unabänderlichen, also konservativen Teilen der Kultur ein Bündnis eingegangen. Beide stehen in einem reziproken Verhältnis zueinander in der seelischen Welt der Patienten und beeinträchtigen ihre psychische Gesundheit. Alles, was in Richtung Veränderung geht, wird von ihnen mit der Begründung, dass es kulturell, traditionell, ethnisch, religiös und geschlechtsspezifisch sei, als unpassend verworfen. Das, was ihr System unterstützt, wird als angenehm erlebt und angenommen. Starres Festhalten an Normen und Wertvorstellungen der Herkunftskultur geht mit der Entstehung und Entwicklung der Krankheit einher und verhärtet das gesamte System.

Die zwischen konservativer Kultur und konservativer Krankheit entstandene Allianz spiegelt sich auch in der Beziehung von türkeistämmigen Patienten zu den muttersprachlichen Therapeuten wider. Die Ablehnung der deutschen Therapeuten mit der Begründung »sie verstehen mich nicht« ist unter anderem auch ein Hinweis auf unbewusste Widerstände, die besonders während der Problemkonfrontation auftreten. Auch bei muttersprachlichen Therapeuten werden Gründe für einen Therapeutenwechsel gefunden, wenn es zur Konfrontation kommt: »Zudem ist deutlich, daß die Patienten versuchen, aus der Kultur- oder Sprachbarriere einen sekundären Gewinn zu ziehen« (Muensterberger 1982, S. 879). Und an anderer Stelle: »Traditionsgemäßes Verhalten dient also dazu, subjektive Konflikte zu verschleiern« (S. 869).

»In einem neurotischen Über-Ich-Konflikt werden bestimmte Erlebnisinhalte durch verschiedene Abwehrmechanismen wieder

aus dem Bewußtsein ausgeschlossen; im transkulturellen Grundkonflikt bleiben all die Interaktionsformen und Erlebnisinhalte, die
nicht in die neue Sprache überführt und verhandelt werden können, völlig aus dem Bewußtsein ausgeschlossen. Es entstehen nach
Lorenzer Klischees, die nicht mehr symbolfähig sind; die Einheit
von Integrationsform und Sprachfigur zerbricht; der Konflikt findet in Symptomatik, in Somatisierung und Depression einen nicht
symbolischen Ausdruck« (Kohte-Meyer 1999, S. 89).

Überbetonung oder Verleugnung

Eines der Ergebnisse der vorliegenden Untersuchung ist, dass die
Therapeuten, die im interkulturellen Setting arbeiten, dazu neigen,
kulturelle Differenzen über- bzw. unterzubewerten.

Zwischen den Therapeuten und Patienten besteht – zumindest
bei den in dieser Arbeit untersuchten Beispielen – Einigkeit darüber, dass die Patienten von muttersprachlichen Therapeuten behandelt werden sollten. Dabei drängt sich der Eindruck auf, dass
die hervorgehobenen kulturellen Differenzen, die beide Seiten für
die Verständigungsschwierigkeiten verantwortlich machen, von
beiden Seiten jeweils überbetont werden. Und zwar scheinen sowohl die Therapeuten als auch die Patienten Kulturbedingtheiten
häufig im Sinne einer Abwehrmaßnahme einzusetzen. Kulturelle
Zusammenhänge müssen als Begründung dafür herhalten, dass
Differenzen in der Beziehung beider Seiten nicht geklärt werden.
Vorschnell wird etwas als kulturell angesehen und überbewertet,
was nicht kulturell begründet ist, oder es werden kulturelle Deter-
miniertheiten übersehen oder hierüber wird hinweggegangen. Ein
gut funktionierender Verdrängungsmechanismus namens kultureller Unterschied führt wohl dazu, dass die Therapeuten wie auch die
Patienten nicht die Aspekte ihrer Verschiedenheit und Gemeinsamkeit sehen, die sie sehen könnten und da scheinbar unüberwindbare
Diskrepanzen sehen, die nicht vorhanden sind.

Mit Ausnahme von einem interviewten Therapeuten (Herrn
Lang) zeigen die hier befragten kaum Bereitschaft, ihre ethnokul-
turelle Fremdheit zu überwinden und fremdkulturelle Hintergründe

ihrer Patienten nicht als Hindernis im therapeutischen Prozess, sondern als Bereicherung, als Chance anzusehen. Leider wird dann die Möglichkeit nicht genutzt, dass der kulturelle Kontext vielerlei Aspekte als Projektionsfläche bietet, beispielsweise für Phantasien, Wünsche, Verlusterlebnisse, Trauer, Bedrohung, Ängste und Aggressionen. Reflexionen kultureller Zuschreibungen seitens der Therapeuten und Patienten könnten den therapeutischen Prozess effektiver vorantreiben: »Eine zureichende Möglichkeit bietet der Übertragungsprozess, in dem die Beziehungsmuster deutlich werden. Die kulturellen Zuschreibungen werden dazu genutzt, die Übertragungsbeziehung zu inszenieren« (Quindeau 1996, S. 120).

Fişek und Schepker unterscheiden zwei Vorannahmen, wenn Therapeut und Patient im interaktionalen Kontext unterschiedlichen Kulturen angehören: »Ein *Alpha-Bias* beschreibt eine Überbetonung des Unterschiedes zwischen zwei Kulturen. Ein deutscher Therapeut würde dann die Unterschiede in Verhalten, Wertmaßstäben und Moral zwischen zwei Kulturen als so groß ansehen, dass es äußerst schwierig wird, eine gemeinsame Basis zu finden. Ein *Beta-Bias* beschreibt eine Verleugnung der Unterschiede zwischen den Kulturen. Dieser Voreinstellung liegen Aussagen zugrunde wie ›wir sind alle Teil der Menschheit‹. Dies ist zunächst unwiderlegbar. Das Problem besteht darin, dass die zugrundeliegende Annahme der Gleichheit oft bedeutet ›mit mir selbst gleich‹, wodurch die Qualitäten des Anderen nicht genau gesehen werden können« (1997, S. 402).

In der hier vorgelegten Untersuchung ist bei den Therapeuten ein Alpha-Bias als auch ein Beta-Bias festzustellen. Während bei Frau Ruppert, Frau Klein und Herrn Kaiser eine Überbetonung (i. S. von Alpha-Bias) der kulturellen Unterschiede zu beobachten ist, spielt bei Herrn Lang eine Verleugnung eine Rolle. So sagt Frau Ruppert: *»Ich weiß es nicht, wie die Lösungsmöglichkeit in ihrer Kultur aussieht. Ich bin einfach fassungslos. Ich weiß es nicht, was richtig, was falsch, was normal, was nicht normal ist«* (VI, 4). Für Herrn Kaiser ist es schwierig, die kulturellen und religiösen Hintergründe von Migranten-Patienten zu verstehen: *»... so dass da doch oft Probleme im Verständnis auftreten, einfach weil ich die Hintergründe nicht so durchschauen kann«* (I, 2).

In Herrn Langs Haltung wird eine Beta-Bias deutlich. Er vernachlässigt Unterschiede zwischen Deutschen und Migranten, wie es folgende Äußerungen widerspiegeln: *»Menschen sind unterschiedlich«* (IV, 5). *»Auch viele Deutsche haben manchmal merkwürdige subjektive Anatomievorstellungen. Das ist also nicht jetzt 'ne Besonderheit von Migranten«* (IV, 6). *»Ein deutscher Hypochonder denkt genauso magisch wie ein anatolischer Bauer, er spricht aber besser Deutsch ...«* (IV, 21).

Es gilt festzustellen, dass eine durch multikulturelle Vielfalt gekennzeichnete gesellschaftliche Lebensform zu differenziertem psychotherapeutischen Handeln gelangen sollte. Dabei werden kulturelle Besonderheiten wahrgenommen, Bedeutungszusammenhänge hergestellt, reflektiert und im therapeutischen Prozess für die Heilung der Patienten bearbeitet. Die therapeutische Arbeit im interkulturellen Feld erfordert deshalb Fähigkeiten, wie sie Rommelspacher anspricht, nämlich verschiedene psychologische Aspekte bezüglich deren Wirksamkeit vorurteilsfrei und hinsichtlich eigener Gegenübertragungsgefühle zu reflektieren und gegebenenfalls untereinander neu zu gewichten (Rommelspacher 2000).

Eine Neugewichtung des Unbekannten kann von der grundsätzlichen Überlegung ausgehen, dass: »Fremdheit ... keine Eigenschaft [ist], auch kein objektives Verhältnis zweier Personen oder Gruppen, sondern die Definition einer Beziehung. Wenn man so will, handelt es sich bei der Entscheidung, andere als Fremde einzustufen, stets um eine Zuschreibung, die oft auch anders hätte ausfallen können. Es gibt in diesem Zusammenhang keine Automatismen, sondern nur Bedeutungsinvestitionen« (Hahn u. Willems 1993, S. 39).

Literatur

Erim, Y. (2001): Muttersprachliche Gruppentherapie mit türkeistämmigen Migrantinnen. Gruppenpsychother. Gruppendyn. 37: 158–176.
Fisek, G. O.; Schepker, R. (1997): Kontext-Bewußtheit in transkulturellen Psychotherapie: Deutsch-türkische Erfahrung. Familiendynamik 22: 396-413.

Hahn, A.; Willems, H. (1993): Fremdheit und (gruppen)-therapeutische Intimität. In: Werkstattberichte zum Thema »Das Eigene und das Fremde: Ein Versuch zum Nationalgefühl«. In: Heft 2/1993 des DPG-Arbeitskreises Psychoanalyse und Kultur.

Kohte-Meyer, I. (1999): Spannungsfeld Migration: Ich-Funktionen und Ich-Identität im Wechsel von Sprache und kulturellem Raum. In: Pedrina, F.; Saller, V.; Weiss, R.; Würgler, M. (Hg.): Kultur, Migration, Psychoanlyse. Therapeutische Konzequenzen theoretischer Konzepte. Tübingen.

Leithäuser, T.; Volmerg, B. (1979): Anleitung zur empirischen Hermeneutik. Psychoanalytische Textinterpretation als sozialwissenschaftliches Verfahren. Frankfurt a. M.

Muensterberger, W. (1982): Versuch einer transkulturellen Analyse: Der Fall eines chinesischen Offiziers. Psyche – Z. Psychoanal. 36: 865–887.

Quindeau, I. (1996): Fremdheit und Übertragung. Probleme im interkulturellen therapeutischen Prozeß. In: Kiesel, D.; Kriechhammer-Yagmur, S.; von Lüpke, H. (Hg.): Gestörte Übertragung. Ethno-kulturelle Dimensionen im psychotherapeutischen Prozeß. Arnoldshainer Texte. Band 92. Frankfurt a. M.

Rommelspacher, B. (2000): Interkulturelle Beziehungsdynamik in Beratung und Therapie. In: Strauß, B.; Geyer, M. (Hg.): Psychotherapie in Zeiten der Veränderung. Historische, kulturelle und gesellschaftliche Hintergründe einer Profession. Wiesbaden.

Thomas, A. (2000): Forschungen zur Handlungswirksamkeit von Kulturstandards. Handlung, Kultur, Interpretation. Zeitschrift f. Sozial- und Kulturwissenschaften 9: 231–279.

Margarete Haaß-Wiesegart

Psychotherapietransfer nach China – Erfahrungen in einem interkulturellen Experiment

Der gewaltige ökonomische, kulturelle und soziale Umbruch in China hat eine individuelle Dimension. Zunehmend sind mehr Menschen in ihrer psychischen Integrationsleistung überfordert. Psychische Not ebnet Unterschiede ein, auch kulturelle, und eröffnet dadurch der psychotherapeutischen Behandlung Chancen. Seit 17 Jahren gibt es eine Kooperation zwischen etwa 50 deutschen und chinesischen Psychiatern und Psychologen auf dem Gebiet der Psychotherapie. Sie umfasst Symposien, Ausbildungsprogramme, einen Kongress, Wissenschaftleraustausch, Dozenturen, fortlaufende Supervisionsgruppen und Forschungsprojekte.

Dass die Kooperation keinem offiziellen Regierungsprogramm angehört, sondern auf einer privaten Initiative beruht, gab uns eine Freiheit der Lehre und des Experimentierens auch zu noch kontrollierteren Zeiten in China. Andererseits ist es oft mühsam, finanzielle Unterstützung zu finden. Unsere Kooperation ist mit der Entwicklung Chinas verknüpft. Ich beginne daher mit unserem Pionierprojekt.

Die Wurzeln des deutsch-chinesischen Psychotherapie – Transfers seit der Kulturrevolution

Der Ausgangspunkt unserer Zusammenarbeit war die Begegnung mit China als mit dem Tod Mao Tse Tungs eine Ära zu Ende ging. Das Ende der Kulturrevolution war die Geburtsstunde einer neuen Entwicklung, die bis heute andauert.

Als ich 1976 nach China kam, fand ich dort nicht die erwarte-

ten Antworten auf meine Fragen, sondern stieß auf eine Gesellschaft, die mit viel Anstrengung dabei war, die Kulturrevolution
mit ihrer Auswirkung in allen Bereichen abzuschütteln. Die soziale
Armut zeigte sich in vielfältiger Form. Ganze Familien lebten in
einem Raum. Mit anderen Familien teilten sie die Küche auf dem
Hausflur. Industriegüter und Lebensmittel waren rationiert. Das
monatliche Durchschnittseinkommen betrug damals in Peking 30
Yuan – etwa 15 Euro. Die Reform begann.

Die Psychiatrien wurden – wie alle Einrichtungen – nach dem
Auszug der Arbeiter-, Bauern- und Soldatenräte offiziell wieder
einer fachlichen medizinischen Leitung unterstellt, die Adminis-
tration blieb in Parteihand. Das ist bis heute so.

Während der Kulturrevolution gedemütigte Professoren, Lehrer
und Psychiater, ja selbst eine ganze Wissenschaft, die Psychologie,
wurden rehabilitiert. Nach zehn Jahre Abstinenz fand 1978 die
erste offizielle Vorlesung über Pawlow an der Universität Peking
statt.

Bis Mitte der 80er Jahre gab es noch kein offizielles psychiatri-
sches Lehrbuch – von Psychotherapie ganz zu schweigen. Lehrma-
terialien wurden als »neibu« (»nicht für die breite Öffentlichkeit
zugänglich«) eingestuft, sie wurden von jeder Klinik extra für den
internen Gebrauch erstellt.

Gespräche im intimen Rahmen, die jeder öffentlichen Kontrolle
entzogen waren, waren wenig üblich. Die chinesischen Kollegen
begannen, mit großem Engagement an der Entwicklung vor der
Kulturrevolution anzuknüpfen und gleichzeitig den Anschluss an
die internationale Entwicklung zu suchen. Die ersten internationalen Aktivitäten galten der des DSM-III, dann der Einführung des
Internationalen Diagnoseschlüssels durch von der WHO durchgeführte Seminare. In dieser Zeit des Aufbruchs fand das erste
deutsch-chinesische Symposium statt.

Das erste deutsch-chinesische Symposium für Psychotherapie 1988

Zusammen mit Kathrin Scheerer war ich auf der deutschen und Prof. Wan Wen Peng aus Kunming auf der chinesischen Seite für die Organisation zuständig. Kunming, an der Straße zu Burma gelegen, war im Zweiten Weltkrieg ein umkämpftes Gebiet. Nach der Gründung der Volksrepublik China 1949 wurde für durch Krieg und Bürgerkrieg traumatisierte Soldaten eine Psychiatrie gegründet. Wan Wen Peng, der Ende der 50er Jahre in der Antirechtskampagne nach Yunnan ging, war der erste voll ausgebildete Mediziner in dieser Klinik. Seine Suche nach Beweggründen der Unterschiedlichkeiten menschlichen Verhaltens ließen ihn über nationale Minderheiten in Yunnan forschen und ließen ihn offen sein für die neuen Behandlungsmethoden aus dem Westen. Er wurde zur Vaterfigur einer ganzen Generation heranwachsender Psychotherapeuten in unseren Projekten.

Für das erste deutsch-chinesische Symposium für Psychotherapie 1988 schrieb Wan Wen Peng die wichtigsten 300 Einrichtungen des Landes persönlich an. Sein Ansehen, seine bekannte Integrität und sein Mut auch gegen zeitweisen Widerstand aus Peking, der die Wucht kulturrevolutionärer Machtstrukturen ahnen ließ, führte dazu, dass das Symposium mit 110 Teilnehmern stattfinden konnte. Die längste Anreise eines Teilnehmers dauerte sieben Tage. Es wurde erstmals systemische Familientherapie nach China eingeführt, eine individualisierte Verhaltenstherapie dargestellt, welche die Beziehungsebene mit einschließt, Gesprächstherapie und psychoanalytische Therapie angeboten. Die dargestellten Fälle im Plenum waren noch gezeichnet von der kulturrevolutionären Vorsicht. Die Patienten litten vorwiegend unter Schlafstörungen und psychosomatischen Symptomen.

Es war das Nachdenken über sich selbst, das Begreifen der eigenen Rolle im therapeutischen Prozess, der Beginn des Verstehens psychodynamischer Grundlagen und eine andere, die systemische Sichtweise, die die chinesischen Kollegen beeindruckte. Der zurückhaltenden Vorsicht der älteren Teilnehmer stand die unerschrockene Offenheit der jungen Kollegen gegenüber.

Die Übersetzer waren berühmte chinesische Psychiater, die trotz großem persönlichen Leid in der Kulturrevolution an der Gestaltung für eine bessere Behandlung psychisch Kranker engagiert mitwirkten. Sie beschlossen unter dem Eindruck der Aufbruchstimmung dieses Symposiums, die Chinese Association for Psychotherapy and Counselling zu gründen.

Einer der begeisterten Teilnehmer in Kunming war der Psychiater Zhao Xudong. Er lernte Deutsch und promovierte bei Prof. Stierlin in Heidelberg über die Einführung von Familientherapie nach China als kulturelles Experiment.

Mit der gesellschaftlichen Entwicklung Chinas ist auch unser nächster Schritt verbunden.

Verwestlichung der Symptome

China entwickelt sich seit den 90er Jahren wie im Zeitraffer. Dies gilt vor allem für die Ostküste, die großen Städte im Süden und Sonderwirtschaftszonen und Provinzhauptstädte. Sie sind von einer ungeheuren Aufbruchstimmung geprägt. Manche Stadtviertel, die heute noch stehen, sind wenige Monate später durch neue ersetzt. Der ökonomische Aufschwung mit einem jährlichen Anstieg des Bruttosozialprodukts von 6 bis 9 Prozent hat jedoch auch eine Kehrseite.

Die soziale Auflösung in dieser Umbruchgesellschaft führt in den Städten zu einer »Verwestlichung« psychischer Probleme. Blieb die Zahl schizophrener Patienten relativ stabil, so wächst die depressiver Symptomatik. Die vorsichtigeren Schätzungen sprechen von 20 Millionen Depressiven. Alkoholprobleme, früher kein Thema in weiten Teilen Chinas, werden ein massives Phänomen. Die Drogenabhängigkeit steigt rapide. Zwänge, soziale Ängste, Essstörungen und psychosomatische Beschwerden nehmen zu. Die Suizidquote ist mit fast 300 000 Toten jährlich auch im internationalen Vergleich erschreckend hoch.

Unter dem Versorgungsdruck wurden die psychiatrischen Betten in den urbanen Zentren erhöht, neue Kliniken gegründet, Ambulanzen ausgebaut, Hotlines und Beratungszentren eingerichtet.

Aus Japan wurde die Morita als stationäre psychotherapeutische Behandlung übernommen. Der Bedarf nach qualifizierter psychotherapeutischer Behandlung wuchs.

Nach zwei weiteren Symposien in Qingdao und Hanghzhou fiel daher die gemeinsame Entscheidung, eine mehrjährige Psychotherapieausbildung zu organisieren. Um einen Rahmen für die weitere Zusammenarbeit zu haben, gründeten wir 1995/96 die Deutsch-Chinesische Akademie für Psychotherapie. Wir begannen mit einem zweiten Pionierprojekt.

Das erste deutsch-chinesische Ausbildungsprojekt für Psychotherapie in China

Mit der Ausbildung (1997–1999) wurde erstmals in China eine dreijährige psychotherapeutische Ausbildung in psychoanalytischer Therapie, Verhaltenstherapie (inklusive Hypnotherapie) und systemischer Familientherapie durchgeführt, die sich an internationale Standards anlehnte.

Von 300 Bewerbern suchten die chinesischen Lehrtherapeuten 130, meist Psychiater und einige Psychologen im Alter von 28 bis 50 Jahren, aus. Sie kamen aus 21 Provinzen. Drei Jahre lang fanden zweimal im Jahr siebentägige Seminare statt. Um die Kollegen in ihrer Aufbauarbeit zu unterstützen, wanderten wir mit den Seminaren nach Kunming, Peking, Shanghai, Wuhan, Chengdu, Shanghai und wieder Kunming. Das Ritual der offiziellen Eröffnung jedes Seminars mit örtlichen hochrangigen Vertretern des Kooperationspartners und aus der Gesundheitsbehörde diente auch dazu, die Kollegen vor Ort in ihrer Aufbauarbeit zu unterstützen.

Die Teilnehmer erstellten zwischen den Seminaren Therapieprotokolle. Die Ausbildung schloss mit einem zweitägigen Symposium, das von den Teilnehmern inhaltlich mitgestaltet wurde, und einer Abschlussarbeit.

Es fand enge Kooperation der drei Therapierichtungen Psychoanalyse, Verhaltenstherapie und systemische Familientherapie statt. Die Abendvorträge und Live-Interviews mit Patienten wurden von allen Ausbildungsteilnehmern gemeinsam besucht.

Die Abendveranstaltungen waren für alle Kollegen am Seminarort offen, so dass sie mit 200 bis 400 Teilnehmern je nach Ort den Charakter von Abendkongressen hatten.

Selbsterfahrung

Ziel der Selbsterfahrung, trotz engem zeitlichen Rahmen, war, wenigstens einen Prozess der Auseinandersetzung mit sich selbst anzustoßen. In Familientherapie- und Verhaltenstherapie hatten die Teilnehmer neben Selbsterfahrungselementen in der Gruppe ein einstündiges Gespräch über persönliche Entwicklungsfragen, das bei darauf folgendem Kurs ein halbes Jahr später ein- bis zweimal fortgeführt wurde. Die psychoanalytischen Kollegen boten allen Teilnehmern fünf Gespräche von 45 Minuten Dauer über fünf Tage hinweg an. Die innere Bereitschaft der chinesischen Teilnehmer, ihre persönlichen Fragen zu klären, war in allen bisherigen Ausbildungsprojekten überwältigend. In den Lebensgeschichten wird die Traumatisierung ganzer Generationen durch Krieg, Bürgerkrieg und Kulturrevolution spürbar.

Wie sehr die chinesischen Kollegen von den durch die Ausbildung gewonnenen Perspektivwechseln auf sich selbst und ihre Arbeit profitieren, zeigt der bis heute dringende Wunsch nach mehr fortlaufenden Supervisionsgruppen unter deutscher Leitung.

Diskussionsforum

Da die Ausbildung für junge Ärzte und Psychologen, die in ihren Einrichtungen die Psychotherapie aufbauten, der einzige kontinuierliche Treffpunkt war, richteten wir ein abendliches chinesisches Diskussionsforum für aktuelle Fragen ein.

Die erste »zhong de ban« oder »chinesisch-deutsche Klasse« hat inzwischen einen fast legendären Ruf. Durch Intervisionsgruppen der Teilnehmer während der Ausbildung und einem ausbildungsinternen »Newsletter« auch über die Therapieschulen hinweg entstand ein Netzwerk, das zum Teil bis heute trägt. Viele Teilnehmer sind heute Leiter und Leiterinnen von psychiatrischen Kliniken oder Beratungsstellen oder in der Gesundheitsbehörde in hohen Positionen tätig. Die 2002 gegründete Qualitätskommission für Psychotherapie am Gesundheitsministerium der Volksrepublik China ist mehrheitlich von Teilnehmern des ersten Ausbildungsprojektes besetzt.

Aber auch die weiteren deutsch-chinesischen Ausbildungsprogramme seit 2000 wurden zu einer Fahrkarte für die Karriereleiter vieler chinesischer Kollegen. Der Aufstieg in hohe Positionen, oft verbunden mit der Aufgabe psychotherapeutischer Arbeit, kann ein Rückschritt für die Klinik bedeuten. Immer noch ist die Zahl der psychotherapeutisch tätigen Kollegen gering und der Aufbau ganzer Zentren mit wenigen Personen verknüpft.

Ein Pionierprojekt lässt sich nicht wiederholen, aber es hat alle weiteren Ausbildungsprogramme geprägt. Über die Therapieschulen hinweg gibt es Erfahrungen, wie der Transfer stattfindet.

Der gelungene Transfer von Psychotherapie ist eine kollektive Leistung

Freiheit durch »Ignoranz« oder die Aufgabe der Kontrolle
Die anfängliche Erwartung der deutschen Lehrer, ein Curriculum zu entwerfen, das die spezifischen chinesischen Bedingungen berücksichtigen soll, veränderte sich. Der Entwurf der Curricula kann nur auf dem Hintergrund der eigenen spezifischen Erfahrung im Westen erfolgen. Die Rückbesinnung auf die Einbezogenheit in die eigene Kultur und die Klarheit, dass wir als deutsche Lehrer nicht in der Lage sind, westliche Psychotherapie auf China zu transferieren, entlastete die Lehrer sehr deutlich. Dies bedeutet, die Kontrolle darüber, wie und was die chinesischen Kollegen umsetzen, aufzugeben. Neue deutsche Lehrtherapeuten durchlaufen fast immer einen solchen Prozess der Rückbesinnung. Ziel und Grundlage der Deutschen ist nur die Wissensvermittlung. Dieser dienen die auch für chinesische Begriffe hohen Anforderungen an die Erlangung eines Zertifikates.

Transferleistung der chinesischen Lehrer
Erfahrene chinesische Kollegen wirkten in der ersten Weiterbildung als Lehrer und Übersetzer. Die Seminarsprache war Englisch und Chinesisch, auch Deutsch sprechende chinesische Kollegen waren sehr hilfreich. Bei den weiteren Ausbildungsprojekten lösten frühere Teilnehmer die ältere Generation ab.

Die chinesischen Lehrer übernahmen mit dem Unterricht der ersten beiden Tage eines Seminars und der dann folgenden täglichen Diskussionsstunde für offen gebliebene Fragen einen wichtigen Part im Transfer der westlichen Therapien in den chinesischen Kontext. Die von ihnen übersetzten Ausbildungsmaterialien umfassen 500.000 Schriftzeichen. Im Falle der systemischen Familientherapie musste Zhao Xudong neue Begrifflichkeiten schaffen. Durch die Wahl der Schriftzeichen werden damit Interpretationen gleich mitgeliefert.

Auszubildende als Experten

Die Aufgabe des Transfers wurde an die Teilnehmer zurückgegeben. Anders als in einer Ausbildungsgruppe in Deutschland waren damit die chinesischen Teilnehmer Ausbildungsteilnehmer als auch die eigentlichen Experten für die Übertragung des Gelernten auf ihre spezifische Situation im Umgang mit ihren Patienten. Wenn man bedenkt, dass ein chinesischer Psychotherapeut in Shanghai in einem völlig anderen Kontext arbeitet als seine Kollegin in Harbin, dem verarmten Nordosten, oder im armen ländlichen Yunnan, kann man verstehen, welche individuelle Leistung der Übertragung von den Kollegen verlangt wird, Gelerntes in die örtlichen Sprache und den sozialen Kontext zu übersetzen.

Der psychosoziale Kontext

Im Folgenden stelle ich einige der Stressfaktoren für Chinesen und ihre Beziehungswelten dar, mit denen wir auch im Rahmen unseres Projektes in der Zusammenarbeit mit Kollegen, in den Fallarbeiten, Selbsterfahrung und Supervision konfrontiert wurden.

Auflösung sozialer Bezugspunkte und sozialer Sicherung
Mit dem Schließen riesiger maroder Staatsbetriebe im Nordosten
entfällt auch der soziale Bezugspunkt. Alkoholkonsum, der im
Norden schon vor 20 Jahren existent war, als im Süden ein Korsa-
kow-Syndrom noch als exotisch empfunden wurde, nimmt rasant
zu.

Einem Betrieb, einer »danwei«, gehörte man ein Leben lang an.
Er stand in der Hierarchie über der Familie und hatte Kontroll- und
Fürsorgefunktion, regelte die Geburtenquote, Heirat, Wohnung
und Beerdigung und zahlte die Rente und den Krankenhausaufent-
halt.

Mit der Privatisierung der Wirtschaft wird die soziale Sicherung
privat. Oft fehlt sie. Eine Kollegin aus Harbin sieht darin die Gründe, dass trotz Ansturms auf die Ambulanz Betten in der Psychiatrie zeitweise nicht belegt waren.

Entwurzelung
Der Verlust einer sozialen Identifikation trifft viele. Man nimmt an,
dass etwa 100 Millionen Menschen auf der Suche nach Arbeit
durchs Land fluten. Man schätzt, ein Drittel der Einwohner der 17-
Millionen-Stadt Shanghai sind »wai di ren«, Menschen von frem-
dem Boden.

Junge Städte
Viele junge Menschen verlassen Heimat und Herkunftsfamilie, um
in den freieren, neu gegründeten Städten ihr Glück zu suchen. In
Shenzhen, einer 20 Jahre alten Sechs-Millionen-Stadt an der Grenze zu Hongkong, liegt das Durchschnittsalter unter 30 Jahren. Der
Druck auf die jungen Paarbeziehungen in der Fremde ist dabei
enorm.

Auflösung traditioneller Familienstrukturen
Vor allem in den urbanen Zentren gibt es eine Auflösung der Mehr-
generationsfamilie zugunsten der Kleinfamilie. Die Kluft zwischen den Generationen ist sehr groß.

Die »kleinen Prinzen«

Kostbare Einzelkinder sind unter dem Druck, die Delegation der Eltern und Großeltern erfüllen zu müssen, in extremer Weise den unterschiedlichen Beziehungskonzepten ausgeliefert. Zu Hause als Einzelkinder im Mittelpunkt, viel gefüttert und wenig gefordert, sind sie in der meist sehr autoritär geführten Ganztagsschule in Klassen mit 50 bis 70 Kindern mit Hierarchie, sozialem und Leistungsdruck konfrontiert. Viele reagieren mit psychosomatischen Störungen, Ängsten und Aggression.

Angepasstheit versus Autonomie

Ein anderes Phänomen sind die angepassten Jugendlichen, welche die Schule unter dem Schutzdach der Eltern noch schaffen, aber an der Universität sozialphobisch reagieren oder depressiv werden. So haben viele der großen Universitäten Studentenberatungen eingerichtet, die immer häufiger in Anspruch genommen werden.

Wanderer zwischen zwei »Beziehungswelten«

Chinesen heute sind »Wanderer zwischen verschiedenen Beziehungskonzepten«, nämlich eines kollektiven und individualistisch orientierten Konzepts.

Kollektive Beziehungsstrukturen

Die knapp zweitausend Jahre alte Ethik des Konfuzius prägte eine hierarchisch-patriarchalische soziale Beziehungsordnung. In dieser Ordnung gab es fünf zentrale Beziehungen: Fürst und Diener, Vater und Sohn, Gatte und Gattin, älterer Bruder und jüngerer Bruder, Freund und Freund. Frauen hatten eine untergeordnete Bedeutung. Die interaktionellen Regeln für Menschlichkeit (»Ren«) und Sitten (»Li«) galten gesellschaftlich und familiär. Ren und Li sind nicht universell. Sie sind verbunden mit der gesellschaftlichen Position. Rituale hatten die Funktion, die gebotenen Regeln einzuhalten. Es ist noch immer selbstverständlich, einem Lehrer gegenüber Respekt zu zollen, unabhängig davon, wie er seine Rolle ausfüllt. Für den Einzelnen gilt es, auch im nicht familiären Bereich, die abgestuften zwischenmenschlichen Beziehungen (»guanxi«) richtig zu handhaben. Die Wichtigkeit der sozialen Hierarchie in der Familie drückt sich auch in der Sprache aus. So gibt es in China bis heute, anders als im Westen, beispielsweise keine abstrakten »Onkels« und »Tanten«, »Brüder« oder »Schwestern«. Vielmehr gibt es eine Fülle differenzierter Begriffe für Verwandtschaftsbeziehungen. Eine alte Psychologieprofessorin berichtete, dass sie in ihrer Jugend noch vor ihren Eltern »Kotau« (ehrerbietiger Gruß, bei dem man sich auf den Boden wirft) machte, um ihnen Respekt zu zollen. Zärtliche Berührung älterer Kinder war nicht üblich.

Dies veränderte sich stark. Dennoch ist die Zurückhaltung von offenen Emotionen allgegenwärtig. Lächeln ist nicht immer ein Indikator für Wohlbefinden. Andererseits waren wir sehr überrascht über die emotionalen Abschiedsabende bei jedem Seminar, welche die in Deutschland üblichen Abschiedsemotionen bei weitem übertrafen. Bei der schweren Krankheit einer Kollegin schickten die chinesischen Kollegen emotionale Gedichte oder beteten. Ich begriff erst mit der Zeit, dass Emotionen nur in, wie ich es nennen möchte, »erlaubten Situationen« dem Gegenüber mitgeteilt werden – dann aber intensiv.

Konfliktlösung ist indirekt

Die Selbstverständlichkeit der nahezu automatischen inneren und äußeren Einordnung in ein Beziehungsnetz im Kontext der gegebenen sozialen Hierarchie und Machtstrukturen, die Herstellung und Aufrechterhaltung solcher Beziehungsnetze bestimmt die Interaktion bis heute. Es versteht sich von selbst, dass in dem abhängigen Beziehungsgeflecht direkte Konfliktlösungen wenig produktiv sind. Zur Aufrechterhaltung der »guanxi« gehört, dass der andere sein Gesicht wahren kann, auch bei einem massiven Konflikt. Chinesen sind Meister im Finden indirekter Problemlösestrategien. Konflikte werden oft mittels Vermittler, in unserem Fall der Projektleiter, gelöst. Sind indirekte Lösungsstrategien nicht wirksam und es kommt zu einer direkten Konfliktaustragung, wird diese dann aber schnell sehr heftig.

Kein Kollege, auch nicht als Chef einer Klinik, kann eine rang-
höhere Person als Patient ablehnen. Den Hinweis, dass es der psychotherapeutischen Behandlung nicht förderlich ist, jemand gut zu
kennen, würde niemand verstehen.

Psychosomatische Symptome setzen die Hierarchie außer Kraft

Eine gegebene Hierarchie kann durch psychosomatische Beschwerden außer Kraft gesetzt werden. Selbst in der schwierigen Phase
am Ende der Kulturrevolution, als Englisch sprechen noch verdächtig und Kaffee trinken ein Hinweis auf bourgeoises Verhalten war,
konnte man sich mit psychosomatischen Symptomen eine gewisse
Freiheit verschaffen. Bis heute können sie helfen, mal nicht auf eine
Sitzung gehen zu müssen. Selbst ein schwieriger Chef wird eher
auf eine körperliche Problematik Rücksicht nehmen als auf ein Argument. Für die beliebte indirekte Methode chinesischer Konflikt-
lösung scheinen psychosomatische Symptome nahezu ideal. Lädt
die hierarchische Drucksituation ohnehin ein, psychosomatische
Beschwerden zu entwickeln, werden sie durch ihre positive Verstärkung leicht chronifiziert. Es scheint mir, dass die so lange beliebte Diagnose Neurasthenie in China auch hierin eine ihrer Ursachen hat.

Neue individualistische Lebenskonzepte

Diesem internalisierten Wissen der Bezogenheit auf hierarchische
Beziehungsnetze steht heute eine radikale Individualisierung gegenüber.

   Die Ehe als Zweckgemeinschaft der materiellen Sicherheit und
Kinderfürsorge verliert an Gewicht. In den Städten setzt sich die
romantische Vorstellung – vergleichbar der westlichen – der
Gleichheit von Liebesbeziehung und Ehe durch.

   Vor allem Männer und Frauen im Alter von 30 bis 45 Jahren sind
gefangen in der Tradition, die Pietät zu den Eltern zu wahren und

ihrer Berufskarriere nachzugehen. Die hohe Unzufriedenheit im Zusammenleben lässt auf einen emotionalen Hunger einer ganzen Generation schließen. Die Zahl von außerehelichen Beziehungen ist entsprechend hoch.

Auffallend oft bleiben die unerfüllten Jugendlieben in einer Art chronifizierter Sehnsucht idealisiert. Die Scheidungsquote steigt rasant. Meist reichen die Frauen die Scheidung ein.

Wie groß das Dilemma ist, den verschiedenen Lebenskonzepten gerecht zu werden ist, zeigt die Zerrissenheit einer Kollegin, die ihre Familie zum Live-Interview im Rahmen der Ausbildung mitbrachte. Die Eltern hatten vier Kinder in der Hungerkatastrophe der frühen 60er Jahre verloren. In der Kulturrevolution war das Paar getrennt. Zu den vier weiteren Kindern, die sie später gebar, hatte die Mutter einen engen Kontakt. Jegliche Trennung war schwierig. Die Mutter hatte Krebs. Die Tochter hatte Medizin studiert, um der Mutter zu helfen. Sie liebte nun aber ihren Mann und lebte mit dessen Familie gern zusammen. Der erwarteten Pietät als Tochter, was auch ihr eigener Anspruch war, stand ihr Bedürfnis, ihr individuelles Glück zu leben, entgegen und führte zu einem Gefühl tiefer innerer Zerrissenheit.

Der geschilderte Konflikt ist auf dem Land für Frauen zwischen 15 und 35 noch schwieriger zu bewältigen. Zerrissen zwischen oft restaurierter Tradition und Moderne, enden Loyalitätskonflikte häufig mit Suizidversuchen und dank Pflanzenschutzmitteln oft tödlich.

Zwischen Chaos und Struktur

Der Aufbau psychotherapeutischer Behandlung bewegt sich zwischen Chaos und Struktur. Die öffentliche Aufmerksamkeit gegenüber den sozialen und psychologischen Problemen sowie die Arbeit der chinesischen Kollegen in Hotlines während der SARS-Epidemie verstärkt die dynamische Entwicklung im Aufbau psychotherapeutischer und neuerdings psychosomatischer Behandlung. Es erhöht sich aber auch der Erwartungsdruck auf die chinesischen Kollegen als Behandler und Problemlöser. Die Betreuung von Eltern, deren Kinder an den Universitäten psychisch krank wurden oder Suizid begingen, wird zunehmend von Psychologen der Studentenberatungsstellen geleistet. Die Anforderungen steigen.

In leitenden Positionen tätig zu sein, bedeutet in China oft, neben medizinischen Aufgaben, Ausbildung und wissenschaftlicher Tätigkeit auch noch mit millionenschweren Bauprojekten betraut zu sein, wenn die alte Klinik durch eine neue ersetzt wird.

Es ist ein unübersichtlicher Markt therapeutischer Möglichkeiten entstanden. Um die Situation etwas zu strukturieren, wurden 2002 erstmals Qualitätsprüfungen mit drei Levels zur Lizenzierung von Psychotherapeuten eingeführt. Da diese Vergabe sich jedoch mit der Anerkennung von akademischen Standards für Ärzte vermischt, ist sie für Psychologen zurzeit nicht möglich. Als Qualitätsnorm ist die Umsetzung ins Stocken geraten. Ein Parallelsystem, vom konkurrierenden Arbeits- und Sozialministerium etabliert, soll die Qualität psychologischer Beratung sichern. Die Umsetzung ist den Städten und Kreisen überlassen und hat in Shanghai zum Beginn einer strengeren Überprüfung der Berater geführt, die sich einer Prüfung unterziehen. Es findet eine Neuordnung des gesamten Gesundheitssektors statt.

Die Preise für psychotherapeutische Behandlung werden unterschiedlich gehandhabt. Erfahrene Kollegen können mehr Geld bekommen als unerfahrene. Vermögende Patienten zahlen hohe Summen für gute Ärzte oder Psychotherapeuten. Die Praxis überhöhter Preise wurde gerade öffentlich kritisiert. Ethikregeln wurden verbindlich erklärt. Einige Mental-Health-Center sind verpflichtet, Psychotherapeuten auszubilden. Psychotherapie entsteht als Ausbildungsgang an Universitäten. Chinesische Kollegen entwickeln zunehmend auf dem Hintergrund ihres erworbenen Wissens westlicher Psychotherapie eigene Schwerpunkte und Konzepte, die die kulturellen Besonderheiten Chinas berücksichtigen. Sie sind dabei, Psychotherapieausbildungsinstitute zu gründen.

Die Entwicklung geht weiter, unser interkultureller Diskurs und die Zusammenarbeit auch. So beginnt ein neues chinesisch-deutsches Kooperationsprojekt über die Erarbeitung von psychotherapeutischen Ausbildungsstandards in China. Es bleibt spannend.

Der fortlaufende interkulturelle Dialog mit den chinesischen Kollegen, die Entwicklung in China und meine Erfahrungen zwingen mich, immer wieder die Perspektive auf mich, unsere Kooperation und auf das vertraute Fremde zu ändern.

Ich möchte daher schließen mit dem Zitat einer berühmten Inschrift auf der Mauer des Xilin-Klosters, die der Dichter Su dongpo auf seinem Weg nach Junzhou 1084 verfasste:

»Von der Seite ist der Lu Shan eine Kette, vom Rand ein Gipfel, von weit, von nah, von oben, von unten stets ist er ein anderer.

Sein wahres Gesicht kenne ich nicht,

denn ich weile mitten unter ihm.«

Dirk van Laak

»Das wahre innere Afrika«

Der ferne Kontinent als europäischer Spiegel und als Erschließungsraum

Weimar ist zweifellos ein angemessener Ort für Grenzgänge zwischen den Fächern. Steht er doch hochsymbolisch für das, was die jüngere Geschichte an Zwiespalt in sich trägt, für die räumliche und inhaltliche Nähe von höchster Kultur und abgrundtiefer Barbarei. Die Geschichte des 20. Jahrhunderts, ja der europäischen Moderne insgesamt schließt sich von diesem Ort her auf, und Weimar kann insofern als zentraler Erinnerungsort einer zivilisationsbrüchigen Geschichte verstanden werden (Bollenbeck 2003). Und es ist wohl kein Zufall, wenn an diesem Ort Goethes Version der Faust-Sage ihre literarisch bis heute gültigste Form erhielt. Thomas Mann in seinem »Doktor Faustus« oder Hanns Eisler mit seinem Versuch einer deutschen Nationaloper »Faustus« haben später das Spannungsreiche, Ambivalente und Schimärische der Figur weiter ausgeführt, den populären Bezug auf Goethe jedoch kaum abschwächen können (Mattenklott 2003). Ob man das Faustische auf Weimar, das Mephistophelische dagegen abspaltet und allein auf Buchenwald bezieht, bleibt jedem selbst überlassen. In der Figur des Faust ist nicht nur die Gespaltenheit zwischen Theorie und Praxis, zwischen Wissen und Glauben, zwischen dem Willen zur Tat und intellektuellem Zaudern verkörpert. In Goethes Held ist ebenso angelegt das zauberlehrlingshafte Freisetzen von Kräften der Veränderung, die sich in der Folge nicht mehr beherrschen lassen. Auch das zeigt Vorgänge des Dritten Reiches voraus, wird aber von Goethe an sehr viel näher liegenden Beispielen großtechnischer Erschließungsprojekte dargelegt. Im zweiten Teil der Tragödie zettelt Faust eine Kampagne zur Landgewinnung an, die gerade dadurch »hochmodern« erscheint, als sie die menschlichen Opfer am

Rande des ausgreifenden Projekts billigend in Kauf nimmt: »Menschenopfer mussten bluten,/Nachts erscholl des Jammers Qual;/ Meerab flossen Feuergluten,/Morgens war es ein Kanal«, heißt es im fünften Akt. Hier deutet sich bereits eine aus der Aufklärung gespeiste Selbstermächtigung vor der Geschichte an, die im 20. Jahrhundert fatale Konsequenzen zeitigte (vgl. zu dieser »hochmodernen« Tendenz Scott 1998).

In einem vor einigen Jahren veröffentlichten Buch mit dem Titel »Weiße Elefanten« ging es um die weltweiten Folgen des von Goethe aufgeworfenen Problems (van Laak 1999). Mit dem zunächst etwas ominösen Ausdruck hat es folgende Bewandtnis: Im alten Siam wurden die seltenen Albino-Varianten des nützlichen Grautiers wegen ihrer Schönheit und Seltenheit sehr verehrt. Nur Könige durften sie halten, und es mangelte den Tieren weder an Nahrung noch an Pflege. Doch konnte es unliebsamen Günstlingen des Hofes widerfahren, einen solchen Elefanten zugeeignet zu bekommen. Der Effekt war subtil kalkuliert. Denn der Beschenkte, der die Gabe kaum ablehnen konnte, sie aber unterhalten musste, war damit unfehlbar ruiniert. Bis heute werden im Wortschatz der Entwicklungshilfe solche ehrgeizigen, aber letztlich nutzlosen oder ruinösen Projekte der Erschließung und Industrialisierung als *Weiße Elefanten* bezeichnet. Im erweiterten Sinn bezieht sich der Ausdruck auf Großprojekte aller Art, die insofern gescheitert sind, als die in sie gesetzten Hoffnungen nicht erfüllt wurden oder sie so viele unliebsame Begleiterscheinungen mit sich brachten, dass die Gesamtbilanz nicht anders als *negativ* gewertet werden kann. Gerade technische Großprojekte scheinen für eine ganze Reihe von Fehlkalkulationen des ablaufenden Jahrhunderts hochsymptomatisch zu sein. Kaum eine Gesellschaft, die über die entsprechenden technologischen Mittel verfügte, hat der Versuchung widerstanden, mit ihnen Quantensprünge der Erschließung und Entwicklung vollziehen zu wollen. Und spätestens seit Goethe, der sich immer wieder höchst optimistisch über die integrativen Wirkungen technischer Erschließungsprojekte geäußert hat – und der sich als Wegebaudirektor im Herzogtum Sachsen-Weimar-Eisenach selbst mit Kanalprojekten befasste –, war eine ganze Epoche von solchen Epen der Technik fasziniert.

Und was ist gerade im abgelaufenen 20. Jahrhundert nicht alles geplant worden: Wüsten sollten bewässert werden. Die gewaltigen Ströme Sibiriens wollte man, statt sie nutzlos ins Eismeer fließen zu lassen, in herkulischer Manier umleiten, um die kargen Gegenden Zentralasiens zu begrünen. Bei Gibraltar und an der Beringstraße sollten Bahndämme errichtet werden, um mit weltumspannenden Bahnen Berlin mit Kapstadt und Moskau mit New York zu verbinden. Der Tschad und Teile des Kongo sollten zu Binnenmeeren geflutet werden, um das harte Klima Mittelafrikas abzumildern. Innerhalb weniger Minuten sollten mit Hilfe chirurgischer Atomsprengungen Kanäle durch Landengen und Halbinseln gelegt werden. Und jegliche Knappheit an Energie sollte schließlich ein Ende haben, indem man mit gigantischen Spiegeln aus dem All die Sonnenkraft gebündelt zur Erde strahlte (vgl. van Laak 1999).

Heute reagieren wir eher betreten auf solche Vorschläge. Sie wirken wie Produkte einer naiven Phantasie, bestenfalls wie skurrile Stücke aus dem Kuriositätenkabinett der Technik. Für uns sind sie Ausgeburten eines ungebrochenen Fortschrittsglaubens der klassischen Art, der allenfalls in Dritte-Welt- oder Schwellenländern wie Brasilien, China oder Indien nach wie vor in Hochblüte steht. Aber wir erinnern uns auch schwach, solche Projekte einst selbst mit pubertärer Begeisterung in Jugendmagazinen und Sachbüchern studiert zu haben, in denen uns Hohelieder auf die Ingenieure als Baumeister einer besseren Welt gesungen wurden (vgl. Krüger 1955; Leithäuser 1957). Tatsächlich sind viele solcher Pläne sehr ernsthaft erwogen, manche begonnen und einige sogar fertig gestellt worden. Das Attraktive schien gerade in dem Grenzüberschreitenden zu liegen, das sie bewirken wollten, in den gleichzeitigen Effekten für Wirtschaft, Gesellschaft, Politik und Technik. Nur sehr selten freilich haben sie gehalten, was man sich von ihnen versprach, daher man das 20. Jahrhundert eben auch als dasjenige der »weißen Elefanten« bezeichnen kann. Was aber haben wiederum weiße Elefanten mit dem Schwarzen Kontinent zu tun, wo es doch allenfalls graue Vertreter des in aller Regel gutmütigen Rüsseltiers gibt? Auf das scheinbar vollkommen unerschlossene Afrika bezogen sich eine ganze Reihe solcher Großprojekte der Erschließung. Afrika bietet aber auch einen Ort, an dem Planungen, Projektionen und Praxen der Europäer bunt durcheinander wirbelten, einen Ort, der als »schwarzer Spiegel« firmierte, in dem die Europäer während der letzten 150 Jahre ihr Eigenes immer wieder abgespiegelt haben, in dem sie – um das strapazierte Wort für dies eine Mal zu gebrauchen – ihre *Identität* suchten (vgl. zu einer umfassenden Kritik des Topos Niethammer 2000).

Motivgeschichtlich fallen hier historische Forschungen mit der Geschichte der Psychoanalyse zusammen und ergeben aufschlussreiche Parallelen.[1] So war beispielsweise Sigmund Freud in seinen jungen Jahren ein begeisterter Leser der Berichte von Afrikareisenden wie Georg Schweinfurth oder Henry Morton Stanley, besonders derjenigen, die sich ins unbekannte Innere des Kontinents vorwagten, um Menschheitsrätsel wie die Frage nach den Quellen des Nils zu lösen. Aus diesen Berichten und der benachbarten – auch schöngeistigen – Literatur bezog er offenbar einen sinnfälligen Teil seines umschreibenden Vokabulars der Psychoanalyse. Das »wahre innere Afrika« etwa stammt aus dem unerschöpflichen Wortschatz des Schriftstellers Jean Paul, der den Begriff schon relativ präzise als Metapher für das Unbewusste verwandte.[2] Freud sprach des Weiteren von einem »dark continent« für die Psychologie und meinte damit das »Geschlechtsleben des erwachsenen Weibes«. Später umschrieb er einige seiner Erkenntnisse damit, die viel beschworenen »Quellen des Nils« gefunden zu haben – eben im »inneren Afrika« der menschlichen Seele. Offenbar verstand er sein Tun also ganz analog zu dem der Afrika-Entdecker und Erforscher, später soll er aber diese Identifikation weniger auf Feldherrn und Welteroberer als vielmehr auf Kolonisatoren und Kulturstifter bezogen haben (Nitzschke 1998, S. 9). Damit vollzog er um die Wen-

---

1 Zu den bisherigen Kontaktversuchen zwischen Geschichte und Psychologie vgl. Wehler (1974), Erikson (1977), deMause (1989), Koselleck (1989), Niethammer (2000), darin zu Jung, Freud und Erikson S. 173–313, sowie Zuckermann (2004). Nicht aufgeführt sei hier die ausgeuferte Literatur zum Problemkreis des »Erinnerns und Durcharbeitens« der jüngeren, katastrophalen Vergangenheit.

2 Vgl. Lütkehaus (1989). Der Begriff »inneres Afrika« findet sich beispielsweise im 11. Kapitel von Jean Pauls Roman »Siebenkäs« (1796/97), aber auch in »Selina oder über die Unsterblichkeit der Seele« (1827).

de ins 20. Jahrhundert in auffälliger Weise nach, was sich zeitgleich auch auf dem afrikanischen Kontinent abspielte. Zur Erläuterung dessen muss freilich etwas ausgeholt werden.

Afrika bildete seit der Mitte des 19. Jahrhunderts für Europa eine *Frontier* der Erschließung, eine Grenzlandschaft zwischen Wildnis und Zivilisation, von der man sich Reichtümer und Erfahrungen, aber auch manches versprach, was Europa zu fehlen schien (van Laak 2004a). Als Projektionsraum einer von »Entzauberung« geprägten Welt des 19. Jahrhunderts wurde der Kontinent aber erst mit den Reiseberichten der vorhin beschriebenen Entdecker und Konquistadoren bedeutsam. Ihre medienwirksam vermarkteten Berichte ließen sie zu europäischen »Helden« werden, ging es doch, von den arktischen Gebieten abgesehen, um den letzten unbekannten Kontinent. Die Erforschung und Erschließung Afrikas wurde als eine gemeineuropäische Zivilisationsaufgabe definiert. In der Anti-Sklaverei-Bewegung des frühen 19. Jahrhunderts, auf der Brüsseler Konferenz »zur Berathung der Mittel für die Erforschung und Erschliessung von Central-Afrika« des Jahres 1876 und schließlich der Berliner Kongo-Konferenz der Jahre 1884/85 bildete sich – zumindest rhetorisch – eine gemeinsame »Kulturmission« heraus, um Afrika aus seinem Schlaf, seiner Selbstgenügsamkeit und seiner Geschichtslosigkeit zu erwecken. Tatsächlich wurde der Kontinent von den Europäern seit dem ausgehenden 19. Jahrhundert auf einer Woge neuer technischer Möglichkeiten vergleichsweise billig geöffnet und vergleichsweise einvernehmlich aufgeteilt. Die europäischen Kolonialmächte hielten sich viel darauf zugute, die »Segnungen« der westlichen Zivilisation in den »dunklen Kontinent« zu tragen. Das Motiv der religiösen Missionierung wurde nach und nach auf die Errungenschaften der Moderne übertragen, namentlich auf die Einrichtungen der technischen und medizinischen Infrastrukturen. Dem unaufhaltsamen Fortschritt von Wissenschaft, Technik und westlicher Kultur, so die allgemeine Erwartung, würde sich Afrika nicht länger entziehen können: »Dann werden die einzelnen Stämme Afrikas«, meinte später ein deutscher Kolonialist, »die durch Jahrtausende im Schatten der Geschichte vegetiert haben, in geduldiger Erziehungsarbeit dem Lichte unserer materiellen Kultur entgegengeführt werden.

Dann werden die noch schlummernden ökonomischen Schätze der überreichen Länder nach den Methoden europäischer Wissenschaft, Technik und Organisation gehoben werden, zum Segen auch der übrigen Welt« (Solf 1920, S. 44).

Das riesige Land erschien als ein scheinbar freies und herrenloses Territorium, als das Unkontrollierte, nicht Vorgeformte an sich, das zu planvoller Erschließung geradezu einlud. Mehr noch: Henry Morton Stanley meinte 1885: »In jedem freundlich blickenden Eingeborenen lese ich das gegebene Versprechen, daß er mir helfen will, ihn aus dem Zustande der Unproductivität, in welchem er jetzt lebt, zu befreien« (Stanley 1885, S. 95). Boden und Menschenkraft wurden folglich von den eindringenden Europäern als brachliegende Potentiale wahrgenommen. Ein Experte meinte dementsprechend: »Die Jahrhunderte haben uns und unserer Technik Afrika gleichsam wie eine gefüllte, unangetastete Sparkasse aufgehoben« (Sörgel u. Siegwart 1935, S. 39). In den Beschreibungen vor allem der technischen Planer erschien fortan Europa meist als übervölkerter, Afrika als untervölkerter Raum, Europa als industriell, Afrika als rohstoffreich, Europa als ingeniös und tatendurstig, Afrika als instinktgeleitet und »zu erweckend« usw. (Schubert 1929). Die Sprache war hier in fast allen Reiseberichten und Beschreibungen von wünschenswerter Eindeutigkeit. Die Aufladung Afrikas als das Fremde, Rätselhafte und zugleich Faszinierende schlechthin ließen den Kontinent als Metapher für das Weibliche erscheinen; der erschließende und das Land penetrierende Kolonisator stand folglich für die erobernde Männlichkeit. In der Rhetorik des Kolonialismus war allenthalben vom »Eindringen« in »jungfräuliche« Gebiete die Rede, von »Eroberungen« und »Erweckungen«. Später wurde sogar das Bild der »Hochzeit« zwischen Europa und Afrika bemüht; die entsprechenden Illustrationen zeigten die legendäre Figur »Europa« nicht auf einem Stier reitend, sondern bezeichnenderweise auf einem Elefanten.

Selbst dort, wo es scheinbar vollkommen sachlich zuging, entdeckt der heutige, psychologisch geschulte Blick allenthalben vergleichbare Analogien: So wurden etwa das Dampfschiff und die Eisenbahn mit höchsten Erwartungen »ins Land vorangetrieben«. Stanley meinte, Afrika werde demjenigen gehören, der zuerst die

Eisenbahn hineinführe (Schiff 1909, S. 12). Bei anderer Gelegenheit äußerte er, Afrika sei eine kostbare Nuss, deren Schale zu
sprengen nur die Eisenbahn imstande sei (Böttger 1907, S. 2). Die
Erwartungen an die zivilisierenden Folgen dieser Penetrations-
technologien waren enorm. Problematisch war jedoch zum einen,
dass die Europäer sich zwar von der Exotik, der Erotik und der Tro-
pensehnsucht durchaus anstecken ließen. Wenn es aber darum
ging, zunächst einmal zu investieren, um die afrikanische »Sparkasse« schließlich zu öffnen, gaben sie sich eher verschlossen. In
den sich demokratisierenden Gesellschaften des frühen 20. Jahrhunderts wurde es immer schwerer, für gleichsam spätfeudale Un-
ternehmungen, wie der Kolonialismus sie darstellte, Gelder freizu-
setzen. Ein deutscher Kolonialer betrachtete 1902 die ersten Jahre
der Kolonialzeit daher als »die phantasiereichen sorglosen *Flitter-*
wochen, die ein jedes lebensfrische Paar und ein lebensfrohes Volk,
das glücklich Kolonien heimführt«, durchmachen müsse (Ver-
handlungen des Deutschen Kolonialkongresses 1902 zu Berlin am
10. und 11. Oktober 1902, Berlin 1903, S. 507).[3]

Ein zweites Problem betraf den Umgang mit den »Eingeborenen«. »Eine merkwürdige Rasse, diese Neger,« meinte der deutsche Ethnograph Siegfried Passarge, als er 1895 von einer Kame-
run-Expedition wiederkehrte, »ohne aktive Energie, ohne positive
Schaffenskraft, von allen Völkern, mit denen sie zusammentreffen,
geknechtet und zu Sklaven gemacht, rächen sie sich an ihren Un-
terdrückern durch ihre unglaubliche körperliche und geistige Passivität. Wehe dem Volke, das sich mit den Negern vermischt. Sobald das Blut dieser dominiert, geht es rettungslos unter in dem trä-
gen, unfruchtbaren Morast, welcher Negerrasse heißt. Im Sudan,
in Ostafrika, immer dasselbe Bild. Fremde Völker bringen Kultur
und Leben in die träge Masse der Schwarzen, aber bald hemmt die
Stabilität derselben allen Fortschritt, alle Entwicklung. Dieser seit
Jahrtausenden sich vollziehende Prozeß bildet den wesentlichen
Inhalt der Geschichte des tropischen Afrika.« (zit. n. Eckert 1999,
S. 191).

Diese Beobachtung des Ethnologen enthielt einen Großteil der

---

3 Hervorhebung von van Laak.

Ambivalenz, mit denen die Kolonisatoren den Eingeborenen begegneten. Das in Europa genährte Selbstbild des »kapitalistischen Geistes« (Max Weber) und der Produktivität *musste* die Afrikaner geradezu als »faul« erscheinen lassen. Statt sich die Früchte ihres Konsums erarbeiten zu müssen und darüber hinaus Mehrwerte zu schaffen, schienen sie in ihrer paradiesischen Umwelt ein gleichsam »degeneriertes Schlaraffenleben« zu genießen (vgl. Eckart 1997, S. 72). Zugleich erscheint in dem Zitat bereits als rassische Gefährdung, was viele der europäischen Kolonisatoren an sich selbst beobachteten: eine schleichende Hingabe an die afrikanische Lebensweise und damit eine fortgesetzte Verweichlichung bzw. Verweiblichung. Es ist sehr aufschlussreich zu sehen, wie hierauf von den europäischen Kolonialbehörden reagiert wurde, nämlich überwiegend mit einer demonstrativen Betonung der *Arbeit*, der *Zucht* und der *Disziplin*.[4] Diese Kriterien erschienen nicht nur als Königsweg einer erfolgreichen Selbstbehauptung gegenüber den Verlockungen des dunklen Erdteils, sondern sie schienen den Afrikanern selbst nahe gebracht werden zu müssen. Die Geschichte der Kolonialpolitik um die Wende ins 20. Jahrhundert dreht sich daher vor allem um *Zivilisierung*, *Disziplinierung* und die *Erziehung* zu produktiver Arbeit (Sippel 1996; Markmiller 1995). In allen Kolonialländern wurde nun über die probatesten Mittel nachgedacht, aus den »Eingeborenen« nach und nach Subjekte zu formen, die sich in europäische Wirtschafts- und Staatsstrukturen einpassen ließen.

Dennoch geschah genau das, was der Ethnologe Passarge beschrieben hatte: Die Kolonisatoren ließen sich natürlich mit den – zumal weiblichen – »Eingeborenen« ein, so dass bald die Frage der rassischen Vermischung im Zentrum der kolonialen Debatten stand. Vor dem Ersten Weltkrieg wurden hierauf im Wesentlichen zwei Antworten gegeben: Die eine ging von einer grundsätzlichen

---

4 Eine aufschlussreiche Quelle für den Versuch des Forschungsreisenden, einer als »minderwertig« empfundenen, vermeintlich von sinnlicher Haltlosigkeit geprägten Umwelt mit umso schärferer Selbstdisziplin zu begegnen, ist das Tagebuch des deutschen Forschungsreisenden in China, Ferdinand von Richthofen (vgl. Osterhammel 1987).

Erziehbarkeit der »schwarzen Rasse« aus und sah in der langsamen »Hebung der Eingeborenenkultur« den Königsweg einer erfolgreichen Kolonialpolitik. Man sprach hier gern von unmündigen Kindern, die der sorgsamen Hege und Pflege und der Heranführung an das Kulturniveau der Europäer bedürften, rechnete für diese Aufgabe aber eher in Jahrhunderten als in Jahrzehnten. Mit Michel Foucault könnte man in dieser Hinwendung zur kolonialen Bevölkerung als vermeintlich »wertvollstem Aktivum« eine Art von »Biopolitik« sehen. Dass diejenigen, die in Deutschland eine Modernisierung des kolonialen Managements in diesem Sinne betrieben, die von einer »Förderung der Negersanität« sprachen und eine »Kolonisation der Erhaltungsmittel« beschworen, wie Sigmund Freud überwiegend assimilierte Juden waren – hier ist die Rede von Bernhard Dernburg, Moritz Julius Bonn oder Walther Rathenau – sei nur als ein lohnendes Forschungsfeld erwähnt.

Die andere Fraktion griff eher die in Passarges Bemerkung enthaltene Warnung auf. Sie nahm die Afrikaner als zwar anlernbare, aber nicht erziehbare Subjekte wahr. Eine Angleichung der vermeintlich auf »steinzeitlicher« Basis verharrten »Eingeborenen« an das europäische Niveau erschien ihr weder denkbar noch wünschbar. Die Kolonisatoren dieses Verständnisses verstanden sich als Angehörige einer Herrenrasse, die den zahlreichen Versuchungen Afrikas durch eine umso peinlichere »Hygiene« bzw. ein ausgeprägt herrisches Auftreten glaubte begegnen zu können (Grosse 2000; vgl. auch Giesebrecht 1897, der als den Prototyp dieser Haltung des »Herrenmenschen« den deutschen Conquistador Carl Peters beschreibt).

Doch Lust und Last der Grenzüberschreitung lagen in der afrikanischen Grenzergesellschaft nahe beisammen. Ob man der einen oder der anderen Fraktion angehörte: Schätzungen gehen davon aus, dass sich etwa 80 Prozent der weißen Kolonisatoren auf sexuelle Kontakte mit Farbigen einließen. Die daraus hervorgegangenen Mischlingskinder bildeten für die kolonialen Behörden ein immer drängenderes gesellschaftliches wie rechtliches Definitionsproblem, was seine Ursache auch darin hatte, dass sich so wenig weiße Frauen für die afrikanischen Kolonien anwerben ließen (Wildenthal 2001; Kundrus 2003). Die Mischlingskinder symbolisierten aber auch mangelnde Selbstzucht oder, freudianisch gesprochen, das unbeherrschbare Wirken des »Es«. Die jüngere Forschung hat hier eine ganze Reihe von neuen Perspektiven und Quellen erschlossen, die der weiteren Interpretation harren.

Jede Beschäftigung mit Afrika und seiner Kolonisation legt eine ganze Reihe von Parallelen zwischen den Wahrnehmungen der Ferne und der Heimat, dem Fremden und dem Eigenen nahe. Die jüngere, von der Literaturwissenschaft inspirierte Forschung hat eindrucksvoll belegt, dass das Spannende der Kolonialgeschichte nicht nur in der Realgeschichte der Eroberungen, sondern mindestens ebenso in der Wahrnehmungsgeschichte liegt und man hier zu vielschichtigen Analysen vorstoßen muss, um die Komplexität der »kolonialen Situation« zu erfassen. Die belletristische Literatur selbst war in der Deutung kolonialer Ambivalenzen immer schon einen Schritt weiter. So ist es kein Zufall, dass ein über hundert Jahre alter Roman, das 1899 erschienene Werk »Herz der Finsternis« von Joseph Conrad, zu so etwas wie einem Leittext der so genannten *postcolonial studies* geworden ist. Der polnisch-britische Autor variierte nämlich insofern das »Faust-Motiv«, als er anhand einer Flussfahrt auf dem Kongo im Jahr 1890 den Umschlag der zivilisatorischen »Sendung« in das zivilisationsferne »Grauen« der Zwangsarbeit und des Völkermordes beschreibt. Den Höhepunkt bildet hier der abschließende, eruptive Ausruf des zweifelhaften »Helden« am Ende einer von ihm verfassten Denkschrift über die »Hebung« der Eingeborenen: »Schlagt die Bestien alle tot!« (Conrad 1999). Der Plot wurde später im Film »Apocalypse Now« nach Vietnam verlegt, in dem Marlon Brando den dehumanisierten Protagonisten darstellte. Als ikonographischer Beleg für die Pathogenese des 20. Jahrhunderts, die letztlich in Auschwitz und Buchenwald kulminierte, wurde seit Hannah Arendt auf diesen Text von Conrad immer wieder zurückgegriffen.[5] Die Versuche des Eindringens in den afrikanischen Kontinent erschienen dabei als zuweilen

---

5 »Joseph Conrads Erzählung ›Das Herz der Finsternis‹ ist jedenfalls geeigneter, diesen Erfahrungshintergrund zu erhellen, als die einschlägige geschichtliche oder politische oder ethnologische Literatur« (Arendt 1996, S. 408).

exaltierte Reisen in das kollektive Unbewusste der Moderne (vgl. Fabian; vgl. auch den »Tropen«-Roman von Robert Müller). Spätestens um 1900 hatte Schwarzafrika den Orient als Projektionsfläche für das »andere« Europa und als romantischer Traum eines »underground self« abgelöst (Albers et al. 2002). Dass diese Reisen aber nicht notwendig in Tropenfieber und dem Trauma einer archaischen Brutalisierung enden müssen, dafür stand und steht nach wie vor die Figur Albert Schweitzers, der im Jahr 1913 auf dem Ogowe-Fluss eine ähnliche »Zeitreise aus der europäischen Kultur in die geschichtslose Welt der Wildnis« erlebte (Clausen 2000). Seiner »Ehrfurcht vor dem Leben« scheint es freilich gelungen zu sein, Zurückhaltung, Selbstdisziplin und Selbstbeherrschung zu wahren und letztlich echte Wohltaten zu bewirken.

Freilich musste Schweitzer allzu oft für die menschenfreundlichen Seiten der europäischen Expansion einstehen, und das lässt fast vergessen, wie sehr die Kolonien oft auch als »Laboratorien« dienten, in denen zahlreiche Verfahren in Technik, Wissenschaft und Medizin erprobt und anschließend nach Europa reimportiert wurden. Afrika wurde zum Testfeld für Raumplanungsmodelle, Bevölkerungsverschiebungen und schließlich sogar für Genozide, wenn man denn beispielsweise den deutschen Feldzug gegen das Volk der Herero in den Jahren 1904–1907 dieser Kategorie zuordnen mag. Der Zusammenhang zwischen kolonialen Vorerfahrungen und der nationalsozialistischen Eroberungs- und Vernichtungspraxis ist in letzter Zeit immer stärker betont worden. Schon Hannah Arendt (1996, S. 907–943) hatte vor mehr als einem halben Jahrhundert die anonyme bürokratische Herrschaft auf dem Verordnungswege als dasjenige charakterisiert, was die Nationalsozialisten von den Imperialisten und Kolonialisten gelernt hätten (vgl. auch Zimmerer 2003).

Gegen die gradlinige Übertragbarkeit spricht freilich, dass in der Geschichte des europäischen Kolonialismus humanitäre Rücksichten tendenziell an Bedeutung gewannen, während sie unter der Herrschaft des Nationalsozialismus rapide abnahmen. Die Kolonien waren in gewisser Hinsicht gerade *keine* Laboratorien für Neues und Modernes, sondern eher Residuen für Verhaltensweisen und Hierarchien, die in den Metropolen inzwischen als überlebt und als »unzivilisiert« galten. Schon kolonialkritische Zeitgenossen mutmaßten daher, dass man es beim Kolonialpersonal mit gleichsam »abgehalfterten« Figuren zu tun habe, die in den nur spärlich kontrollierten Gebieten in Übersee ihre anachronistischen und oft auch erotischen Orientierungen wieder aufleben ließen (van Laak 2004b). Es scheint, als hätte die exotische Umgebung tatsächlich einige der Hemmungen der bürgerlichen Gesellschaft fallen lassen und die Selbstkontrolle der Europäer auf harte Proben gestellt.

Für Adolf Hitler war der klassische Kolonialismus in Afrika jedenfalls ein »verzopftes« Unternehmen, an dem er vor allem die rassische Gefährdung wahrnahm. Als die Franzosen und Belgier seit 1920 im besetzten Rheinland und im Ruhrgebiet auch ihre afrikanischen Hilfstruppen stationierten, schien vielen Deutschen die koloniale Ordnung auf den Kopf gestellt und Deutschland selbst zu einer Kolonie herabgewürdigt zu werden. Die deutschen Reaktionen auf die Präsenz farbiger Soldaten waren dabei auffallend heftig. In Hitlers Raumwahrnehmung standen französische »Negerhorden« am Rhein, drohte sogar von Frankreich her »ein gewaltiges, geschlossenes Siedlungsgebiet vom Rhein bis zum Kongo ..., erfüllt von einer aus dauernder Bastardisierung langsam sich bildenden niederen Rasse« (Schmokel 1967, S. 30). Und der NS-Ideologe Alfred Rosenberg sekundierte, Frankreich stehe »heute an der Spitze der Verköterung Europas durch die Schwarzen« und sei somit kaum noch als ein europäischer Staat zu betrachten, »vielmehr als ein Ausläufer Afrikas, geführt von den Juden« (Rosenberg 1943, S. 647). Selbst die Deutsche Kolonialgesellschaft sah in den farbigen Truppen »eine schwere Gefahr für ... die ganze weiße Rasse. Die militärische Verwendung Farbiger gegenüber einem hochstehenden Kulturvolk« schlage allen kulturellen und sittlichen Forderungen sowie aller kolonialen Erfahrung ins Gesicht (zit. n. van Laak 2004a, S. 210). Die »schwarze Schmach« im Rheinland verstärkte bei den Völkischen ein klaustrophobisches Bedrohungsgefühl und war für ihren Rassismus von katalytischer Wirkung (vgl. Grosse 2000, S. 10f.). Denn mit den Schwarzafrikanern stand nicht nur das Unterbewusste vor den Toren. Auch die exotischen und erotischen Komponenten Afrikas wirkten nach 1918 auf Europa zurück. Daher reagierte nicht nur deutsches »Herrenmenschentum«, sondern auch die deutsche »Männlichkeit« auf die Präsenz der »Primitiven« und »Wilden« im Land der »Dichter und Denker« mit äußerster Sensibilität (Lebzelter 1985; Maß 2004). Die »Rheinlandbastarde« wurden folglich im Dritten Reich mit als Erste zwangssterilisiert (Pommerin 1979). Hitler meinte später in einem seiner Tischgespräche: »Wir kommen kaum in eine Kolonie und haben schon Kindergärten angelegt und Krankenhäuser für die Eingeborenen. Da kann ich die Wut kriegen! Jede weiße Frau wird zum Dienstmädchen degradiert für Schwarze« (Picker 1951, S. 50). Er nutzte zwar die Argumente der Kolonialrevisionisten, um die Versailler Ordnung grundsätzlich in Frage zu stellen, machte sich aber die Forderungen nach einer Rückgabe der deutschen Kolonien letztlich nicht zu Eigen. Seine Visionen eines Volkes ohne Raum, das sich gegenüber den haltlosen und unorganischen Grenzverläufen der Versailler Ordnung seine »natürlichen Grenzen« zurückerobern müsse, bezogen sich auf den europäischen Osten.

Buchstäblich grenzüberschreitendes Denken legten nach dem Ersten Weltkrieg auch und vor allem die Techniker an den Tag. Und weiterhin bildete Afrika ihnen eine *Tabula rasa* der Beplanung. Die ambitioniertesten Großprojekte der Zwischenkriegszeit bezogen sich auf eine beherzte und großflächige »Inwertsetzung« des südlichen Kontinents. Der phantastischste Plan wurde von dem deutschen Architekten Herman Sörgel ersonnen, der 1928 suggerierte, das naturhafte und an natürlichen Ressourcen so überreiche Afrika solle sich mit dem rohstoffarmen, dafür ingeniösen und schöpferischen Europa zu einem Großkontinent zusammenschließen, den er »Atlantropa« taufen wollte. Der Plan sah vor, das Mittelmeer bei Gibraltar durch einen gewaltigen Damm gegenüber weiterem Wasserzufluss vom Atlantik her abzuriegeln. Zusätzliche Staudämme sollten bei Gallipoli und an den großen Zuflüssen errichtet werden. Der Wasserspiegel des Mittelmeers hätte sich durch Verdunstungen nach und nach um 100 Meter abgesenkt. Auf diese Weise wollte Sörgel zusätzliches Land gewinnen und über Wasserkraftwerke die Energieversorgung Europas auf Dauer sichern. Afrika sollte zudem erschlossen und über Verkehrstechnik geradezu physisch an

Europa angegliedert werden. Komplexe Stau- und Bewässerungs-
anlagen hätten einen Großteil der Sahara wieder fruchtbar gemacht
und das tropische Klima Mittelafrikas derart abgemildert, dass in
Sörgels Kalkül Afrika auch von Europäern hätte besiedelt werden
können. Der geradezu idealtypisch *faustische* Plan, der erst in den
1950er Jahren zu den Akten gelegt wurde, vermochte europaweit
eine technokratische Planungselite zu faszinieren (vgl. Gall 1998;
Voigt 1998; vgl. auch Simons 2002, bes. S. 244ff.). Solche gewaltigen Wasserbauprojekte und die Wiederbegrünung von Wüsten wie
der Sahara ziehen sich als Sinnbilder für die äußersten Herausforderungen an den technischen Verstand Europas leitmotivisch durch
die utopische und Planungsliteratur jener Jahre (vgl. Semler 1953,
S. 23). Auch Freud sprach im Zusammenhang mit der Einhegung
des »Es« 1933 wohl nicht von ungefähr von der »Trockenlegung
der Zuidersee«, die gerade in jenen Jahren Aufsehen erregte (Freud
1933, S. 86; über die psychologischen Konnotationen des Stau-
dammbaus vgl. van Laak 2005a, S. 200f.).

»Eröffn' ich Räume vielen Millionen/Nicht sicher zwar, doch
tätig frei zu wohnen«, dieses Faust-Zitat findet sich auch in anderen Stellungnahmen zu den Planungen, Afrika als Europas Gemeinschaftsaufgabe Nr. 1 zu definieren und beides als natürliche
Kombination von »weißem Gehirn plus schwarzem Arm« zu verstehen (Karstedt 1939, S. 862f.). »Eurafrika« als Projekt in diesem
Sinne findet sich als Idee bis in die 1960er Jahre (Oppermann
1960). Anders sah dies freilich Oswald Spengler, der Prophet eines
bevorstehenden »Untergangs des Abendlandes«, der sich selbst
gern in die Nachfolge Nietzsches und Goethes stellte: Zwar gab er
1931 den Rat, Ingenieur zu werden, statt Philosophie zu studieren,
um das voranzutreiben, was er die »faustische Kultur« nannte.
Doch sah er im »Verrat an der Technik« zugleich den Kern des
abendländischen Verfalls. Denn die Europäer hätten ihr Monopol
auf die Industrie gegenüber den »farbigen« Völkern leichtfertig
verspielt: »Statt das technische Wissen geheim zu halten, den größten Schatz, den die ›weißen‹ Völker besaßen, wurde es auf allen
Hochschulen, in Wort und Schrift prahlerisch aller Welt dargebo-
ten, und man war stolz auf die Bewunderung von Indern und Japa-
nern ... Alle ›Farbigen‹ sahen in das Geheimnis unserer Kraft hin-

ein, begriffen es und nützten es aus« (Spengler 1931, S. 59f.). Die
weiße Arbeit werde nach und nach überflüssig, und die Farbigen
nutzten die Technik als »Waffe im Kampf gegen die faustische Zivilisation« (S. 61); daher nähere sich nun auch die Geschichte der
Technik ihrem Ende. Erneut findet sich hier das Motiv des »Zau-
berlehrlings«, der die von ihm bewirkte Wandlungsdynamik nicht
mehr unter Kontrolle bekommt, wie dies auch bereits in den literarischen Figuren des Golems oder des Frankenstein'schen Mons-
ters eingefangen war. Die Konfliktlinien des technisierten und globalisierten Zeitalters waren darin vorgezeichnet.

Sigmund Freud hatte um die Jahrhundertwende nicht nur die
Wendung vom Eroberer zum Kolonisator nachvollzogen, sondern
wurde nun ebenso zum Kulturskeptiker. In seiner Schrift »Das Unbehagen in der Kultur« von 1930 bemerkte er: »Wir wären viel
glücklicher, wenn wir sie [also die Kultur] aufgeben und in primitive Verhältnisse zurückfinden würden« (zit. n. Lohmann 1987,
S. 88). Damit vollzog er eine Umcodierung nach, die zahlreiche
Ethnologen und Reiseschriftsteller vornahmen, die in der Zwischenkriegszeit Afrika besuchten und dabei paradoxerweise einen
Wettlauf um die letzten Reflexe von afrikanischer »Authentizität«
vollführten. Das »Primitive« wurde deutlich aufgewertet und in
einem spannungsreichen Verhältnis zu einer Moderne gedeutet,
deren Beiträge zu einer »Entzauberung« der Welt nun in ein kriti-
sches Licht gerieten. Oft wurden dabei sentimentale Blicke auf den
Kontinent geworfen, in dem man allenthalben »Urzustände« –
auch seelischer Art – glaubte erkennen zu können. Auch der Freud-
Schüler und vermeintliche Urenkel Goethes, Carl Gustav Jung, rei-
ste in der 1920er Jahren auf den Spuren des »kollektiven Unbewußten« nach Afrika und empfand dabei »ein Gefühl, wie wenn
ich diesen Augenblick schon einmal erlebt und schon immer jene
Welt, die nur durch Zeitferne von mir getrennt war, gekannt hätte.
Es war mir, als kehrte ich eben in das Land meiner Jugend zurück
und als kennte ich jenen dunklen Mann, der seit fünftausend Jahren auf mich wartete« (zit. n. Reichart-Burikukiye 2005, S. 83f.).

Auch Ethnologen wie Leo Frobenius überblendeten, fleißig Goethe zitierend, Kultur- und Seelenlehren immer stärker (vgl. Frobenius 1928a). Die Feststellung, dass die vermeintlich zivilisatorisch

noch unverbildete Kultur Afrikas nun sterbe, avancierte zu einem festen Topos dieser Literatur (Frobenius 1928b; Marchand 1997).

»Wie lange wird es dauern, bis dieses Afrika nicht mehr ist?«, hieß es 1938 in einem charakteristischen Bericht, »Autostraßen, Eisenbahnen und Fluglinien erschließen das Innere des Kontinents immer mehr, vernichten seinen Zauber, entschleiern seine letzten Geheimnisse. Die immer weiter vordringende Zivilisation des Abendlandes zerstört die alten Kulturen, die vielleicht sehr einfach, aber eben echt waren. Tand tritt an die Stelle. Bauern werden Proletarier und Menschenfresser Angestellte von Reisebüros, die sensationslüsterne Europäer und Amerikaner mit ihren Ladies zu Tänzen und Festen führen, die gar nichts mehr mit dem Ursprünglichen zu tun haben und die nichts anderes sind als – Schaustellungen ... Wo man das sieht, hat Europa gesiegt oder ist wenigstens auf dem besten Weg dazu« (Gedat 1938, S. 39f.).

In diesem Zitat deutete sich jedoch eine neue Art von Ambivalenz an, die letztlich erneut zu Ungunsten Afrikas ausschlug. Denn mit den hässlichen Seiten des in manchem missratenen und schwer erziehbaren »Kindes« Afrika wollten die Europäer seit der Dekolonisation immer weniger zu tun haben. Als Anthropologen und Genforscher später konstatierten, dass die Gattung des Menschen tatsächlich aus Afrika stammt und wir letztlich alle »Afrikaner« sind, wurde dies nicht als Bestätigung des Jungschen »Archetypus« wahrgenommen. Vielmehr empfanden viele Europäer, dass zu den drei narzisstischen Kränkungen des europäischen Bewusstseins, die Freud konstatiert hatte, eine weitere hinzugekommen war (vgl. Diamond 1999).

Das »wahre innere Afrika« erscheint heute von Europa aus jedenfalls erneut so weit fort wie nur irgendeine Weltgegend. In der populären Berichterstattung erscheint es regelmäßig als ein Paradies für Tiere, für die Menschen jedoch als Hölle. Keine der menschlichen Apokalypsen, die nicht auf Afrika in Extremform zutreffen würden: Armut, Hunger, Seuchen, Staatszerfall und Kriege. »Im Herzen des Kontinents«, hieß es in einer jüngeren Bestandsaufnahme, »sind ganze Landstriche in die Unentdecktheit zurückgesunken« (Grill 2000, S. 3). Die Aufgabe des Historikers kann im besten Falle sein, dieser aktiven Amnesie entgegenzuwirken und Afrika aus dem kollektiven Unterbewussten, in das es wohl auch aus schlechtem Gewissen über die Verwerfungen der kolonialen Epoche geschoben wurde, wieder hervorzuholen. Insofern liegen die Tätigkeiten von Historikern und Psychologen gar nicht so weit auseinander.

Literatur

Albers, I.; Pagni, A.; Winter, U. (Hg.) (2002): Blicke auf Afrika nach 1900. Französische Moderne im Zeitalter des Kolonialismus. Tübingen.

Arendt, H. (1996): Elemente und Ursprünge totaler Herrschaft. 5. Auflage. München u. Zürich.

Bollenbeck, G. (2003): Weimar. In: François, E.; Schulze, H. (Hg.): Deutsche Erinnerungsorte. Bd. I. 4. Auflage. München, S. 207–224.

Böttger, H.(1907): Eisenbahnen in Afrika. Nord und Süd. Eine deutsche Monatsschrift 365: 1–7.

Clausen, J. H. (2000): Flußreise in den Albtraum. Joseph Conrad und Albert Schweitzer. Frankfurter Allgemeine Zeitung vom 18.1.2000.

Conrad, J. (1999): Herz der Finsternis. Stuttgart.

deMause, L. (1989): Grundlagen der Psychohistorie. Psychohistorische Schriften. Hg. v. A. Ende. Frankfurt a. M.

Diamond, J. (1999): Arm und Reich. Die Schicksale menschlicher Gesellschaften. 2. Auflage. Frankfurt a. M.

Eckart, W. U. (1997): Medizin und Kolonialimperialismus. Deutschland 1884–1945. Paderborn.

Eckert, A. (1999): Afrika. In: Museum für Völkerkunde Hamburg (Hg.): Das gemeinsame Haus Europa. Handbuch zur europäischen Kulturgeschichte. München, S. 187–192.

Erikson, E. H. (1977): Lebensgeschichte und historischer Augenblick. Frankfurt a. M.

Fabian, J. (2001): Im Tropenfieber. Wissenschaft und Wahn in der Erforschung Zentralafrikas. München 2001.

Freud, S. (1933): Neue Folgen der Vorlesungen zur Einführung in die Psychoanalyse. G. W. Bd. XV. Franfurt. a. M.

Frobenius, L. (1928b): Das sterbende Afrika. Die Seele eines Erdteils. Frankfurt a. M.

Frobenius, L. (1928a): Paideuma. Umrisse einer Kultur- und Seelenlehre. 3. erw. Auflage.

Gall, A. (1998): Das Atlantropa-Projekt. Die Geschichte einer gescheiterten Vision. Herman Sörgel und die Absenkung des Mittelmeers. Frankfurt a. M. u. New York.

Gedat, G. A. (1938): Was wird aus diesem Afrika? Erlebter Kampf um einen Erdteil. Stuttgart.

Giesebrecht, F. (1897): Ein deutscher Kolonialheld. Der Fall »Peters« in psychologischer Beleuchtung. Zürich.

Grill, B. (2000): Die Welt kann dort nur Frieden stiften, wenn die Afrikaner ihn wollen. Die Zeit 21 vom 18.5.2000, S. 3.

Grosse, P. (2000): Kolonialismus, Eugenik und bürgerliche Gesellschaft in Deutschland 1850–1918. Frankfurt a. M. u. New York.

Grosse, P. (2000): Kolonialismus, Eugenik und bürgerliche Gesellschaft in Deutschland 1850–1918. Frankfurt a. M. u. New York.

Jung, C. G. (1962): Erinnerungen, Momente, Gedanken. Zürich.

Karstedt, O. (1939): Afrika als sozialpolitische Gemeinschaftsaufgabe Europas. In: Convegno di Scienze Morali e Storiche, 4–11 Ottobre 1938–XVI. Tema: L'Africa. Vol. II. Rom, S. 862–873.

Koselleck, R. (1989): Terror und Traum. Methodologische Anmerkungen zu Zeiterfahrungen im Dritten Reich. In: Koselleck, R.: Vergangene Zukunft. Zur Semantik geschichtlicher Zeiten. Frankfurt a. M., S. 278–299.

Krüger, K. (1955): Ingenieure bauen die Welt. Berlin.

Kundrus, B. (2003): Moderne Imperialisten. Das Kaiserreich im Spiegel seiner Kolonien. Köln.

Laak, D. van (1999): Weiße Elefanten. Anspruch und Scheitern technischer Großprojekte im 20. Jahrhundert. Stuttgart.

Laak, D. van (2004a): Imperiale Infrastruktur. Deutsche Planungen für eine Erschließung Afrikas 1880 bis 1960. Paderborn.

Laak, D. van (2004b): Kolonien als »Laboratorien der Moderne«? In: Conrad, S.; Osterhammel, J. (Hg.): Das Kaiserreich transnational. Deutschland in der Welt 1871–1914. Göttingen, S. 257–279.

Laak, D. van (2005): Der Staudamm. In: Geisthövel, A.; Knoch, H. (Hg.): Orte der Moderne. Erfahrungswelten des 19. und 20. Jahrhunderts. Frankfurt a. M. u. New York, S. 193–203.

Lebzelter, G. (1985): Die »Schwarze Schmach«. Vorurteile, Propaganda, Mythos. Geschichte und Gesellschaft. Bd. 11. Heft 1: S. 37–58.

Leithäuser, J. G. (1957): Die zweite Schöpfung der Welt. Eine Geschichte der großen technischen Erfindungen von heute. Berlin.

Lohmann, H.-M. (1987): Freud zur Einführung. 2. Auflage. Hamburg.

Lütkehaus, L. (Hg.) (1989): Dieses wahre innere Afrika. Texte zur Entdeckung des Unbewußten vor Freud. Frankfurt a. M.

Marchand, S. L. (1997): Leo Frobenius and the Revolt Against the West. The Journal of Contemporary History 32: 153–170.

Markmiller, A. (1995): Die Erziehung des Negers zur Arbeit. Wie die koloniale Pädagogik afrikanische Gesellschaften in die Abhängigkeit führte. Berlin.

Maß, S. (2004): Weiße Helden, schwarze Krieger. Zur Geschichte einer kolonialen Imagination, 1918–1964. Florenz.

Mattenklott, G. (2003): Faust. In: François, E.; Schulze, H. (Hg.): Deutsche Erinnerungsorte. Bd. III. 2. Auflage. München, S. 603–619.

Müller, R. (1993): Tropen. Der Mythos der Reise. Urkunden eines deutschen Ingenieurs. Stuttgart, zuerst 1915.

Niethammer, L. (2000): Kollektive Identität. Heimliche Quellen einer unheimlichen Konjunktur. Reinbek b. Hamburg.

Nitzschke, B. (1998): Aufbruch nach Inner-Afrika. Essays über Sigmund Freud und die Wurzeln der Psychoanalyse. Göttingen.

Oppermann, T.(1960): »Eurafrika« – Idee und Wirklichkeit. Europa-Archiv 23,: 695–706.

Osterhammel, J. (1987): Forschungsreise und Kolonialprogramm. Ferdinand von Richthofen und die Erschließung Chinas im 19. Jahrhundert. Archiv für Kulturgeschichte 69: 150–195.

Picker, H. (1951): Hitlers Tischgespräche im Führerhauptquartier 1941–42. Bonn.

Pommerin, R. (1979): »Sterilisierung der Rheinland-Bastarde«. Das Schicksal einer farbigen deutschen Minderheit 1918–1937. Düsseldorf.

Reichart-Burikukiye, C. (2005): Gari la moshi – Modernität und Mobilität. Das Leben mit der Eisenbahn in Deutsch-Ostafrika. Münster.

Rosenberg, A. (1943): Der Mythus des 20. Jahrhunderts. Eine Wertung der seelisch-geistigen Gestaltenkämpfe unserer Zeit. 9. Auflage München.

Schiff, E. (1909): Wie bessern wir unsere Kolonialwirtschaft? München.

Schmokel, W. W. (1967): Der Traum vom Reich. Der deutsche Kolonialismus zwischen 1919 und 1945. Gütersloh.

Schubert, A. A. (1929): Afrika, die Rettung Europas. Deutscher Kolonialbesitz – eine Lebensfrage für Industrie und Wirtschaft Europas. Berlin.

Scott, J. C. (1998): Seeing Like a State. How Certain Schemes to Improve the Human Condition Have Failed. New Haven u. London.

Semler, J. (1953): Die deutsche Wirtschaft und die Erschließung Afrikas. Vortrag, gehalten in Düsseldorf am 27. November 1953 im Hause der Bankverein Westdeutschland AG. Kiel.

Simons, O. (2002): Dichter am Kanal. Deutsche Ingenieure in Ägypten.

In: Simons, O.; Honold, A. (Hg.): Kolonialismus als Kultur. Literatur, Medien, Wissenschaft in der deutschen Gründerzeit des Fremden. Tübingen u. Basel, S. 243–262.

Sippel, H. (1996): »Wie erzieht man am besten den Neger zur Plantagen-Arbeit?« Die Ideologie der Arbeitserziehung und ihre rechtliche Umsetzung in der Kolonie Deutsch-Ostafrika. In: Beck, K.; Spittler, G. (Hg.): Arbeit in Afrika. Münster, S. 311–333.

Solf, W. (1920): Afrika für Europa. Der koloniale Gedanke des 20. Jahrhunderts. Neumünster.

Sörgel, H.; Siegwart, B. (1935): Erschließung Afrikas durch Binnenmeere. Saharabewässerung durch Mittelmeerabsenkung. Beilage zum Baumeister 33: 37–39.

Spengler, O. (1931): Der Mensch und die Technik. Beitrag zu einer Philosophie des Lebens. München.

Stanley, H. M. (1885): Der Kongo und die Gründung des Kongostaates. Bd. 2. Leipzig.

Voigt, W. (1998): Atlantropa. Weltbauen am Mittelmeer. Ein Architekturtraum der Moderne. Hamburg.

Wehler, H.-U. (Hg.) (1974): Geschichte und Psychoanalyse. Frankfurt a. M.

Wildenthal, L. (2001): German Women for Empire, 1884–1945. Durham u. London.

Zimmerer, J. (2003): Krieg, KZ und Völkermord in Südwestafrika. Der erste deutsche Genozid. In: Zimmerer, J.; Zeller, J. (Hg.): Völkermord in Deutsch-Südwestafrika. Der Kolonialkrieg (1904–1908) in Namibia und seine Folgen. Berlin, S. 45–63.

Zuckermann, M. (Hg.) (2004): Geschichte und Psychoanalyse. Göttingen.

Mediatisierung und
Identitätsentwicklung

Georg Ruhrmann

»Vergreist, verarmt, verdummt«?

Nachrichten aus Ostdeutschland

Ein bekanntes Hamburger Nachrichtenmagazin sieht es düster: 1250 Milliarden wurden nach drüben gepumpt. Doch der Osten blutet aus. In Scharen verlassen Abiturienten und Hochschulabsolventen die neuen Bundesländer. Insbesondere junge hochqualifizierte Frauen gehen in den Westen und bekommen ihre Kinder dort. Dieser Exodus lässt das Bildungsniveau im Osten sinken. Die Zurückgebliebenen haben keine Chance gegen den Abwärtstrend, so wird weiter berichtet. Strukturschwachen Regionen drohe eine weitere Schwächung. »Vergreisung«, »Verarmung« und »Verdummung« lauten die medial vermittelten Schlagwörter.

Diese Polemik ist nur eine Facette der Berichterstattung über Ostdeutschland, bei der Journalisten nicht zuverlässig wissen, ob sie sich in einer Recherchewüste oder in einem Jammertal befinden. Jedenfalls legen Diskussionen und originell verfasste Bestseller (Herles 2004; Jürgs u. Elis 2005) die Vermutung nahe, dass mit und in den Medien, insbesondere im Fernsehen vorhandene Unterschiede zwischen Ost- und Westdeutschland nicht nur weiter fortwirken, sondern sogar noch forciert werden.

Auch ein zweiter Blick zeigt, dass Fernsehen die Unterschiede akzentuiert: so melden Fernsehnachrichten für Ostdeutschland die spektakulären wirtschaftlichen Erfolge und Misserfolge. Doch die Normalität des radikalen ökonomischen Wandels und seine sozialen und psychischen Folgen werden eher selten gezeigt (Früh et al. 1999, S. 62–64).[1]

---

1 Verstärkt wird dieser Trend u. a. durch drei Bedingungen: a) in Ostdeutschland residieren *kaum Firmenzentralen* von *Groß*konzernen, b) man findet

Die aktuellen Fragen nach (der Versorgung mit) Therapien in
Zeiten der Veränderungen (Strauß u. Geyer 2000) werden in Fernsehnachrichten nicht gestellt.

Im Marketing weiß man, dass sich *negative Entwicklungen,* wie
etwa der Glaubwürdigkeits- und Vertrauensverlust gesellschaftlicher Institutionen, *schleichend* vollziehen (Meffert 1988). Auch
die demographischen Entwicklungen kommen erst spät und langsam in das öffentliche Bewusstsein, die Brisanz des Themas bleibt
von Journalisten unbegriffen.

Auf das TV-Programmangebot bezogen sind einige Voraussetzungen für die geringere (Be-)Achtung für Ostdeutschland belegt:
Der Westen kommt im deutschen Fernsehen um den Faktor 3,7
häufiger im Fernsehen vor als der Osten. Eine repräsentative und
systematische TV-Analyse von Leipziger und Hamburger Kommu-
nikationswissenschaftlern (Früh et al. 1999) hat für die wichtigsten TV-Programmbereiche sowie detailliert nach Themen, Bundesländern, Personen und Bewertungen gezeigt, wie verzerrt das deutsche Fernsehen seit 1990 über den Osten berichtet.

Denkt man über diese Darstellung des Ostens in unseren Fernsehprogrammen weiter nach, könnte man ein – bisher nicht geprüf-
tes – Modell einer *Ignoranz-Spirale* in vier Schritten entwickeln.
1. Der Osten kommt in Westmedien weniger vor. 2. Westmedien,
vor allem die großen Zeitungen wie FAZ, SZ und Welt werden unter anderem auch deshalb in Ostdeutschland weniger oder gar nicht
gekauft. 3. Für viele Produkte und Themen sind in Ostdeutschland
kein Markt und keine Quote vorhanden. 4. Auch deswegen berichten Journalisten weniger über den Osten.[2] Die Spirale dreht sich
weiter.

Doch wie werden Ereignisse für TV-Nachrichten relevant? Welche Merkmale müssen sie aufweisen, um von den Journalisten als

---

relativ *wenige (relevante) Märkte (und Käufer) für hochwertige Produkte,*
c) es fehlen u. a. private Fernsehsender, große Verlagshäuser sowie Soft-
wareanbieter und damit Voraussetzungen für einen *überragenden Medienstandort* (Bentele et al. 2000).

2   Gestützt wird diese Tendenz durch eine klare Nicht- und Unterrepräsentanz
    von Ostdeutschen in journalistischen Führungspositionen von Sendern und
    Verlagen.

Meldung produziert und Fernsehen als Nachricht gesendet zu werden? Das Konzept der Nachrichtenfaktoren liefert Erklärungen.

Konzept der Nachrichtenfaktoren

Kernelement einer Nachrichtentheorie ist es, Muster selektiven Handelns von Journalisten sowie Formen und Inhalte der Nachrichtengebung zu beschreiben und zu erklären. Das Konzept der Nachrichtenfaktoren geht davon aus, dass Menschen ihre Umgebung in einem einfachen Modell rekonstruieren und sich damit selbst ein Bild von der Welt machen (Lippmann 1990, S. 18). Ein derartiger Mechanismus zur Komplexitätsreduktion ist sowohl bei Journalisten, bei der Präsentation der Nachrichteninhalte und auch bei der Rezeption der Nachrichteninhalte durch die Zuschauer feststellbar (Ruhrmann et al. 2003).

Die Selektionsproblematik der Nachrichtengebung ist unterschiedlich konzipiert worden. Zunächst hat man sich mit den *Kriterien der Nachrichtenrelevanz* eines Ereignisses, mit den »Nachrichtenfaktoren« (Galtung u. Ruge 1965; Schulz 1990) beschäftigt. Hinzu kamen später sowohl *soziologische als auch kognitionspsychologische Überlegungen* zu formalen und inhaltlichen Kontexten von Nachrichtenmeldungen, den so genannten Nachrichten-Frames (Gans 1979; Iyengar 1991; Scheufele 2003).

Galtung und Ruge (1965) haben in Anlehnung an eine »nachrichtentechnische« Theorie der Wahrnehmung zwölf *Ereigniskriterien* genannt, die Ereignisse zu Nachrichten machten. Winfried Schulz gliedert aufgrund theoretischer Überlegungen und zur Operationalisierbarkeit (Schulz 1990) die hypothetischen Einflussgrößen in die sechs Dimensionen Zeit, Nähe, Status, Dynamik, Valenz und Identifikation. In Anlehnung an Schulz besagt das Final-Modell der Nachrichtenauswahl (Staab 1990), dass die Selektion als eine an bestimmten Zwecken orientierte Mittelwahl zu verstehen ist: Aufgrund der zu erwartenden Publikationsfolge wählen Journalisten bestimmte Ereignisse oder Themenaspekte aus, die durch ihre öffentliche Thematisierung dann erst möglicherweise die antizipierten Folgen bewirken. Die zentrale Frage ist

somit auch die nach dem Beachtungsgrad einer Meldung (bzw. ihres »Nachrichtenwertes«). Es geht um den Einfluss der Nachrichtenfaktoren auf die Erwartbarkeit bzw. Gewichtung von Beiträgen
durch Umfang, Platzierung oder Aufmachung (Kepplinger u. Bastian 2000; Maier 2003).

Deutlich wurde in den 90er Jahren eine zunehmende Bedeutung
des Nachrichtenfaktors Visualität (Diehlmann 2003; Maier 2003)
auf der Basis einer umfassenden Visualisierung von Politik: Sie
reicht von der optimierenden Illustrierung von politischen Entscheidungen bis hin zur Erzählung in und mit Bildern und Filmen
(vgl. zu einzelnen Dimensionen des Faktors Visualität Brosius
1993, 1995, 1998; Brosius u. Birk 1994; Graber 1990, 1996, 2001;
Scheufele 2001; Müller 2003 sowie Diehlmann 2003).

Forschungsfragen

Das erkenntnisleitende Interesse dieses Artikels liegt ausgehend
von Überlegungen zum Ost-West-Verhältnis sowie zu Befunden
früherer Nachrichtenanalysen (Maier 2003; Ruhrmann 2005a) in
der Beantwortung folgender Forschungsfragen:
- Wie haben sich – zunächst unabhängig von der Ost-West-Pro-
  blematik – die Nachrichten in den letzten Jahren inhaltlich entwickelt, vor allem mit Blick auf die viel beklagte *Depolitisie-
  rung*?
- Wie hoch ist insgesamt der relative Anteil von Meldungen, deren *Ereignisorte sich jeweils in West- oder in Ostdeutschland* befinden?
- In welchem Umfang werden bestimmte *Themen aus Ost und
  West* in den TV-Hauptnachrichten der beiden TV-Systeme präsentiert?
- Wie werden diese Themen präsentiert, was ist ihr *Beachtungsgrad bzw. ihr Nachrichtenwert* in Bezug auf die Ereignisse aus
  Ost- oder Westdeutschland?
- Mit welcher *Intensität* treten *ausgewählte Nachrichtenfaktoren*
  der Meldungen aus Ost- und Westdeutschland auf?

Methodische Konzeption

Das methodische Konzept dieser Studie orientiert sich an den Forschungsfragen. Demnach wurde eine Inhaltsanalyse (vgl. Neuendorff 2002, Krippendorf 2004) der Darstellung von Ereignissen und Themen in deutschen TV- Nachrichten durchgeführt.

Stichprobe
Analysiert wurden die Hauptnachrichtensendungen je einer Programmwoche zu insgesamt fünf Messzeiträumen der Jahre 1991, 1995, 1998, 2001 und 2004. Die Auswahl der Zeiträume hat sich dabei vor allem am Bestand verfügbarer Untersuchungsmaterialien zu orientieren (Weiß u. Trebbe 2000; 2002; Trebbe 2004). Kontinuierliche Nachrichtenanalysen sind zwar aus stichprobentheorettischen Gründen wünschbar, sind aber bisher aufgrund fehlender technischer und finanzieller Ressourcen noch nicht machbar. Andererseits zeigt sich, dass die Analyse einer Woche mit bis zu 650 Meldungen von 8 Sendern durchaus ausreicht, um wesentliche und valide Aussagen über die Struktur und Genese der Nachrichtenfaktoren zu machen, von denen man annimmt, dass ihnen eine mehr oder weniger konstante Rationalität der journalistischen Auswahl zugrunde liegt.[3]

Insgesamt wurden für die vorliegende Studie n − 1558 Meldungen analysiert, die einen inländischen Ereignishintergrund aufweisen, um einen innerdeutschen Vergleich zu ermöglichen. Für das öffentlich-rechtliche System wurden die Sender ARD und ZDF, für das privat-kommerzielle System die Sender RTL, SAT.1, PRO7, RTL2, Kabel 1 und VOX berücksichtigt.

---

3 Denkbar ist jedoch eine durch dramatische Ereignisse ausgelöste Veränderung journalistischer *Frames,* die sich in den vorhandenen Stichproben nicht nachweisen lassen. Diese Wechsel der dominierenden Frames haben aber nur bedingte Auswirkungen auf die Struktur der Nachrichtenfaktoren. Siehe zu entsprechenden Überlegungen Esser et al. (2002, S. 265–267) sowie Scheufele (2003).

Inhaltsanalytisches Verfahren
Methodisch ist die vorliegende Inhaltsanalyse der Fernsehnachrichten auf der semantisch-semantischen Ebene als Frequenzana-
lyse und Themenanalyse angelegt (Merten 1995; Weiß u. Trebbe
2000). Gezählt und kategorisiert werden jeweils Art und Häufigkeit relevanter Themen, die Platzierung der Meldung, ihr Umfang
bzw. die Dauer sowie die Ausprägungen einzelner Nachrichtenfaktoren (Staab 1990, S. 217).

Die zu untersuchenden Dimensionen beziehen sich auf einzelne
Nachrichtensendungen (= Untersuchungseinheit) sowie einzelne
Beiträge (= Analyseeinheit), um Vergleiche und Typologisierungen
zu ermöglichen. Die Beiträge werden gemäß ihres typischen formalen Aufbaus untersucht, die vorsieht, dass die wichtigsten Elemente des Nachrichtenschemas, nämlich Personen, Themen, Orte,
Ursachen sowie Wirkung gleich zu Beginn der Meldung genannt
und nachfolgend im weiteren Text erläutert werden (van Dijk 1988;
Ruhrmann 1991).

Ergebnisse

Nachfolgend wird die Entwicklung der Themenstrukturen in den
letzten Jahren sowie getrennt nach Ost- und Westdeutschland dargestellt. Gezeigt wird dann, wie der Beachtungsgrad von Nachrichten sowie einzelne Nachrichtenfaktoren je nach Sendesystem
in Meldungen aus West- und Ostdeutschland ausgeprägt sind.

Allgemeine Themenstruktur
Die nachfolgende Tabelle zeigt die Themenverteilung der Meldungen in den letzten Jahren. Im Vordergrund des Interesses steht hier
mit Bezug auf die Fragestellungen die Entwicklung des Themas
Politik und Wirtschaft auf der einen Seite sowie der Angstthemen
und Verbraucher- wie auch der Physis- und Psychethemen auf der
anderen Seite (vgl. zur Erhebung der Gesamtthematik und einzelner Themengebiete Maier 2003; Trebbe 2004; Maier et al. 2005).

Für die politische und wirtschaftliche Berichterstattung zeichnen sich deutliche Veränderungen ab: Zwischen 1992 und 2004 hat

die Bedeutung der *politischen Berichterstattung* um 24 Prozent abgenommen. Indes wird das Thema Wirtschaft deutlich häufiger erwähnt als noch zu Beginn der 90er Jahre.

Tabelle 1: Ausgewählte Themenstruktur der Nachrichtensendungen in %

Themenbereiche	1992	1995	1998	2001	2004
Politik	61	66	53	49	37
Wirtschaft	6	4	13	8	13
Angstthemen (Kriminalität usw.)	9	15	17	17	21
Verbraucherthemen	0	0	0	1	2
Physis- und Psychethemen	0	0	1	1	1
N	486	663	630	648	615

Bemerkenswert ist der Zuwachs von Angstthemen[4], ihr Anteil hat sich seit 1992 verdoppelt. Im Jahr 2004 ist nunmehr jeder fünfte Beitrag auf Angstthemen bezogen. Verbraucherthemen sowie Meldungen zur körperlichen und psychischen Gesundheit kommen in deutschen Fernsehnachrichten maximal zu 1 Prozent aller Fälle vor. Damit ist folgender Befund festzuhalten:

Befund 1: In den letzten Jahren zeigt sich ein deutlicher Rückgang der politischen Berichterstattung, der nur teilweise zugunsten von Wirtschaftsthemen verläuft. Indes verdoppelt sich in deutschen Fernsehnachrichten die Nennung von Angstthemen. Gesundheit und Krankheit sind kein Thema für Fernsehnachrichten.

Anteil der Meldungen Ost – West

Man kann die Angemessenheit medialer Darstellungen beurteilen, indem man Media-Daten mit einschlägigen sozialstatistischen Indikatoren vergleicht. Entsprechende Anregungen so genannter Extra-Media-Vergleiche sind in der einschlägigen Forschung bekannt und bei vorsichtiger Interpretation sinnvoll (Rosengren 1995, S. 15ff.; Krippendorff 2004, S. 58ff.; Spitzer 2005, S. 157ff.).

Angesichts der Tatsache, dass knapp 19 Prozent der in Deutschland lebenden Bürger in den neuen Ländern und in Berlin-Ost leben und gleichzeitig das Gebiet der ehemaligen DDR 30 Prozent

---

4 Als Angstthemen werden Kriminalität, Verbrechen, Unfälle sowie Katastrophen codiert; siehe dazu auch Ruhrmann (2005b).

der Gesamtfläche der Bundesrepublik Deutschland umfasst, könnte man davon ausgehen, dass in einem entsprechendem Ausmaß Meldungen aus Ostdeutschland in den Hauptnachrichtensendungen präsentiert werden.

Tatsächlich stammen jedoch nur knapp 11 Prozent aller Meldungen aus den neuen Bundesländern. Damit zeigt sich eine geographische Unterrepräsentanz Ostdeutschlands in Fernsehnachrichten. Lediglich das ZDF kommt mit gut 18 Prozent aller Meldungen aus Ostdeutschland auf einen vergleichsweise hohen Wert. Einige Gründe für die seltenere Erwähnung von ostdeutschen Ursprungsorten sind plausibel: geringere Wirtschaftskraft, niedrigere Dichte von Infrastruktur, weniger national politische Entscheidungen in Politik und Wirtschaft sowie weniger Großereignisse als Anlass einer Nachrichtenberichterstattung.

Themenverteilungen nach Fernsehsystem und Region

Sowohl aus West- wie auch aus Ostdeutschland berichten 56 Prozent der Meldungen in den öffentlich-rechtlichen Fernsehprogrammen (ÖR) über Politik (Tab. 2). Bei den privat-kommerziellen Sendern (PR) sind dies aus dem Westen nur 40 Prozent der Meldungen. Aus Ostdeutschland handeln immerhin 47 Prozent aller Meldungen über Politik, was darauf hinweist, dass hier durchaus Politik öffentlich wahrgenommen wird.

Anders beim Thema Wirtschaft: Hier ist ein deutliches Gefälle zwischen öffentlich-rechtlichen und privat-kommerziellen Sendern einerseits sowie West- und Ostdeutschland andererseits zu beobachten. Während ARD und ZDF immerhin 17 Prozent sowie die Privaten noch 12 Prozent aller Meldungen über das Thema Wirtschaft aus Westdeutschland bringen, kommt dieses Thema im Osten deutlich weniger vor. Nur jede zwanzigste Meldung des Pri-

Tabelle 2: Ausgewählte Themenstruktur der Nachrichtensendungen in %

Themenbereiche System	Westdeutschland		Ostdeutschland	
	ÖR	PR	ÖR	PR
Politik	56	40	56	47
Wirtschaft	17	12	9	5
Angstthemen (Kriminalität usw.)	8	17	7	29
N	430	959	57	112

vatfernsehens aus den neuen Bundesländern behandelt das Thema Wirtschaft.

Die Verteilung der Angstthemen zeigt, dass die privat-kommerziellen Sender im Westen doppelt so häufig, im Osten sogar viermal häufiger über derartige Themen berichten wie die ARD und ZDF. Mit anderen Worten: Jede dritte im privatkommerziellen Fernsehen gesendete Nachrichtenmeldung handelt vom Thema Angst. Die kann zu einer negativen Grundstimmung führen, wenn man bedenkt, dass gerade die jungen Leute die bevorzugte Zielgruppe der privat-kommerziellen Sender sind und diese in Ostdeutschland besonders gerne und häufig geschaut werden (Ruhrmann 2005a). Festzuhalten ist:

Befund 2: Während die politischen Meldungen der öffentlichrechtlichen Sender sowohl in Ost- als auch in Westdeutschland im selben Umfang berichtet werden, ist bezogen auf das Thema Wirtschaft ein deutliches West-Ost-Gefälle festzustellen. Wirtschaft ist und bleibt im Osten kein Thema. Indes ist eine markante Zunahme der Angstthemen in den Meldungen des Privatfernsehens aus Ostdeutschland zu beobachten, was gerade bei den jungen Nachrichtenrezipienten zu einer verzerrten Wahrnehmung der Normalität in Ostdeutschland führen kann.

Beachtungsgrad von Meldungen

Die öffentliche Relevanz und mithin auch die Wirkung einer Meldung basiert auf der Annahme, dass die Bedeutung, die Journalisten einem Thema beimessen, an bestimmten formalen Variablen abgelesen werden kann (Kepplinger u. Bastian 2000; Maier 2003; Ruhrmann 2005c). Im Rahmen einschlägiger Analysen wird der Beachtungsgrad (Nachrichtenwert) der einzelnen Meldungen anhand eines Indexes[5] gemessen. Dazu wurden bei der Datenerhebung folgende Variablen codiert und ausgewertet (Tab. 3):

Rang – Für jede Meldung wird ihr Rangplatz innerhalb einer Sendung festgestellt. Die in der Nachrichtensendung an erster Stel-

---

5   Zu einer alternativen Operationalisierung des Beachtungsgrades über die Variablen: Zahl der (Ost-)Schauplätze und (Ost-)Akteure sowie über die Beitragsdauer siehe Früh und Stiehler (2002, S. 52ff.).

le platzierte Topmeldung erfährt größere Beachtung als die Meldungen auf den mittleren Plätzen oder am Schluss einer Nachrichtensendung.

Beitragsdauer – Ermittelt wurde die Sendedauer der einzelnen Beiträge in Sekunden. Angesichts knapper Sendezeit genießen längere Meldungen mehr Beachtung als kürzere Beiträge.

Ankündigung des Themas – Für jede Meldung wurde codiert, ob zu Beginn der Sendung auf das Thema hingewiesen wurde. Codiert wird der Anteil der Meldungen, die so angekündigt wurden. Sie erfahren mehr Beachtung als nicht angekündigte Themen.

Im Ergebnis zeigen sich deutliche Unterschiede im Beachtungsgrad zwischen öffentlich-rechtlichen und privat-kommerziellen Sendern: bei RTL, SAT.1, PRO7 u. a. werden Meldungen vergleichsweise prominenter platziert (Tab. 3). Weniger Unterschiede

Tabelle 3: Beachtungsgrad von Nachrichten nach Sendersystem und Region

		Westdeutschland		Ostdeutschland	
Index	System	ÖR	PR	ÖR	PR
Beachtung					
(Skala 2 – 12)		5.3	6.2	4.9	5.9
N		430	959	57	112

existieren zwischen West- und Ostdeutschland. Der Osten erfährt nur geringfügig weniger Beachtung durch die formale Präsentation als der Westen. Festzuhalten ist:

Befund 3: Zwischen Ost- und Westdeutschland gibt es nur geringe Unterschiede im Beachtungsgrad einzelner Meldungen.

Ausgewählte Nachrichtenfaktoren

Wie nun sind die Nachrichtenfaktoren strukturiert, die Aufschluss darüber geben können, ob und inwieweit sich das Auswahlverhalten der Journalisten in Ost- und Westdeutschland unterscheidet?

Personalisierung bezeichnet die Bedeutung, die Einzelpersonen in einem Ereignis zugesprochen wird. Je stärker eine Institution oder Gruppe im Gegensatz zu einer Einzelperson im Vordergrund steht, desto weniger personalisiert ist der Beitrag. Die Variable betrifft auch die Frage, ob im Beitrag genannte Personen als Einzelpersonen dargestellt werden oder Personen lediglich stellvertretend für eine bestimmte Institution vorkommen. In der vorliegenden Untersuchung unterscheiden sich die Meldungen aus Ost- und Westdeutschland nicht (Tab. 4).

Tabelle 4: Ausgewählte Nachrichtenfaktoren nach Sendersystem und Region

Nachrichtenfaktoren System	Westdeutschland		Ostdeutschland	
	ÖR	PR	ÖR	PR
Personalisierung (Skala 0–2)	0,7	0.8	0.7	0.8
Nutzen (Skala 0–2)	0.4	0.5	0.5	0.3
Schaden (Skala 0–2)	0.5	0.7	0.4	1.0
Kontroverse (Skala 0–2)	0.7	0.6	0.5	0.9
Aggression (Skala –3)	0.2	0.3	0.1	0.7
Visualität (Skala 1–4)	2.2	2.9	2.4	2.7
N	430	959	57	112

Ähnliches gilt auch für den Nachrichtenfaktor *»Nutzen«*, mit dem positive Aspekte des Ereignisses (z. B. Begleiterscheinungen und/oder Folgen), Fortschritte oder Vergünstigungen dargestellt werden. Diese Aspekte können sich auf materielle, ideelle und existenzielle Sachverhalte beziehen. Zwischen Ost- und West sowie zwischen beiden Sendesystemen gibt es kaum Unterschiede.

Der Nachrichtenfaktor *Schaden* bezeichnet alle negativen und ungünstigen Ereignisse und Bedingungen. Gemeint sind auch Scheitern und Verletzungen, die sich auf materielle, ideelle und existenzielle Sachverhalte beziehen. Während in Westdeutschland der entsprechende Wert nur beim Privatfernsehen leicht erhöht ist, offenbart sich für Ostdeutschland eine klare Schadensorientierung. RTL, SAT1, PRO7 und andere orientieren sich mehr als doppelt so stark wie ARD und ZDF an negativen und ungünstigen Entwicklungen und verstärken damit ein latentes Negativ-Image.

Unter *Kontroverse* wird die explizite Darstellung von Meinungsunterschieden verstanden, die verbal oder schriftlich, jedoch nicht gewaltsam ausgetragen werden, es müssen mindestens zwei Konfliktbeteiligte oder Parteien vorkommen. Die Analyse zeigt, dass dieser Nachrichtenfaktor bei privat-kommerziellen Nachrichtenmeldungen aus Ostdeutschland besonders stark ausgeprägt ist.

Unter *Aggression* wird die Androhung oder Anwendung von Gewalt verstanden (tätliche Auseinandersetzungen), die im Beitrag

thematisiert werden. Besonders auffällig ist auch hier die Nachrichtengebung der privat-kommerziellen Sender. Im Vergleich zu
ARD und ZDF orientiert sich das privat-kommerzielle Fernsehen
in Ostdeutschland siebenmal stärker an Aggressionen oder Gewalt.
Mithin heißt das, dass ein stark überdramatisiertes Bild aus dem
Osten gezeichnet und Angstkommunikation betrieben wird (Ruhrmann 2005b).

Der Nachrichtenfaktor *Visualität* schließlich beschreibt die Be-
lebtheit und Dynamik der in den Meldungen verwendeten (bzw.
vorhandenen) Bild- und Filmsequenzen. Schwächere Visualität
wird durch graphische Abbildungen wie Landkarten, Schaubildern
oder Tabellen, aber auch durch eine kontinuierliche Einstellung,
beispielsweise ein Interview im Studio, sowie mit einer Schaltung
zu Korrespondenten oder Gesprächspartnern repräsentiert. Starke
Visualität kommt zustande durch ungewöhnliche Motive oder sel-
tene Aufnahmen. Bilder stehen im Vordergrund, der Film ist die
Nachricht, so dass der Text eine untergeordnete Rolle spielt und
sich der Zuschauer stark auf die Aufnahme konzentriert (Brosius
1998). In der vorliegenden Studie wird deutlich, dass Meldungen
im Privatfernsehen stärker visualisiert sind als bei ARD und ZDF.
Ein deutlicher Ost-West-Unterschied ist nicht erkennbar. Festzuhalten bleibt:

Befund 4: Fernsehnachrichten aus Ostdeutschland orientieren sich
besonders stark an Schaden, Aggression und Kontroverse und befördern damit ein Negativ-Image.

Lösungsmöglichkeiten

Sichtbar geworden sind erste Unterschiede in Inhalt und Form der
Nachrichtenberichterstattung aus Ost- und Westdeutschland, insbesondere bei der Differenzierung nach dem Sendesystem. Nachrichten der privat-kommerziellen Sender aus Ostdeutschland erwecken tendenziell den Eindruck einer Welt, die von Angst, Schaden
und Aggression gekennzeichnet ist, gleichwohl doch die anderen
Fernsehkanäle, ARD und ZDF, mit denselben Agenturmeldungen
arbeiten. Dieser Trend für Angstthemen hat sich in den letzten Jah-

ren verstärkt. Der Befund verdient auch deshalb Beachtung, da in Ostdeutschland verstärkt privat-kommerzielles Fernsehen von Kindern und Jugendlichen rezipiert wird und somit negative Wirkungen nicht auszuschließen sind: zu erwähnen sind Aufmerksamkeitsstörungen und gewalttätiges Verhalten (Spitzer 2005, S. 83ff., S. 181f.; Winterhoff-Spurk et al. 2005, S. 225ff.; Ruhrmann 2005a, S. 77f.).

Man kann verschiedene mittelfristige Lösungsmöglichkeiten ansprechen, um die beschriebenen Probleme zu bearbeiten. Dabei muss nicht unbedingt eine Angleichung des Ostens an den Westen angestrebt werden. Interessanter sind *eigene und eigenständig starke Wege.*

1. Vorzunehmen sind *fundierte medienökonomische Strukturanalysen,* welche die Schwächen und Stärken der ostdeutschen Medienstandorte valide beschreiben und erklären (Seufert et al. 2004).[6]

2. Anzuraten ist auch ein verstärktes Bemühen um eine *gute oder gar exzellente Kommunikationspolitik (PR)* in und für die neuen Bundesländer (Bentele et al. 2000). Positive Vorzeichen gibt es in zweifacher Hinsicht:

a) An den ostdeutschen Hochschulen boomen Medienstudiengänge für neue Kommunikationsberufe (Ruhrmann et al. 2000). Allerdings zeigt sich, dass die besten Absolventen keineswegs im Osten bleiben, sondern ihre Karriere meistens an westdeutschen und europäischen Medienstandorten machen. Die Besten nur in den Westen?

b) Eine Möglichkeit, ins öffentliche Gespräch zu kommen, ist die Veranstaltung von *relevanten Großevents:* kulturell, politisch oder auch sportlich. Die regionale Presse in Mitteldeutschland, manche Sender und unermüdliche Sponsoren haben in den letzten Jahren entsprechende Initiativen und ihre Verbreitung nach Kräften gefördert. Schwieriger indes ist es, im Gespräch zu bleiben. Das erfordert einen weiteren Aufbau und eine nachhalti-

---

6 Gleichwohl behaupten einige Journalisten, der Osten würde zu gut behandelt werden, ja es gäbe sogar Tendenzen zu Formen der Überkompensation; siehe dazu Herles (2004, S. 78ff.).

gere wirtschaftliche Förderung derartiger Veranstaltungen. Es geht dabei um den Gewinn der weichen Standortfaktoren, die ein Leben im Osten erst richtig lebenswert machen – und dies nicht nur im Lichtkegel der Leuchttürme für das flache Land!

3. Was die qualitativen Dimensionen journalistischer Berichterstattung angeht, könnte sich (auch) in Ostdeutschland ein Journalismus lohnen, der das Verhalten einiger Politiker in der ostdeutschen Provinz kritischer beobachtet und damit dem Standort hilft. Initiativen dazu kommen bereits von jungen Journalisten.

4. Indes fehlen aber *Hintergrundthemen* aus Ostdeutschland. Wir lesen zu wenig von Akteuren und Themen, die zwar nicht vordergründig aktuell sind, aber den tief greifenden wirtschaftlichen, sozialen und psychischen Wandel erfolgreich gestalten und repräsentieren. Insbesondere die Unterschiede in der Alltagskommunikation an der Schnittstelle zwischen privatem und öffentlichen Raum kommen zu kurz (Klein 2001, S. 91ff.).[7] Damit wird häufig die Frage übersehen, ob vom Osten etwas zu *lernen* wäre. Gesundheit, Bildung und Kultur sind indes die Bereiche, wo Derartiges bereits stattfindet. Auch wenn wir davon nicht aus den Nachrichten erfahren.

Literatur

Bentele, G.; Liebert, T.; Polifke, M. (2000): Medienstandort Leipzig III. Leipzig.

Brosius, H.-B. (1993): The effects of emotional pictures in television news. Commun. Res. 20: 105–124.

Brosius, H.-B. (1995): Alltagsrationalität in der Nachrichtenrezeption. Opladen.

Brosius, H.-B. (1998): Visualisierung von Fernsehnachrichten. In: Kamps, K.; Meckel, M. (1998): Fernsehnachrichten. Prozesse, Strukturen, Funktionen. Opladen, S. 213–224.

7　Möglicherweise liegt hier auch eine Quelle der übergroßen Orientierung an Kriminalität und entsprechender Sensationalisierung der Berichterstattung (Dulinski 2003, S. 167ff., S. 233ff.).

Brosius, H.-B.; Birk, M. (1994): Text – Bild Korrespondenz und Informationsvermittlung durch Fernsehnachrichten. Rundfunk und Fernsehen 42: 171–183.

Diehlmann, N. (2003): Journalisten und Fernsehnachrichten. In: Ruhrmann, G.; Woelke, J.; Maier, M.; Diehlmann, N.: Der Wert von Nachrichten im deutschen Fernsehen. Ein Modell zur Validierung von Nachrichtenfaktoren. Opladen, S. 99–144.

Dulinski, U. (2003): Sensationsjournalismus in Deutschland. Konstanz.

Esser, F.; Scheufele, B.; Brosius, H.-B. (2002): Fremdenfeindlichkeit als Medienthema und Medienwirkung: Deutschland im internationalen Scheinwerferlicht. Wiesbaden.

Früh, W.; Hasebrink, U.; Krotz, F.; Kuhlmanm, C.; Stiehler, H. J. (1999): Ostdeutschland im Fernsehen. München.

Früh, W.; Stiehler, H. J. (2002): Fernsehen in Ostdeutschland. Eine Untersuchung zum Zusammenhang zwischen Programmangebot und Rezeption. Berlin.

Galtung, J.; Ruge, M. H. (1965): The Structure of Foreign News. The Presentation of the Congo, Cuba and Cyprus Crisis in Four Norwegian Newspapers. J. Peace Res. 1: 64–91.

Gans, H. J. (1979): Deciding What's News. New York.

Graber, D. A. (1990): Seeing is Remembering: How Visuals Contribute to Learning from Television News. J. Commun. 40: 34–56.

Graber, D. A. (1996): Saying with Pictures. Ann. Am. Acad. Polit. SS. 546: 85–96.

Graber, D. A. (2001): Processing Politics. Learning from Television in the Internet Age. Chicago u. London.

Herles, W. (2004): Wir sind kein Volk. Eine Polemik. München.

Iyengar, S. (1991): Is Anyone Responsible? How Television Frames Political Issues. Chicago.

Jürgs, M.; Elis, A. (2005): Typisch Ossi, Typisch Wessi. Eine längst fällige Abrechnung unter Brüdern und Schwestern. Gütersloh.

Kepplinger, H. M.; Bastian, R. (2000): Der prognostische Gehalt der Nachrichtenwert-Theorie. Publizistik 45: 462–475.

Klein, O. G. (2001): Ihr könnt uns einfach nicht verstehen! Warum Ost- und Westdeutsche aneinander vorbeireden. Frankfurt a. M.

Krippendorff, K. (2004): Content Analysis. An Introduction to Its Methodology. Thousand Oaks, Ca.

Lippmann, W. (1990): Die öffentliche Meinung. Reprint. Bochum.

Meffert, H. (1988): Strategische Unternehmensführung und Marketing. Wiesbaden.

Maier, M. (2003): Analysen deutscher Fernsehnachrichten 1992–2001. In: Ruhrmann, G.; Woelke, J.; Maier, M.; Diehlmann, N.: Der Wert von Nachrichten im deutschen Fernsehen. Ein Modell zur Validierung von Nachrichtenfaktoren. Opladen, S. 61–98.

Maier, M.; Ruhrmann, G.; Klietsch, K. (2005): Der Wert von Nachrichten im deutschen Fernsehen – Fortsetzungsstudie Inhaltsanalyse 2004. Abschlußbericht für die Landesanstalt für Medien NRW, Juni 2005.

Merten, K. (1995): Inhaltsanalyse. Einführung in Theorie, Methode und Praxis. Opladen.

Müller, M. G. (2003): Grundlagen der visuellen Kommunikation. Konstanz.

Neuendorf, K. (2002): Content Analysis Guidebook. Thousand Oaks, Ca.

Rosengren, K. E. (1995): Three Perspectives on Media and Communication Studies in Europe. In: Winterhoff-Spurk, P. (Hg.): The Psychology of Media in Europe. The State of the Art – Perspectives for the Future. Opladen, S. 15–30.

Ruhrmann, G. (1991): Zeitgeschehen à la carte. Ereignis, Nachricht und Rezipient. In: DIFF (Hg.): Funkkolleg Medien und Kommunikation. Konstruktionen von Wirklichkeit. Studienbrief 6. Weinheim, S. 49–79.

Ruhrmann, G.; Woelke, J.; Maier, M.; Diehlmann, N. (2003): Der Wert von Nachrichten im deutschen Fernsehen. Ein Modell zur Validierung von Nachrichtenfaktoren. Opladen.

Ruhrmann, G. (2005a): Info mit-tainment. In: ZDF (Hg.): Info ohne-tainment? Orientierung durch Fernsehen: Kompetenz, Relevanz, Akzeptanz. 37. Tage der Fernsehkritik. Mainz, S. 71–92.

Ruhrmann, G. (2005b): Nachrichten zum Fürchten. Message 7: 94–96.

Ruhrmann, G. (2005c): Aktualität und Publizität revisited. Nachrichtenfaktoren und Beachtungsgrad von TV-Meldungen am Beispiel des Themas »Migranten«. In: Scholl, A.; Westerbarkey, J. (Hg): Kommunikation. Festschrift für K. Merten. Wiesbaden.

Scheufele, B. (2001): Visuelles Medien-Framing und Framing Effekte. Zur Analyse visueller Kommunikation aus der Framing Perspektive. In: Knieper, T.; Müller, M. G. (Hg.): Kommunikation visuell. Das Bild als Forschungsgegenstand – Grundlagen und Perspektiven. Köln, S. 144–158.

Scheufele, B. (2003): Frames – Framing – Framing-Effekte. Theoretische und methodische Grundlegung des Framing-Ansatzes sowie empirische Befunde zur Nachrichtenproduktion. Wiesbaden.

Schulz, W. (1990): Die Konstruktion von Realität in den Nachrichtenmedien. Analyse der aktuellen Berichterstattung. Freiburg.

Seufert, W.; Müller-Lietzkow, J.; Luipold, U.; Ring, P. (2004): Medienwirtschaft in Thüringen. Entwicklungen, Stand und Perspektiven. München.

Spitzer, M. (2005): Vorsicht Bildschirm. Elektronische Medien, Gehirnentwicklung, Gesundheit und Gesellschaft. Stuttgart.

Staab, J. F. (1990): Nachrichtenwert – Theorie. Formale Struktur und empirischer Gehalt. Feiburg u. München.

Strauß, B.; Geyer, N. (Hg.) (2000): Psychotherapie in Zeiten der Veränderung. Opladen.

Trebbe, J. (2004): Fernsehen in Deutschland 2003/2004. Programmstrukturen, Programminhalte, Programmentwicklungen. Forschungsbericht im Auftrag der Direktorenkonferenz der Landesmedienanstalt. Berlin.

Weiß, H.-J.; Trebbe, J. (2000): Fernsehen in Deutschland 1998/1999. Programmstrukturen, Programminhalte, Programmentwicklungen. Forschungsbericht im Auftrag der Direktorenkonferenz der Landesmedienanstalt. Berlin.

Weiß, H.-J.; Trebbe, J.; Maurer, T. (2002): ALM-Fernsehprogrammanalyse. Senderbericht. Frühjahr 1998 bis Herbst 2001. Unveröffentlichter Forschungsbericht. Berlin.

Winterhoff-Spurk, P.; Unz, D.; Schwab, F. (2005): Häufiger, schneller, variabler. Ergebnisse einer Längsschnittuntersuchung über Gewalt in TV-Nachrichten. Publizistik 50: 225–237.

Van Dijk, T. A. (1988): News Analysis. Hillsdale, NJ.

Friedrich Krotz

Wandel von Identität und die digitalen Medien

In dem folgenden Text[1] setzte ich mich mit in einer kommunikations- und medienwissenschaftlichen Perspektive mit dem Zusammenhang zwischen Medien und Identitätsentwicklung auseinander. Dabei soll insbesondere die Rolle der digitalen Medien Beachtung finden. Im ersten Abschnitt werde ich mich dazu mit einigen kommunikationswissenschaftlichen Grundüberlegungen beschäftigen, um deutlich zu machen, vor welchem Denk- und Theoriehintergrund ich arbeite. Im zweiten Teil werde ich dann das meinen weiteren Ausführungen zugrunde liegende kommunikativ fundierte Identitätskonzept darstellen und die Bedeutung von sozialen Beziehungen dafür umreißen. Kapitel drei beschäftigt sich weiter mit der Bedeutung der Medien für Identität. In Abschnitt vier werden dann die digitalen Medien charakterisiert und deren Rolle für Identitätsbildung skizziert.

Basisüberlegungen und theoretische Verortung

Die Version der Kommunikationswissenschaft, an die im Folgenden angeknüpft wird, beginnt in Anlehnung an Cassirer, Bourdieu, die Semiotik und die Cultural Studies mit der Grundüberlegung, dass Menschen symbolische Wesen sind, die in einer symbolischen Welt von Zeichen leben, in Bezug auf deren Bedeutung sie handeln. Nicht nur sprachliche Begriffe, sondern auch Gesten und Bil-

---

1 Der vorliegende Text übernimmt aufgrund verwandter Fragestellungen einige Teil aus Krotz (2003).

der nehmen wir als kommunikativ gemeinte Symbole wahr. Die Sprache bildet natürlich ein ausgezeichnetes Symbolsystem, mit dessen Hilfe wir uns die Welt zugänglich machen, mit anderen kommunizieren und uns verständigen können, in der wir aber auch nachdenken, Erlebnisse zu Erfahrungen verarbeiten und sie einordnen, um wieder Bezug darauf nehmen zu können.

In dieser symbolischen Welt ist Kommunikation die wesentliche Basisaktivität, weil wir darüber und nur darüber in Kontakt mit anderen Menschen, mit uns selbst und durch Symbole und deren Bedeutung mit der Welt überhaupt stehen. Über Kommunikation werden wir sozialisiert und erlernen sie dabei auch, über Kommunikation sind wir erst in der Lage, uns von anderen oder über Medien Erfahrungen anzueignen, obwohl wir sie nicht selbst gemacht haben. In diesem Sinn ist *Kommunikation zugleich die Basis von Individuation und gleichzeitig auch von Vergesellschaftung des Einzelnen.*

Kommunikation ist also insbesondere nicht der Transport von Informationen, wie zum Beispiel die Kommunikation über Gesten zeigt: Hier wird nichts transportiert, sondern die Menschen zeigen sich gegenseitig sinnvoll gemeinte Symbole an, die als sinnvoll interpretiert werden. Dabei weiß alter natürlich nie wirklich genau, was Ego meint, aber unter Berücksichtigung der Definition der Situation, des kulturellen Rahmens und der durch Sozialisation entstandenen Gemeinsamkeiten sind Verständigungsprozesse möglich, die durch eine wechselseitige Perspektivverschränkung (Mead 1969, 1973; Selman 1984) stattfinden: Wenn ich mich in die Rolle des anderen hineinversetze, besitze ich aufgrund meiner Erfahrungen immer Anhaltspunkte, um die vom anderen konstituierten Symbole zu interpretieren.

Der damit gemeinte imaginative Rollentausch, auf dem Kommunikation beruht (Krappmann 1975; Krotz 1992), ist im Übrigen auch zentral für die durch Sozialisation in einer spezifischen Kultur und Gesellschaft entstandenen Struktur des Menschen, der darüber innere Instanzen aufbaut – Bewusstsein von der Welt und zugleich Selbstbewusstsein (Mead 1973), aber auch innere Bilder von anderen und generalisierte Normen, wie sie Freud (1990) als Ich und Über-Ich beschrieben hat.

Kommunikation als Prozess ist dementsprechend eine Folge wechselseitigen Anzeigens und Interpretierens von Symbolen. In dem Moment, wo die Menschen nun beginnen, miteinander auf die ihnen eigentümliche, komplexe Weise zu kommunizieren, kommen *Medien* ins Spiel: zum Beispiel als Bilder oder an die Götter gerichtete Zeichen. Medien sind dementsprechend Potentiale, die der Modifikation von Kommunikation dienen. Sie liefern erstens Kommunikate, insofern sie als *Inszenierungsmittel* dienen, in denen sich die jeweiligen Kommunikatoren wie beispielsweise Regisseure oder Schauspieler ausdrücken, es sind zweitens *Erlebnisräume* für die Rezipienten, aus denen sie Informationen und Gefühle gewinnen. Drittens müssen Medien aber auch *in ihrer Funktionsweise gesellschaftlich vereinbart und institutionalisiert* sein, damit sie sinnvoll verwendet werden können.

Insofern sind Medien komplexe Veranstaltungen, deren Funktionsweise nicht auf technischer Ebene abgehandelt werden kann: in China hatte man für die Druckmaschine, die dort lange vor Gutenberg erfunden worden war, keine Verwendung, während sie hier Kultur und Gesellschaft revolutioniert hat; das Telefon wurde entwickelt, um Musik in die Haushalte zu transportieren, es wurde von den Menschen aber für ganz andere Zwecke verwendet, und das Fernsehen von heute unterscheidet sich ebenso wie das Radio von seinen Vorgängern vier oder fünf Jahrzehnte früher. Zu Medien gehören also immer bestimmte Funktionen und Nutzungsweisen, die aber innerhalb von Kultur und Gesellschaft ausgehandelt werden und sich im Laufe der Zeit verändern.

Dazu nun drei ergänzende Anmerkungen:
- Neben der *ursprünglichen Face-to-face-Kommunikation lassen sich drei Typen von Medien* unterscheiden: Medien, *über die vermittelt Menschen miteinander kommunizieren* wie Brief, Telefon oder Chat, *Medien, mit denen man kommuniziert*, indem man sie als standardisierte Angebote rezipiert, wie etwa Buch, Zeitung, Fernsehen oder Website, und, eine der Neuerungen der Digitalisierung, die *interaktiven Medien* – Computerspiele oder Tamagotchis, wo Mensch und Medium auf gemeinsame Weise »Realität« herstellen, insofern beide wechselseitig auf den anderen eingehen, wenn auch auf unterschiedliche Weise.

- Medien als Kommunikationspotentiale sind immer irgendwie verdächtig. Denn sie überbrücken Raum und Zeit und ermöglichen so den Zugang zu Wissen und zu Erlebnissen, die ohne sie so nicht reproduzierbar wären. Sie bringen deshalb Bewegung ins Wissen und Erleben, was sowohl befreiend als auch schädigend sein kann.
- Das führt auf die Frage nach der Medienwirkung. Im Hinblick auf Kommunikation ist das eigentlich eine unsinnige Frage, weil Kommunikation ja nur zustande kommt, wenn jemand Symbole produziert *und* wenn jemand diese Symbolfolgen als sinnvoll interpretiert – insofern »wirkt« Kommunikation immer, wenn sie zustande kommt. Es geht also nicht um ein Ob, sondern um ein Wie und Was, und da sind die Antworten nicht mehr so einfach zu haben. Wichtig ist aber, dass man von den medialen Inhalten alleine prinzipiell nie auf »Wirkung« schließen kann. Wie etwas rezipiert wird, hängt von der inneren und der äußeren Wirklichkeit des Rezipienten ab, in Bezug auf die er das Medienangebot kontextualisiert und einordnet. Das heißt, dass eine direkte Übernahme von Inhalten eigentlich nie erfolgt. Gerade bei Kindern beispielsweise ist die pädagogische Medienforschung sich darüber einig, dass Medieninhalte von den Kindern auf ihre Lebensumstände und Entwicklungsthemen bezogen und erst vor diesem Hintergrund relevant werden.   Das alles soll die Verantwortung von Medienverantwortlichen, Gesellschaft und Eltern etwa nicht ignorieren, aber es ist offensichtlich, dass jede Medienwirkung erst von solchen Überlegungen her sinnvoll verstanden werden kann.

Identität als kommunikatives Prozesskonstrukt

In Rahmen der Philosophie und insbesondere der Logik lässt sich Identität als Postulat begreifen, nach dem jedes Ding sich selbst gleich ist. Identität ist in dieser Perspektive also ein an materiellen Vorstellungen orientiertes, essentialistisches Konzept, das auf die aristotelische Philosophie zurückgeht (Schischkoff 1965). Demgegenüber ist die soziale und kulturelle Welt als Gegenstand von Kul-

tur- und Kommunikationswissenschaft eine sich ständig verändernde Welt; sie existiert für den Menschen nur als auch unter seiner Beteiligung hergestellter Prozess (Berger u. Luckmann 1980;
Schütz 1971). Sie ist fragiles und immer nur versuchsweise funktionierendes, immer weiter zu entwickelndes Produkt menschlichen Kommunizierens. In einer solchen Wirklichkeit sind essentialistische Vorstellungen von einer an Dingen und Materie ange-
lehnten Identität eines Menschen, die sein »eigentliches Wesen«
ausdrückt, unangemessen.

Stattdessen muss ein kommunikationswissenschaftlich gerich-
tetes Konzept von Identität auf das kommunikative Handeln der
Beteiligten bezogen sein, und zwar in doppelter Weise: Wir können nur im Rahmen von Kommunikation, quasi im »Gespräch« mit
einem anderen feststellen, was seine Identität ist, und wir können
ebenso nur auf der Basis von Kommunikation eine eigene Identität erwerben, entwickeln und präsentieren.

Lothar Krappmann (1975) nennt nun die situationsübergreifende, spezifische, eigentümliche Art, wie ein Mensch die so immer
vorhandene Aufgabe löst, sich in ganz unterschiedlichen Situationen, zu ganz unterschiedlichen Themen und mit ganz unterschiedlichen Kommunikationspartnern und deren Erwartungen als etwas
Eigenständiges zu erleben und zu präsentieren, seine *Identität*. Dabei greift jeder Mensch auf die ihm situativ angemessen erschei-
nenden *Ressourcen* zurück, die ihm im Rahmen der kulturellen und
sozialen Strukturen verfügbar sind.

Das Konstrukt »Identität« ist damit etwas Zusammenhängendes
und Übergreifendes, das aber gleichwohl aus Teilprozessen besteht, insofern es in wechselseitig angelegten Kommunikations-
prozessen zustande kommt. Wir nennen diese Art von Teilprozessen in Anlehnung an Hegel im Folgenden »Momente«. Damit soll
ausgedrückt werden, dass es sich dabei nicht um abgrenzbare Teile
und auch nicht um »Dimensionen« oder »Ebenen« von Identität
handelt.

Der Begriff »Moment« besagt vielmehr, dass damit ein Teilpro-
zess des komplexen Prozesskonstrukts »Identität« bezeichnet sein
soll, der auf seine eigene Weise zustande kommt, aber nur durch
seinen Bezug auf das Ganze der Identität Sinn macht. Wie das ge-

meint ist, wird deutlich werden, wenn wir im Folgenden vier *Momente von Identität* voneinander unterscheiden:

- Das erste Moment von Identität als Prozess entsteht durch die sozialen Bezüge der Menschen zueinander. Jemand ist Professorin, Bürgermeister oder Hausmann, und im Rahmen der Gesellschaft ist sie oder er durch diese Rollen aktuell und den damit verbundenen Status übergreifend definiert. So bestimmte soziale Identität spielt in jeder Kommunikation eine wesentliche Rolle, weil sie der Charakterisierung der anderen und damit der Orientierung dient. Natürlich hat jeder Mensch im Allgemeinen viele solcher *sozialen Identitäten*, die dann insgesamt zu seiner Identität beitragen.

- Andererseits ist Identität natürlich immer individuell und deshalb *persönliche Identität*. In jedem Gespräch, das ich führe, bin ich nicht nur als Inhaber einer sozialen Position, sondern immer auch als unverwechselbare Person präsent. Denn jede Rolle bestimmt sich zwar durch die sozialen und kulturellen Erwartungen, die wir an sie haben, aber niemand kann diese Erwartungen erfüllen, ohne dies auf seine persönliche Weise zu tun und sich damit als Individuum kenntlich zu machen – selbst Soldaten, der Inbegriff des mechanisierten und seiner Individualität beraubten Menschen, werden in ihrem Handeln als besondere Personen kenntlich.

Als Individuen sind wir zudem auch Teil eines Netzes persönlicher Beziehungen. Deren besondere Qualität liegt darin, dass das Verhältnis der darüber verbundenen Menschen nicht in erster Linie sozial definiert ist, sondern das einzelne Individuen gemeint ist: Während Arbeiter in der Perspektive des Kapitalisten ebenso austauschbar sind wie Kapitalisten für den Arbeiter, trifft dies auf das Verhältnis einer Mutter zu ihrem Kind, eines Menschen zu seinen Geschwistern oder Freunden nicht zu:

- Die bereits angekündigten beiden weiteren Momente von Identität ergeben sich aus dem Kommunikationsprozess, den wir als ein Gespräch verstehen, das zwischen zwei Menschen stattfindet. Daraus resultiert ganz einfach, dass Identität sowohl *zugeschriebene als auch präsentierte Identität* sein kann: Ich kann in der sozialen Identität des Muslim auftreten, ich kann diese Identität aber auch von meinem Gesprächspartner zugeschrieben bekommen.

Einige ergänzende Anmerkungen sollen dieses vierfache Konzept ergänzen:

- Bei diesen vier Unterscheidungen handelt es sich um Momente der oben postulierten Art. Denn offensichtlich ist jeder Mensch in jeder kommunikativen Situation in diesen vier (Teil-)Identitäten zugleich präsent, die sich immer neu verschränken und aufeinander verweisen. Jede Situation wird dadurch auch zu einem Prozess des Aushandelns darum, wer die Beteiligten genau sind, worum es immer auch sonst in der Kommunikation gehen mag (Krotz 1992).

- (Präsentierte) Identität darf nicht mit Authentizität oder »wie ich wirklich bin« verwechselt werden. Denn in dem bisher entfalteten Begriffssystem kann es keine absolute, keine »wahre« Identität und damit auch kein objektives Kriterium für Authentizität geben, weil dies immer ein Rückfall in eine essentialistische Sichtweise wäre. Umgekehrt wird sich zeigen, dass die Anonymität, in der Menschen die neuen kommunikativen Möglichkeiten des Internet etwa im »Gespräch« in Chats wahrnehmen, keineswegs besagt, dass sie dabei nicht sie selbst sind.

- Alfred Schütz (1971) hat erläutert, wie wir unser Wissen um soziale Identität verwenden, um mit neuen Situationen zurechtzukommen, und dafür den Begriff der Typisierung eingeführt. Typisierungen sind nach Schütz einerseits Abstraktionen von der vollen Wirklichkeit, wie sie von der in allgemeinen Begriffen aufgebauten Sprache nahe gelegt werden, andererseits werden sie in je einer spezifischen Perspektive vorgenommen. Sie sind nicht wahr oder unwahr, sondern adäquat oder nicht. Wenn ich mit einem Fahrkartenkontrolleur verhandle, bin ich an der Einzigartigkeit seiner Person ebenso wenig interessiert wie er an meiner.

Typisierungen sind deshalb die Basis meiner Handlungsfähigkeit in einer sich verändernden Welt, mittels derer ich meine Erfahrungen von einer Situation in eine andere transferieren kann,

wobei hinter dem Typus Menschen mit persönlicher und unverwechselbaren Identitäten stehen.
- Typisierungen als (soziale) Identitäten können an eher oberflächlichen oder an eher fundamentalen Eigenschaften festgemacht werden. Geschlecht, Sprache und Ethnie prägen individuelles Handeln und Erfahrungen auf nachhaltige Weise und sind für jede Kommunikation relevant. Wenn jemand sich dagegen als Star-Trek-Fan, Campari-Trinker oder Nike-Schuh-Träger darstellt, ermöglicht das seinem Gegenüber erste Orientierungen. Jedoch ist der Zusammenhang zwischen einer solchen Attribuierung und dem Charakteristischen, das in Kommunikation Identität ausmacht, eher dünn – allen Versprechen der Werbung zum Trotz.

Im Anschluss daran wollen wir, ohne dies hier in Einzelheiten ausführen zu können, deutlich machen, dass die *Beziehungen der Menschen zu den anderen Menschen von zentraler Bedeutung für ihre Identität sind* (vgl. insbesondere Krotz 2003; Bauriedl 1980; Burkitt 1991; Erikson 1984; Freud 1990; Moreno 1967; Zeintlinger 1981). Dies liegt, kurz gesagt, daran, dass sich Struktur und Art von Identität, wie wir gesehen haben, in Kommunikation ausbildet, stabilisiert und weiterentwickelt, und dass die bedeutsamste (und oft, aber keineswegs immer die häufigste) Kommunikation in den Beziehungen stattfinden, die Menschen zu anderen Menschen haben.

Dabei verstehen wir unter Beziehungen nicht die wiederholte Kommunikation mit den gleichen Menschen, sondern halten eine Beziehung dann für gegeben, wenn ein Mensch von einer anderen Person oder einer Gruppe eine situationsübergreifende innere Vorstellung hat, sei es eine persönlich oder eine soziale gerichtete. Diese Definition macht erkennbar, warum es in der Kommunikations- und Medienwissenschaft darüber hinaus den Begriff der *parasozialen Beziehungen* gibt (Horton u. Wohl 1956; Horton u. Strauss 1957; Vorderer 1996). Damit sind Beziehungen zu Medienfiguren gemeint, die also nicht auf sozialen, sondern auf so genannten parasozialen Interaktionen beruhen, als das man Medienrezeption begreifen kann. Parasoziale Beziehungen sind dann me-

dienvermittelte Beziehungen, die aus inneren Bildern und damit
verbundenen Orientierungen und Erwartungen an Medienfiguren
bestehen.

Wir können deshalb sagen, dass Menschen ihr Leben in einem
sich stets weiter entwickelnden *Beziehungsnetz* gestalten, wobei
sie auf ihre früheren Erfahrungen zurückgreifen, und dass dieses
Beziehungsnetz für ihre Identität und ihr Leben grundlegend ist.
Für kleine Kinder wird dieses Beziehungsnetz im Allgemeinen im
Verlauf ihres Aufwachsens größer, während es für alte Menschen
immer kleiner wird. Diesem Beziehungsnetz liegt *ein persönlich
zugänglicher Raum möglicher Kontakte* zugrunde, der zugleich ein
Netz von realisierten Kontakten umfasst. Es ist nun unübersehbar,
dass diese *Beziehungs- und Kontaktnetze etwas mit Medien zu tun
haben.*

Identität und Medien

Die Frage ist nun, welche Rolle die Medien genau bei der Konstitution und Entwicklung von Identität spielen. Hier müssen wir
zwei Ebenen unterscheiden: Einmal lassen sich Medien über ihre
*Inhalte als Ressource der Identitätspräsentation und Handlungs-
orientierung* verwenden. Und zweitens *verändern Medien die Kontakträume und Beziehungsnetze der Menschen* und sind darüber
auch für die Struktur von Identität von Bedeutung.

Ad 1: Präsentierte Identität, hatten wir oben gesagt, greift auf
Ressourcen zurück, die für die beteiligten Menschen von Bedeutung sind. Medieninhalte lassen sich dementsprechend als Ressource der Präsentation verwenden. Wenn ich zum Beispiel Fan
von Hiphop oder von Bluesmusik bin, dann mache ich das in meiner Selbstdarstellung etwa durch Kleidung und durch die Art, wie
ich mich ausdrücke, kenntlich. Medien zeigen spezifische potentielle Attribute, und sie werden dann aus bestimmten sozialen
Gründen übernommen und als Teil der eigenen Identität inszeniert
– im Rahmen von Auftreten, Kleidung oder Verhaltensensembles.

In diesem Zusammenhang ist allerdings zu betonen, dass solche
Attribute auch häufig der Handlungsorientierung und der sozialen

Integration dienen, insofern sie einfach auch den Zweck haben, Kommunikation zu ermöglichen. Zugleich ist festzuhalten, dass die Bedeutung von Medieninhalten für Menschen eher überschätzt wird. Im Allgemeinen sind spezifische Medieninhalte für einzelne Entwicklungsphasen der Menschen von Bedeutung, und sie werden dann aber im Rahmen weiterer Entwicklungen zurückgelassen und durch andere ersetzt. Wichtiger – und bisher viel weniger verstanden – ist der strukturelle Einfluss der Medien als Kommunikationsweisen auf Alltag und Identität.

Ad 2: Auf der zweiten Ebene verändern Medien Lebensweisen und Orientierungen dadurch, dass es sie gibt und dass sie genutzt werden. Damit beschäftigt sich die so genannte *Mediumstheorie*, die an die Arbeit von Harold Innis, Marshall McLuhan, Joshua Meyrowitz anknüpft, aber bisher noch keinen geschlossenen Ansatz präsentieren konnte. Religiöse Großreiche, so hat Innis gezeigt, bedürfen überlieferter Offenbarungen, um ihre Legitimation abzuleiten, deshalb sind zum Beispiel die 10 Gebote nicht auf Papier, sondern in Stein gehauen. Ein Reich wie das Alexanders des Großen mit einem charismatischen Zentrum und vielen Kriegen am Rande bedarf demgegenüber leicht transportierbarer Medien für Befehlsübermittlung, die nicht unbedingt Äonen überdauern müssen. Entsprechende Überlegungen lassen sich für andere Gesellschaftsformen anstellen – die Industriegesellschaft etwa ist ohne die Basisfähigkeiten Lesen, Schreiben und Rechnen und damit ohne Buchdruck und Schulen nicht möglich. Die Printmedien waren eines der ersten industriell hergestellten Konsumprodukte.

Zu den spezifischen Gesellschaftsformen mit ihren Medien gehören deshalb jeweils auch spezifische Lebensformen und Kommunikationsverfahren und damit Identitätsmuster und Sozialcharaktere. Spezifische Gesellschaften verlangen von ihren Mitgliedern spezifische Eigenschaften und Charakteristika, wie es zum Beispiel Norbert Elias herausgearbeitet hat (1972), denn sie praktizieren andere Formen der Arbeitsteilung, des notwendigen Wissenserwerbs, des Denkens, des Triebaufschubs und der Triebregulierung und brauchen dafür geeignete Menschen, die das beherrschen und für natürlich halten.

Insbesondere verändern Medien aber auch die Kontakträume

und Beziehungsmuster der Menschen. Mit Hilfe von Telefon und Internet kann man heute in ganz anderer Weise Kontakte und Beziehungen aufrechterhalten als ohne diese Medien, und auch die so genannten Massenmedien spielen eine Rolle für die Beziehungsmuster, sofern sie als innere Bilder und Orientierungen »wirken« können.

Die im Hinblick auf Medien auf der Hand liegende *allgemeine These* ist folglich, dass die Beziehungen der Menschen ebenso wie ihre Identität auch von den je verfügbaren Medien und damit von den kulturellen und gesellschaftlichen wie auch von den individuellen Bedingungen ihrer Nutzung abhängen, weil diese den subjektiv definierten Raum kommunikativer Kontakte, das Netz realisierter Kontakte und das Netz sozialer Beziehungen beeinflussen. Es verändern sich dementsprechend auch die soziale sowie die personale Identität und die in Kommunikationssituationen präsentierte und zugeschriebene Identitäten durch Medien, insofern sich Kommunikation und Kommunikationssituationen verändern. Dies gilt insbesondere für die digitalen Medien, aber eben auch für die Medien der interpersonalen Kommunikation und die so genannten Massenmedien.

Die traditionellen Massenmedien haben uns bereits die so genannten parasozialen Beziehungen als eine neue Art von Beziehungen ermöglicht. Solche Beziehungen gelten allerdings meist als ein Beleg für die ungute Macht der Medien und insbesondere des Fernsehens, was aber so nicht gesagt werden kann. Auch Mohammed, den Papst, Platon und Goethe kenne ich nur als mediale Figuren, ebenso wie die Politiker, denen ich das Schicksal unserer Demokratie anvertrauen muss. Beziehungen zu Medienfiguren sind also keinesfalls per se schlecht – wir wären heute froh, wenn sich junge Menschen an Vorbildern orientieren würden (allerdings passen uns ihre Vorbilder meistens nicht).

Darüber hinaus kann man sagen, dass jeder Mensch, der »Tatort« oder Ally McBeal, die Ankerpersonen der Tagesthemen, Donald Duck oder die Teletubbies immer wieder gern im Fernsehen sieht, der Faust durch Goethe oder Sokrates durch Platon kennen und schätzen gelernt hat, bereits parasoziale, also einseitige und medienvermittelte Beziehungen eingeht. Zudem gibt es natürlich negativ konnotierte parasoziale Beziehungen, etwa, wenn ich Herrn Westerwelle nicht leiden mag und ihn beim Fernsehen immer wegschalte. Parasoziale Beziehungen sind also in der Mediengesellschaft in allen möglichen Formen ausgesprochen üblich. Man könnte sogar sagen, dass jeder Mensch eigentlich kontaktgestört ist, wenn er immer wieder dieselben Menschen per Medium miterlebt und trotzdem nicht in eine innerlich definierte Beziehung zu ihnen tritt.

Neben den Massenmedien haben auch die Medien der Individualkommunikation wie Brief und Telefon das Beziehungsnetz der Menschen in seiner Art und Struktur verändert. Dabei ist insbesondere von Bedeutung, dass Briefe und Telefonate ihren Empfänger nur erreichen, wenn man dessen Adresse bzw. Telefonnummer kennt: Mediatisierte interpersonale Kommunikation findet bisher so statt, dass man darüber kaum neue Leute kennen lernt. Das macht einen der bedeutsamen Unterschiede zwischen den bisherigen und den digitalen Medien aus.

Die digitalen Medien und ihr Potential der Veränderung von Beziehungen und Identität

Die zentrale These ist hier, dass die digitalen Medien, die sich heute durchsetzen, aber in ihren Entwicklungen noch lange nicht zu einem Ende gekommen sind, nicht nur als einzelne neue Medien für unseren Alltag und zur Erweiterung des oben erwähnten Kommunikationsnetzes dienen, sondern dass hier ein völlig neues Kommunikationsnetz entsteht, das die alten Kommunikationsformen nicht ersetzt, sondern überlagert.

Die im Folgenden kurz skizzierten Veränderungen verstehen sich *als unvollständige Reihe empirisch belegter oder mindestens plausibler Thesen über die Veränderung des Zusammenlebens der Menschen*, die aus den bisher dargestellten Überlegungen über die veränderte Rolle der Medien abgeleitet werden können:
- *Bedeutung von Medien:* Wir beginnen mit der These, dass die Mediennutzung immer mehr Zeit verlangt und immer mehr Bedeutung gewinnt. Der zeitliche Mehraufwand ergibt sich aus

langfristigen Untersuchungen (vgl. Krotz 1998), die Bedeu-
tungszunahme ist Ergebnis von Untersuchungen der Alltags-
struktur der Menschen (Livingstone u. Bovill 2001; Krotz
2001).

— *Veränderungen des Alltags der Menschen und seiner Struktur:*
Alltage sind heute und in Zukunft anders und weniger einheit-
lich strukturiert, als es in der Industriegesellschaft etwa der
fünfziger Jahre der Fall war. Immer mehr Menschen wachsen in
einen individualisierten, gebrochenen und mediendurchsetzten
Alltag hinein, in dem sich ihre Erfahrungen relevant verändern.
Dafür sind neben der Entwicklung der Medien natürlich auch
Prozesse wie Individualisierung und Globalisierung wichtig.

— *Veränderung von Wissensbeständen:* Fast alles, was wir wissen,
wissen wir bereits jetzt schon vor allem aus den Medien. Mit
den Potentialen der digitalen Medien verändern sich nicht nur
unsere Wissensbestände weiter, sondern auch deren Strukturen.
Sie entkoppeln sich tendenziell vom Alter und anderen soziode-
mographischen Variablen. In welchem Teil der Welt oder in welchem Feld des Wissens sich jemand auskennt, ist immer weniger prognostizierbar, weil die Medien Zugang zu fast allen Wissensbeständen ermöglichen.

— *Weltwahrnehmung:* Zudem verändert sich die Grundwahrneh-
mung der Realität durch die heutigen Kinder und Jugendlichen,
die mit den digitalen Medien aufwachsen. Wer im Verlaufe seiner Sozialisation vor allem mit materiegebundenen Spielzeugen
von der Puppe bis zu Metallbaukästen und Legobausteinen
spielt, erlebt die Welt und ihre Gestaltbarkeit anders, als wenn
sie oder er vorrangig mit Medien, mit Gameboy, Pokemon und
Bildschirmen beschäftigt ist, die letztlich immer mit einer Re-
settaste in ihren Ausgangszustand zurückgebracht werden können. Leben findet dabei auch als Simulation auf dem Bildschirm
statt, man selbst hat seine Stellvertreter auf diesen Bildschirmen: Deshalb hat Sherry Turkle die computergestützte Simulation zum relevanten Sozialisationseinfluss erklärt (1998). Dafür
gibt es auch empirische Evidenzen, die als ein Beispiel für wesentliche Veränderungen von Sozialisationsprozessen gesehen
werden können.

– *Veränderungen von Sozialisationsbedingungen*: All diese Entwicklungen lassen sich auf Veränderungen in der Sozialisation verallgemeinern. Es sind dementsprechend Änderungen im Verhältnis zwischen Kindern und Erwachsenen zu prognostizieren. Sozialisation funktionierte in der Lesegesellschaft in Stufen. Aber Alltage, Beziehungen und Wissensbestände entwickeln sich von früher eher kohärenten und allgemein gültigen Mustern weg. Damit wird das Stufenmodell der Sozialisation unter Kontrolle der Erwachsenen, das auch über die Schule und die Ausgrenzung von Kindern aus dem Alltag der (männlichen) Erwachsenen garantiert wird, obsolet. Zugleich gerät die Berechtigung der Erwachsenen, Formen und Ziele des Aufwachsens zu definieren, unter Druck. Denn das damit verbundene Konzept vom Erwachsensein, das eine festgefügte Identität beinhaltet und die Fähigkeit impliziert, Verantwortung für die persönliche Zukunft zu übernehmen, ist heute für die meisten Menschen eine bloße Fiktion.

– *Veränderungen der Art der Beziehungen der Menschen*: Das traditionelle, alltaggestützte Beziehungsnetz, in dem Menschen aufwachsen und leben, besteht aus räumlich zusammenhängenden Face-to-face-Beziehungen zu Familie, Nachbarn, Freunden, Kollegen. Dieses primäre Kommunikationsnetz verliert in der Zukunft seine Bedeutung im Allgemeinen nicht. Aber es wird bereits heute zunehmend überlagert und ergänzt von dem mediatisierten zweiten Beziehungsnetz, dem Ergebnis der digitalisierten Kommunikationsvernetzung. Es ist vergleichsweise raumunabhängiger und deshalb stärker nach Interessen organisiert.

– *Veränderungen von Identität*: Damit lässt sich sagen, dass sich die Identitäten der Menschen von Inhalt, Struktur und Art her verändern. Vor allem Sherry Turkle (1998) hat gezeigt, wie dies etwa bei relevant im Internet verankerten Menschen über die dort möglichen Erfahrungen geschieht. Persönliche Stabilität und feste Face-to-face-Bindungen sind für derartige Lebensverhältnisse eher hinderlich und nur mühsam zu erhalten, Flexibilität ist unabdingbar und wird gegebenenfalls durch ökonomischen Druck erzwungen.

– *Kontaktdichte und -art*: Immer mehr Kontakte und Beziehungen finden zumindest zum Teil über digitale Medien statt. Zudem kann man davon sprechen, dass darüber sowohl bereits vorhandene Beziehungen gepflegt werden als auch neue Kontakte und Beziehungen zustande kommen. Es entstehen insbesondere auch neuartige Kontaktformen – etwa im Rahmen von LAN-Spielen oder Multi User Dungeons (MUDs). Damit kommen auch neue, andersartige parasoziale Beziehungen zustande, aber auch Beziehungen zu künstlichen Objekten wie Robotern oder zu kommunikativ angelegten Softwareprogrammen wie dem Beratungsprogramm ELIZA (Weizenbaum 1982; ELIZA kann auch aus dem Internet heruntergeladen und ausprobiert werden) oder zu virtuellen Wesen wie dem japanischen Schlagerstar Kyoko Date, der nur als Computerprogramm existiert. Es entstehen auch Mischbeziehungen – wenn ich zu der Fernsehmoderatorin »Arabella« eine parasoziale Beziehung habe, jetzt aber ihre Website besuchen und mit ihr »persönliche« E-Mails austauschen kann (wer immer sie in ihrem Namen beantwortet) – was für eine Beziehung ist das dann?

– *Mobile Kontakte*: Das mobile Telefon, das ja auch nichts als ein tragbarer Kleincomputer ist, der allerdings als Telefon vermarktet wird, macht mir meine persönlichen Bekannten jederzeit zugänglich, sofern ich ihre medientypische »Adresse« habe. Ich kann mit Hilfe meines Telefons, sofern ich es bei mir habe, aus jeder anderen Face-to-face-Situation »aussteigen« oder durch einen Anruf abgerufen werden. Andererseits kann das Mobiltelefon dabei helfen, in mobilen Zeiten bestehende Beziehungen zu erhalten.

– *Stationäre, aber neue Kontakte*: Demgegenüber hat man zum Internet überwiegend vom Büro und von zu Hause aus Zugang. Wenn man »ins Internet geht«, betritt man einen zunächst noch nicht weiter strukturierten Kommunikationsraum, der für ganz unterschiedliche Zwecke nutzbar ist. In dieser Unbestimmtheit liegt das Potential, dort an angemessenen »Orten« sowohl vorhandene Beziehungen zu pflegen als auch neue aufzubauen (oder ganz andere Dinge zu tun). Man kann sowohl neue Identitäten ausprobieren als auch Zuschreibungen ausweichen. Derartige

Rollenübernahmen beinhalten dementsprechend wichtige neue Potentiale, die sich unterschiedlich auf Identität auswirken mögen.

– *Dynamisierung*: Schließlich muss als Charakteristikum der heutigen Entwicklung auf die Dynamisierung dieser Entwicklungen hingewiesen werden. Im Gegensatz zur Einführung der Printmedien, denen eine langsam voranschreitende Entwicklung folgte, folgen heute Weiterentwicklungen immer schneller. Erwachsene, die gestern noch den Umgang mit E-Mails erlernten, können heute vielleicht nicht mehr mit SMS oder mit Instant Message Systemen umgehen. Wer vor einem Jahrzehnt die Computersprache BASIC gelernt hat, ist heute fast schon genauso veraltet wie jemand, der noch zwei Jahrzehnte zuvor in COBOL programmieren konnte. Wer heute ein spezialisiertes Fotobearbeitungssystem beherrscht, kann mit der Aktualisierung um ganz neue Funktionen zwei Softwaregenerationen weiter nichts mehr anfangen: Die Entwicklungen folgen in dynamischen Schritten aufeinander, und heute sind oft schon Dreißigjährige mit ihrem Wissen und ihrer Lernfähigkeit am Ende – vielleicht, ohne es zu merken. Auch dies mag sich als Potential auf Identität auswirken.

Diese damit umrissenen Veränderungspotentiale sind natürlich unvollständig. Ihre Bedeutung ist dennoch gravierend. All dies hat auf Dauer grundlegende Auswirkungen auf die Formen des Zusammenlebens der Menschen, auf Beziehungsstruktur und Identität.

Die so beschreibbaren neuen und unterschiedlichen Kommunikationspraktiken führen zu unterschiedlichen, empirisch zu untersuchenden Konsequenzen. Sie hängen überdies mit unterschiedlichen Alltagsnotwendigkeiten und Zwecken, aber auch Kompetenzen und Mediennutzungsgewohnheiten zusammen. Darüber entstehen neue Reflexionsebenen, neue Wissensbestände, neue Potentiale der Inszenierung von Identität, neue Gruppenzugehörigkeiten und Orientierungen, neue interpersonale, parasoziale und künstliche Beziehungen – all dies spielt eine wesentliche Rolle für die Konstitution von Identität. Dabei ist insbesondere hervorzuheben, dass es das Internet aufgrund seiner hybrid angelegten Struktur nicht nur ermöglicht, dass man als unbeobachtet hinzutretender Zuschauer neue Rollen beobachten kann, wie es beim Fernsehen der Fall ist. Im Internet kann man sich neue und unbekannte Rollen vielmehr auch aktiv aneignen und sie ausprobieren, man hat auch als Kommunikator anonym Zutritt. Potentiale dieser Art, wie sie zum Beispiel mit dem Begriff des »gender switching« bezeichnet werden, werden auf Dauer für die Identität und die Beziehungsnetze der kommenden Generationen von Bedeutung sein.

Schlussbemerkungen

Medieninhalte sind eine thematische Ressource für die Konstruktion von Identität in kommunikativen Beziehungen, sie können unterschiedliche Beiträge etwa für Identifikation oder Abgrenzung leisten. Mediale Angebote werden auch als inhaltliche Elemente in Präsentationen der eigenen Identität übernommen oder anderen zugeschrieben. Hier könnte man von einer Wirkung von Medieninhalten sprechen; die Frage wäre, welche lebensgeschichtliche Bedeutung dies für Rezipienten haben kann.

Zudem hängt Identität als kommunikatives Konstrukt auf der Basis personal akkumulierter Handlungsressourcen und in situativ stattfindenden Beziehungen von prozessuralen, an strukturelle Kommunikationsbedingungen gebundenen Bedingungen ab. Die Medien nehmen also auch dadurch Einfluss auf Identität, dass sie die Art der Kommunikation und die darin habituell angelegten Umgangsweisen mit der Welt verändern, weil sie auf die Art der Selbstdarstellung und auf die Art von Zuschreibungen und damit auf den Charakter von Beziehungen Einfluss haben: Vermutlich sind dementsprechend Selbstdarstellungen und Zuschreibungen im Internet nicht nur thematisch anders als in der »realen« oder der durch Massenmedien geprägten Welt, sondern unterscheiden sich strukturell in ihrer Art.

Die so skizzierte Entwicklung lässt sich insgesamt als *Mediatisierungsprozess* beschreiben (Krotz 2001). Dieser Prozess beinhaltet in seiner heutigen Form eine grundlegende und weitreichende Umwandlung der Gesellschaft, weil sich die Folgen der computervermittelten Kommunikation ebenso wie die Folgen der Erfindung der Druckmaschine nicht auf den Freizeitbereich beschränken, sondern alle Bereiche des Lebens betreffen. Zugleich werden sich aber auch die Menschen in ihren Eigenarten, in der Art, wie sie leben und kommunizieren, wie sie sich selbst und die anderen sehen, wie sie denken und fühlen, verändern.

Nicht nur, was man liest, prägt also, sondern insbesondere, dass man liest, weil das Verhältnis zwischen Lesen und darüber Reflektieren anders ist als das Verhältnis zwischen Fernsehen und darüber Reflektieren – und dies gilt für alle Medien. Über die sich wandelnde Bedeutung der Medien verändern sich insbesondere auch Beziehungsnetze und potentielle wie realisierte Kommunikationsräume nach Art und Bedeutung für den Menschen. Wir sind fundamental von ihnen geprägt, ohne genau zu wissen, wie.

Freilich ist dies alles in vieler Hinsicht noch empirisch genauer zu untersuchen. Das betrifft insbesondere auch die Frage nach der langfristigen Bedeutung dieser Veränderungen für das Zusammenleben der Menschen und der Sozialisation kommender Generationen. Die hier vorstellte Theorie von Kommunikation, Identität und Beziehungen kann zusammen mit einer Basistheorie der »Mediatisierung von Alltag, Kultur und Gesellschaft« (Krotz 2001) als Rahmen dafür dienen, um derartige Untersuchungen auf einer allgemeinen Ebene möglich und sinnvoll zu machen.

Literatur

Bauriedl, T. (1980): Beziehungsanalyse. Frankfurt a. M.

Berger, P. L.; Luckmann, T. (1969): Die gesellschaftliche Konstruktion der Wirklichkeit. Frankfurt a. M., 1980.

Burkitt, I. (1991): Social Selves. London.

Elias, N. (1972): Der Prozeß der Zivilisation. Frankfurt a. M.

Erikson, E. H. (1984): Identität und Lebenszyklus. Frankfurt a. M.

Freud, S. (1990): Abriß der Psychoanalyse. G. W. Bd. V. Frankfurt a.M.

Horton, D.; Wohl, R. R. (1956): Mass Communication and Para-Social Interaction. Psychiatry 19: 215–229.

Horton, D.; Strauss, A. (1957): Interaction in Audience-Participation Shows. Am. J. Sociol. 62: 579–587.

Krappmann, L. (1975): Soziologische Dimensionen der Identität. 4. Auflage. Stuttgart.

Krotz, F. (1992): Handlungsrollen und Fernsehnutzung. Umriss eines theoretischen und empirischen Konzepts. Rundfunk und Fernsehen 40: 222–246.

Krotz, F. (1998): Media, Individualization, and the Social Construction of Reality. In: Giessen, H. W. (Hg.): Long Term Consequences On Social Structures Through Mass Media Impact. Saarbrücken, S. 67–82.

Krotz, F. (2001): Die Mediatisierung kommunikativen Handelns. Der Wandel von Alltag und sozialen Beziehungen, Kultur und Gesellschaft durch die Medien. Opladen.

Krotz, F. (2003): Medien als Ressource der Konstitution von Identität. Eine konzeptionelle Klärung auf der Basis des Symbolischen Interaktionismus. In: Winter, C.; Thomas, T.; Hepp, A. (Hg.): Medienidentitäten. Identität im Kontext von Globalisierung und Medienkultur. Köln, S. 27–48.

Livingstone, S.; Bovill, M. (Hg.) (2001): Children and their Changing Media Environment. A european Comparative Study. New York.

Mead, G. H. (1969): Philosophie der Sozialität. Frankfurt a. M.

Mead, G. H. (1973): Geist, Identität und Gesellschaft. Frankfurt a. M.

Moreno, J. L. (1967) : Die Grundlagen der Soziometrie. 2. Auflage. Opladen.

Schischkoff, G. (Hg.) (1965): Philosophisches Wörterbuch. 17. Auflage. Stuttgart.

Schütz, A. (1971): Gesammelte Aufsätze, 2 Bände. Den Haag.

Selman, R. L. (1984): Die Entwicklung des sozialen Verstehens. Entwicklungspsychologische und klinische Untersuchungen. Frankfurt a. M.

Turkle, S. (1998): Leben im Netz: Identität in Zeiten des Internet. Reinbek b. Hamburg.

Vorderer, P. (Hg.) (1996): Fernsehen als Beziehungskiste. Opladen.

Weizenbaum, J. (1982): Die Macht der Computer und die Ohnmacht der Vernunft. 3. Auflage. Frankfurt a. M.

Zeintlinger, K. E. (1981): Analyse, Präzisierung und Reformulierung der Aussagen zur psychodramatischen Therapie nach J. L. Moreno. Dissertation. Salzburg.

Wolfgang Bergmann

Digitale Medien, Narzissmus und Sucht – oder: auf dem Weg in eine autistische Gesellschaft

Etwas seltsam sieht das schon aus: Groß gewachsene, oft etwas klobig wirkende Jugendliche und junge Männer, die wie gebannt mit dem hungrigen Blick eines Kindes vor den Monitoren hocken und darauf starren – stundenlang. So war es im August 2005 wieder zu beobachten auf der Computerspielmesse in Leipzig, der zweitgrößten der Welt. Jedenfalls eine Messe, die Jahr für Jahr die Zahl der Aussteller und Besucher massiv steigert, so wie der Computerspielmarkt insgesamt um über 15 Prozent zunahm und inzwischen höhere Umsätze erzielt als die Filmindustrie.

Die Spielmesse 2005 hatte ein heimliches Thema. Kein Wort davon auf den Podien, nicht eines in den Presseinformationen – aber wer mit den Eltern sprach, die oft hilflos neben ihren pubertierenden und spätpubertierenden Jungen standen – obgleich auch die Zahl der spielenden Mädchen rasant wächst – oder sich auf ein Gespräch mit den Jugendlichen einließ, wenn sie am Cola-Stand ermattet eine Pause einlegten oder mit einem der wenigen kritischen Journalisten oder Mitarbeitern pädagogischer Einrichtungen ins Gespräch kam, wurde mit einem ganz anderen Stichwort konfrontiert: Computerspielsucht.

Es sind vor allem die Online-Spiele, welche die Jugendlichen in ihren Bann ziehen, per Handy und Online-Telefon, Chat und Spielvorlage werden sie 24 Stunden durchgespielt. »WarCraft« und »Herr der Ringe« sind trotz einiger Neuerscheinungen schwer angesagt, die Jungen bewegen sich ausschließlich im Strom der elektronischen Daten, das Handy oder den »Stöpsel« der »Voice-Mail« am Ohr, chattend im Forum und zugleich in den kriegerischen Spiellandschaften agierend, so kämpfen und töten sie, bilden

Gemeinschaften und verlassen sie wieder, brüten Taktiken aus, die die gegnerischen Heerscharen aus dem Feld schlagen. Doch zuletzt reicht ein »Klick«, um all dies – die Kontakte, die Feinde, die Phantasma und die Stimmen – verschwinden zu lassen, als hätte es sie nie gegeben. Die Grenze zwischen Erscheinung und Verschwinden, zwischen Sein und Nichtsein verläuft in diesen Techniken durchlässiger als irgendwo sonst auf der Welt – von altenglischen Spukschlössern einmal abgesehen.

Die Bildinhalte sind banal: Magie und Zauberer, Cyberhelden, immer noch nach dem Vorbild des »Terminators«, jenes gewaltigen Filmerfolges aus den 80er und frühen 90er Jahren, der den Computerspiel-Heroen die Urform lieferte, manchmal in absurder fiktionaler Rüstung, manchmal in kindischem Rittergewand. Ohne Geschichte, ohne Geburt, fast ohne Sprache und Herkunft – so verkündete schon der »Terminator« den Tod der Väter und das Ende der Bindungen an die frühen überwältigenden Gestalten der Kindheit. Es ist der Traum des Narziss, der in verdichteten Bildern, Szenarien und Kommunikations- und Handlungsangeboten über die digitalen Datenströme in das Bewusstsein der Jugendlichen dringt.

Zwei Anmerkungen (wegen der notwendigen Kürze nur skizziert): Diese Jugendlichen und jungen Männer sind extrem angepasst. Ihr Allmachtstraum ist vor-gerechnet. In der peniblen Befolgung von Vorgaben verlieren sie sich, organisiert von Konstrukteuren und Technikern, die sie bis in ihre Triebstrukturen beherrschen. Nein, politische oder totalitäre Gefahren drohen längst nicht mehr von Neonazis oder sonst wem. Außenseiter haben in dieser selbstsüchtigen Anpassungskultur keine Chance. Aber die digitalen Medien können Träume nicht nur organisieren, sie finden die Bereitschaft, sich die Bilder des inneren Ideals vorschreiben zu lassen, bereits vor. Wer ihre narzisstischen Potenzen besetzt, stößt in der gesellschaftlichen Kultur der Zukunft auf keine Grenzen mehr. Zweitens: Die spielsüchtigen Jungen finden alle Bedürfnisse befriedigt, wenn sie vor den Monitoren hocken. Die Dynamik der Triebe ist kaum noch stark genug, um Sehnsüchte hervorzutreiben: sie sind schon aufgebraucht. Eltern und Lehrer berichten – der Augenschein lehrt es – von 18- oder 25-jährigen Männern, die nur schwach ausgeprägte sexuelle Wünsche haben.

Diese unerhörte Anziehungskraft des Internets, der Online-Spiele und der Computerspiele selbst gibt uns Rätsel auf. Vielleicht besteht diese faszinierte Bindung darin, dass im Netz die schmale Pforte des normativen Alltags, durch die wir unsere Wünsche und Ansprüche hindurchzwängen müssen, aufgebrochen wird. Vor uns tut sich ein kontingenter Symbolraum auf. Die Grundlagen der aufgeklärten Vernunft sind in ihm nur schwach abgebildet: Zeit und Raum werden auf dem Monitor nicht dargestellt, das Prinzip der Kausalität folgt phantastischen Logiken. Symbole sind, ohne fixe Realitätsanbindung, wie Träume. Und Träume, wusste Freud, sind Wunscherfüllungen.

Beim Lesen einer spannenden Abenteuergeschichte verhält es sich ähnlich. Aber das Phantasie stiftende Lesen eines Buches wird durch die zeitliche Folge und die Reihe der beständigen Zeichen an eine große Tradition des Erzählens zurück gebunden. Sie ist uns, lesend, immer präsent. Gewiss ist auch das Lesen von schönen, spannenden, verzweifelten und rührenden Geschichten den Tagträumen verwandt. Was die geordnete schriftsymbolische Reihe in den Köpfen der kleinen Leser abruft, sind ja meist Idole, numinöse Abenteuer, Selbst-Idealisierungen. Dennoch bleibt das Lesen eines Buches ein reflexiver Vorgang, in den die erzählende Tradition ebenso wie die ordentlich – fest – geschriebenen Schriftsprache stabile Realitätsbezüge einzieht.

In den digitalen Medien dagegen ist alles unmittelbar, die Technologie erzeugt aggressivere, eindrucksmächtigere Symbole und Zeichen. Sie sind aus der puren Abstraktheit der binären Zahlenreihe entstanden, wirken aber auf unsere täuschbaren Sinne so, als seien sie für die Ewigkeit gemacht. Ein Möglichkeitsraum, ein Raum des »Alles-Möglichen« tut sich auf, er hat phantastische Züge.

Anders ist es kaum zu erklären, warum sich auch überaus vernünftige Menschen mit zielgerichteten Intentionen in den Internet-Raum begeben und dann darin hängen bleiben, stundenlang, nächtelang. Fast jeder, der mit dem Internet in Berührung kam, weiß von solchen (Selbst-)Erfahrungen zu berichten – beschämt die einen, stolz und von ihrer »Modernität« überrascht die anderen. Was ist es also, das uns an den Monitor bannt, in Spielszenarien,

Rollenspiele, variantenreiche Kommunikationen versetzt, von denen wir uns so schwer wieder lösen? Warum wird bei Surfen, Gleiten, Getragenwerden durch den elektronischen Übertragungsraum das Zeitgefühl so unpräzis? Warum entgleitet uns im Internet – und den Kindern bei Computerspielen – regelmäßig die Realität auf eine Weise, wie es beim Lesen nur selten der Fall ist, mag die Geschichte noch so spannend sein?

Ein Grund, vielleicht schon der zentrale, scheint tatsächlich darin zu bestehen, dass die Immanenz der aufschimmernden Symbole auf dem Monitor die grundlegenden Wahrnehmungskategorien Zeit, Raum und Kausalität aufweicht. Wir lassen es bereitwillig zu, wir werden später sehen, warum das so ist. »Wo das Reale schwindet, haben die Wünsche ihren Auftrieb ...«, schrieb Freud (1900), er meinte den Traum. Im Internet ist es nicht anders. Lange zurückgestaute Wünsche erscheinen angesichts einer kaum zu ordnenden Überfülle plausibel (nicht vernünftig, nicht unvernünftig, vielmehr: die Vernunft-Bindung lockert sich!), aufgegebene erotische Phantasmen drängen sich auf; wenngleich sublimiert und dem wachen Gewissen zur Überprüfung vorgelegt, bringen sie sich in den *selbstbezüglichen* Kontakt- und Spielräumen wieder zur Geltung, die Zensur des Realitätseinspruches ist geschwächt.

Technisch gesehen könnten die kommunizierenden Daten in ganz verschiedenartiger Weise ausgetauscht oder heruntergeladen werden, als Klang ebenso wie als Schrift, als Farbe ebenso wie als Fotographie, die Daten sind fungibel; nur eine Übereinkunft regelt, dass das Bild beim Herunterladen Bild bleibt, dass Klang Klang bleibt usw. – aber die technische Tatsache, dass dieses Bild oder dieser Klang inmitten eines Stromes egalitärer Zeichen transportiert werden und weder eine stabile Form und noch einen festgeschriebenen »Inhalt« haben, haftet an ihnen als eine rational nicht entschlüsselbare Potenz. Noch das gescannte »realistische« Foto verschwimmt beim Transport durch das Internet auf eigenartige Weise in der Gesamtheit der Datenmengen. Mit unserem Selbstgefühl ist es, wenn wir im Netz kommunizieren oder lernen, spielen oder kaufen nicht anders. Alles hat eine Tendenz zur Selbst-Aufhebung, die zielgelenkte Vernunft vorweg.

Die Weichheit der Datenvorgänge führt in einen Bewegungssog – immer weiter, ein Link und noch einer, an den sich ein anderer anschließt usw. –, die Menge der verknüpften Informationen, die sich mit jedem Benutzer aktuell erweitert, ist ohne Anfang und Ende. Es ist ein sich selbst erzeugendes Datengelände, das wir im Netz betreten und durch unsere Anwesenheit vervollständigen, und so erklärt sich wohl der Eindruck – oder die Realität? – des Unerschöpflichen im Netz. Kein Anfang, kein Ende, das heißt auch: Ich kann meine Anwesenheit im Netz niemals so befriedigend abschließen, wie ich beispielsweise ein Buch zuschlage, ich kann sie nur »unterbrechen«.

Das Unerschöpfliche, das ist ein Kinderwunsch. Dass es vieles gibt und dann immer *noch mehr*! Dass das Verfügen über Dinge nie ganz ausgeschöpft wird! Wir kennen das Bild des kleinen Kindes, das hilflos seine Hände ausbreitet, in denen eben noch leckere Schokolade lag, nun ist sie leider im Mund verschwunden: »Alle-alle«, sagt es traurig. Dass die Dinge der realen Welt, indem man sie genießt, verbraucht werden und anschließend nicht mehr »da« sind, ist laut psychoanalytischer Auskunft eine der allerersten Kränkungen, die ein Kleinkind auf dem Weg in seine beginnende Autonomie durchlebt. Diese Kränkung und ihre seelischen Folgen – der immerwache Hunger, der Neid, das Besitzenwollen, Festhalten und -klammern, begleiten uns auch als Erwachsene ein Leben lang.

Das Internet bedeutet uns nun: es gibt immer noch mehr, immer wieder. Das Internet bedeutet: Es gibt gar kein »Alle-alle«, kein Aufhören der konsumierbaren Welt, der Bilder, der Töne, der Kontakte. Das Internet sagt damit auch: Auf das einzelne konkrete Ding kommt es gar nicht an, sondern auf die Fülle. Die Überfülle, das Übermaß der Dinge, das immer »da« ist.

Dasselbe gilt für die wechselnden Identitäten, die wir im Netz-Kontakt annehmen, und die uns dazu verhelfen, Teilwirklichkeiten des Selbst in den unabgeschlossenen Raum des Netzes zu einer eigenartigen Kommunikationsrealität zu verdichten. Unsere Teilidentitäten vermögen, wenn sie sich im Netz zur »Geltung bringen«, viel mehr als unser Ich in den Alltagordnungen der Realität. Unser Teil-Ich ist verspielter, emotional mächtiger, unkränkbarer, verlockender und durchtriebener, als wir es im Realen, von hundert Hemmungen in unserem Einfallsreichtum gestört, jemals sein könnten. Unser Teil-Ich gewinnt eine seelische Plausibilität, die dem Real-Ich für eine selbstsuggestive Zeitspanne den Rang ablaufen kann.

Dass die vielen Ichs im Datenstrom Realität werden, erweitert nicht nur das seelische Vermögen unseres ersten, unseres »Ausgangs-Ich«, es stellt auch seine in der Alltagswelt oft so trotzig behauptete Beständigkeit (und Unumgänglichkeit) in Frage. Es ist ja nicht so, dass nicht auch der verwegenste User nach Verlassen des Internet zwischen dem kommunizierten Ich-Vater im Netz und seinem lebensgeschichtlich erworbenen Ich zu unterscheiden wüsste, aber es ist sehr wohl so, dass ihm angesichts der phantastischen Intensitäten der Netzkontakte und -spiele die Frage, welches dieser »Ich« mehr Realität beanspruchen darf (»Wer bin ich?«), durchaus irrelevant erscheinen mag. Unsere Kinder haben für solche Aufweichungen ein ausgeprägtes Sensorium. Bei ihnen sind symbolisches Spiel und Wirklichkeitsbindung locker ineinander gefügt, sie sind dem Offenen, Zukünftigen näher als der experimentierfreudigste Erwachsene und dem natürlichen Phantasma der Kindheit auch. Beides, ineinander verwoben, macht die Eigenart des Internet und überhaupt der digitalen Medien aus.

Die Objekte im Netz: Mit einer kleinen Handbewegung werden sie aufgerufen. Mit einer ebenso geringen fallen sie zurück in eine Nicht-Existenz, die uns, wenn wir empfindsam genug dafür sind, geradezu ängstigen kann. Diese Gleichzeitigkeit von Existenz und Nicht-Existenz gibt es in der Welt der materiellen Objekte nicht!

Man darf vermuten, dass von den digitalen Symbolobjekten, gerade weil sie immer auf der Kippe zum Nicht-mehr-da-Sein stehen, eine besondere Suggestivität ausgeht. Die »Furie des Verschwindens« ist nicht nur ein modisch-postmoderner Topos in Philosophenzirkel, er ist ein besonderer, schwer entschlüsselbarer Teil einer geistigen Tradition, die vom deutschen Idealismus bis in die Tiefenhermeneutik reicht. Wie so viele geistige, viele unbewusste Motive scheint auch dieses mittels digitaler Medien in die unmittelbare Wahrnehmung zu rücken und dadurch, dass es »erscheint«, eine verrätselte Emotionalität auf sich zu ziehen.

Die Eigenarten der digitalen Medien – und die Eigenarten des Austausches der elektronischen Apparate – korrespondieren mit elementaren Bedingungen der frühen Kindheit. Auf dem Chicagoer Symposium 1948 hat Rene Spitz seine Beobachtungen aus der Interaktion zwischen Mutter und Kleinkind vorgestellt: er hat daraus wesentliche Folgerungen über die Deprivation der Säuglinge ziehen können, die über längere Zeiträume von ihren Müttern getrennt waren. Die Bezeichnung »Urvertrauen«, die keine Erfindung von Spitz war, sondern schon bei Melanie Klein und Anna Freud und dem Inhalt nach auch in Freuds Narzissmus-Studien eine Rolle spielte, wurde durch diese sorgfältigen Beobachtungen und teilweise empirischen Erhebungen gestützt und differenziert.

Spitz spricht von der einzigartigen Innigkeit, die im Blick der Mutter liegt, wenn sie – das Kleinkind säugend – dessen Augen auf sich gerichtet fühlt. Dies erscheint als ein Urbild wechselseitiger narzisstischer Spiegelung: Freud- und lustvoll ist für die Mutter bereits ihr natürliches Vermögen, das Kind zu nähren, zu »stillen«, ihre Freude wird unendlich erweitert und bestätigt durch den Blick und das Lächeln des Kleinkindes, wenn es gesättigt ist und in einen beruhigten Schlaf fällt. Der Säugling empfindet im Versorgtwerden ein universales Weltgefühl, das er nach der Vermutung von Grunberger und anderen nach dem Zerfall der biotischen Einheit durch die Geburt halluzinativ aufrecht zu halten versucht. Aus diesen symbiotisch-allmächtigen Gefühlen freilich wird er immer wieder herausgerissen, gekränkt, so stürzt er aus der Höhe seiner Omnipotenz. Unsere tiefsten Sehnsüchte bleiben ein Leben lang teilweise daran gebunden, sie sind eben nicht die nach Autonomie und Aktivität, sondern nach dem passivem Versorgtsein, einhergehend mit dem »erhebenden« Gefühl der allmächtigen Verfügung über die Dinge der Welt.

Die schöne Gemeinsamkeit wird zerrissen durch die Tatsache, dass Unlustgefühle, Hunger und Kälte sich einstellen und selbst durch das Bemühen der liebevollsten Mutter nicht verhindert werden können. Sie reißen den Säugling aus seiner halluzinativen Einheit mit der Mutter heraus – selbst wenn die »Stillung« und Tröstung relativ schnell eintritt, bleibt ein »Riss«. Die Mutter ist aus der universalen Welteinheit herausgetreten, ihr Lächeln ist ein Zeichen geworden, das von einem »Anderen« kommt, also nicht unendlich verfügbar ist und sogar entzogen werden kann; zugleich mit der Befriedigung seiner Bedürfnisse wird damit auch das Bild eines abhängigen bedürftigen Selbst in die kleinkindhafte Psyche gesenkt.

Es ist kein sehr weiter geistiger Sprung, von diesen frühesten Sehnsuchtsgefühlen, die von Gier und Neid und einem tiefen Misstrauen gegenüber der objektiv in Erscheinung tretenden Welt geprägt sind, auf die Suggestionskraft der symbolischen Lichtobjekte im Internet und Computerspiel zu schließen.

Das Kind bleibt nicht in der Dyade mit diesem verlässlichen Mittelpunkt des mütterlichen Gesichts, das es anschaut und sichert – es will darüber hinaus. Es richtet seinen Blick auf eine Objektwelt, die es mit seinen motorischen Fähigkeiten noch nicht fassen kann. Der Blick nimmt Informationen auf, die ihm nicht zugänglich sind. Er richtet sich in diffuser, aber hartnäckiger Weise auf eine »Welt dahinter«, sein Schauen hat mit Zukunft und Hoffnung zu tun. Das Blicken ist von Anfang an »visionär«.

Das Kind folgt seiner Vision, es greift, geborgen auf Mamas oder Papas Arm, mit den Ärmchen sehnsuchtsvoll aus, deutet ziellos in die umgebende Welt, »da, da«. Die Heftigkeit, mit der es ein Kleinkind nach »Welt« verlangt, die es zunächst nur »geschaut« hat und von der es sonst nichts wissen kann, die Waghalsigkeit, mit der es dann »Welt« aufsucht, jede einzelne Bewegung seinen schwachen Körperkräften abtrotzend, lassen vermuten, dass Schauen und Erkunden, dass der forschende Sehsinn, der immer weiter und tiefer drängt – wie der Faust'sche Wille – und die Vision, die über das Selbst und seine Begrenzung hinausgreift, zwei der kräftigsten ontogenetischen Ausstattungen sind, die einem Neugeborenen mitgegeben werden.

Beides nun, das frühkindliche Versorgtsein, die Stillung und die symbiotischen Gefühle und zugleich das »Visionäre«, das die Welt-Umfassende werden in den Spielen des Internet hervorgerufen. Sie werden, solange das Kind in den Spielkontakten bleibt, zur seelischen Realität. Erleben und Agieren im Lichtraum. Der Gesichtsinn kontrolliert! Zugleich ist alles offen, prinzipiell unabschließbar. Im Netz gelingt auf beinahe vollkommene Weise, was in der frühen Lebensgeschichte immer auch unvollständig blieb.

In den modernsten Spielen kommunizieren die Spieler mit komplexem Ich-Gefühl, sind sie selbst und doch immer auch anders und mehr als nur das »Selbst«. In den neuen Online-Spielen erhält dieses komplexe Selbst eine Realitätskraft, die das einfache Spielen alter Computerspiele oder die Identifikation mit einem Filmhelden niemals erreichen konnte. Dieses beinahe reale und halbwegs fiktive Selbst, das hungrig und verwegen, versorgt und unendlich egozentriert sich in einem wirbelnden Taumel um sich selber dreht, verharrt vor dem Monitor wie in einem Bann. »Ob ich online meine Freunde habe oder im Klassenzimmer, wo ist da der Unterschied«, fragte mich mein 17-jähriger Sohn und zweifelte an meiner Verständnisfähigkeit. Diese Realität dauert, solange das Spiel dauert. Und es hört, rund um den Erdball gespielt, niemals auf! Unterbrechungen gibt es im Spiel nicht; wenn der Schlaf die Spieler übermannt, der Hunger sie aus dem Spielgelände treibt, so geschieht dies auf Kosten eines risikoreichen Bruchs mit dem aktuellen Spielgeschehen. Aufdringlich meldet sich der Schlaf, der Hunger, das Bedürfnis, aufs Klo zu gehen – so lästig, wie alle Realität von der Schule bis zu dem Rufen der Eltern zum Abendessen.

Die Bändigung des selbstidealisierenden Willens geschieht nach psychoanalytischer Einsicht durch das Über-Ich. Die in der realen Objektwelt scheiternden Wünsche und Antriebe wenden sich ins Ich zurück und bilden einen aggressive »Rest« in der kindlichen Psyche. Dieses Scheitern wird auf suggestive Weise unterlaufen. Ich-Ideal und Über-Ich fallen auseinander, den »Kräften der Gewissensbildung« wird die Energie entzogen. Ich habe diesen Gedanken in meinem Buch »Abschied vom Gewissen« (Bergmann 2000) genauer ausgeführt. Hier will ich nur auf folgende allgemeine Fragestellung verweisen: Wo sind im Internet, in Computer und Übertragungssystemen jene sperrigen, das »Gewissen« aufrufenden Erfahrungen? Oder anders: Wie wird eine Gesellschaft solcher in narzisstisch-allmächtigen Phantasmen eingeübten Menschen ihren Zusammenhalt stiften? Wie wird der soziale Zusammenhalt in dieser Psyche verankert?

Das Licht ist der ideale Stoff für die narzisstischen Gefühle. Licht – das ist ein Gegenüber, ein »Anderes«, aber einhüllend, umfließend, letztlich reines brillantes Dasein. Rilke träumte davon, die christlichen Mystikerinnen auch. Im Raum des Lichts sich funktionssicher zu bewegen, die Objekte betätigend und zugleich ihre Widerständigkeit, ihre eigene Realitätskraft leugnend – das ist das Schlaraffenland des Narziss. In den Lichttechnologien der Zeit und Raum überspringenden digitalen Übertragungssysteme und Daten erzeugenden Maschinen ist es ein greifbares Ziel geworden, zu dem hin sich unsere Kultur auf eine abenteuerliche Reise begeben hat.

Die Kinder haben eine Intuition dafür, vor allem die Jungen. Für eine rapide wachsende Zahl von ihnen ist es so, dass die Alltagswelt mit ihren matten Normen, langweiligen Anforderungen und reizlosen Menschen bedeutungsarm wird. Ihre Unumgänglichkeit wird seelisch nahezu unerträglich. Uralte Gefühle und Sehnsüchte, das Beharren auf passiver Versorgung, die von den Müttern auf die elektronisch-digitalen Bildwelten übergegangen ist, werden wachgerufen. Die große Kulturleistung, die jeder erbringen muss, das Verlassen der symbiotischen Allmacht und des allgegenwärtigen Versorgtseins, wird in Teilen widerrufen. Sie agieren geschickt vor den »Licht-Bildern«, sind aber zugleich von infantiler Bedürftigkeit geprägt. Wer seine Gefühle und seine Vernunft so trainiert, steht irgendwann hilflos und ungeschickt vor realen Kontakten, realen Anforderungen, die intellektuellen Strukturen des Denkens entsprechend der literalen Kultur überfordern ihn. Der weite bildmächtige Symbolraum erweist sich für viele als Sackgasse. Sie finden ohne Hilfe nicht wieder hinaus.

Literatur

Bergmann, W. (2000): Abschied vom Gewissen: Die Seele in der digitalen Welt. Asendorf.

Freud, S. (1900): Die Traumdeutung. G. W. Bd. III. Frankfurt a. M.

Grenzen der Erinnerung
im Zeitalter der Globalisierung

Dorothee Wierling

Die Historikerin als Zuhörerin. Die Verfertigung von Geschichte aus Erinnerungen

Die Möglichkeit, in einem Band zu veröffentlichen, der auf einer von Psychotherapeuten veranstalteten Konferenz basiert, veranlasst mich, von drei anderen interdisziplinären Begegnungen bzw. Lektüren zu berichten, die ich in den letzten Wochen vor dieser Konferenz hatte und die zu Beginn zeigen sollen, wo ich mich und meine Zunft sehe, wenn es um den Umgang mit Erinnerungen geht. Das erste Beispiel handelt von einer sehr fruchtbaren Zusammenarbeit, die sich zurzeit in Hamburg anbahnt zwischen einer Gruppe von psychoanalytisch arbeitenden Therapeuten einerseits und Historikern der Forschungsstelle für Zeitgeschichte in Hamburg andererseits. Anlass für diese Kooperation war die Tatsache, dass die Forschungsstelle in ihrem Archiv das Originalmaterial verwahrt, auf dessen Grundlage im Jahre 2003 eine Lokalzeitung Erinnerungen an den Zweiten Weltkrieg, insbesondere die Flächenbombardierung Hamburgs im August 1943, veröffentlichte. Die Kollegen vom Universitätskrankenhaus Eppendorf interessierten sich für die Verarbeitung und Weitergabe traumatischer Erfahrungen am Beispiel des Hamburger »Feuersturms«, wie der Höhepunkt des Bombenangriffs kurz genannt wird.[1] Sie wollten den Mechanismus der Traumatisierung und ihrer Weitergabe durch psychoanalytische Tiefeninterviews empirisch überprüfen. Von uns Historikern versprachen sich die Therapeuten dabei eine Kon-

---

1 Beteiligt an dieser Kooperation sind auf der Seite der Forschungsstelle neben mir auch Linde Apel, die Leiterin der »Werkstatt der Erinnerung«, und auf Seiten des Universitätskrankenhauses Eppendorf U. Lamparter und S. Wiegrand-Grefe.

trolle der Erzählungen ihrer Informanten durch die Zeithistoriker. Wir sollten die äußeren Fakten sichern, sie wollten die emotionale Verarbeitung untersuchen. Fruchtbar wurde die Zusammenarbeit dadurch, dass wir dieses Missverständnis klären konnten. Dass wir uns näher waren, als wir vermutet hatten, barg freilich auch eine Enttäuschung, wie das folgende Beispiel zeigt. Einer der schon Interviewten, 1943 ein Kind, hatte erzählt, dass er nach dem Angriff vom Bunker in Richtung der elterlichen Wohnung ging, als plötzlich aus dem Gebüsch ein Bison hervorkam, das ihn tief erschreckte. Nun hatten die Bomben tatsächlich auch den Tierpark Hagenbeck getroffen, was zum panikartigen Ausbruch zahlreicher Tiere führte (Büttner 2005). Bewies dieses Kontextwissen nun, dass die Begegnung mit dem Bison tatsächlich stattgefunden hatte? Keineswegs. Sie machte sie lediglich möglich, vielleicht sogar wahrscheinlich, aber genauso gut konnte das spätere Wissen des Erzählers um den Ausbruch der Tiere erst die Bilder vom Bison hervorgerufen haben. Da ich selbst einmal im Yellowstone Park einem solchen Tier gegenübergesehen habe, weiß ich, wie beängstigend der große dunkle Kopf sich aus der Nähe ausmacht, und so liegt die eigentliche Wahrheit der Erzählung vor allem in der Angst, die hier die Gestalt des (realen oder phantasierten) Bisons angenommen hatte.

Zweitens geht es um eine Lektüre der letzten Wochen, das Buch eines deutschen Soziologen und eines US-amerikanischen Historikers mit dem Titel: »What We Knew. Terror, Mass Murder and Everyday Life in Nazi Germany. An Oral History« (Johnson u. Reuband 2005). Dreitausend Fragebögen haben die beiden verschickt, 200 Interviews geführt und darin gefragt, was jüdische und nichtjüdische Deutsche damals »wussten«. 40 Gespräche haben sie (wie sie begründen: »um der Klarheit und Kürze willen«) ediert und im Buch dokumentiert. Im Anschluss haben sie eine quantitative Auswertung gemacht, um die genauen Prozentzahlen der »wissenden« Deutschen festzulegen. Die Autoren glauben, eine Studie mit bahnbrechenden Erkenntnissen veröffentlicht zu haben, die sie direkt aus den Bekenntnissen ihrer Befragten ableiten. Immerhin gab ein Drittel der Befragten an, »es« bzw. »alles« gewusst zu haben. Darunter ist ein Mann, dem merkwürdigerweise und anscheinend unhinterfragt beim Anschluss des Saarlandes an das Deutsche Reich 1935 das ganze Ausmaß des jüdischen Schicksals klar wurde, oder eine Frau, die angeblich schon 1938 von Vernichtungslagern wusste. Die Irritation, die gelegentlich noch in den Nachfragen der studentischen Interviewer aufscheint, teilen die Autoren nicht mehr. Es ist ihr wissenschaftlicher Anspruch, verbunden mit einer naiv-populistischen Authentizitätsgläubigkeit, besonders wenn erwünschte Ergebnisse (hier: »Wissen«) im Angebot sind, die diesen Schwachsinn so ärgerlich, ja gefährlich machen. Das ist gerade *nicht* Oral History, wie sie sich im Rahmen der Geschichtswissenschaft zu einer ernstzunehmenden Herangehensweise entwickelt hat (zu methodischen Anleitungen und kritischen Einführungen in die Oral History vgl. Jureit 1999; Wierling 2003).

Damit komme ich zu meiner dritten Begegnung, ebenfalls einer interdisziplinären Lektüre. Es handelt sich um das Buch des Frankfurter Mediävisten Johannes Fried (2005): »Der Schleier der Erinnerung. Grundzüge einer historischen Memorik«. Ausgangspunkt ist seine Klage über den naiven Glauben der Historiker an ihre Quellen, vor allem an die Fähigkeit von Menschen, sich korrekt an Geschehenes zu erinnern. Deshalb misstraut er insbesondere solchen (schriftlichen) Quellen, die sich auf ursprünglich mündliche Überlieferung stützen, und umso mehr misstraut er bestimmten Erinnerungen, je weiter sie im zeitlichen Abstand vom Ereignis formuliert werden. Es fällt ihm nicht schwer, Beispiele vorzuführen, in denen der lückenhafte und umdeutende Charakter von Erinnerungen nachgewiesen werden kann.[2] Und daraus schließt er, dass sich die Geschichtswissenschaft vor allem bei den Neurowissenschaften über die Funktionsweise des menschlichen Gedächtnisses

---

2 Darunter sind allerdings auch solche Fälle, wo es weniger um Probleme der Erinnerung als zumindest auch um Probleme mit der Wahrhaftigkeit ging – so bei den Aussagen des Nixon-Beraters John Dean im Kontext der sog. Watergate-Affäre. Er versäumt es auch im Falle der »Erinnerung« Heisenbergs an seine Begegnung mit Bohr in Kopenhagen 1942, die Zuverlässigkeit der Erinnerung mit der Glaubwürdigkeit der Äußerungen zu unterscheiden. In beiden Fällen handelt es sich um einen extremen und den Erzählern auch bewussten Rechtfertigungskontext.

zu informieren habe, um daraus wichtige methodische Konsequenzen zu ziehen, insbesondere solche, die sich auf – durch die Hirnforschung informiertes – systematisches Misstrauen gegen Erinnertes beziehen, auf die Kontrolle durch Parallelquellen, auf strenge Überprüfung der erinnerten Fakten, auf Identifizierung von Widersprüchen und ähnliche Strategien, welche die »erstaunlich hohe Fehlerquote« (S. 373) des Gedächtnisses in Rechnung stellen. Von der Oral History, so der Autor, könnten auch die Mediävisten lernen. In der Tat, aber diese schmeichelhafte Feststellung lässt einen doch ratlos zurück. Erstens gehen seine Forderungen nach »Gedächtniskritik« nicht über die bekannten Techniken der Quellenkritik hinaus, die wir im Proseminar gelernt haben und lehren; zweitens müssen wir Historiker mit der Unvollkommenheit aller unserer Quellen wie unserer Erinnerungen leben; und schließlich leben wir ja tatsächlich *alle immer* damit, denn der jetzt so modisch gewordene Zweifel an der »Zuverlässigkeit« des Gedächtnisses[3] würde uns, nähmen wir ihn wirklich ernst, kommunikations- und handlungsunfähig machen. Tatsächlich aber baut unsere gesamte soziale Praxis auf Erinnerung und dem Glauben an ihre Angemessenheit auf – gelegentliches Versagen einkalkuliert.

Die interdisziplinären Begegnungen, von denen ich berichtete, zeugen alle von Versuchen, die Kluft zwischen der erlebten Vergangenheit und den Geschichten, die uns von dort oder darüber erreichen, wenn nicht ganz zu schließen, so doch so weit zu verkleinern, dass unsere Erkenntnisse über das fremde Land »Vergangenheit«[4] plausibel, wahrscheinlich, und insoweit auch verlässlich sind. Für die Oral History, also die systematische Verwendung mündlich erzählter, meist lebensgeschichtlicher Erinnerungen als historische Quellen, stellt sich dieses Problem in besonders offensichtlicher Weise: die persönlichen, keineswegs »neutralen« und meist in großem zeitlichen Abstand erzählten Begebenheiten, Er-

---

3 Hierbei hat sich mit vielen anregenden, aber gelegentlich auch einseitigen Beiträgen besonders der Sozialpsychologe Harald Welzer hervorgetan, zuletzt: Das kommunikative Gedächtnis. Eine Theorie der Erinnerung, München 2002.

4 Vgl. Lowenthal 1988; eine angemessene Entsprechung für die psychoanalytische Vorstellung vom Unbewussten als innerem Ausland.

lebnisse und Erschütterungen sind nicht immer durch parallele Überlieferungen auf ihren Realitätsbezug hin überprüfbar. Und insbesondere existieren für die gefühlsbestimmten, die deutenden Färbungen, von denen man ja auch nur *annehmen* kann, dass sie mit den damaligen des Erlebnisses identisch sind (hier zeigt sich die gedächtniskritische Forschung erstaunlich optimistisch, vgl. Welzer 2002, S. 111ff.), in der Regel keine solche Parallelüberlieferungen, also in größerer zeitlicher Nähe zum Ereignis entstandene Ego-Dokumente wie frühere Tonaufzeichnungen, Briefe oder Tagebuchnotizen. Neben den oben angeführten »Lösungsmöglichkeiten«, nämlich im einen Extrem *alle* mündlich überlieferten Erinnerungen unter »schärfsten Irrtumsverdacht« zu stellen (Fried 2005, S. 32), oder umgekehrt die Vorstellung, die erzählten Erinnerungen ermöglichten einen direkten Zugang zur erlebten Vergangenheit, stellt sich uns professionellen Oral Historians das Problem als echtes Dilemma: gerade die subjektive, die emotionale Seite der Erinnerungen interessiert uns, und anders als Soziologen, vielleicht auch Psychologen, suchen wir über sie durchaus auch Zugang zur Vergangenheit, wenn nicht direkten, so doch den indirekten über ihre gedeutete Verarbeitung, ihre subjektive Erfahrung. Ich möchte im Folgenden, wie im Titel des Beitrags angedeutet, die einzelnen Schritte nachzeichnen, die von der Erinnerung, die erzählt wird, zur Geschichte führen, die wir schreiben. Es ist zu sehen, wie begrenzt das Terrain ist, dass wir dabei erspähen, geschweige denn betreten können, aber in der Einsicht der Beschränkung liegt auch die Chance unserer Erkenntnis. Auf dem Weg möchte ich einige häufige Missverständnisse sowohl *der* Historiker als auch *über* die Historiker thematisieren. Und schließlich bin ich neugierig, inwieweit Therapeuten sich selbst und ihre Arbeit in diesen Schritten teilweise wiedererkennen.

Der erste Schritt ist der von der erlebten Vergangenheit hin zur Erinnerung. Wir wissen durch die Neurowissenschaften, durch die Psychologie und durch die Kulturwissenschaften, dass zwar fast alle Wahrnehmung sich in Erinnerung umformt, also nicht verloren geht, tatsächlich aber nur ein Bruchteil des Wahrgenommenen als Erinnerung tatsächlich abrufbar ist und bei der Verwandlung des Erlebnisses in Erinnerung zahlreichen Veränderungsprozessen unterzogen wird, die prinzipiell nie abgeschlossen sind.[5] Diese Veränderungen haben etwas zu tun mit Erwartungen, mit Erfahrungen und mit Wünschen, d. h., das Wahrgenommene muss an das Vorhandene anschlussfähig gemacht, in das schon Angeeignete integriert werden. Sowohl die Auswahl des Wahrgenommenen als auch seine Verarbeitung in abrufbare Erinnerung geschehen also unter Relevanzgesichtspunkten, und zwar als ein unbewusster Vorgang, so dass dem Erinnernden das wenige Ausgewählte als das Ganze gilt. Was man erinnert, hält man für wahr.

Für konventionelle Historiker ist das sehr ärgerlich. Denn in der Regel sind ihre Relevanzkriterien nicht identisch mit denen ihrer sich erinnernden Zeugen, und diese werden gerade auch in ihrer Gewissheit über die Wahrheit ihrer Erinnerung leicht zum Feind des skeptischen Historikers. Johannes Fried (2005) findet gelegentlich starke Worte hierfür: immer mal wieder nennt er das Gedächtnis und seine Strategien »heimtückisch« (S. 111) und spricht von der »Zersetzungsmacht der Erinnerung« (S. 32). Was sich *nur* der Erinnerung verdankt, gilt ihm bis zum Beweis des Gegenteils als falsch, denn ihm geht es nicht um die subjektive Wahrheit der Erinnerung, sondern um die objektive Wahrheit des Ereignisses, denn »auf sie … kommt es dem Historiker an, der aus den Schranken der Subjektivität seines Datenmaterials ausbrechen möchte, um allgemeine Erkenntnisse über vergangene Wirklichkeit zu formulieren« (S. 106).

Das Problem des Verhältnisses zwischen erlebter Vergangenheit und Erinnerung stellt sich aber ganz anders, wenn der Historiker (und die Historikerin) im Gegenteil gerade *Zugang* zur »Subjektivität des Datenmaterials« finden, also verstehen will, wie ein Erlebnis wahrgenommen, gedeutet und in die vorhandene Erfahrung integriert wurde. Ein Problem ist dies, weil die Erinnerung nicht nur an das zuvor, sondern auch an das danach Erfahrene angepasst wird, also Deutungsveränderungen unterliegt, die bis zum Zeit-

---

5   Was allgemein gilt, wenn wir über das Funktionieren des Gedächtnisses sprechen, sind unsere Vorstellungen davon auf Metaphern angewiesen, auf Bilder, die nicht mehr sein können als Hilfsmittel für unser unvollkommenes Verständnis; vgl. z. B. Freud (1925).

punkt des aktuellen Erinnerungsakts andauern können. Die Schwierigkeit, solche Veränderungen in ihren verschiedenen Stufen nachzuvollziehen, wird allerdings dadurch verringert, dass – darüber scheinen sich die Gedächtniskritiker einig zu sein – zwar das sogenannte episodische Gedächtnis, welches sich vor allem auf die vergangenen Abläufe bezieht, einem solchen Wandel unterliegt, dafür aber das sogenannte semantische Gedächtnis, also die mit dem Ereignis verbundenen Gefühle, Deutungen und Erfahrungen, relativ stabil und damit im Hinblick auf die Vergangenheit »zuverlässig« zu sein scheint. Ich erinnere an das Bison in Hamburg.

Dennoch – die Vergangenheit als solche ist den Historikern nicht erreichbar, sondern nur vermittelt in ihren Zeugnissen, von denen übrigens vermutlich die meisten und nicht die wenigsten auf Erinnerung beruhen, auch wenn diese mehr oder weniger später verschriftlicht werden und dadurch eine täuschende Festigkeit erlangen. Was dem Mediävisten Fried ein Anliegen im Hinblick auf seine Kollegen ist, ist den Oral Historians schon länger bewusst und hat sich von den mündlichen Zeugnissen, die sie erhoben haben, auch auf jene Quellen übertragen, die nur scheinbar schriftlich, neutral und »objektiv« sind.

Anders als der Sprachgebrauch dies unterstellt, handelt es sich bei dem Material, das Oral Historians erheben, keineswegs um Erinnerungen, sondern um *Erzählungen*, die nur eine kleine Auswahl dessen darstellen, was als Erinnerung abrufbar ist und tatsächlich abgerufen wird, während sie zugleich die Öffnung, aus der die Erinnerungen beim Erzählen fließen, ausweiten und den Strom der Bilder anschwellen lassen. Als Erzählung werden Erinnerungen in eine aussprechbare, kommunizierbare Form gebracht, die sich an den Zuhörer richtet, aber auch dem Erzähler selbst als etwas »Geäußertes« gegenübertritt, sich von ihm trennt, also von ihm selbst gehört und betrachtet bzw. gelesen werden kann. Der Interviewte kann gar nicht alles erzählen, was er erinnert, und er wird es nicht tun. Drei Bezüge bestimmen, was er erzählt: sein unmittelbares Gegenüber, der zuhörende Historiker; der soziale Kontext, aus dem die Geschichten gewachsen sind; und schließlich er selbst, der mit dem Erzählten einverstanden bleiben will. Meine Überzeugung aus der Erfahrung vieler lebensgeschichtlicher Interviews ist nun, dass entgegen der üblichen Annahme der erste Bezug, der Interviewer, den geringsten Einfluss auf die Erzählung hat, vorausgesetzt, er übt die geforderte professionelle Zurückhaltung. Es gehört zu den typischen Erfahrungen im Interview, dass der Interviewpartner Fragen nicht beantwortet, dafür aber auf solche Fragen ausführlich eingeht, die ihm nicht gestellt wurden. Wichtiger, als vom Interviewer geliebt zu werden, ist es allemal, seine Identität und seinen Wunsch nach Anerkennung durch und Zugehörigkeit zu dem eigenen sozialen Zusammenhang nicht aufs Spiel zu setzen, sondern im Gegenteil zu festigen. Der US-amerikanische Kulturwissenschaftler Anthony K. Appiah (1994) hat dies im Bild des Drehbuchs ausgedrückt, das sozial verfasst wird und gelegentlich die biographische Erzählung bestimmt, besonders, wenn diese »Kollektive« mit intensiven vergemeinschaftenden Erfahrungen (etwa von Repression) oder intensiven vergemeinschaftenden Erwartungen (etwa bei politischen Bewegungen) verbunden sind. In den Erzählungen werden die schon beim Wahrnehmen und Erinnern wirksamen sozialen Einflüsse als Gemeinschaftsprodukte manifest – und deshalb erlauben sie auch einen Einblick in mehr als die Deutungswelt des individuellen Interviewpartners, sondern öffnen ein Fenster in die sozialen Zusammenhänge, in denen sie entstanden sind.

Dem häufig geäußerten Misstrauen gegenüber der »Zuverlässigkeit« der Erinnerung entspricht Skepsis gegenüber dem Wahrheitsgehalt der Erzählung. Hier hilft eine Unterscheidung, welche die deutsche Sprache zwischen Wahrheit und Wahrhaftigkeit macht. Eine wahre (im Sinne von korrekte) Aussage wäre demnach eine solche, die sich mit dem tatsächlichen Erlebnis, ja Ereignis deckt – wahr*haftig* wäre eine Aussage dann, wenn der Erzähler selbst an die Wahrheit seiner Aussagen glaubt. Bei der Oral History kommt es nun fast ausschließlich auf die Wahrhaftigkeit der Erzählungen an, wobei ihre Wahrheit eine erfreuliche (und im Fall der Kontrolle durch Parallelquellen erstaunlich häufige) Begleiterscheinung ist. Wahrhaftigkeit steht im Vordergrund, weil die Oral History eine Quelle nicht für vergangenes Geschehen, sondern dessen subjektive, sozial geformte Verarbeitung ist; weil Vergangenheit uns überhaupt nur in vermittelnden Überlieferungen, also über Deutungsträger zur Verfügung steht; und weil die Diskrepanz zwischen wahrhaftiger und wahrer Aussage uns auf die wichtige Frage bringt, welche Vergangenheitsdeutungen sozial erwünscht und individuell zustimmungsfähig sind und damit auch auf *die* – im Text verborgenen – Bilder aus der Vergangenheit verweisen, die *nicht* ohne weiteres zugelassen werden können. Letzteres verweist auf die dritte, und wohl wichtigste Instanz, die über die Erzählung wacht, nämlich den um Identität bemühten Erzähler selbst. Mit Identität meine ich hier keineswegs eine widerspruchsfreie Einheit, sondern den unabgeschlossenen (und unbewussten) Versuch des Individuums, sich all seinen auch schwierigen Erfahrungen und sozial unangepassten Wünschen zu stellen und sie in das zu integrieren, was man als sein »Selbst« empfindet. In anderen Worten: explizit oder implizit, allmählich oder plötzlich, gewollt oder unwillkürlich setzt sich in der Erzählung durch, was zum unverzichtbaren Kern des Erzählers gehört, wenn es nicht anders geht, auch gegen den Interviewer und gegen das Kollektiv, dessen Drehbuch die Erzählung vorgeben will.

Auch das Zuhören ist ein kreativer Akt, bei dem die Erzählung in etwas Verstandenes umgeformt wird oder sich dem Verstehen entzieht, Fragen und neue Erzählungen in einer tendenziell endlosen Kette hervorruft. Dabei kommt es zu einer Vermischung eigener und fremder Vergangenheitsbilder im Zuhörer, zu einem unausgesprochenen Austausch solcher Bilder, die man wohl mit dem Mechanismus von Übertragung und Gegenübertragung erklären kann. In meinem Oral-History-Projekt über den Geburtsjahrgang 1949 in der DDR (Wierling 2002) wählte ich eine Untersuchungsgruppe, bei der die Mischung aus Fremdheit und Vertrautheit von vornherein angelegt war; ich suchte mir die Gleichaltrigen von »drüben«, stellte mich als eine Gleichaltrige von »hüben« vor und löste damit bewusst den Mechanismus wechselseitiger Bildproduktionen aus. Während ich den Männern und Frauen aus der DDR zuhörte, lief bei mir der westdeutsche Film meines parallelen Lebens ab, und gelegentlich äußerten meine Gesprächspartner Vermutungen über mein Leben, das sie sich mal zu Recht, mal zu Unrecht als ganz anders oder als ganz ähnlich vorstellten.

Manchmal wird das Zuhören aber auch zur Qual, etwa wenn der Erzähler sich wortreich verweigert oder wenn seine Erzählungen sich auf unerträgliche Bilder beziehen, die man nicht erwartet hat, die Angst oder Hass auslösen und die es dann schwer machen, sich dem zuzuwenden, was der Zweck des Interviews ist: individuelle Erfahrungen und Vergangenheitsdeutungen in ihrem Entstehungskontext zu verstehen und daraus Schlüsse auf Erlebtes und seine soziale Gestaltung zu ziehen. Das reguläre Mittel dazu ist Empathie, weil nur sie die Interviewpartner für Erzählungen öffnet. Die Frage nach den Grenzen solcher Empathie stellt sich aber in der Therapie anders als im Oral-History-Interview. Für uns wird sie allzu oft ein Mittel zum Betrug, nämlich ein Instrument zur Herbeiführung von Selbstdenunziation. Nehmen wir den (gerade selbst erlebten) Fall eines ehemaligen Hitlerjungen, der das Interview nutzt, der Historikerin endlich einmal seine Meinung über die angebliche Schuld der Deutschen am Zweiten Weltkrieg zu sagen, und dessen jugendliche Kränkung durch die beschämende Niederlage des 1945 Sechzehnjährigen sich in kaum verhüllten Ressentiments, immer scharf am Rande offenen Antisemitismus, äußert. Während er spricht, werden empathische Gefühle von Abneigung durchkreuzt, ergänzt durch solche des vorweggenommenen Triumphes, den die eiskalte Analyse des Textes der Zuhörerin, die sich später am Schreibtisch in die kritische Leserin des Transkripts verwandeln wird, jetzt schon verschafft. Die Dynamik des Oral-History-Interviews beruht deshalb nicht selten auf wechselseitiger Verführung und Täuschung: Verführung des Interviewers durch den Interviewten, indem verlockende Eröffnungen angedeutet werden, umgekehrt der Reiz, der davon ausgeht, die eigene Lebensversion vor einem aufmerksamen Zuhörer ausbreiten zu können; Täuschung insofern, als sich beide Beteiligten in der Illusion wiegen mögen, das Gespräch in der Hand zu haben, während vor allem der Interviewpartner getäuscht wird, weil er die »gleichschwebende Aufmerksamkeit« des Interviewers mit Zustimmung verwechselt und kaum eine Vorstellung davon hat, was mit seinem Text nach dem Interview geschehen kann. Wenn die Interviewerin sich in die Historikerin rückverwandelt hat, sind die Machtverhältnisse zu ihren Gunsten entschieden.

Die Arbeit mit dem Worttranskript und dem Tonband ist eine wiederholte, prinzipiell unabschließbare Folge von Distanzierungs- und Annäherungsbewegungen. Grundsätzlich unterscheiden sich die Fragen und Techniken nicht vom Umgang mit anderen historischen Quellen, wie sie bei der Quellenkritik und -interpretation gelernt worden sind. Die Notwendigkeit der Quellenkritik basierte ja in den Anfängen professioneller Historie auf der Frage nach der Echtheit der Quelle, der Frage also, ob das angegebene Entstehungsdatum, der vorgebliche Autor und die behaupteten Tatbestände tatsächlich zutrafen, damit der Historiker nicht einer Fälschung zum Opfer falle. Wem es auch darauf ankommt, das Verhältnis zwischen Erzählung und Ereignis so weit wie möglich zu klären, der wird nach Kontrollquellen suchen, die das Erzählte auf seine Möglichkeit, Wahrscheinlichkeit und Plausibilität hin überprüfen. Solche Parallelquellen können sowohl schriftliche Zeugnisse als auch andere Interviews sein, wobei im letzteren Fall ein erzähltes Ereignis umso wahrscheinlicher zur Tatsache aufsteigt, je mehr Personen sich darauf spontan beziehen. Doch auch hier ist Vorsicht geboten: denn Erinnerungen bilden nicht nur die Voraussetzung für Erzählungen, sondern auch der umgekehrte Weg ist vorstellbar: dass Erzählungen sich in Erinnerungen verwandeln, dass also der Wunsch, an den Erinnerungen einer Gruppe teilzuhaben, zur Entstehung einer vermeintlich persönlichen Erinnerung führt. Ein Hinweis auf solche Prägungen sind stereotype Bilder, in denen sich solche »kollektiven« Erinnerungen ausdrücken, etwa die von ehemaligen Dienstmädchen, deren Herrin mit weißem Handschuh überprüft, ob Staub gewischt wurde oder die Erinnerung zahlloser Deutscher, die glauben, Zwangsarbeitern während des Zweiten Weltkriegs Butterbrote verabreicht zu haben. Die Kontrolle der Erzählungen durch andere Quellen verfolgt also zwei Zwecke: einmal die größtmögliche Bestimmung tatsächlicher Ereignisse, zum anderen die – nie vollständig gelingende – Rekonstruktion der sozialen Prozesse, die aus Erlebnissen Erinnerungen und Erzählungen machten.

Die eigentliche Interpretation des Textes ist ein in mehrfacher Hinsicht kommunikativer Vorgang. Dabei möchte ich aus Platzgründen nur auf drei Ebenen der Kommunikation eingehen: die

Bedeutung des Textes als Gespräch, auch wenn der Interviewer in der Regel weniger spricht als der Interviewte; das wiederholte Lesen und Hören des Textes, wobei immer wieder andere Fragen gestellt und andere Antworten gegeben werden; und schließlich die Kommunikation mit anderen Interpreten, das heißt der Austausch über Lesarten, ihre Angemessenheit, ihre Plausibilität und ihre Vereinbarkeit. Auf diese Weise entsteht, wenn es gut gemacht wird, ein Interpretationsangebot, das der Vielschichtigkeit und Mehrdeutigkeit der Texte angemessen ist. Die Erkenntnisse, die dabei angestrebt werden, richten sich nicht mehr primär auf die Entsprechung der Erzählungen in einer vergangenen Wirklichkeit, sondern auf die Erfahrungsaufschichtung des Interviewten und auf seine Deutungen, auf seine Eingebundenheit in Erzählgemeinschaften und deren Sinnwelt, aber auch auf seine eigensinnigen Abweichungen, seinen Kampf um Orientierung und nützliche Praxis unter den historischen Bedingungen, die ihm aufgezwungen wurden.

Warum dann überhaupt überprüfen, ob das, was erzählt wird, wirklich geschehen ist? Weil, so würde ich behaupten, es einen Unterschied macht, ob jemand, der etwa erzählt, von Exekutionen hinter der Ostfront nichts gewusst zu haben, mit seiner militärischen Einheit zur fraglichen Zeit an einem der fraglichen Orte war oder nicht – wir haben es dann nämlich mit sehr unterschiedlichen Vorgängen bei der Verarbeitung von Erlebnissen, der Konstituierung von Erinnerung und der Gestaltung von Erzählung zu tun. Die Tatsache selbst können wir aber prüfen, ohne uns auf die Angaben unseres Zeitzeugen zu verlassen.

Aus den anfangs vorgestellten Beispielen geht hervor, wie stark die Erwartungen an die Geschichtswissenschaft sind, gesichertes, faktengestütztes und eindeutiges Wissen über die Vergangenheit bereitzustellen. Im ersten Fall wurden die komplexen Überlegungen über traumatisierende Erfahrungen und deren Weitergabe den scheinbar sicheren äußeren Rahmenbedingungen der realen Ereignisse gegenübergestellt; im zweiten Fall wurden die Selbstaussagen der Befragten zu solchen Fakten erklärt; und im dritten Beispiel wurden die Historiker beschworen, dem windigen Gedächtnis die streng erstellten Beweise unzweifelhafter Ereignisse entgegenzusetzen. Aus dem Gesagten geht hervor, dass eine Ge-

schichtsschreibung, die sich auf subjektive Erzählungen von Erinnerungen einlässt, solches Wissen *nicht* zu bieten hat. In der
Regel geht es um recht verwickelte Darstellungen, bei denen sich
der Text der Historikerin mit denjenigen ihrer Quellen verknüpft
zu einem Gesamttext, der einen plausiblen und transparenten Vorschlag zur Interpretation bietet; einer Interpretation, die in der
Regel nicht identisch ist mit der Selbstdeutung der Interviewpartner, sondern diese eben zum Gegenstand der einfühlenden und
doch distanzierten Analyse macht. Anders als Soziologen oder
auch viele Psychotherapeuten, vermeiden Historiker dabei eindeutige Typisierungen, sondern identifizieren Erfahrungs- und Erzählmuster, die aber vielfältige Mischungen eingehen können, so
dass Forschungsarbeiten, die auf Oral History beruhen, selten mit
starken Thesen arbeiten, sondern einen komplexen und offenen
Charakter aufweisen und sich dabei häufig an den narrativen Stil
ihrer Quellen angleichen. Aus der Verknüpfung von Interviews und
anderen Quellen entstehen das Ereignis, der historische Prozess,
beleuchtet aus unterschiedlichsten Perspektiven entsteht Geschichte als das Zusammenspiel verschiedenster Erlebnisse, Positionen, Interessen und Deutungen.

Bei einem solchen Entwurf von Geschichte stellt sich freilich
die Frage nach der Position der Historikerin. Ist sie allen Perspektiven gegenüber gleich offen, ist ihr jede Wahrhaftigkeit gleich viel
wert? Keineswegs. Als mein Buch über den DDR-Geburtsjahrgang
1949 veröffentlicht wurde, gab es neben viel Zustimmung, die aus
dem Wiedererkennen kam, auch Kritik: die einen beklagten die in
ihren Augen zu starke Präsenz der Systemkonformen im Sample
und im Buch, die anderen beschwerten sich über die ungleiche Verteilung meiner Sympathie, die mehr den Widerständigen gelte als
denjenigen, die sich mit dem Projekt DDR identifizierten (Ahbe
2005). Unabhängig davon, ob die Kritiker Recht haben oder nicht
– es ist unvermeidbar, dass die Historiker eine eigene Position beziehen, die sie nicht nur sachlich begründen können, sondern die
immer auch auf einem set von Normen und Werten beruhen, an
denen sie zwar auch ihre Interviewpartner und deren Erinnerungen
messen; aber sie sind auch verpflichtet anzuerkennen, dass diese
ihrerseits in einer anderen historischen Situation andere Orientie-

rungen im Einklang mit ihrer Zeit entwickelten. Ich erinnere mich
in diesem Zusammenhang an die Buchvorstellung einer meiner
Studentinnen in den USA, die den Autor, einen anerkannten Historiker, der eine bedeutende Hitler-Biographie geschrieben hatte,
beschuldigte, er sei gegen Hitler voreingenommen gewesen, seine
Darstellung sei nicht neutral, sie lasse Objektivität und Sachlich-
keit fehlen. Ich erinnere mich deshalb so deutlich daran, weil ich
in meiner Überraschung damals unfähig war, ihr eine schnelle und
klare Antwort zu geben, nicht einmal etwas Unverbindliches wie:
Empathie ist nicht Sympathie. Am Ende gründet die Geschichtswissenschaft vor allem in der Überzeugung, dass Menschen in *dem*
Sinne historische Subjekte und Akteure sind, als sie für ihr Handeln prinzipiell tatsächlich verantwortlich gemacht werden können, vor der Geschichte, wie es gelegentlich pathetisch heißt, aber
konkret durch den Historiker. Wo diese Voraussetzung nicht mehr
gegeben ist, wird Geschichtswissenschaft überflüssig.

An dieser Stelle verweise ich auf die Debatte zwischen Neuro-
logen und Philosophen um die Frage der Willensfreiheit.[6] Obwohl
beide Seiten von sehr unterschiedlichen Freiheitsräumen menschlichen Handelns ausgehen, einigen sie sich gelegentlich auf ein gemeinsames Prinzip, das sie »Verantwortlichkeit« nennen – als
könne die unabhängig von Handlungsfreiheit existieren (vgl.
Reemtsma 2005).[7] Schauen wir am Ende auf den Text, für den die
Historikerin als Autorin verantwortlich zeichnet. Sie hat aus den
Erzählungen ihrer Interviewpartner, aus Kontroll- und Parallelquellen eine eigene Erzählung verfasst, indem sie Zitate ausgewählt, verknüpft und gedeutet hat. Beim Zusammenbau ihrer Geschichte ist sie den wissenschaftlichen Regeln ihres Fachs verpflichtet – Transparenz, Überprüfbarkeit, Begründung –, aber im
Ergebnis kann es gar nicht anders sein, als dass ihre Gesamtschau
auf das Material und ihre Fremddeutung von den Selbstdeutungen
(zumal den expliziten) ihrer Interviewpartner abweicht. Oral His-

---

6   Wie etwa jene zwischen Wolf Singer und Otfried Höffe im Rahmen der
    Tagung, auf der auch dieser Text vorgetragen wurde.
7   Vgl. auch das Interview mit Reemtsma in der TAZ vom 14. 4. 2005 unter
    dem Titel »Erinnerungskultur ist nicht nur Camouflage«.

torians werden von konventionellen Historikern immer wieder dafür kritisiert, dass sie ausführlich aus ihren Quellen zitieren. Für die Kritiker, die aus Quellen vor allem Informationen über Sachverhalte entnehmen wollen, ist das eine überflüssige und langweilige Lektüre. Für uns geht es aber einerseits um ein anderes Erkenntnisinteresse – das brauche ich nicht zu wiederholen; es geht aber auch darum, den kommunikativen Prozess der Quellenproduktion und -interpretation in unseren Text hinein zu verlängern und unseren Gesprächspartnern eine Stimme zu lassen, wenn wir uns auch das letzte Wort anmaßen (Zemon-Davies 1985).

Literatur

Ahbe, T. (2005): Gruppenbild mit Lücken. Deutschland-Archiv 1: 161.

Appiah, A. K. (1994): Identity, Authenticity, Survival. Multicultural Societies and Social Reproduction. In: Gutman, A. (Hg.): Multiculturalism. Princeton, S. 149–163.

Büttner, U. (2005): »Ghomorra« und die Folgen. Der Bombenkrieg: In: Forschungsstelle für Zeitgeschichte in Hamburg (Hg.): Hamburg im Dritten Reich. Göttingen, S. 613–632.

Freud, S. (1925): Notiz über den Wunderblock. G. W. Bd. XIV. Frankfurt a. M.

Fried, J. (2005): Der Schleier der Erinnerung. Grundzüge einer historischen Memorik. Darmstadt.

Johnson, E. A.; Reuband, K.-H. (2005): »What We Knew. Terror, Mass Murder and Everyday Life in Nazi Germany. An Oral History. London.

Jureit, U. (1999): Erinnerungsmuster. Zur Methodik lebensgeschichtlicher Interviews mit Überlebenden der Konzentrations- und Vernichtungslager. Hamburg.

Lowenthal, D. (1988): The Past is a Foreign country. Cambridge.

Reemtsma, J.-P. (2005): Schuld und Verantwortung. Vortrag auf der Tagung des Hamburger Instituts für Sozialforschung und des Deutschen Historischen Museums »Politik der Schuld«, 24.– 26. Februar 2005.

Welzer, H. (2002): Das kommunikative Gedächtnis. Eine Theorie der Erinnerung. München.

Wierling, D. (2002): Geboren im Jahr Eins. Der Geburtsjahrgang 1949 in der DDR. Versuch einer Kollektivbiographie. Berlin.

Wierling, D. (2003): Oral History. In: Maurer, M. (Hg): Aufriss der Geschichtswissenschaft Bd. 7. Stuttgart, S. 81–151.

Zemon-Davies, N. (1985): Über einen anderen Umgang mit der Vergangenheit. Ein Gespräch. Freibeuter. Vierteljahreszeitschrift für Kultur und Politik 24: 65–75.

Wolfram Fischer

Über die allmähliche Verfertigung des Selbst beim Sprechen von sich

Begrenzung und Entgrenzung der Erinnerung im autobiographischen Dialog

Vorbemerkung

Vorgestern, auf einem dieser langen Nachtflüge unterwegs nach Frankfurt, versuchte ich mich zu erinnern, wann ich zum ersten Mal in Weimar war. Es muss anfangs der 90er Jahre gewesen sein, und ich bin nur durch die Stadt hindurchgefahren, um Buchenwald zu besichtigen, zum ersten Mal. Danach hatte ich keine Lust mehr auf Weimar.

Oder war es so,

zum ersten Mal in Weimar war ich mit meinen beiden Hilfskräften aus Gießen, mit denen ich etwa in derselben Zeit in Jena einen aufregenden mehrtägigen Lehrauftrag in medizinischer Soziologie abhielt. Wir wollten zwischendrin ein bisschen was anderes sehen als den »Turm« und uninteressierte Studenten, so sind wir an einem sonnigen Nachmittag durchs schöne Weimar gebummelt.

Und als ich mich zu erinnern versuchte, fragte ich mich auch, ob ich heute eher mit der einen oder der anderen Erinnerung beginnen sollte, um ihre Aufmerksamkeit zu gewinnen.

Ich hätte auch mit den Worten beginnen können:

Bevor ich anfange,

möchte ich was zum Hintergrund meiner Forschungen sagen,

möchte ich den Titel korrigieren und erläutern,

möchte ich mich bedanken oder irgendeiner Freude oder einem Lampenfieber Ausdruck verleihen. Ein Bonmot oder ein kleiner Joke zum Thema wären auch nicht schlecht, um einzusteigen.

Jeder mögliche Anfang, immer vorausgesetzt, dass ich ihn kommuniziere, erlaubt es, mich einzuschätzen, und transportiert jeweils anderes. Meine Weimar-Erinnerungen bringen mich nicht nur an diesen Platz, wo wir jetzt alle gerade sind, und suggerieren so etwas wie eine gemeinsame Geschichte. Sie lassen auch ein Bild über mich selbst entstehen, und zwar transportieren die alternativen Anfänge auch etwas Verschiedenes über mich. Ich habe mich bei Ihnen schon *positioniert* (vgl. Bamberg 1997) – ohne jedoch genau steuern und wissen zu können, wie. Fast jedes meiner Worte kann benutzt werden, um es auf mich zurückzurechnen. Schon nach weniger als einer Minute bestehen bestimmte Einschätzungen und Vermutungen über mich selbst, die in Folge weiter überprüft werden können, und aus denen abgeleitet werden kann, ob dieser Redner etwas zu sagen hat, oder ob man ihm keinen Kredit mehr geben und lieber abschalten will.

Ich will darüber nachdenken, wie wir das Selbst diskursiv schaffen und wie es im Laufe des Lebens ausgebaut wird zu biographischer Strukturierung, die zu einer nachhaltigen und mehr oder weniger konsistenten Erlebens- und Handlungsgrundlage für Personen, ich spreche als Soziologie lieber von Akteuren, wird. Nur am Rande kann ich darüber sprechen, welche entscheidende Rolle dabei besondere Diskursformen und Gattungen, vor allem das Erzählen, spielen. Im Auge behalten will ich das Rahmenthema unseres Kongresses: Grenzen.

Obwohl wie immer alles mit allem zusammenhängt, werde ich versuchen, drei erkennbare Abschnitte zu präsentieren. *Zuerst* geht es um die Konstitution des Selbst in der Interaktion und in solchen Gesprächen, bei denen das Selbst *nicht* thematisch, aber gleichwohl konstruiert wird. Nach dieser Grundlegung geht es mir im zweiten Teil um die Frage, wie sich aus der aktual-sprachlichen mikrogenetischen Produktion des Selbst über explizite Selbst-Thematisierungen ein *biographisches Selbst* oder – ich benutze den Begriff mit Vorsicht – eine *biographische Identität* entwickelt. Hier werde ich kurz auf das Gedächtnis und Erinnern im Alltag eingehen. Im dritten und letzten Teil will ich über autobiographische Gesamtdarstellungen handeln, wie sie vor allem in Forschungsinterviews oder Settings professioneller Hilfegewährung vorkommen. Wie wird die biographische Strukturierung in narrativ-biographischen Forschungsinterviews sichtbar und wie kann sie in entsprechenden hermeneutischen Analysen rekonstruiert werden. Es sollte dabei die Differenz zwischen Alltagsdialogen und dem Forschungsdialog sichtbar werden. Abschließend einige Bemerkungen über Konsequenzen dieser Überlegungen für professionelle Interventionen, zum Beispiel in der Psychotherapie, der Sozialen Therapie oder der Sozialen Arbeit.

Konstitution des Selbst in der Interaktion

Ich setze noch mal bei meiner Vorbemerkung an. Wie funktioniert das, was wir Intuition bei der Personenwahrnehmung nennen und das uns schon zwischen zwei Augenaufschlägen (Gladwell 2005) nach wenigen Sekunden ein Bild vermittelt, aufgrund dessen wir weitere praktische Entscheidungen treffen? Beschränken wir uns hier nur auf die sprachliche Ebene und lassen das Nonverbale beiseite, das als leiblich-körperliches Ausdrucksgeschehen für die interaktionelle Bedeutungsstiftung kaum überschätzt werden kann (auch wenn es bei der Sprachfixierung der Sozialwissenschaften defacto unterschätzt wird).

Was und vor allem auch *wie* etwas gesagt wird, transportiert Informationen und produziert Eindrücke über den Sprecher. Man kann auch sagen, was gesagt wird, wird vom Hörer auf den Sprecher zugerechnet. Und weiter, was jemand sagt, lässt auch Rückschlüsse darauf zu, wie er die sieht, zu denen er es sagt. Selbstpositionierung enthält Fremdpositionierung, und positioniert zu werden, sagt etwas aus über das Fremdbild des Positionierers.

Nur ein paar Stichproben. *Einer dieser langen Nachtflüge* und *1990 zum ersten Mal in Weimar:* Ich positioniere mich als Fluggast und erscheine Ihnen damit nicht nur neutral, sondern Sie können mich werten, als jemand, der sich wichtig machen will, als eine bestimmte Sorte jetsettiger Wessis einstufen oder an ihren letzten eigenen Flug denken, den Sie in angenehmer Erinnerung haben etc. *Interesse an Buchenwald, und weniger Interesse an Klassik:* Ich erscheine Ihnen als jemand, der sich über sein Interesse am Holocaust oder der NS-Zeit präsentieren will, das ist Ihnen sympathisch oder nicht. Oder im zweiten Anfang: *Lehrauftrag Anfang der 90er in Jena:* Hier sehen Sie vielleicht einen Westprofessor auf Wissenschaftskolonisation oder auf Stellensuche im Osten; *uninteressierte Studenten*: hier steht jemand, der das eigene didaktische Unvermögen auf Studierende schiebt, oder jemand, der genau weiß, wie Medizinstudenten so sind.

Weitere Zurechnungen zunächst auf mich, dann auch auf das Setting – ein Kongress und wie er speziell organisiert wurde – sind möglich. Bei allen Einschätzungen gehen Sie dann von Ihrer Perspektive aus, und je nachdem, wo Sie stehen und was Sie schätzen oder nicht, erleben Sie mich und konstruieren mich als Person. Weiter, jede dieser Äußerungen kann auch daraufhin betrachtet werden, wie ich als Sprecher mir Sie als Publikum vorstelle. Das wird Ihnen vor allem dann auffallen, wenn es Ihnen nicht gefällt. Vielleicht fühlen Sie sich hier als Ossi angesprochen, und es gefällt Ihnen nicht, weil sie hier einen Wessi vermuten, der wie die meisten sowieso wenig über Ossis weiß, vielleicht fühlen Sie sich vereinnahmt oder falsch eingeschätzt. Ich kann Ihnen hier keine Line-by-line-Analyse vorführen, die auch für mich trotz vieler Erfahrung mit den mikroskopischen Instrumenten der linguistischen Hermeneutik immer wieder dadurch verblüfft, dass sie zeigt, wie genau und erwartungskonsistent die sprachlichen Mittel unser Zusammenleben und uns als Akteure formieren. Sich zu positionieren, heißt dabei auch, andere zu positionieren, und jemanden positionieren heißt auch, sich selber auf eine bestimmte Weise zu verstehen zu geben.

Wer spricht, enthüllt sich immer auch selbst, auch wenn er meint, mit jemandem bloß über etwas Drittes, irgendeine Sache zu sprechen. Wer zuhört, hört auch durch die Worte hindurch, sieht den Sprecher, beobachtet ihn. Das umso mehr, je weniger er auf den so genannten Inhalt der Worte achtet. In Abwandlung eines bekannten Spruchs von Watzlawick kann man sagen, es ist unmöglich, zu sprechen und dabei nicht auch sich selber zur Disposition zu stellen. Nur wer schweigt, kann sich bis auf weiteres auf eine Rollenerwartung zurückziehen, und jedes Wort kann den Sprecher entlarven.[1] Das klingt vielleicht harmloser, als es ist, denn wie man

---

1   »Si tacuisses philosophus mansisses« ist nicht nur eine Einsicht der lateinischen Klassik, sondern Alltagswissen.

als Selbst wahrgenommen wird, hat einmal große praktische Folgen für das, was jetzt und in künftiger Interaktion an Kooperation erfolgen kann, zum anderen schlägt es auf den Sprecher selbst zurück. Wie er in der Interaktion erscheint, so wird er behandelt, wie er behandelt wird, so wird er, und wie er geworden ist, so wird er künftig die Welt erleben und in ihr handeln.

Zum Beispiel: Der jugendliche Migrant aus Russland wird als Fremder positioniert und erfährt sich somit in Deutschland als unerwünschter Außenseiter. Am „strukturwahrscheinlichsten" ist dann, dass er sich auch so verhält und früher oder später auch in den Institutionen landet, die für Marginalisierung zuständig sind: Polizei, Strafvollzug, Jugendpsychiatrie, Jugendhilfe, soziale Arbeit. Strukturunwahrscheinliche Transformationen sind möglich, bedürfen aber sowohl auf der Seite des Jugendlichen wie auf der Seite der Interaktanten, ich denke hier vor allem an die Jugendhilfe, besonderer Anstrengungen und professionellen Einsatzes. Damit will ich nicht sagen, dass strukturunwahrscheinliche Entwicklungen nur durch professionelle Institutionen ermöglicht werden, denn Institutionen schreiben auch gerade die Karrieren fort, die sie »heilen» wollen. Auch das Leben selber und die Akteure haben Freiheitsgrade und können in jedem Moment den Konstitutionsprozessen auch eine andere Richtung geben.

Eines der frühen sozialpsychologischen Konzepte von Identität spricht vom Looking-glass Self, dem Spiegel-Selbst. Das Selbst wird konzipiert als Reflexion des Anderen, so wird automatisch auch dessen Position in meinen Augen wichtig, und für die gelingende Kooperation in Interaktion werden gegenseitige antizipierende und aktuelle Wechselwahrnehmungen wichtig. Ich spreche zu Ihnen nicht nur mit einem eigenen Positionierungsinteresse oder positioniere mich ganz praktisch, ohne dies oder das zu beabsichtigen, sondern unterstelle auch, dass Sie im Rahmen des Vortrags einheitlich positioniert sind, nämlich als Publikum und sich entsprechend verhalten, also erst mal versuchen, längere Zeit zuzuhören. Mehr brauchen Sie im Moment nicht zu tun, und so gesehen haben Sie gerade eine leichte Positionierungsaufgabe. Erst danach, wenn es dazu kommt, dass Fragen gestellt werden, sind Sie dran. In wenigen kritischen Bemerkungen können Sie zeigen, dass auch Sie hier hätten stehen können und die Dinge ganz anders oder genau so sehen. Solange sich dies in den per Situationsdefinition »wissenschaftlicher Vortrag« gemeinsam anerkannten Grenzen bewegt, können Ihre Positionierungen akzeptiert werden und wirksam sein. Sollte Ihr Beitrag allerdings so ausfallen, dass Sie mir etwas verkaufen wollen, oder sollten Sie einer übermäßigen unkritischen Verehrung Ausdruck verleihen, könnte das von allen anderen als nicht passend empfunden werden. Ihre Positionierung als kritischer Zuhörer wäre gescheitert, si tacuisses …

Damit wird beim fortgesetzten Nachdenken übers Hinhören noch etwas anderes deutlich. Die Zurechnungen des Gesagten zur Person werden auch daraufhin bewertet, ob und wie sie in die Situation passen. Beim Interagieren und Kommunizieren ist immer ein Adäquanzabgleich mit der Situation im Spiel. Beim wissenschaftlichen Vortrag wird erwartet, dass der Redner was vom Fach versteht und das Publikum kritische Fragen stellt. Erbauung oder Unterhaltung sind möglich, aber höchstens Randerscheinungen. Eine angeregte Partykonversation steht unter Regeln, die Geselligkeit fördern, und sie bringt andere Selbste zum Vorschein als eine Psychotherapiesitzung.

Damit habe ich bereits eine wesentliche Bedingungskomponente einer Interaktion oder Kommunikation formuliert: die Sprecher positionieren sich als sich Selbst, als »Selbste« durch das, was sie sagen und tun, und dabei stellen sie eine Situationsdefinition her, erfüllen eine, die besteht, oder variieren sie. Dieses geschieht bei mindestens zwei Interaktanten in einem Wechselprozess, bei dem immer Tun, also Sprechen, Wahrnehmen, also Hören und Sehen, nacheinander aufeinander abgestimmt werden und stille kognitive Leistungen, also Vorannahmen und Erwartungen laufend im Spiel sind. Die »doppelte Kontingenz«, wie das in der Soziologie formuliert wird (vgl. für das soziale System Interaktion Kieserling 1999, S. 86ff.), die schon durch nur zwei Interaktanten in die Situation eingebracht wird, wird ständig in wechselseitiger Koorientierung abgearbeitet und in Kooperation umgesetzt – zumindest so lange, wie die Interaktion andauert. Dabei wird der mikrogenetisch abgestimmte Prozess durch ein Bündel von Bedingungen gesteuert, die für sich genommen alles andere als zufällig sind. Noch bevor Sprecher A einen Ton gesagt hat, hat er B und die Situation eingeschätzt – und B hat das Gleiche getan. Und dann muss einer anfangen, sonst passiert keine Interaktion, keine Kommunikation, keine Kooperation, und jeder geht seiner Wege. Da so ein Anfang extrem unwahrscheinlich ist, wenn man nicht schon angefangen hat, gibt es eine große Fülle von Gruß- und Anfangsformularen innerhalb einer Kultur und Sprachgemeinschaft, die für bekannte Situationen und institutionelle Settings funktionieren und für die Sprecher wechselseitig festlegen, dass es sich jetzt um Situation A und nicht B oder C dreht, und was dabei möglich ist.

Bis es zur Interaktion – das heißt der direkten Begegnung von mindestens zwei Personen face-to-face – und Kommunikation – das heißt dem Gespräch – kommen kann, sind Anbahnungen, soziale Rahmungen prozessiert worden, die schon eingegrenzte Definitionen der Situation nahe legen oder gar erzwingen. Es gibt so gut wie keine voraussetzungslosen Interaktionsanfänge oder Interaktionen.

Bevor ich auch nur wagen konnte, hier so anzufangen, wie ich angefangen habe, ist dem schon eine Menge rahmender und definierender Kommunikation vorausgegangen, die meine Zulassung als Autor dieses Bandes geregelt hat und einen solchen Anfang nicht unmöglich gemacht hat. Andere Anfänge wurden damit bereits ausgeschlossen. Nämlich, hätte ich Sie gefragt, ob wir uns schon mal irgendwo gesehen haben, hätte ich einen Choral gesungen oder hätte ich längere Zeit geschwiegen, um dann mit einem Traum zu beginnen, wäre ich aufgefallen und hätte die einem Professor zugestandene Narrenfreiheit überzogen. Was für eine Interaktionseröffnung auf einer Party, in einem Gottesdienst oder in einer Psychotherapiesitzung angemessen ist, taugt nicht unbedingt für den wissenschaftlichen Vortrag – es sei denn, man will damit etwas Bestimmtes demonstrieren oder analysieren – das ist dann wieder im Vortrag zugelassen.

Nachdem die Interaktion begonnen hat, gilt es die Vielzahl der sprachlich möglichen Äußerungen so einzugrenzen, dass so etwas wie Kooperation realisiert werden kann und Anschlüsse möglich sind. Kooperation ist hier ganz formal als Koorientierung gefasst,

meint also nicht Konsens oder gar Harmonie, sondern kann auch
Streit und Konflikt bedeuten; wichtig ist in dieser Sichtweise, dass
die Kommunikation innerhalb der Interaktion weitergeht, wozu
dann im Grenzfall auch Schweigen[2] als aktives Handeln eines
Sprechers gehören kann.

Was also reduziert die zu vielen Möglichkeiten, die sogar noch
in einer konkreten Sprache liegen, auf ein anschlussfähiges, hand-
habbares Maß? *Themen* sind ein wesentliches Mittel der Inklusion
und Exklusion möglicher Anschlüsse. Auch die Etablierung und
Positionierung der Selbste schafft Anschlüsse und dient kommunikationstheoretisch betrachtet der Eingrenzung von zu vielen
Möglichkeiten, also der Reduktion von Komplexität. Schließlich
ist die *soziale Definition der Situation* ein hochgradig selektiver
Mechanismus. Damit sind die in der Interaktion und Kommunikation *gleichzeitig* zu erfüllenden drei wichtigsten Aufgaben genannt: die Herstellung und *Positionierung der Selbste*, die Übereinkunft über die zu behandelnden *Themen* und die Anerkennung
und Realisierung einer stimmigen *Situationsdefinition*. Sie spielen
alle zusammen und konstituieren sich gegenseitig. Der Rahmen
bestimmt die Selbste und die Themen und hat scheinbar die höchste Definitionspriorität, aber der Rahmen wird auch nur durch
die aktuell produzierten dazu passenden Selbste und Themen
überhaupt verifiziert, insofern hat die aktuelle Kommunikation
Konstitutionspriorität. Das heißt, dies alles muss gesprächslokal
bewerkstelligt werden, damit die für eine Situationsdefinition vor-
gesehenen Kommunikationen und Kooperationen überhaupt stattfinden können. Daher kann man methodisch auch ohne Kenntnis
des Rahmens strukural-hermeneutisch auf den Kontext zurück
schließen oder grade bei methodischer Ausblendung des Kontext-
wissens besondere Strukturen und Bedingungen des Kontexts her-
ausarbeiten, die man bei allzu selbstverständlicher Einbeziehung
des Kontexts in die Analyse nur zu leicht übersieht.

Dass der Kontext nicht ausreicht, die Handlungen und Kom-

---

2   Der Ausdruck »beredtes Schweigen« formuliert die alltagshermeneutische
    Lesart, dass Schweigen gelegentlich auch als eindeutige Antwort und nicht
    nur als Kommunikationsverweigerung oder Ratlosigkeit verstanden wer-
    den kann.

munikationen zu strukturieren, sieht man auch daran, dass sich jeder Interaktant zwingend auch als origineller Handelnder und Sprecher ausweisen muss. Am besten dadurch, dass der die Begrenzungen des Rahmens thematisch macht. Er muss also ein Selbst an den Tag legen, das nicht in der Situation aufgeht. Die Arbeiten von Goffman zur Rollendistanz haben dies bleibend belegt (vgl. Goffman 1971). Eine reine Rollenperformanz, falls es das wegen des nie ausreichend vollständigen Rollenskripts überhaupt geben kann, wirkt im Gespräch steril, quasi »ent-aktorisiert«. Wer spricht, muss zeigen, dass er selber spricht und damit auch, wer er ist. Schon das Verlesen eines vorher selbst formulierten Textes kann in dem Sinne problematisch wirken, dass man den Sprecher als Autor selber vermisst und schnell abschaltet.

Nicht die Rolle kann sprechen, sondern nur die konkret vor mir stehende Person, der ich als Hörer ein Ich und ein Selbst zurechnen muss, das mit *mir* als Ich und Selbst in Kommunikation steht. Das trifft auch für professionelle Interaktionssettings zu, in denen per definitionem scheinbar die Rolle des Professionellen die aktive, Hilfe gewährende und die des Klienten die passive, Hilfe suchende ist. Betrachtet man sich solche Interaktionen Redezug für Redezug genauer, sind beide Aktanten und Sprecher höchst aktiv und konstituieren durch ihr Sprechen sowohl die jeweilige Rolle, wie sie auch mehr oder weniger Distanz dazu signalisieren.

Bei Gesprächen unter Anwesenden werden wechselseitig Selbste konstruiert, indem sie unterstellt, präsentiert, verifiziert oder falsifiziert werden. Im Gespräch werden Selbste mikrogenetisch hergestellt. Das gilt prinzipiell für jedes Gespräch über *irgendetwas* und nicht nur für Gespräche, in denen man explizit über sich selbst handelt. Auch wenn die Themen einer Interaktion nicht direkt das Selbst betreffen, wird auch über solche Themen Selbst mittransportiert und konstituiert. Wir rechnen in der Regel Äußerungen zuallererst dem Sprecher zu – nicht seiner Kultur, Nation, Religion, Profession oder seinem Geschlecht – obwohl man dies auch könnte und obwohl diese bei genauerem Hinsehen eine größere Strukturierungsleistung erbringen als das Individuum.

Ein Beispiel: Drei Jungen im Alter von 16, 17 Jahren sitzen zusammen und planen locker eine gemeinsame Paddeltour. Wo fährt man hin, was nimmt man mit. Eine angeregte Diskussion über ein klares Thema. Wenn man dieses Gespräch genau analysiert – was wir mit einer Seminargruppe ein Semester lang gemacht haben –, stellt man fest, dass jeder in der Runde mit jeder Äußerung und jedem Gesprächszug sich selber positioniert und positioniert wird, Koalitionen werden ausgesprochen und widerrufen, zum Schluss sind alle »so ins Bild gesetzt«, dass sie voneinander wissen, wen sie innerhalb dieser Gruppenkonstellation vor sich haben und wer sie selber sind. Und wenn ich Ihnen die Passagen über die Frage vorlegen würde, ob man lieber Bier oder Whiskey mitnimmt, dann würden Sie auch erkennen, wie sehr Alkoholgenuss, entsprechende Erfahrungen auf Partys und vor allem der kenntnisreiche konversationelle Austausch darüber in unserer Kultur männliche Selbste konstituieren und sie somit einklinken in kulturelle Stereotypen und Rollenbilder von Männlichkeit, die in der Adoleszenz vermittelt und aktualisiert werden.

Stabilisierung des biographischen Selbst durch Selbst-Thematisierung in Alltagsdialogen

Die Zwischenbilanz der bisherigen Argumentation lautet, wenn man miteinander spricht, konstituiert man wechselseitig seine Selbste. Das Selbst kommt nicht von innen, es ist kein internal erzeugtes Etwas, sondern es entsteht in Interaktionen, in denen es qua Positionierungen konstruiert wird und deren Anmutungen wir in der Beobachtung der anderen und von uns selbst in uns aufnehmen und im Laufe der Zeit daraus und in neuen Interaktionen das machen, wer wir selbst sind. Dieses Konzept des Selbst beschreibt also keine primär innerpsychische oder kognitive Einheit, sondern macht sich fest an wahrnehmbaren und beobachtbaren kommunikativen Prozessen, bei denen Sprecher als Selbste positioniert werden, indem entsprechende Zurechnungen aus der Kommunikation erfolgen. In diesem Sinne ist das Selbst dialogisch konstruiert, immer ein dialogisches Selbst.[3]

---

3   Die unter dem Titel »dialogical self« seit gut einem Jahrzehnt laufende Dis-

Da diese Gespräche nicht im luftleeren Raum, sondern in der Gesellschaft und in konkret definierbaren und definierten Situationen stattfinden, unterliegt die Selbstkonstitution sozialen, kulturellen, institutionellen spezifischen Rahmenvorgaben.

Damit haben wir noch nicht erklärt, wie sich über einen jahrelangen Prozess ein stabiles Selbst- und Fremdbild bei Interaktanten aufbaut. Denn wenn es das nicht gäbe, wären die Wahrnehmung des anderen und auch die Selbstwahrnehmung flüchtig und immer überraschend anders bzw. vollkommen situationsabhängig. Stabilität wäre dann vollständig und ausschließlich Ergebnis kontinuierlich fortbestehender oder sich gleich reproduzierender sozialer Situationen. Der Alltagsverstand unterstellt hier, dass die Personen mehr oder weniger dieselben bleiben, während Situationen als wechselhaft wahrgenommen werden. Es wird angenommen, dass Interaktanten mehr oder weniger stabile Selbste haben, die sie gerade in Einzelinteraktionen manifestieren und auch zur Lösung situativ entstandener Fragen einbringen. Doch wo »residieren« diese Selbste, wenn sie nicht in der Interaktion kontinuieren können, weil diese ja situativ limitiert ist? – doch offenbar im Aktor selbst.

Diese Annahme eines realen Aktors, eines Subjekts, das Ich von sich sagt, etwas, was man vermutlich auch in den meisten psychologischen und therapeutischen Ansätzen macht, ist haltbar, wenn Menschen zwei operationale Fertigkeiten unterstellt werden können: dass die Sprecher in der Lage sind, etwas, was sie erleben, irgendwie zu »behalten« und dass sie in der Lage sind, bei Bedarf, in entsprechenden Situationen darauf zuzugreifen, sich daran aktoriell orientieren und dies auch verbalisieren können. Mit anderen Worten, wir können Selbste nur hinreichend erklären, wenn wir uns über das *Gedächtnis, über Erinnern und über das Erzählen* als eine prominente Form der Erinnerungsmitteilung und Erinnerungsvalidierung erklären.

kussion krankt meines Erachtens genau daran, dass hier zu sehr über innerpsychische Prozesse gehandelt wird und Dialog oft nur eine Metapher für die kognitive Verständigung des Subjekts mit sich selbst zu sein scheint. Die identitätsstiftende konstitutive Funktion realer Dialoge und Gespräche wird dabei m. E. sowohl theoretisch wie vor allem empirisch vernachlässigt, vgl. Hermans und Dimaggio 2004; Hermans et al. 1992.

Dies ist ein außerordentlich komplexes Programm, und die entsprechenden Forschungen sind nur wenige Jahrzehnte alt. Das heißt, obwohl es sich hier um zentrale Funktionen menschlicher Sozialität handelt, stehen wir bei der wissenschaftlichen Erforschung noch in den Anfängen. Zwar fehlt es nicht an einer Fülle von Einzelerkenntnissen aus unterschiedlichen Disziplinen, jedoch die Integration in größere theoretische Zusammenhänge steht meines Erachtens aus.

So kann ich zum Beispiel selbstkritisch für die soziologische Biographieforschung sagen, dass sie in ihren Erhebungstechniken und Konzepten wie selbstverständlich davon ausgeht, dass biographische Strukturierung durch Erinnern und die konstruktive Vergegenwärtigung von Erlebtem und Zukunftsvorstellungen erfolgt, wie dies jedoch genau funktioniert und wie das Zusammenspiel von Erinnern und Gedächtnis zu denken ist und wie das Ganze in alltäglichen Interaktionen, nicht nur im Forschungsinterview, versprachlicht wird, darüber wird explizit kaum gearbeitet. Umgekehrt leiden psychologische Gedächtnisforschungen an ihrem experimentellen Bias, der kaum Aussagen zulässt über die Person integrierenden Erinnerungs- und Gedächtnisleistungen im konkreten alltäglichen Vollzug. Mit anderen Worten, man weiß eine Menge über Gedächtnisfunktionen unter allgemeinen experimentellen Bedingungen, weiß aber viel weniger, wie das Erinnern und darüber Sprechen in Anforderungs- und Bewährungssituationen des Alltags funktioniert.

Ein interessanter Anstoß für die jüngere Gedächtnisforschung kam aus der Rechtssphäre, wo Probleme auftauchten, als Erinnerungen an traumatische Erlebnisse von Opfern und Zeugen sexueller Übergriffe, die strafrechtliche Folgen implizierten, Überprüfungen nicht standhielten. Mehr noch, es stellt sich in manchen Fällen heraus, dass offenbar aktiv vom Erinnern anders konstruierte Szenen hervorgebracht wurden, die einerseits den Opfern mit kaum bezweifelbarer Evidenz als wahr vorkamen, die jedoch nachweisbar als gemeinsame Konstruktionen im Zuge von polizeilichen Befragungen zuerst produziert wurden (vgl. Bjorklund 2000; Hyman et al. 1995; Loftus u. Ketcham 1994). Auch in den Geschichtswissenschaften oder der Psychoanalyse ist das Erinne-

rungsproblem als Konstruktionsproblem lange bekannt und zugespitzt gesagt dadurch behandelt worden, dass man ihm ausweicht.
Im ersten Fall dadurch, dass man sich auch dort, wo es möglich
wäre, doch lieber auf Dokumente als auf orale Zeugnisse stützt
bzw. die Oral History sich besonderer Anfragen nach valider Da-
tenbasis und geeigneter Methodologie aus der eigenen Zunft ausgesetzt sieht (vgl. Wierling in diesem Band). Die Psychoanalyse
hat bei der Frage, ob ein berichtetes Ereignis tatsächlich erlebt oder
»nur« phantasiert ist, die Phantasie als das Wichtige und für den
Analysanden Reale behandelt, ohne dann über das tatsächliche
Vorgefallensein entscheiden zu müssen. Offenbar tut man sich zumindest in der Forschung schwer, davon auszugehen, dass Erinnern und darüber sprechen weder eine reine Konstruktion im Sinne
der Unwahrheit oder einer Gedächtnislücke, noch ein Report im
Sinne eines mechanischen Abspielens damaliger Ereignisse ist. Erinnern hat einen aktuellen Bezug, entsteht im Jetzt und will orientieren. Diese Operation hat also von vorneherein einen ganz praktischen orientierenden Zweck, der im Zusammenhang der jeweiligen Anforderungen der Situation steht. Die nun ihrerseits
keineswegs immer klar und niemals ohne interpretative Leistungen
der Beteiligten ist.

Das Gedächtnis ist offenbar kein Behälter, in dem man vergangene Ereignisse oder Erlebnisse verwahrt, um sie dann bei pas-
sender Gelegenheit wieder hervorzuholen. Was unser Gedächtnis
angeht, sind wir primär nicht einfach Sammler oder »Internalisie-
rer«. Schon die alltagsweltlich jedem bekannte Tatsache, dass mir
das Gedächtnis nicht einfach jederzeit zur Verfügung steht, ich
mich vielmehr an Dinge erinnere, die ich lieber vergessen möchte
und etwas nicht hervorholen kann, was ich dringend jetzt brauche,
zeigt, dass hier Konstruktionsverhältnisse herrschen, deren akti-
vierende und inhibierende Momente nicht einfach zu durchschau-
en sind.

Wenn man das in Rechnung stellt, ist einerseits auch mein Gedächtnis über mich selbst oder andererseits das Gedächtnis, das
meine Familie und meine Interaktionspartner von mir haben (und
hier könnte man weiter ausdehnen auf das Gedächtnis meiner Kultur und Gesellschaft), sind die Ablagerungen aller meiner Selbste,

die ich je in Interaktionen erfahren habe, nicht einfach Sediment, das mir gesteinsgleich einen festen Halt gäbe und die Frage nach meiner Identität »for all practical purposes« verlässlich beantworte. Schon die Frage, von welcher Erlebnisqualität die Erinnerungsmaterialien sind, ob sie selbst erlebt, aus familialen Traditionen übernommen, von kulturellen, religiösen oder massenmedial präsenten Narrationen und Produkten gespeist und zusammengebaut sind, lässt sich nicht so einfach beantworten.[4]

So wird der scheinbar klare Gedächtnisbegriff zunehmend unübersichtlicher, kaum glaubt man, etwas begrifflich eingegrenzt und vereinfacht zu haben, ergeben sich neue Aspekte, und nach und nach wird jede Frage der Kontinuierung und Struktur hydraesk mit dem Term Gedächtnis belegt.

Sozialwissenschaftlich und alltagssoziologisch sind Konzepte zu bevorzugen, die sich empirisch bewähren. Ich plädiere für ein Modell, bei dem die wissenschaftliche Rekonstruktionsleistung konsequent an der so genannten Außenseite des Gedächtnisses bleibt, sich an den *kommunikativen* Phänomenen abarbeitet und die sogenannte Innenseite, also Kognitionen oder die internalen Vorgängen des Bewusstseins oder der Psyche einschließlich der Emotionen in ihrer Opazität anerkannt werden. Leitfrage ist die Strukturierungsleistung des nur indirekt in der Kommunikation zugänglichen Gedächtnisses in der jeweils aktuellen sozialen Koorientierung. Mit anderen Worten, das Innere des Gedächtnisses als Binnenstruktur der psychischen Systeme ist prinzipiell unzugänglich, nur was die beobachtbaren und wahrnehmbaren Interaktionen und Kommunikationen erreicht, kann alltagsweltlich und wissenschaftlich Berücksichtigung finden. Die Grenze der Zugänglichkeit ist die Grenze der Kommunikation selbst, denn nur was kommuniziert wird, kann wahrgenommen und beobachtet werden. Aus-

---

4   Vgl. etwa auch den jüngeren Ansatz bei (Welzer 2005). Er verbindet neuere neuronale Forschungen zum Gedächtnis mit Gesprächs- und Textanalysen und zeigt, wie gerade die Produktion inkonsistenter Narrationen in Familien bestimmte aktuelle, z. B. legitimatorische Bedürfnisse erfüllt. Er lotet dabei auch die Möglichkeiten aus, dass Erinnerungsmaterial nicht aus von den Interaktanten selbst erlebten Ereignissen, sondern aus Kulturerzeugnissen wie Filmen stammt (S. 172ff.; 185ff.).

sagen über Gedächtnisinhalte und Kognitionen stehen generell unter diesem Vorbehalt und sind im strengen Sinne immer hypothetisch, denn nur was die Kommunikation bietet, kann auf Gedächtnisse und Selbste zurückgerechnet werden. Hier gibt es erheblichen Forschungsbedarf, was die mikrogenetischen Konstitutionsprozesse von Gedächtnis und Selbst angeht. Die direkte Thematisierung autobiographischer Erinnerungen bringt nicht nur einen Erinnerungsinhalt, sondern ein erfahrungsgesättigtes Teilbild meiner Selbst, das mir in der interaktiven Präsentation gar nicht in allen seinen Interpretationsmöglichkeiten verfügbar ist. Was im dialogischen Prozess des Hörens und gemeinsamen Weitersprechens daraus gemacht wird, auf welche Lesarten man sich sozusagen einigt, ist nicht vollkommen voraussagbar und bildet dann neu die so oder so verstandenen Selbste und Kooperationsmöglichkeiten. Da es sich wirklich um einen kommunikativen Konstitutionsprozess handelt, sind Differenzen in der Selbst-Beschreibung und Wahrnehmung durch die anderen Interaktanten prinzipiell normal, müssen jedoch handlungspraktisch so weit konsensuiert werden, dass es zu Kooperation und gelingender Koorientierung kommen kann. Was immer im Gedächtnis »drin« sein mag, es wird erst im aktuellen Erleben, Handeln und Sprechen relevant, vergegenwärtigt und strukturbildend. Die Vergegenwärtigung kann nicht einfach eine farbgetreue Projektion des Films der Vergangenheit auf die Fläche der Gegenwart sein. Vielmehr ist Erinnerung immer auch und notwendig Neuschöpfung in Anbetracht der jetzt gegebenen Erwartungen und Bedingungen. Dieses Konzept gemeinsamer kommunikativer Strukturierung erstreckt sich sowohl auf alltägliche Kommunikationen wie solche in professionellen Settings, also etwa der Psychotherapie oder anderen Beratungssituationen, bei denen Experten mit Klienten interagieren. Die Arbeit am Gedächtnis ist gerade im professionellen Kontext pointiert auf alternative Rekonstruktionen ausgelegt, die ein anderes Erinnern und neue mentale und handlungspraktische Orientierungen erlauben sollen.

Mit einem solchen Strukturbegriff, der nur als Prozess der Strukturierung wirkt und greift, sind *zugleich Grenzen und Möglichkeiten* gegeben. Noch einmal auf das Generalthema dieses

Kongresses blickend: eine Grenze ist immer beides, Limitation und Eröffnung weiterer Möglichkeiten. Die *Limitation* sieht man sofort ein, Grenzen schließen aus. Die Eröffnung weiterer *Möglichkeiten* ergibt sich in zweierlei Hinsicht. Grenze – oder Struktur – erlaubt weitere Differenzierungen auf dieser Seite der Unterscheidung von hier und dort, da sozusagen viele externe Irritationen ausgeschlossen sind und damit die internen Differenzierungen umso besser entwickelt werden können. Aber jede Grenze und Unterscheidung setzt auch noch ein weiteres, nämlich das klare Wissen, dass etwas auch anders sein kann als »hier«, eine möglicherweise alternative Welt »dort« jenseits der Grenze existiert. Dieses Wissen kann in Dogmatismus, aber auch tentative Liberalität führen. Das, was jenseits der Grenze liegt, kann von hier aus als barbarisch, furchtbar und chaotisch vernichtend gesehen werden, aber auch als verlockend, vielfältig und Optionen erweiternd. Ohne die Grenze zu überqueren, kann der Blick nach drüben Veränderungspotentiale aktivieren und Möglichkeiten erweitern. Erwartungen und Hoffnungen, welche die Grenze des Jetzt transzendieren, sind mächtige Agenzien; das vorgestellte Paradies kann helfen, das Jetzt zu verändern und zu bereichern.

Was heißt das für die biographische Erinnerung und den biographischen Dialog? Ich spreche zunächst über Erinnern und seine Mitteilung im Alltag, dann über biographische Forschung als Spezialfall. Bislang habe ich nur davon gesprochen, dass unser Selbst in *jeder* Interaktion zur Disposition steht, jetzt spreche ich von Interaktionen, bei denen es direkt thematisch um das Selbst eines oder mehrer an der Interaktion beteiligter Sprecher geht.

Wir erzählen uns im Alltag wechselseitig Geschichten aus unserem Leben und manchmal unsere »ganze« Lebensgeschichte, weil wir so gemeinsam Sinn schaffen, unsere Selbste stabilisieren und uns so – oder vielleicht sogar nur so – eine gemeinsam geteilte Welt schaffen können. Dass es offenbar notwendig ist, diese Konstruktionsleistung zu vollbringen, hängt offenbar damit zusammen, dass wir sehr vieles verschieden erleben und im Zuge einer vielfältig sich realisierenden Individualisierung immer stärker explizite sozial integrierende Konstruktionen brauchen. Dabei geht es meist um spezifische Kooperationszusammenhänge:

Freundschaft, Partnerschaft, Familie, berufliche Zusammenhänge und auch jeweils das Ausfüllen von mehr oder weniger vorstrukturierten Rollen. Von großer Bedeutung sind in modernen Gesellschaften die jeweiligen funktionalen Leistungserwartungen, bei denen wir auch, sei es als Professionelle oder als Leistungsnehmer, immer wieder mit biographischen Versatzstücken aufzuwarten haben, damit wir z. B. helfen können oder damit uns geholfen wird.

Im Unterschied zu den mikrogenetischen Bildern des Selbst, die in *jeder* Interaktion auftreten und die erkennbar keine lebens-, familien- oder sozialgeschichtliche Tiefenschärfe erkennen lassen, vermittelt das direkte Sprechen über sich und die eigenen Erfahrungen – meist in Form von Narrationen – jeweils ein Bild des Selbst, das nur mit seiner Geschichte, mit der Darstellung seines genetischen Prozesses wirklich nachvollziehbar und inhaltlich gefüllt erscheint. Was für eine Art Mann ich bin, wird für die Frau, die das interessiert, besser verstehbar, wenn ich dazu passende Erfahrungen erzähle, als wenn ich nur sage, ich stehe dem Feminismus positiv gegenüber. Was für ein gesundheitliches Problem ich habe, kann ich dem Arzt besser vermitteln, wenn ich ihm etwas aus meinem Leben erzähle, als wenn ich nur sage, seit einiger Zeit habe ich morgens Angstgefühle und kann nicht einschlafen, weil meine lebhaften Gedanken mich davon abhalten. Von klein auf sind wir mithilfe unserer frühesten Gesprächspartner, vor allem der Eltern, darauf trainiert worden, allmählich Experten im Produzieren von Geschichten über uns selbst zu werden, die wir im Verlaufe des Lebens in verschiedenen Zusammenhängen anbringen und die aber auch in verschiedenen Zusammenhängen direkt von uns abgefordert werden. Was uns dabei einfällt und wir mitteilen, ist abhängig von der Anfrage und davon, wie wir die Situation als Sprecher und Hörer gemeinsam im Prozess der Verständigung definieren. Diese Selektionsprozesse finden meist automatisch statt, sie entziehen sich wie viele sprachbasierte Prozesse einer intentionalen Steuerung, sondern benutzen einfach, »was in den Sinn kommt« und was kommunikativ anschlussfähig ist. Die Selektionsleistung kann dabei theoretisch als operative Wirkung von biographischen Strukturen angenommen werden, die eben selber in solchen Prozessen entstanden sind. Sie führt vor allem zu Reproduktionen mit zum Teil hochvariablem Erinnerungsmaterial und bringt dabei nicht nur die Spezifik eines erlebten Ereignisses zum Vorschein, sondern die Struktur des Erlebens und seiner fortdauernden Konsistenz selber. Soweit kann man von einer Begrenzung des Selbst in seiner biographischen Gewordenheit sprechen, die sich situativ und narrativ stabilisiert.

Gleichzeitig, und das ist prinzipiell nicht anders denkbar, ist eben dieses wechselseitige narrative Prozessieren von Selbstbildern immer auch eine Entgrenzung, also Destrukturierung. Indem man sich in Antizipation des Gegenübers – das manifestiert sich linguistisch als »recipient design« – selbst einbringt als jemand, der eine Erinnerung an sein Erleben mitteilt, diese als wesentlich für eine Einschätzung seiner Person darstellt und im Kontext des Gesprächs bearbeitbar macht, entsteht auch Transformation von Strukturen, kann etwas Neues entstehen.

Ob sich hier dann Nachhaltigkeit einstellt, ist die nächste Frage, denn eine Struktur-Variation wird man erst dann als dauerhafte Transformation bezeichnen können, wenn sie nicht nur einmal auftritt, sondern erkannt und in der Folge wiederholbar stabilisiert wird. Auch hier geht es nicht um einsame internale kognitive Prozesse, sondern um eine in Gesprächen realisierte Abfolge von Variation, Selektion und Restabilisierung.[5] Zugespitzt gesagt, nicht das Selbst alleine entscheidet darüber, wer es ist, sondern der Kommunikationsprozess, bei dem das Selbst nur eine Stimme hat.

»Reminiscing or talking about the past with others, is a critical part of our autobiographical memories. Autobiographical memories are private and uniquely our own, but they are simultaneously public property because they usually involve other people. A primary function of reminiscing is social« (Hyman u. Faries 1992). »We talk with others about our past to highlight events that were meaningful to those involved, as well as to illustrate our own personality characteristics. Thus, reminiscing is inherently social as well as a means of self-presentation« (Reese u. Farrant 2003, S. 29).

---

5 Formal finden sich hier also die allgemeinen Strukturen evolutionärer Prozesse.

So weit, so gut – was geschieht mit nicht erzählbaren oder vielleicht nicht erinnerbaren Erfahrungen?

»Through reminiscing about our past with others we come to reconstruct and redefine both our experiences and ourselves. But what of experiences that we do not talk about. How do we integrate experiences of which we cannot speak? and What do these experiences mean for our evolving self-concept« (Fivush 2004, S. 75).

Zunächst, warum überhaupt können bestimmte Erfahrungen nicht versprachlicht werden? Voicing und Silence hängen mit sozial erwünschten Themen innerhalb einer Kultur – oder auch eines situativ so oder so bestimmten Settings zusammen. Es gibt je nach Situation und nach Kultur erwünschte und unerwünschte Themen oder Erzählungen. Entsprechend gibt es erwünschte und unerwünschte Biographien.

Die erwünschten Biographien und Geschichten sind nicht selten eng mit Macht und Moral verbunden, und wenn Machtverhältnisse oder Legitimationen von Macht sich aufgrund von sozialem und politischem Wandel ändern oder wenn sich langfristig moralische Vorstellungen ändern, ändern sich auch die erzählbaren Geschichten. Bislang passende, immer wieder wechselseitig produzierte Geschichten kriegen eine andere Bedeutung oder werden unerzählbar. Das gilt nicht nur für die öffentlichen Geschichten, die in Medien und offiziellem Lehrmaterial einer Nation, etwa den Schulbüchern, erzählt werden, sondern auch für die alltäglich untereinander ausgetauschten Geschichten über uns selbst. Zur Sprache kommen lassen und zum Schweigen bringen sind zwei Seiten einer Medaille.

Unser Land ist seit 1989 voll von nicht mehr erzählbaren Geschichten – aber auch solchen, die seither zum ersten Mal erzählt werden konnten. 1945 stellt eine vergleichbare Zäsur dar (Fischer-Rosenthal 1995c). Was möglich ist, und was nicht oder nicht mehr möglich ist, bestimmt nicht nur der Erzähler, sondern die Zuhörer. Daraus entsteht für die Selbstkonstitution dann ein Problem, wenn etwas erlebt wird oder wurde, das nicht mitgeteilt werden kann. Forschungen über die Erinnerung und Versprachlichung von Traumatisierungen haben gezeigt, dass bei solchen traumatischen Erlebnissen, die mit Dissoziation und Verdrängung bearbeitet wurden, selbst für eine später auftauchende Erinnerung sowohl die Darstellung der Erlebnisse wie vor allem auch die Präsentation eines integrierten Selbst deutlich inkohärenter ausfallen. Wenn es dagegen gelang, die schwierigen Erlebnisse unmittelbar aufzunehmen und zu behalten, kann auch im späteren Leben kohärenter darüber gesprochen werden, und die Selbstdarstellung fällt trotz Thematisierung der Probleme, die mit dem Ereignis verbunden sind, insgesamt kohärent aus. Es scheint so zu sein, dass hier das Alter eines Kindes eine wichtige Variable ist, bei traumatischen Erfahrungen bis zu fünf Jahren ist es wohl wahrscheinlicher, dass das Coping in dissoziativen Verfahren besteht, danach – offenbar ist dann insgesamt das Selbst gestärkter – können auch schwere unangenehme Erfahrungen besser integriert, also erinnert und wiedergegeben werden (Fivush 2004). Ontogenetisch erfolgt der Übergang vom persönlichen Erinnern zum biographischen Erinnern früh und offenbar schrittweise mit dem Erlernen von Erzählkompetenzen unter Anleitung der Eltern: »Narration of personal experience provides critical information about what children can expect to experience over the course of a lifetime. Such activity builds understandings of what it means to be a person and a member of a community; that is, a history of being in the world« (Ochs u. Capps 2001, S. 111). Bei diesem mikrogenetischen Prozess des Aufbaus biographischer Strukturierung werden mit den Milieu- und Gesellschaftsfaktoren erwünschte, aber auch sozial problematische Strukturen erzeugt. Der kulturelle und sozialgeschichtliche Rahmen setzt Möglichkeiten und Grenzen der Selbstkonstitution und ihrer Aggregation in biographischen Strukturen und biographischer Strukturierung. Makrosoziologisch gesehen fördern moderne westliche Kulturen Normalbiographien, bei denen die autobiographischen Darstellungen das Selbst als aktiv Handelnden in den Vordergrund bringen, der Erzähler hat sich als jemanden darzustellen, der individuelle Wahlen und Entscheidungen trifft. Der westliche Erzähler ist außerdem darauf trainiert, mehr auf Kindheitserinnerungen einzugehen und diese früher anzusetzen. Asiatische Kulturen konstruieren Biographien, bei denen das Individuum in Bezug auf Gruppenleben und Gemeinschaftswerte dargestellt und wohl dann auch so erlebt wird.

Die entwicklungspsychologische Erzählforschung hat im Kultur-vergleich festgestellt, dass westliche Eltern sehr früh mit Kindern in einer Weise sprechen, die ihre Erinnerungen als individuelle Ak-teure fördert, während in asiatischen Kulturen Eltern mehr die Rolle des Kindes innerhalb der Gruppe und die Verletzung moralischer Normen behandeln.

Generell wird im Sozialisationsprozess vermittelt, dass bei der Darstellung bestimmter Erfahrungen oder deren Dimensionen die-ses in den Vordergrund und jenes in den Hintergrund gehört. Damit wird nicht nur der Darstellungsstil, sondern auch der Erfahrungs-stil selber geprägt (vgl. Fivush 2004, S. 76ff.). Dabei werden kul-turelle und geschlechtsspezifische Muster übermittelt und stabili-siert. Die Forschungen von Robyn Fivush haben herausgearbeitet, dass US-amerikanische Eltern mit Mädchen im Vorschulalter an-ders sprechen als mit Jungen. Mit Mädchen wird häufiger und dif-ferenzierter über Gefühle und Beziehungen gesprochen als mit Jungen. Mit Jungen wird stärker über Autonomie und Problemlö-sungen durch aktives Handeln gesprochen. Dies geschieht, noch bevor Kinder in der Lage sind, ihre autobiographischen Erinne-rungen narrativ zusammenfassend darzustellen, und bewirkt schon früh die Formation von geschlechtsspezifischen Erzähl- und Wahr-nehmungsstilen.

Ohne hier zu stark zu vereinfachen, kann festgehalten werden: »... that females have an emotional self-concept in which emotio-nal experience and expression is highly valued and easily shared, whereas males have an emotional self-concept in which emotions are internal, autonomous, and not as easily expressed. Thus it is not a matter of ability but of style. Still these differences in style have implications for the ways that males and females may feel more or less comfortable in presenting themselves and sharing their lives with others« (Fivush 2004, S. 81).[6]

Katherine Nelson hat sich ebenfalls ausführlich mit den onto-genetischen Prozessen der Selbstkonstitution befasst. Sie unter-scheidet das »narrative« self« vom »cultural self« (Nelson 2003).

---

6 Dies wirkt zugegeben schematisch, hier besteht für den eigenen Kulturkreis dringender Forschungsbedarf.

Nach ihr muss das narrative Selbst zweierlei leisten:

– die Unterscheidung der Selbsterfahrung (self experience) von
  der Erfahrung anderer, damit die Unterscheidung der eigenen
  Vergangenheit und Zukunft von der anderer
– die Unterscheidung der eigenen Wissenszustände, Gedanken
  und Erinnerungen von denen anderer

Die kognitiven Kompetenzen, die hier unterstellt sind, werden offenbar im Alter zwischen zwei und fünf Jahren entwickelt und bleiben in der Folge aktiv.

Im Austausch von Erzählungen über Erlebnisse zwischen Kindern und Eltern gibt es immer eine »dritte Stimme«, die Stimme
der Kultur, des sozialen Milieus:

»Without the cultural frame of place, time, and social structure,
the self-history lacks context« (Nelson 2003, S. 21). Die Werte der
Kultur werden durch gegenseitiges Erzählen – von fiction und
non-fiction – vermittelt. Rollenmodelle, Gender-Modelle und andere kulturelle Werte und Moralvorstellungen sind eingebaut.

»Just as the child's talk about past and future is supported and
scaffolded by the parent, so too the parent has been and continues
to be supported, scaffolded, and shaped by experience in the sur-
rounding culture. Autobiographical memory emerges from this
mix; in the end, it is highly personal and idiosyncratic but never
escapes its social and cultural boundaries. The best the individual
can do is to challenge the boundaries and the myths that define
them« (Nelson 2003, S. 23f.).

Im alltäglichen Sprechen findet also die Konstruktion des Selbst
und der autobiographischen Lebensgeschichte statt. Sprache spielt
dabei die entscheidende Rolle. Durch die Sprache sind wir in der
Lage, unsere vergangenen Erfahrungen mit anderen zu teilen, und
in diesem Prozess erfahren wir über Rückkopplungen, welche Erfahrungen erwünscht sind, wie sie in die Kultur, in der wir leben,
passen. Vordergrund und Hintergrund von Erfahrungen werden
kulturell ausgewählt. Das findet alles schon in den ersten Lebens-
jahren statt. Eltern und primäre Bezugspersonen spielen eine entscheidende Rolle im Eintrainieren der Fähigkeit, Geschichten zu
erzählen und Erlebnisse angemessen wiederzugeben. Sie geben

starke Hilfestellungen beim Erzählen, stellen das sprachliche Gerüst zur Verfügung und übermitteln damit auch kulturelle Inhalte und Akzente. Bis wir in die Schule kommen, sind die entsprechenden Erzählkompetenzen in ihren kulturellen Tönungen ausgebaut. Durch die Sprache im Vollzug – und das ist ein weiterer Grund, warum sie entscheidend ist – erhalten unsere Erinnerungen eine kanonische Form. Das Erzählen und Wiedererzählen macht Geschichten aus den Erinnerungen, und indem sie immer wieder neu erzählt, neu interpretiert werden, werden sie zu Geschichten über uns.

Dieser Prozess dauert lebenslang. Es spricht jedoch einiges dafür, dass sich bis zur Adoleszenz, vor allem auch durch die Erfahrungen in dieser Lebensphase, eine Gestalt und operationale biographische Struktur aufgebaut hat, die im darauf folgenden Leben nicht groß variiert wird. Eine konsistente biographische Strukturierung setzt sich nach dem frühen Erwachsenenalter ähnlich fort und bestimmt Erfahrungs- und Handlungsstile, macht auf Dauer unser Selbst aus (vgl. Verknüpfung von Positionierungsanalyse und gesprächsbasierter Biographieanalyse, Goblirsch 2005).

Die experimentelle psychologische Forschung hat bei Probanden über dreißig für die Lebensspanne zwischen Mitte zwanzig bis Mitte dreißig auffällig viele Erinnerungen festgestellt, sie spricht vom »memory bump« (Rubin et al. 1986). Einige Forscher – wie zum Beispiel Dan McAdams – sprechen dann – und erst jetzt – von Identität und grenzen dieses neue Stadium scharf vom Begriff des Selbst ab. »The *self* is many things, but *identity* is a life story ... identity takes the form of a story, complete with setting, scenes, characters, plot, and themes« (McAdams 2003, S. 187). Hier steht das stark durch Freud geprägte Identitätskonzept von E. H. Erikson Pate und wird derzeit von ihm weiter in empirischen Untersuchungen ausgearbeitet. Die synchrone und diachrone Integration von Rollen-Widersprüchen wird hier als Hauptinhalt und Leistung der Identität gesehen, sie drückt eine eigene Einheit und eine Zwecksetzung aus.

»Young children have selves; they know who they are, and they can tell you. But they do not have identities, in Erikson's sense, in that they are not confronted with the problem of arranging the me into a unified and purposeful whole that specifies a meaningful niche in the emerging adult world. Selves begin to take identity shape in late adolescence and young adulthood« (McAdams 2003, S. 189).

Ich lasse dahingestellt, ob dieses Gesamtkonzept trägt, die Untersuchungen von Nelson und anderen zeigen, dass bereits in der Kindheit biographische Erinnerungen und biographische Narrationen eingeübt werden, somit würde ich mit Nelson das biographische Selbst früher ansetzen und eher auf das begriffsgeschichtlich ohnehin stark belastete Identitätskonzept verzichten (vgl. Fischer-Rosenthal 1995b, 1999). McAdams bleibt meines Erachtens zu stark einem Internalisierungskonzept verhaftet, und Identität ist zu sehr als Container gedacht, in dem zudem eindeutige Lebensziele den Biographen steuern sollen. Das erscheint mir zwar als normatives oder pädagogisches Konzept nachvollziehbar, jedoch kaum mit empirischen Beobachtungen zu konvergieren. Biographische Strukturierung findet auch statt, ohne dass der Biograph in der Lage sein muss, Ziele zu formulieren, oder Ziele können formuliert sein, die faktische Strukturierung jedoch anderen Regeln folgen, die nur in hermeneutischen Analysen rekonstruiert werden können. Doch damit bin ich schon beim dritten und letzten Teil.

Dialogische Erfassung biographischer Strukturierung in Forschung und Profession

Sich mitzuteilen und das Teilen von persönlichen Erfahrungen kann als ein Hauptmittel der Sozialisation (vgl. Miller et al. 1990; Miller 1994) angesehen werden. Dabei entsteht ontogenetisch schon früh in der Kindheit die Kompetenz, sich eine persönliche Geschichte über wachsende autobiographische Erinnerungen aufzubauen (Fivush 1994). Das Auftreten biographischer und autobiographischer Schemata scheint allerdings auf der Ebene der Entwicklung moderner Gesellschaften und der gesellschaftlichen Moderne ein Prozess zu sein, der kaum dreihundert Jahre alt ist, also mit den Vorgängen der gesellschaftlichen funktionalen Differenzierung einhergeht. Ich habe andernorts zu belegen versucht, dass gerade angesichts sich funktionalisierender und delokalisierender Gesellschaften sowie für die damit »entwurzelten« Individuen die Schemata und Leistungen einer biographischen Strukturierung als wirksame Gegenstrategien der Orientierung wirken (Fischer-Rosenthal 2000a, 2000b, 2000c). Der andauernde, durch funktionale Differenzierung bedingte Verlust an Zugehörigkeiten, der sich in den letzten Jahrzehnten der Globalisierung weiter steigert und noch steigern wird, erfordert kompensierende Strategien der Selbstbildung, die sich verstärkt in biographischer Arbeit der Individuen und auch gesellschaftlichen biographischen Präskripten ausdrücken. Auf dieser Linie lässt sich dann systematisch wie historisch die wissenschaftliche und professionelle Beschäftigung mit Biographien beobachten (Fischer u. Kohli 1987; Fischer-Rosenthal 1990, 1995a, 1995d, 1995e). Die Leistung biographischer Schemata und biographischer Strukturierung kann kurz als Integrationsleistung divergierender gesellschaftlicher Prozesse und individueller Handlungszentrierung (agency) gesehen werden. In der klassischen sozialphilosophischen Terminologie G. H. Meads wurde dies als gelingende und für die Entwicklung der Gesellschaft wie des Selbst notwendige Relation von Selbst und Gesellschaft verstanden, wobei im Selbst die Unterscheidung in der Form von »I« und »Me« wiederholt wird (Mead 1968). Diese scheinbar so akademische Beschäftigung mit Biographien und mit dem Verhältnis von Individuum und Gesellschaft hat eine enorm praktische Seite, wenn man bedenkt, dass helfende Berufe, nicht zuletzt Psychotherapien und verschiedene professionelle Beratungsverfahren de facto biographische Restrukturierungen mit dem Ziel einer besser gelingenden Orientierung ihrer Klienten betreiben. Der Verfasser hat versucht, diese professionspraktischen Dimensionen für den Bereich der sozialen Arbeit auszubuchstabieren (Fischer 2002, 2004; Fischer u. Goblirsch 2004a, 2004b, 2004c).

Die Konstitution des Selbst und der konsistenten biographischen Strukturierung im Alltag, wie sie im ersten und zweiten Teil des Beitrags skizziert wurde, unterscheidet sich von der Selbstdarstellung im Forschungsinterview und in der Therapie. Die Hauptdifferenz sozialwissenschaftlicher und professioneller Evo-

zierung von Selbsten in biographischer Kommunikation und Beobachtung liegt darin, dass die Rolle der Sprecher insofern asymmetrisch ist, als sich sowohl der Sozialwissenschaftler im Interview wie auch der Therapeut oder Berater in der professionellen
Interaktion nahezu ganz auf seine professionelle Rolle zurückzieht
und so anscheinend nicht als Selbst mitkonstituiert wird. Dem
Interviewer, Patienten oder Klienten kommt so die Hauptleistung
der verbalen Konstitution seines Selbst zu, und das Selbst des Experten bleibt nach dieser Lesart formal. So handelt es sich zumindest im Forschungsinterview zwar um einen wirklichen Dialog, der
jedoch durch bestimmte Interviewerinterventionen an der Grenze
des Monologs modelliert wird. Gesteigert wird diese Monologi-
sierung durch die Analyse, die sich ganz auf die biographischen
Strukturierungen des Interviewer konzentriert. Dies ist eine kalku-
lierte, aber problematisierbare Vereinfachung, denn streng genommen handelt es sich auch in diesem Fall genau wie im Alltagsge-
spräch um eine gemeinsame Textproduktion, bei der die wechselseitig aufeinander bezogenen Redezüge die Hauptsteuerung und
Selektionsleistungen bestimmen.

In der Psychotherapie oder professionellen Beratung, die ebenfalls die wechselseitigen Konstitutionsprozesse des Alltagsverhal-
tens vermeiden[7], geht es dennoch langfristig gerade darum, beim
Patienten/Klienten ein neues Selbst zu konstituieren. Dies geschieht zunächst in Bezug auf den Therapeuten, der sich etwa spie-
gelnd, konfrontativ, interpretierend etc. darstellen muss und nicht
nur zuhören kann. Dann ist für die ganze Zielrahmung solcher professioneller Interaktionen auch immer für beide Seiten die Erwartung aktiv, dass alltagsfeste neue Handlungsmuster, Wahrneh-
mungs- und Erfahrungsmöglichkeiten beim Patienten oder Klienten entstehen, die ihn aus dem Wiederholungszwang nicht
erwünschter Verläufe befreien und mit neuen Handlungsoptionen
agieren lassen.

---

7   Beleg und Symbol für diese Haltung ist etwa das räumliche Gesprächs-
    arrangement in der klassischen Psychoanalyse, wo die Platzierung des
    Patienten auf der Couch und des Therapeuten »im Rücken« des Ana-
    lysanden den Blickkontakt, der für eine Alltagskommunikation unter
    Anwesenden konstitutiv ist, nicht möglich macht.

Vor dem Hintergrund der grundlegenden Forschungsfragen und Ergebnisse zur Selbstkonstitution in Interaktion und Kommunikation des Alltags lässt sich auch für die gut etablierten Praktiken soziobiographischer Forschungen, Diagnostiken und Interventionsverfahren die Forderung aufstellen, bei der Gewinnung der wissenschaftlichen und professionellen Ergebnisse der Biographik die einseitige Konzentration auf den Klienten aufzugeben. Stattdessen ist es dringend erforderlich, die Kommunikationsprozesse wirklich als dialogisches Geschehen zu begreifen und dann zu analysieren. Dabei wird die übliche Position des Experten sowohl in ihrer Konstitutionsleistung für den Dialog und das Selbst des Klienten, aber auch im Sinne der Selbst- und Fremdkonstitution für die Identität des Experten neu zur Disposition gestellt. Damit wäre auch einer kontinuierlichen Entwicklung des Selbst der Experten durch die professionelle Tätigkeit Rechnung getragen. Die Anerkennung, dass sich Konstitutionsprozesse des Selbst immer auf beiden Seiten abspielen, dürfte für die Gestaltung der Praxis und ihre möglichen Ergebnisse erhebliche Folgen haben. Ist erst ein tatsächlich dialogischer Stil in Interaktionen etabliert, ändern sich auch die eingespielten Machtverhältnisse.

Literatur

Bamberg, M. (1997): Positioning between structure and performance. Journal of Narrative and Life History 7:335–342.

Bjorklund, D. F. (2000): False memory creation in children and adults. Theory, research, and implications. Mahwah, NJ.

Fischer, W. (2002): Fallrekonstruktion und Intervention. In: Burkhart, G.; Wolf, J. (Hg.): Lebenszeiten. Erkundungen zur Soziologie der Generationen. Opladen, S. 63–87.

Fischer, W. (2004): Fallrekonstruktion im professionellen Kontext: Biographische Diagnostik, Interaktionsanalyse und Intervention. In: Hanses, A. (Hg.): Biographie und Soziale Arbeit. Institutionelle und biographische Konstruktionen von Wirklichkeit. Baltmannsweiler, S. 62–86.

Fischer, W.; Goblirsch, M. (2004a): Fallrekonstruktion und Intervention in der Sozialen Arbeit. Narrativ-biographische Diagnostik im professionellen Handeln. Psychosozial 27: 77–96.

Fischer, W.; Goblirsch, M. (2004b): Konzept und Praxis der narrativ-biographischen Diagnostik. In: Schrapper, C.: Sozialpädagogische Diagnostik und Fallverstehen in der Jugendhilfe. Weinheim, S. 49–59.

Fischer, W.; Goblirsch, M. (2004c): Narrativ–biographische Diagnostik in der Jugendhilfe. Fallrekonstruktion im Spannungsfeld von wissenschaftlicher Analyse und professioneller Handlungspraxis. In: Heiner, M. (Hg.): Diagnostik und Diagnosen in der Sozialen Arbeit. Ein Überblick. Frankfurt a. M., S. 127–140.

Fischer, W.; Kohli, M. (1987): Biographieforschung. In: Voges, W. (Hg.): Methoden der Biographie- und Lebenslaufforschung, S. 25–49.

Fischer-Rosenthal, W. (1990): Von der »biographischen Methode« zur Biographieforschung: Versuch einer Standortbestimmung. In: Alheit, P.; Fischer-Rosenthal, W.; Hoerning, E. (Hg.): Biographieforschung. Eine Zwischenbilanz in der deutschen Soziologie. Bremen, S. 11–32.

Fischer-Rosenthal, W. (1995a): Biographische Methoden in der Soziologie. In: Flick, U.; v. Kardorff, E.; Keupp, H.; v. Rosenstiel, L.; Wolff, S. (Hg.): Handbuch Qualitative Sozialforschung. Weinheim, S. 253–256.

Fischer-Rosenthal, W. (1995b): The Problem With Identity: Biography as Solution to Some (Post)Modernist Dilemmas. Comenius 15: 250–265.

Fischer-Rosenthal, W. (1995c): Schweigen – Rechtfertigen – Umschreiben. Biographische Arbeit im Umgang mit deutschen Vergangenheiten In: Fischer-Rosenthal, W.; Alheit, P. (Hg.): Biographien in Deutschland. Opladen, S. 43–86.

Fischer-Rosenthal, W. (1995d): William I. Thomas / Florian Znaniecki: »The Polish Peasant in Europe and America«. In: Flick, U.; v. Kardorff, E.; Keupp, H.; v. Rosenstiel, L.; Wolff, S. (Hg.): Handbuch Qualitative Sozialforschung. Weinheim, S 115–119.

Fischer-Rosenthal, W. (1995e): Zum Konzept der subjektiven Aneignung der Gesellschaft. In: Flick, U.; v. Kardorff, E,; Keupp, H.; v. Rosenstiel, L.; Wolff, S. (Hg.): Handbuch Qualitative Sozialforschung. Weinheim, S. 78–89.

Fischer-Rosenthal, W. (1999): Melancholie der Identität und dezentrierte biographische Selbstbeschreibung. Anmerkungen zu einem langen Abschied aus der selbstverschuldeten Zentriertheit des Subjekts. BIOS.

Zeitschrift f. Biographieforschung, oral history u. Lebensverlaufsanalysen 12:143–168.

Fischer-Rosenthal, W. (2000a): Address Lost: How to Fix Lives. Biographical Structuring in the European Modern Age. In: Breckner, R.; Kalekin-Fishman, D.; Miethe, I. (Hg.): Biographies and the Division of Europe. Experience, Action and Change on the 'Eastern Side'. Opladen, S. 55–75.

Fischer-Rosenthal, W. (2000b): Biographical work and biographical structuring in present-day societies. In: Bornat, J.; Chamberlayne, P.; Wengraf, T. (Hg.): The Turn to Biographical Methods in Social Science. London, S. 109–125.

Fischer-Rosenthal, W. (2000c): Vom Eigenen und Fremden in der Spätadoleszenz. Biographische Strukturierung als Aneignungsprozeß. In: M. Schilling (Hg.): Leben und Studieren im neuen Jahrtausend. Wien, S. 91–108.

Fivush, R. (1994): Constructing narrative, emotion, and self in parent-child conversations about the past. In: Neisser, U.; Fivush, R. (Hg.): The remembering self. New York, S. 136–157.

Fivush, R. (2004): The Silenced Self: Constructing Self from Memories Spoken and Unspoken. In: Beike, D. R.; Lampinen, J. M.; Behrend, D.; Hove, A. (Hg.): The Self and Memory. New York, S. 75–93.

Gladwell, M. (2005): Blink. The power of thinking without thinking. New York u. Boston.

Goblirsch, M. (2005): Herstellung narrativer Identität durch biographische Strukturierung und Positionierung. Eine retold story aus der Jugendhilfe. Gespraechsforschung (www.gespraechsforschung-ozs.de)

Goffman, E. (1971): Interaktionsrituale. Über Verhalten in direkter Interaktion. Frankfurt a. M.

Hermans, H. J. M., Dimaggio, G. (2004): The Dialogical Self in Psychotherapy. Boston.

Hermans, H. J. M., Kempen, H. J. G.; van Loon, R. J. P. (1992): The Dialogical Self: Beyond Individualism and Rationalism. Am. Psychol. 47: 23–33.

Hyman, I. E.; Faries, J. M. (1992): The functions of autobiographical memory. In: Conway, M. A.; Rubin, D. C.; Spinnler, H.; Wagenar, W. A. (Hg.): Theoretical perspectives on autobiographical memory. Dordrecht, S. 207–221.

Hyman, I. E., Husband, T. H.; Billigs, F. J. (1995): False memories of childhood experiences. Appl. Cognitive Psych. 9: 181–197.

Kieserling, A. (1999): Kommunikation unter Anwesenden. Studien über Interaktionssysteme. Frankfurt a. M.

Loftus, E.; Ketcham, K. (1994): The myth of the repressed memory. New York.

McAdams, D. P. (2003): Identity and the Life Story. In: Fivush, R.; Haden, C. A. (Hg.): Autobiographical Memory and the Construction of a Narrative Self. Mahwah, NJ u. London, S. 187–207.

Mead, G. H. (1968): Geist, Identität und Gesellschaft. Frankfurt a. M.

Miller, P. J.; Potts, R.; Fung, H.; Hoogstra, L.; Mintz, J. (1990): Narrative practices and the social construction of self in childhood. Am. Ethnol. 17: 292–311.

Miller, P. J. (1994). Narrative practices: Their role in socialization and self-construction. In: Neisser, U.; Fivush, R. (Hg.): The remembering self. New York, S. 158–179.

Nelson, K. (2003): Narrative and Self, Myth and Memory: Emergence of the Cultural Self. In: Fivush, R.; Haden, C. A. (Hg.): Autobiographical Memory and the Construction of a Narrative Self. Mahwah, S. 3–28.

Ochs, E., Capps, L. (2001): Living Narrative: Creating Lives in Everyday Storytelling. Cambridge.

Reese, E., Farrant, K. (2003): Social Origins of Reminiscing. In: Fivush, R.; Haden, C. A. (Hg.): Autobiographical Memory and the Construction of a Narrative Self. Mahwah, NJ, S. 29–48.

Rubin, D. C., Wetzler, S. E.; Nebes, R.D. (1986): Autobiographical memory across the adult life span. In: Rubin, C. D. (Hg.): Autobiographical memory. Cambridge, S. 202–221.

Welzer, H. (2005): Das kommunikative Gedächtnis. Eine Theorie der Erinnerung. München.

Autorinnen und Autoren

Werner Balzer ist Facharzt für Psychotherapeutische Medizin und Psychoanalytiker in freier Praxis, Lehranalytiker (DPV) und Dozent am Psychoanalytischen Institut Heidelberg-Karlsruhe, außerdem seit vielen Jahren Balint-Gruppenleiter und externer Supervisor an verschiedenen Abteilungen der Erwachsenen- und Kinder- und Jugendpsychiatrie. In Beiträgen zur psychoanalytischen Behandlungstechnik galt sein besonderes Interesse impliziten Konzepten der »psychischen Oberfläche« des psychoanalytischen Prozesses sowie Doppelgängerphänomenen in der Behandlung narzisstischer Störungen. In den letzten Jahren Veröffentlichungen zu kulturkritischen Fragestellungen, besonders bezüglich der Ich-Selbst-Genese unter der medialen Dominanz des Sensorischen und zum Verhältnis von Erregung und Bedeutung.

Anschrift: Dr. med. Werner Balzer, Gutenbergstr. 4, D-69120 Heidelberg.

Wolfgang Bergmann ist Erziehungswissenschaftler und arbeitet als Familien- und Kinderpsychologe in eigener Praxis. Er war viele Jahre Chefredakteur der »Deutschen Lehrer-Zeitung« und hat mehrere Bücher zu erziehungswissenschaftlichen Fragen veröffentlicht, z. B. »Gute Autorität«, »Computer machen Kinder schlau«, »Digital Kids« »Erziehen im Informationszeitalter« und »Die Kunst der Elternliebe«. Er befasst sich mit neuen Formen des Lernens (für legasthenische und hyperaktive Kinder) und mit Grundsatzfragen bezüglich des Umgangs der Gesellschaft mit Kindern. Ein Schwerpunkt seiner Arbeit ist das Thema »Kinder und Medien«.

Anschrift: Dipl.-Päd. Wolfgang Bergmann, Institut f. Kinderpsychologie u. Lerntherapie, Lister Meile 62, D-30161 Hannover.

Stefanie Duttweiler ist Sozialpädagogin und Soziologin. In ihrer Promotion untersucht sie am Beispiel aktueller Glücksratgeber den Zusammenhang zwischen therapeutischer Kommunikation und Ökonomisierung. Derzeit arbeitet sie an den Universitäten Basel und Zürich und ist Mitarbeiterin in einem interdisziplinären Projekt zur »Gouvernementalität medialisierter Selbstthematisierung«. In ihren Veröffentlichungen über rezente Formen privater Selbstoptimierung wie Wellness oder Selbstmanagement thematisiert sie die aktuelle Verpflichtung, die Selbstbeziehung nach Maßgabe eines »unternehmerischen Selbst« zu gestalten.

Anschrift: Dr. Stefanie Duttweiler, Universität Basel, Philosophisch-Historische Fakultät, Wissenschaftsforschung/ -soziologie, Basler Mission, Missionsstr. 21, CH 4055 Basel, Schweiz.

Paweł Dybel ist als Professor am Institut für Philosophie und Soziologie der Polnischen Akademie der Wissenschaften in Warschau. Seine Hauptinteressen sind philosophische Grundlagen der Psychoanalyse Freuds, moderne hermeneutische Theorien der Interpretation (Gadamer, Ricoeur), und der französische Poststrukturalismus (Lacan, Derrida). Er veröffentlichte u. a. folgende Bücher: »Dialog und Repression. Antinomien der Psychoanalyse Freuds«, »Freuds Traum über die Kultur«, »Schuld-Gewissen-Melancholie«, »Unterbrochene Wege. Przybyszewski. Freud. Lacan«, »Die Krise des Subjekts« und »Die Grenzen des Verstehens und Interpretation. Einführung in Gadamers Hermeneutik«.

Anschrift: Prof. Dr. Paweł Dybel, Zespol Psychoanalizy, Instytut Filozofii Socjologii PAN, Palac Staczica, Nowy Swiat 72, 00-330 Warszawa, Polen.

Yesim Erim ist Oberärztin der Klinik für Psychosomatische Medizin und Psychotherapie, Rheinische Kliniken am Universitätsklinikum Essen, dort findet seit 10 Jahren eine Sprechstunde für türkischsprechende Migranten und Migrantinnen statt. Ihre Forschungsschwerpunkte sind Psychotherapie mit Migranten und Transplantationsmedizin.

Anschrift: Dr. med. Yesim Erim, Universitätsklinikum Essen, Klinik für Psychotherapie und Psychosomatik, Virchowstr. 174, D-45147 Essen.

Wolfram Fischer ist Professor am Fachbereich Sozialwesen der Universität Kassel. Seine Forschungsschwerpunkte befinden sich im Bereich der Biographieforschung, Interaktionsanalyse, Narrativistik und der soziologischen Grundlegung von Fallanalysen.

Anschrift: Prof. Dr. Wolfram Fischer, Universität Kassel, Fachbereich 04 Sozialwesen. Labor für Fallanalysen, Arnold-Bode-Str. 10, D-34109 Kassel.

Peter Fürstenau ist Professor und Abteilungsvorsteher des Instituts für angewandte Psychoanalyse der Universität Düsseldorf. Er ist als Psychoanalytiker, Psychologischer Psychotherapeut, Lehranalytiker (DPV, DGPT), Gruppenlehranalytiker und Trainer für Gruppendynamik (DAGG), Supervisor (DGSv) und Systemischer Organisationsberater tätig. Seine Forschungs- und Arbeitsschwerpunkte erstrecken sich auf ein breites Gebiet der Beratungs-, Fort- und Weiterbildung in therapeutischen und nicht-therapeutischen Dienstleistungsbereichen sowie auf ein lösungsorientiertes psychoanalytisch-systemisches Konzept.

Anschrift: Prof. Dr. phil. Peter Fürstenau, Universität Düsseldorf, Institut für angewandte Psychoanalyse, Grafenberger Allee 365, D-40235 Düsseldorf.

Michael Geyer ist Direktor der Klinik für Psychotherapie und Psychosomatische Medizin der Universitätsklinik Leipzig. Er ist Mitbegründer des Sächsischen Weiterbildungskreises für Psychotherapie und der Akademie für Psychotherapie in Erfurt. Er hat sich wissenschaftlich u. a. mit Fragen der Psychotherapieforschung, der Kurzzeittherapie und epidemiologischen Studien befasst.

Anschrift: Prof. Dr. med. Michael Geyer, Universität Leipzig, Klinik und Poliklinik für Psychotherapie und Psychosomatische Medizin, Karl-Tauchnitz-Str. 25, D-04107 Leipzig.

Ali Kemal Gün ist klinischer Psychologe an den Rheinischen Kliniken Köln-Merheim. Seit vielen Jahren behandelt er Migranten mit psychiatrischen Krankheitsbildern und ihre Familien. Er promovierte mit einer Untersuchung über Verständnisprobleme in interkulturellen Therapien.

Anschrift: Dr. phil. Dipl. Psych. Ali Kemal Gün, Rheinische Kliniken Köln, Postfach 910552, D-51075 Köln.

Margarete Haaß-Wiesegart ist Psychologische Psychotherapeutin, Verhaltenstherapeutin, Systemische Paar- und Familientherapeutin, Gründungsmitglied und Präsidentin der Deutsch-Chinesischen Akademie für Psychotherapie, Mitorganisatorin der deutsch-chinesischen Aus- und Weiterbildungsprojekte sowie des Psychotherapiekongresses »Dialogues between East and West« in Kunming, China, 2000.

Anschrift: Dipl.-Psych. Margarete Haaß-Wiesegart, Breitgasse 26, D-69493 Hirschberg.

Sudhir Kakar ist Psychoanalytiker und Schriftsteller. Er lehrte als Professor an Universitäten verschiedenster Länder z. B. in Harvard, Chicago, Melbourne und Wien. Er hat sich wissenschaftlich u. a. mit Konfliktforschung, Religionsphilosophie und verschiedensten kulturtheoretischen Fragen befasst. Von ihm wurden zahlreiche Bücher veröffentlicht u. a.:

»Kindheit und Gesellschaft in Indien: Eine psychoanalytische Studie«, »The colors of violence«, »Kamasutra oder die Kunst des Begehrens«, »Der Mystiker oder die Kunst der Ekstase«, »Die Frau, die Gandhi liebte«. *Anschrift: Prof. Dr. Sudhir Kakar, Pulwaddo Pequeno, Benaulim, Salcete, Goa, 403716, Indien.*

Klaus Peter Kisker ist emeritierter Professor der FU Berlin, wo er seit 1971 das Institut für Wirtschaftspolitik und Wirtschaftsgeschichte leitete. Seine Forschungsschwerpunkte sind Ökologische Ökonomie, Regionen im Standortwettbewerb und eine kritische Rekonstruktion der Marxschen Theorie. Er ist Mitherausgeber der Zeitschrift »Sozialismus«. *Anschrift: Prof. Dr. Klaus Peter Kisker, Freie Universität Berlin, Institut für Wirtschaftspolitik und Wirtschaftsgeschichte, Boltzmannstr. 20, D-14195 Berlin.*

Oliver König ist Trainer für Gruppendynamik im DAGG, Supervisor (DGSv) und als Psychotherapeut (HPG) freiberuflich in eigener Praxis tätig. Er ist Mitherausgeber der Zeitschrift »Gruppenpsychotherapie und Gruppendynamik« und im Editorial Board der Zeitschrift »Familiendynamik«. Jüngste Veröffentlichungen sind »Macht in Gruppen. Gruppendynamische Prozesse und Interventionen«, »Familienwelten. Theorie und Praxis von Familienaufstellungen« sowie Mitautor des Buches: »Gruppenprozesse verstehen. Gruppendynamische Forschung und Praxis«. *Anschrift: PD Dr. Oliver König, Weyertal 13, D-50937 Köln.*

Paul J. Kohtes ist Begründer der PLEON Kohtes Klewes GmbH, einer international agierenden und marktführenden Public Relations Agentur und Vorsitzender der Identity Foundation, einer gemeinnützigen Wissenschaftsstiftung in Düsseldorf, die einen Beitrag zur wissenschaftlichen Erforschung des Komplexes Identität leisten will. Seine beruflichen Schwerpunkte sind Corporate und Personal Identity, Kommunikation in Krisenzeiten, Coaching und Moderation. Er ist Mitglied des Herausgeberbeirates des »Journal of International Communication Management«. *Anschrift: Paul J. Kohtes, PLEON Kohtes Klewes, Bahnstr. 2, D-40212 Düsseldorf.*

Friedrich Krotz ist Professor für Kommunikationswissenschaft und soziale Kommunikation an der Universität Erfurt. Er ist u. a. Präsident der Sektion »Psychology and Public Opinion« der International Association of Media and Communication Research. Auf seinem Fachgebiet führt er zahlreiche nationale und internationale Forschungsprojekte durch.

Anschrift: Prof. Dr. Friedrich Krotz, Universität Erfurt, Philosophische Fakultät, Postfach 900221, D-99105 Erfurt.

Georg Ruhrmann ist seit 1998 Inhaber des Lehrstuhls für »Grundlagen der medialen Kommunikation und der Medienwirkung« an der Fakultät für Sozial- und Verhaltenswissenschaften der Friedrich-Schiller-Universität Jena. Er befasst sich wissenschaftlich mit der Kommunikations- und Mediensoziologie, Methoden der Medienwirkungsforschung, Public Relations, Risikokommunikation und dem Zusammenhang von Migration und Medien.

Anschrift: Prof. Dr. Georg Ruhrmann, Friedrich-Schiller-Universität Jena, Bereich Medienwissenschaft, Ernst-Abbe-Platz 8, D-07743 Jena.

Wolfgang Senf ist Direktor der Klinik für Psychosomatische Medizin und Psychotherapie der Universität Essen und langjähriger Präsident der International Federation of Psychotherapy. Er pflegt seit langem in seiner wissenschaftlichen wie publizistischen Arbeit den Dialog der Methoden. Er ist Mitherausgeber der Zeitschrift »Psychotherapie im Dialog« und hat mit M. Broda das bereits in dritter Auflage vorliegende Lehrbuch »Praxis der Psychotherapie« herausgegeben.

Anschrift: Prof. Dr. med. Wolfgang Senf, Universität Essen, Klinik für Psychosomatische Medizin und Psychotherapie, Virchowstr. 174, D-45147 Essen.

Johannes Siegrist ist Soziologe und Professor für Medizinische Soziologie an der Heinrich-Heine-Universität in Düsseldorf. Seine wichtigsten Forschungsthemen sind die Bedeutung chronischer psychosozialer Belastungen in der Arbeitswelt für die Entwicklung von Erkrankungen, soziale Determinanten der Gesundheit im höheren Lebensalter, Konzepte und Messung sozialer Ungleichheit und die Evaluationsforschung im Bereich Public Health. Er veröffentlichte u. a. das auflagenstarke »Lehrbuch der Medizinischen Soziologie«.

Anschrift: Prof. Dr. Johannes Siegrist, Universitätsklinikum Düsseldorf, Institut für Medizinische Soziologie / Zusatzstudiengang Public Health, Universitätsstr. 1, D-0225 Düsseldorf.

Bernhard Strauß ist Direktor des Instituts für Psychosoziale Medizin am Klinikum der Friedrich-Schiller-Universität Jena. Er ist als Psychoanalytiker und psychologischer Psychotherapeut in der Klinik, in Fort-, Weiterbildung und Forschung aktiv. Seine Schwerpunkte sind u. a. die (Gruppen-)psychotherapieforschung, Psychoonkologie, Lehr- und Ausbildungsforschung, die psychosomatische Gynäkologie und Geburtshilfe sowie die

klinische Sexualforschung. Er leitet den Arbeitskreis »Psychotherapie und Gesellschaft« des Collegium Europaeum Jenense, auf dessen Initiative verschiedene Veranstaltung zu dieser Thematik durchgeführt wurden.
Anschrift: Prof. Dr. phil. Bernhard Strauß, Institut für Psychosoziale Medizin, Klinikum der Friedrich-Schiller-Universität Jena, Stoystr. 3, D-07740 Jena.

Dirk van Laak ist Privatdozent und Historiker an der Friedrich-Schiller-Universität Jena, ihn bewegt unter anderem die Zwiespältigkeit des technischen Fortschritts. Er veröffentlichte darüber zu diesem Thema u. a.: »Weiße Elefanten. Anspruch und Scheitern technischer Großprojekte im 20. Jahrhundert« und »Imperiale Infrastruktur. Deutsche Planungen für eine Erschließung Afrikas 1880 bis 1960«.
Anschrift: PD Dr. Dirk van Laak, Historisches Institut, Lehrstuhl für Neuere und Neueste Geschichte, Fürstengraben 13, D-07743 Jena.

Dorothee Wierling ist Historikerin an der Universität Hamburg. Sie veröffentlichte u. a. »Geboren im Jahr Eins. Der Jahrgang 1949 in der DDR. Versuch einer Kollektivbiographie«
Anschrift: Prof. Dr. Dorothee Wierling, Forschungsstelle für Zeitgeschichte, Schulterblatt 36, D-20237 Hamburg.

Psychoanalytische Blätter

V&R

Eine Auswahl aus den erschienenen Bänden. Weitere Bände unter: www.v-r.de

3: Wilhelm Burian (Hg.)
Die Zukunft der Psychoanalyse
1995. 157 Seiten mit einigen Abb., kartoniert. ISBN 3-525-46002-3

8: Susann Heenen-Wolff (Hg.)
Psychoanalytischer Rahmen, Ethik, Krisis – französische Perspektiven
1998. 112 Seiten mit einigen Abb., kartoniert. ISBN 3-525-46007-4

9: Rafael Moses (Hg.)
Psychoanalyse in Israel
Theoriebildung und therapeutische Praxis
1998. 162 Seiten, kartoniert
ISBN 3-525-46008-2

11: Peter Diederichs (Hg.)
Psychoanalyse in Ostdeutschland
1998. 140 Seiten, kartoniert
ISBN 3-525-46010-4

12: Hans Sohni (Hg.)
Geschwisterlichkeit
Horizontale Beziehungen in Psychotherapie und Gesellschaft
1999. 128 Seiten mit 5 Illustrationen von O. Ubbelohde, kartoniert. ISBN 3-525-46011-2

16: Susann Heenen-Wolff (Hg.)
Neues vom Weib
Französische Beiträge
2000. 123 Seiten, kartoniert
ISBN 3-525-46015-5

18: André Karger / Olaf Knellessen / Gertrud Lettau / Christoph Weismüller (Hg.)
Sexuelle Übergriffe in Psychoanalyse und Psychotherapie
2001. 136 Seiten mit 1 Abb., kartoniert. ISBN 3-525-46017-1

22: Anne-Marie Sandler / Rosemary Davies (Hg.)
Psychoanalyse in Grossbritannien
2003. 188 Seiten, kartoniert
ISBN 3-525-46021-X

Vandenhoeck & Ruprecht